Siegfried Prokop
Intellektuelle im Krisenjahr 1953
Enquête über die Lage der Intelligenz der DDR:
Analyse und Dokumentation

Siegfried Prokop

Intellektuelle im Krisenjahr 1953

Enquête über die Lage der Intelligenz der DDR
Analyse und Dokumentation

Schkeuditzer Buchverlag

ISBN: 3-935530-19-6

© 2003 by Schkeuditzer Buchverlag
Badeweg 1, D-04435 Schkeuditz
1. Auflage
Alle Rechte vorbehalten
Satz: Waltraud Willms
Druck und buchbinderische Verarbeitung: GNN Schkeuditz

Inhaltsverzeichnis

I. Vorbemerkung 9

II. Einführung 11

III. Intellektuelle im Krisenjahr 1953 22
 1. Entstehung und Eskalation der Krise 22
 1.1. Die Vergrämung der Techniker und Ingenieure 23
 1.2. Widerspruch zwischen Geist und Macht 34
 1.3. Alarm: Missstimmungen in der Intelligenz 40
 1.4. Stalins Tod 44
 1.5. Die Kulturbund-Enquête über die Lage der Intelligenz 48
 1.6. Weitere Einschränkungen der Sozialleistungen 53

 2. Neuer Kurs und Juniunruhen 56
 2.1. Die Vorkonferenz in Jena: die Probe aufs Exempel ... 56
 2.2. Zentrale Intelligenzkonferenz in Berlin 69
 2.3. Intelligenz in den Juni-Unruhen 78

 3. Politische Neuansätze im Hochschulwesen
    und in der Kultur 96
 3.1. Rapides Sinken des Kaufpreises 96
 3.2. Neuer Kurs im Hochschulwesen und
    in der Akademie der Künste 98
 3.3. Präsidialratstagung des Kulturbundes im Juli 1953 ... 101
 3.4. Abrechnung mit der dogmatischen Kulturpolitik 125

 4. „Neuer Kurs" in alten Schläuchen 128
 4.1. Mehr Bruch als Besen 128
 4.2. Kulturbund lenkt ein 130
 4.3. Otto Grotewohl im Gespräch mit Künstlern und
    Schriftstellern 133
 4.4. Hochschulkonferenz des ZK der SED 141

 5. Schlussbemerkung 147

IV. Dokumentation ... 150
1. Akute Krise im Bereich von Kunst und Technik ... 150
   1.1. [Information der Akademie der Künste an Ministerpräsident Otto Grotewohl über Missstimmungen unter Spitzenkünstlern der DDR, 4.2.1953] ... 150
   1.2. [Der Förderungsausschuss für die Deutsche Intelligenz über Probleme von Spitzenkräften der technischen Intelligenz – Walter Freund, Leiter des Büros des Förderungsausschusses, an Ministerpräsident Otto Grotewohl 8.4.1953] ... 155
2. Enquête des Kulturbundes über die Lage der Intelligenz im März 1953 ... 159
   2.1. [Fragen des Präsidialrates des Kulturbundes] ... 159
   2.2. [Lage der Intelligenz in Berlin (Ost)] ... 159
   2.3. [Lage der Intelligenz im Bezirk Cottbus] ... 167
   2.4. [Lage der Intelligenz im Bezirk Dresden] ... 172
   2.5. [Lage der Intelligenz im Bezirk Erfurt] ... 191
   2.6. [Lage der Intelligenz im Bezirk Frankfurt/Oder] ... 214
   2.7. [Lage der Intelligenz im Bezirk Gera] ... 219
   2.8. [Lage der Intelligenz im Bezirk Halle] ... 230
   2.9. [Lage der Intelligenz im Bezirk Leipzig] ... 234
   2.10. [Lage der Intelligenz im Bezirk Magdeburg] ... 241
   2.11. [Lage der Intelligenz im Bezirk Neubrandenburg] ... 244
   2.12 [Lage der Intelligenz im Bezirk Potsdam] ... 248
   2.13. [Lage der Intelligenz im Bezirk Schwerin] ... 269
   2.14. Lage der Intelligenz im Bezirk Suhl ... 289
   2.15. [Zusammenfassung durch die Bundesleitung des Kulturbundes] ... 310
3. Materialien der Zentralen Intelligenz-Konferenz am 27. Mai 1953 (Auswahl) ... 317
   3.1. [Erwartungen des Kulturbundes gegenüber der SED-Führung (undatiert, wahrscheinlich Ende April/Anfang Mai 1953)] ... 317
   3.2. [Probleme der Schriftsteller in Leipzig] ... 319
   3.3. [Sorgen freipraktizierender Ärzte in Karl-Marx-Stadt (Chemnitz)] ... 322
   3.4 [Zur Lage klinisch und poliklinisch arbeitender Ärzte in Potsdam] ... 327

3.5 [Sorgen und Nöte der technischen Intelligenz im
    Bezirk Magdeburg] 330

Quellen und Literatur 336

Verzeichnis der Abkürzungen 338

Sachregister 340

Personenregister 345

Über den Autor 448

I. Vorbemerkung

Der 17. Juni 1953 zählt zu jenen Ereignissen der deutschen Nachkriegsgeschichte, die in Ost und West in hohem Grade mythologisiert worden sind. Mythen müssen geglaubt werden. Nur dann erfüllen sie ihre Funktion, der notwendige Kitt in einem Herrschaftssystemen zu sein. Politiker müssen den Glauben an Mythen fördern. Würden sie es nicht tun, könnte nach James Burnham das Gefüge der Gesellschaft zerbrechen. Häufig kommt es zu einem geradezu suggestiven Einschwören auf die Mythen, so dass sie am Ende selbst von denen geglaubt werden, die sie zuvor noch für wissenschaftlich unhaltbar angesehen haben.

Dieser Glaube ist mit wissenschaftlichen Prinzipien unvereinbar. In diesen Fällen wird, wie Burnham meint, die Aufrichtigkeit um den Preis der Wahrheit erkauft.

Wenn das also so ist, fragt sich, warum heute noch Mythen gepflegt werden sollen, die vor Jahrzehnten ein unverzichtbarer Herrschaftskitt gewesen sein mögen, aber doch heute wohl dieser Funktion längst verlustig gegangen sind?

In der Gegenwart bestehen andere politische Bedürfnisse. Heutige Krisen werden nicht dadurch gelöst, dass nationale Risse aus der Zeit des Ost-West-Konflikts vertieft werden. Die Nation kann am ehesten mit sich ins Reine kommen, wenn aus der Vergangenheit zu Zeiten des Kalten Krieges nur ausschließlich geschichtliche Tatsachen ins Feld geführt und auf diese Weise Mythen und Legenden der Vergangenheit überwunden werden. Angesagt ist in solchen Zeiten der Ruf „Zurück zu den Quellen!" Schon Leopold von Ranke forderte seine Berufskollegen dazu auf, Geschichte so darzustellen, wie sie tatsächlich verlaufen ist.

In diesem Buch geht es um die Rolle der Intellektuellen. Ihnen wurde gleich nach dem 17. Juni nachgesagt, sie hätten voll und ganz hinter der Regierung gestanden. Auch spätere Analysen in Ost und West strickten an dieser Legende.

Erleichtert worden ist dies wohl auch dadurch, dass der Blick zu sehr auf den Tag des 17. Juni und nicht auf die Gesamtsituation einer länger andauernden Gesellschafts- und Systemkrise gerichtet wurde. Auch spielten Quellen, wie die Enquête des Kulturbundes zur Lage der Intelligenz vom März 1953, Analysen des Förderungsausschusses für die deutsche Intelligenz und der Zentralen Intelligenzkonferenz im Mai 1953 nur am Rande eine Rolle. Wenn darauf hingewiesen wurde, dann eher unter Berücksichtigung sekundärer Quellen. Die bisher zu Unrecht vernachlässigten Quellen werden hier

in einer Auswahl dokumentiert und in einer Analyse nach verschiedenen Seiten hin befragt:
- Welche Rolle spielten bei der Unzufriedenheit vieler Vertreter der Intelligenz die materiellen Sorgen und Nöte?
- Welchen Platz in der Ursachenscala der Unzufriedenheit nahm die oft falsche Behandlung und der Bürokratismus ein?
- Welche Folgen für das Krisenbewusstsein der Intellektuellen hatte die akute Rechtsunsicherheit?
- Zielten die Forderungen der Intelligenz auf eine Reform der DDR-Gesellschaft?
- In welchem Verhältnis standen die Zukunftsvisionen zu den Theorie- und Politikvorstellungen über den demokratischen Sozialismus in Westeuropa?
- Welche Rolle spielte das Gesellschaftsmodell der Bundesrepublik in den Forderungen der Intellektuellen?

Selbstverständlich wird im Interesse der Wahrung des Zusammenhangs auf größere Weichenstellungen im Krisenjahr 1953 eingegangen und vor allem auch die Frage gestellt, ob die sowjetische Krisenbewältigungsstrategie von Ende Mai 1953 rundum tragfähig war und welche deutschlandpolitischen Vorstellungen dabei eine Rolle spielten.

Wie gesagt, eine Auswahl der oben genannten Dokumente wurde im Anhang dokumentiert. Bei Namensnennungen blieben die Namen von Personen der Zeitgeschichte vollständig erhalten, ansonsten wurde nur das Initial des Nachnamens übernommen. Auslassungen sind durch eckige Klammern [...] kenntlich gemacht. Ebenso wird bei Zusammenfassungen verfahren. Schreibfehler wurden stillschweigend korrigiert.

Zu danken ist Frau Brigitte Fischer von der Stiftung Archiv der Parteien und Massenorganisationen der DDR im Bundesarchiv für ihre umsichtige fachliche Beratung und den Zeitzeugen Jupp Jeschke, Karl-Heinz Schulmeister und Gustav Weinert, die durch Gewährung von Interviews das Projekt unterstützten.

II. Einführung

Der 17. Juni 1953 ist zweifelsfrei ein zentrales Ereignis der DDR-Geschichte, das in der DDR vor allem in den 80er Jahren immer wieder zu Diskussionen Anlass gab. Margot Honecker hatte mehrfach dazu aufgefordert, der Darstellung und Erforschung des 17. Juni 1953 ein besonderes Augenmerk zu schenken. Sie hatte dabei vor allem den „Klassenkampf" im Auge und nicht den tatsächlichen Vorgang des sozialen und politischen Protestes der Bevölkerung gegen die falsche Politik von SED und sowjetischer Besatzungsmacht.

Historiker der DDR, die der mehrfach vorgetragenen Aufforderung von Margot Honecker folgten und zum 17. Juni 1953 zu forschen versuchten, mussten ihren Versuch bald erfolglos abbrechen. Alle relevanten Quellen, die in den Archiven zum 17. Juni lagerten, konnten wegen höchster Geheimhaltungsstufe nicht eingesehen werden.[1] Für die Forschung zur Verfügung standen nur die publizierten Dokumente. Das aber warf Forscher auf die zentralen Vorgaben der SED zurück, die seit eh und je darin kulminierten, der 17. Juni 1953 sei ein konterrevolutionärer Putschversuch gewesen, der vom Westen aus organisiert worden sei.

Eine Ausnahme bestand lediglich bei einem zentralen Forschungsprojekt. Der für den Zeitabschnitt von 1952 bis 1955 zuständige Autor Rolf Stöckigt erhielt die Möglichkeit, relevante Bestände des Archivs des SED-Politbüros einzusehen und beim Schreiben seines Kapitels zu berücksichtigen. Stöckigt zeigte Rückgrat und schrieb sein Kapitel deutlich abweichend von den bisherigen Klischees. Dies wurde von den übergeordneten Verantwortlichen mit Unwillen zur Kenntnis genommen. Es gab darum mehrere sehr erregte Debatten. In deren Ergebnis fand die Darstellung des 17. Juni 1953 als massenhafter Arbeiterprotest und durch die Arbeiter erzwungene Kurskorrektur der SED Eingang auch in Vorlesungen. Studenten reagierten auf die neuen Aspekte der Wertung des 17. Juni mit großer Aufgeschlossenheit und spürbarem Interesse. Das Überschreiten der Schwelle zur gedruckten Darstellung erwies sich letztlich als unmöglich. Dennoch ist festzuhalten, dass dazu ernsthafte Versuche unternommen wurden. 1988 forderte der Geschichtsredakteur der Gewerkschaftszeitung „Tribüne", Dieter Fuchs, einen Artikel über den 17. Juni 1953 in der neuen Sicht ab. Auf Anweisung der Abteilung Agitation und Pro-

---

[1] Beate Ihme-Tuchel geht in ihrer brillanten Studie über Kontroversen um die Geschichte der DDR irrtümlich davon aus, dass nur die westliche Forschung „begrenzte Recherchemöglichkeiten" hatte. Vgl. Beate Ihme-Tuchel: Die DDR. Darmstadt 2002, S. 42.

paganda des SED-ZK musste jedoch der noch in der traditionellen Technik gesetzte Artikel aus der Zeitung herausgenommen werden, wobei gleichzeitig Anweisung zur Zahlung des vollen Honorars erteilt wurde. Zur Begründung hieß es: Der Artikel könne nicht in einer Zeit erscheinen, da der SED-Generalsekretär in Berlin eine internationale Konferenz über eine „Chemiewaffenfreie Zone in Europa" durchführe. Was sollten die ausländischen Gäste von einem Artikel halten, indem so ausführlich über Streiks und Demonstrationen in der DDR berichtet werde?

Dieser skandalöse Vorgang einer Zensur sprach sich in Fachkreisen herum. So war es nicht verwunderlich, dass im Vorfeld des 17. Juni 1989 das „Neue Deutschland" eben diesen Artikel abforderte, den die „Tribüne" 1988 nicht hatte veröffentlichen dürfen. „Wir bringen den, wir sind nicht die ‚Tribüne'" hieß es seitens des „Neuen Deutschland" selbstbewusst. Aber auch daraus wurde nichts. Kleinlaut musste bald eingestanden werden, dass ein Artikel mit Aspekten einer Neubewertung des 17. Juni nicht veröffentlicht werden könne. Ersatzweise dürfe der Autor des Artikels beim Donnerstag-Treff aller ND-Journalisten sprechen. Da könne alles gesagt werden, was immer auch zu sagen sei. „Drucken können wir nicht alles, aber sprechen können wir über alles" erklärte ein stellvertretender Chefredakteur des Zentralorgans.

Wie ernst es einigen DDR-Historikern war, den 17. Juni anders als den dogmatischen Parteiklischees folgend darzustellen, zeigten auch Debatten am Rande von Konferenzen zur Industriegeschichte in Jena und in der Fachgruppe Geschichte der Berliner URANIA, in der auch Nadja Stulz-Herrnstadt mitarbeitete, nachdem sie 1988 im „Horizont" zur Überraschung für nicht wenige Zeitgenossen einen Artikel über ihren Vater veröffentlicht hatte.[2] Sie zählte den 17. Juni zu den „magischen Daten" in der Geschichte der DDR und sprach in diesem Zusammenhang von „unbewältigter Vergangenheit".[3] Selbst im internationalen Rahmen wurde auf die Notwendigkeit einer Neubewertung des 17. Juni hingewiesen. In einem Bericht über ein Kolloquium zur DDR-Geschichtswissenschaft im Februar 1989 in London[4] hob Lothar Mertens her-

---

2 Horizont, Nr. 6, Berlin 1988.
3 Nadja Stulz-Herrnstadt verließ im Juni 1989 die DDR. 1990 veröffentlichte sie das Herrnstadt-Papier. Vgl. Rudolf Herrnsttadt: Das Herrnstadt-Dokument. Das Politbüro der SED und die Geschichte des 17. Juni 1953. Herausgegeben von Nadja Stulz-Herrnstadt. Hamburg 1990, S. 12.
4 Es handelte sich um eine Veranstaltung, die die Gesellschaft für Deutschlandforschung organisiert hatte. Die einleitenden Referate hielten: Günther Heidemann (German Historical Institute London), Alexander Fischer (Universität Bonn), Detlef Nakath und Siegfried Prokop (beide Humboldt-Universität zu Berlin).

vor, dass Detlef Nakath gefordert habe, endlich Arbeiten zu „Tabuthemen" wie den 17. Juni 1953 vorzulegen. Nakath habe sich für eine Relativierung der alten Einschätzung „konterrevolutionärer Umtriebe" durch eine „moderne Sicht" eingesetzt. Offenbar nicht ohne Hintergedanken kommentierte Mertens, dass man nun auf die diesbezüglichen Publikationen aus der DDR gespannt sein dürfe.[5]

Das damit gesetzte Fragezeichen behielt auch unter den veränderten Bedingungen der Wende seine Berechtigung; denn offensichtlich war kein DDR-Historiker in der Lage, ein fertiges Manuskript vergleichbar der Arbeit von Arnulf Baring[6] aus dem Schubfach zu ziehen und sofort als Buch zu veröffentlichen.

Dennoch gibt es keinen Grund, die zu diesem Thema unter erschwerten Bedingungen geleistete Arbeit gering zu schätzen. Vor allem die von Rolf Stöckigt recherchierten Archivquellen, die er erst nach der Wende veröffentlichen konnte, erlaubten es, die Beziehungen DDR/UdSSR im Vorfeld des 17. Juni transparent zu machen und neu zu bewerten.[7] Das im Rowohlt-Verlag veröffentlichte Herrnstadt-Dokument in der Bearbeitung von Nadja Stulz-Herrnstadt ist eine außerordentlich aussagekräftige Quelle, die das Agieren der Führungsspitze der SED im Jahre 1953 detailliert nachvollziehbar macht.[8]

Helmut Müller-Enbergs, seinerzeit Politologe an der Freien Universität, lotete in einer Fallstudie Möglichkeiten und Grenzen des Parteireformkonzepts

---

5 Lothar Mertens, DDR-Geschichtswissenschaft – zwei Sichtweisen. In: Deutschland-Archiv, 5/89, S. 572.
6 Arnulf Baring: Der 17. Juni 1953, Stuttgart 1983.; Ilse Spittmann und Karl Wilhelm Fricke (Hrsg.): 17. Juni 1953, Arbeiteraufstand in der DDR. Köln 1982.
7 Vgl. Rolf Stöckigt: Ein forcierter stalinistischer Kurs führte 1953 in die Krise. In: Berliner Zeitung, 8.3.1990, S. 9 ; ders., Eine historische Chance wurde vertan ... In: Neues Deutschland,16./17.6.1990, S.13; ders.: Ein Dokument von großer historischer vom Mai 1953. In: Beiträge zur Geschichte der Arbeiterbewegung 5/1990; ferner die Beiträge über das Vorfeld und den 17. Juni von Michael Lemke, Rolf Stöckigt, Karl-Heinz Hajna, Monika Tatzkow, Dieter Schulz, Horst Barthel, Peter Hübner, Heinz Heitzer, Dieter Schiller und Nikola Knoth in: Brüche, Krisen, Wendepunkte. Neubefragung von DDR - Geschichte. Leipzig/ Jena/ Berlin 1990, S. 72-155; Wolfgang Meinicke: Der 17. Juni 1953 – Aufstand – Revolte – Streik? In: Siegfried Prokop, Deutsche Zeitgeschichte- Neu befragt. Teil 1. Thesen und Scripte für die Hand des Geschichtslehrers. Sowjetische Besatzungszone Deutschlands/ Deutsche Demokratische Republik (1945 bis Anfang der 60er Jahre). Berlin 1990, S.37-47.
8 Vgl. Das Herrnstadt-Dokument. Herausgegeben von Nadja Stulz-Herrnstadt. Hamburg 1990.

von Rudolf Herrnstadt aus.⁹ Angelika Klein und Heidi Roth kamen in gründlichen regionalgeschichtlichen Untersuchungen der sozialen Breite der Unruhen, Streiks und Demonstrationen auf die Spur. Sie belegten, dass sich außer den Arbeitern auch Ingenieure und Techniker vieler Großbetriebe und Teile der Landbevölkerung in Industrieregionen an den Protestaktionen beteiligten.¹⁰ Die Frage nach der Rolle der Intelligenz im Juni 1953 als Forschungsproblem¹¹ wurde aufgeworfen. Auch an anderer Stelle wurde diese Frage vor allem unter Aspekten der 1952/53 gegen die Intelligenz erfolgenden Repressionen ausgelotet.¹² Untersuchungen zum Bezirk Suhl, in dem kein Ausnahmezustand verhängt wurde, zeigen welche Rolle der schnellen Information über die Rücknahme der Normerhöhungen in den Großbetrieben zukam.¹³ Theoretisch- methodologisch interessant für die Untersuchung Rolle der Intellektuellen ist das Herangehen an das Thema unter dem Aspekt einer nicht ausschließlich auf das Datum des 17. Juni fixierten Gesellschaftskrise¹⁴, die auch die UdSSR und andere Ostblockstaaten erfasst hatte.¹⁵ Zu erwähnen sind auch der Eisensee-Report und die Untersuchungen von Diedrich und Hagen, die für die weitere Erforschung des 17. Juni 1953 vielfältiges empirisches Material aufbereiteten.¹⁶

---

9 Vgl. Helmut Müller-Enbergs, Rudolf Herrnstadt: Fallstudie zur Rolle des Intellektuellen in der SBZ/DDR, Berlin (West) 1989; vgl auch: Uwe Klußmann, „Heraus mit der Sprache". Von Sowjets gefördert, von Ulbricht gefeuert: Rudolf Herrnstadt-Chefredakteur des „Neuen Deutschland" 1949-1953. In: deutsche studien, Lüneburg 1989.
10 Vgl. Angelika Klein: Die Arbeiterrevolte im Bezirk Halle. H.1-3, Potsdam 1993; Heidi Roth: Der 17. Juni 1953 in Sachsen. Mit einem einleitenden Kapitel von Karl Wilhelm Fricke. Köln/Weimar/Wien 1999.
11 Vgl. Eberhart Schulz: Zwischen Identifikation und Opposition. Köln 1995; Beate Ihme-Tuchel: Die DDR. Darmstadt 2002, S. 32-36.
12 Der Tag X – 17. Juni 1953. Die „Innere Staatsgründung" der DDR als Ergebnis der Krise 1952/54. Ilko-Sascha Kowalczuk, Armin Mitter, Stefan Wolle (Hg.). Berlin 1995, S. 129 -167.
13 Vgl. Norbert Moczarski: Der 17. Juni im Bezirk Suhl. Vorgeschichte, Verlauf und Nachwirkungen. In: Schatzkammer zwischen Rennsteig und Rhön. Zella-Mehlis/Meiningen 1993.
14 Vgl. Dieter Schulz: Der Weg in die Krise 1953. hefte zur ddr-geschichte, Heft 6, Berlin 1993.
15 Vgl. Kleßmann, Christoph/ Stöver, Bernd (Hg.): 1953 – Krisenjahr des Kalten Krieges in Europa. Köln/Weimar/Wien 1999.
16 Vgl. Torsten Diedrich: Der 17. Juni 1953 in der DDR. Berlin 1991; Manfred Hagen: Der 17. Juni '53. Die erste Volkserhebung im Stalinismus. Stuttgart 1992; Unabhängige Autorengemeinschaft: Spurensicherung. Zeitzeugen zum 17. Juni 1953. Mit dem Eisensee-Report „Funkstudio Stalinallee". Schkeuditz 1999.

Detailliert untersucht wurde die Rolle der Schriftsteller Bert Brecht, Johannes R. Becher und Arnold Zweig in der Juni-Krise 1953.[17] Allemal klar ist, dass die aktuell-politischen Wertungen, die in West und Ost im Kalten Krieg eine Rolle spielten, keine wissenschaftliche Tragfähigkeit hatten, auch wenn sie hier und da noch kolportiert werden. Die Wertung als „Volksaufstand" hatte im Westen dazu gedient, den 17. Juni als Feiertag zu begehen, was in der Öffentlichkeit immer mehr in Frage gestellt wurde. Mitte der 70er Jahre wurde der 17. Juni als Grundstein des KSZE-Gebäudes ausgedeutet. Nach der Wende wucherte der 17. Juni, wie Edgar Wolfrum schrieb, zu einem Großmythos empor, indem er als Vorbote der Wiedervereinigungsrevolution von 1990 hingestellt wurde. Die Erinnerung an den 17. Juni befinde sich weiterhin „im Klammergriff politischer Instrumentalisierungen."[18]

Der „Faschistische Putsch" oder aber die später vollzogene Abmilderung „konterrevolutionärer Putschversuch" waren Wertungen sowjetischer Besatzungsorgane und des SED-Politbüros, die die Geschichte des Landes im Jahre 1953 ausschließlich in den Beziehungsrahmen des Kalten Krieges stellten und die tatsächlich zu verzeichnende tiefe Gesellschaftskrise leugneten. Die marginale Aktivität faschistischer bzw. neonazistischer Kräfte am 17. Juni wurde zum entscheidenden Merkmal des historischen Vorgangs gestempelt und die Rolle der streikenden und demonstrierenden Arbeiter denunziert. Aus der Sicht der SED Führung waren diese Arbeiter „Irregeleitete". Die Unruhen bzw. großen Unruhen im Jahre 1953 hatten, wie die Archivquellen belegen, ihre Ursachen in einer falschen Politik. Die Krise war von SED und sowjetischen Besatzungsbehörden hausgemacht.

Als Ausgangspunkt ist danach zu fragen, ob der 1952 beschlossene Übergang zum planmäßigen Aufbau des Sozialismus wirklich den objektiven und subjektiven Bedingungen in der DDR entsprochen hatte?

Bestimmend für den Beschluss der 2. Parteikonferenz der SED im Juli 1952 waren nicht die inneren Entwicklungen in der DDR. Den Ausschlag gaben vielmehr wichtige Veränderungen in der Deutschlandpolitik der UdSSR nach den Weichenstellungen des General- und Deutschlandvertrages im Mai 1952.

---

17 Werner Mittenzwei: Das Leben des Bertolt Brecht oder Der Umgang mit den Welträtseln. 2. Band. Berlin 1986; Jens-Fietje Dwars: Abgrund des Widerspruchs. Das Leben des Johannes R. Becher. Berlin 1998; Wilhelm von Sternburg: „Um Deutschland geht es uns". Arnold Zweig. Die Biographie. Berlin 1998.
18 Edgar Wolfrum: Politik und Erinnerung – Die Folgewirkungen des 17. Juni 1953. In: Massenmedien und Zeitgeschichte. Herausgegeben von Jürgen Wilke. Konstanz 1999, S. 274.

Offenbar ging Jossif W. Stalin davon aus, dass mit dem EVG-Projekt, das bekanntlich im August 1954 in der Französischen Nationalversammlung scheiterte, bereits endgültige Entscheidungen im Sinne der Westintegration der Bundesrepublik gefallen seien und keine Chance mehr für eine Wiedervereinigung bestünde. Außerdem hatte das sowjetische Innenministerium einen Stab von 2 222 Bevollmächtigten zur Beratung des Regierungsapparates in der DDR bereit gestellt, der mit Amtsantritt von Berija als Innenminister auf 328 gekürzt worden und nach Berijas Verhaftung am 26. Juni auf 540 wieder erhöht worden war.[19] Sowjetische Berater in den Ministerien der DDR konnten selbständig operativ tätig sein. Sie hatten Kontroll- und Weisungsrecht. Stalin nutzte die hochgradige Abhängigkeit der SED-Führung und der DDR-Regierung, um die von ihm gezogenen Konsequenzen in die DDR hinein zu administrieren. Ungeachtet der Übertragung der SMAD-Verwaltungsfunktionen auf die staatliche Exekutive der DDR blieb diese auf allen Entscheidungsfeldern der Innen- und Außenpolitik an die Bestätigung durch die Sowjetische Kontrollkommission in Deutschland (SKK) gebunden. Der Hinweis auf diese hochgradige Abhängigkeit, einer so starken Einschränkung staatlicher Souveränität, darf andererseits nicht dazu dienen, SED-Führung und DDR-Regierung aus der Verantwortung für die falschen Weichenstellungen, die sie mitgetragen haben, zu entlassen.

Das Konzept für den Aufbau der Grundlagen des Sozialismus in der DDR wurde von Vertretern der SED-Führung und der SKK auf der Basis von Richtlinien aus Moskau gemeinsam ausgearbeitet.[20] Es wurde am 8. Juli 1952 vom Politbüro des ZK der KPdSU gebilligt und von der 2. Parteikonferenz beschlossen. Dieser Beschluss war nicht unproblematisch, ging er doch von der Möglichkeit des sozialistischen Aufbaus in einem Drittel oder Viertel Land (1/5 der deutschen Bevölkerung lebte in der DDR) aus. Er bedeutete, dass der

---

19 Vgl. Jan Foitzik: „Hart und konsequent ist der neue politische Kurs zu realisieren". Ein Dokument zur Politik der Sowjetunion gegenüber der DDR nach Berijas Verhaftung im Juni 1953, in: DeutschlandArchiv, 1/2000, S. 34/35.
20 Vgl. Günter Benser: Als der Aufbau des Sozialismus verkündet wurde. Eine Rückschau auf die II. Parteikonferenz der SED mit Dokumentenanhang. Hefte zur ddr-geschichte. Heft 75. Berlin 2002.

DDR als kleinem Land, das noch Reparationsleistungen zu erbringen hatte[21], erhebliche zusätzliche Belastungen aufgebürdet wurden:
- die Auflösung der Länder und Schaffung von Bezirken, um dem zentralistischen Dirigismus im Staatsaufbau zum Durchbruch zu verhelfen.
- Forcierung des Aufbaus einer DDR-eigenen Schwerindustrie
- Aufbau der Kasernierten Volkspolizei (KVP) als Vorstufe einer Armee, die nach Stalins Vorstellungen 30 Divisionen umfassen und mit Panzern und Artillerie ausgerüstet werden sollte.[22]
- Beginn der Kollektivierung der Landwirtschaft.

Dies aber waren Aufgaben, die die politischen, ökonomischen und sozialen Möglichkeiten der DDR überforderten. Die Überforderung steigerte sich noch im Herbst 1952. Nicht nur der Zeitplan war zu kurz bemessen, auch die Dimensionen der neuen Zielstellungen waren überhöht. Solange die DDR Reparationen in diesen Dimensionen zahlte, erschien vielen Bürgern der überstürzte Aufbau einer Armee deplaziert. Nichts wäre passiert, wenn die Frage der Armee erst einmal suspendiert worden wäre, da sich ja auch in der Bundesrepublik der Aufbau der Armee noch um einige Jahre verzögerte.

Im Oktober 1952 fand erstmals seit 1939 wieder ein Parteitag der KPdSU, der XIX. Parteitag, in Moskau statt. Auf einer kurz nach diesem Parteitag durchgeführten Plenartagung sprach, wie wir aus einer erst im Jahre 1989 veröffentlichten Mitschrift Konstantin Simonows wissen, als einziger Stalin.[23] Er warf erstmals die Frage danach auf, was nach seinem Tode kommen werde und gab zu erkennen, dass er mit einer unmittelbar bevorstehenden militärischen Auseinandersetzung zwischen den USA und der UdSSR rechne. Damit

---

21 Der Schweizer Historiker Jörg Fisch geht in seinem Buch „Reparationen nach dem Zweiten Weltkrieg", München 1992, davon aus, dass die Ostdeutschen zwischen 1945 bis 1953 sowohl absolut als auch pro Kopf der Bevölkerung die höchsten Reparationen aufbringen mussten, die je nach einem Krieg geleistet werden mussten. Wie kam es zu dieser Überbelastung mit Reparationen? Stalin hatte der Oder-Neiße-Grenze im Vergleich zu den Vorstellungen von Churchill und Roosevelt auf der Konferenz in Jalta einseitig einen anderen Verlauf gegeben. Er musste während der Potsdamer Konferenz, wenn er eine Bestätigung dieses Verlaufs wenigstens bis zur Friedenskonferenz erreichen wollte, einer Teilung in Reparationsgebiete zustimmen. Der Gedanke einer Teilung Deutschlands wurde dadurch für den Westen attraktiv gemacht, konnte doch auf diese Weise die Hauptreparationslast dem kleineren Deutschland aufgebürdet werden.
22 Vgl. Wladimir K. Wolkow: Die deutsche Frage aus Stalins Sicht (1947-1952). In: Zeitschrift für Geschichtswissenschaft, Berlin 2000, H. 1, S. 44/45.
23 Vgl. Konstantin Simonow, Mit den Augen eines Menschen meiner Generation. Nachdenken über Stalin. In: Sowjetliteratur, Moskau 1989, H. 6, S. 56.

überschätzte Stalin die akute Kriegsgefahr. Er glaubte klarer als andere in der KPDSU (B) – Führung die „tödliche Gefahr"[24] zu erkennen, die über allen schwebe. Durch die Moskauer Führungsetagen schwirrten böse Gerüchte über eine ausbrechende Geistesverwirrung. Stalin, der psychisch krank und voller Misstrauen war, hatte seine frühere Fähigkeit zur realen Lagebewertung offenbar weitgehend eingebüßt. Das sich nunmehr abzeichnende Ende des Koreakrieges musste nicht bedeuten, dass nun der Krieg in Europa ausbrechen würde, wie Stalin glaubte. Die sich nach Stalins Tod abzeichnenden vorsichtigen Entspannungstendenzen vom April und Mai 1953 mit der Perspektive neuer Drei- bzw. Viermächte-Verhandlungen und Waffenstillstandsverhandlungen in Panmunjon sollten dies bestätigen. Nichtsdestoweniger hatte angesichts der Machtfülle, die sich in der Hand von Generalissimus Stalin angehäuft hatte, diese Fehleinschätzung schwerwiegende Auswirkungen auf die DDR.[25]

Die vom 20.-22. November 1952 stattfindende 10. Plenartagung des ZK der SED legte die DDR noch stärker auf das sowjetischen Modell fest und fasste einen Beschluss, der auf eine „Beschleunigung" des sozialistischen Aufbaus[26] zielte. Für deren Notwendigkeit gab Ulbricht die Pseudobegründung, dass auf Grund der Gesetze der gesellschaftlichen Entwicklung „das, was gestern richtig war, heute bereits überholt und unrichtig" sei.[27] Das Charakteristische der gegenwärtigen Situation bestehe darin, dass sich der Klassenkampf verschärfe, behauptete Ulbricht. Auf sowjetischen Vorschlag beschloss die Tagung, für die Landesverteidigung zusätzlich 1,5 Milliarden Mark einzusetzen. Eine Aufstockung der Mittel für das Militär mussten auch andere europäische sozialistische Länder vornehmen. Das Programm der Sparsamkeit, das Finanzminister Willy Rumpf auf der Tagung begründete, sah vor:
– höhere Besitz- und Einkommenssteuern
– gezielte Preiserhöhungen („Preisregulierung"), ausgenommen Waren des Grundbedarfs

---

24 Ebenda, S. 59.
25 Vgl. Heinz Heitzer: Arbeiterprotest, Putsch oder Volksaufstand? Ursachen und Charakter des Juni-Konflikts 1953. In: Brüche, Krisen, Wendepunkte. Neubefragung von DDR-Geschichte. Leipzig, Jena, Berlin 1990, S. 129.
26 Später sollte mit dem Begriff des „beschleunigten sozialistischen Aufbaus" noch Politik betrieben werden, indem die sowjetische Seite den Begriff bereits der Zweiten Parteikonferenz zuordnete. So ließ sich die Grenze zwischen Rücknahme des „beschleunigten Aufbaus des Sozialismus" und der Rücknahme des Aufbaus der Grundlagen des Sozialismus überhaupt verwischen.
27 Walter Ulbricht: Lehren des XIX. Parteitages der KPdSU für den Aufbau des Sozialismus in der DDR, Berlin 1952, S. 54.

- Einsparungen in der volkseigenen Wirtschaft
- Reduzierung von Sozialausgaben und von Aufwendungen für die Kultur.

So entstand eine äußerst bedrohliche wirtschaftliche und politische Lage. Die DDR marschierte in eine gesamtgesellschaftliche Krise.

Auf diese Krise reagierte am empfindlichsten die Intelligenz, was in Analysen des Förderungsausschusses für die deutsche Intelligenz und der Akademie der Künste zu Beginn des Jahres 1953 reflektiert wurde. Am ausführlichsten befasste sich der Kulturbund mit dem Brodeln in der Intelligenz, der im März 1953 in den Bezirken eine Enquête über die Lage der Intelligenz anfertigen ließ[28] und der mit einer zentralen Intelligenz-Konferenz am 27. Mai 1953 zur entstandenen kritischen Situation Stellung nahm. In der Akademie der Künste und im Kulturbund wurden bis Anfang Juli Forderungen artikuliert, die nur in systemtranszendenten Reformen in Gänze durchführbar gewesen wären, was sie bis heute interessant macht. Auch im Staatssekretariat für Hochschulwesen entstand ein Vorschlag, der inhaltlich ähnlich ausgestaltet war. Der 17. Juni gab dem intellektuellen Bereich der DDR einen emanzipatorischen Impuls, der jedoch mit der Reetablierung Walter Ulbrichts unterdrückt wurde.

Eine Bemerkung sei noch zu zur Begriffsbedeutung Intellektuelle bzw. Intelligenz gestattet, da die 1953 gebräuchlichen Interpretationen von unserem heutigen Verständnis abweichen.

In der sozialistischen Utopie war der Platz der Intelligenz klar umrissen. Sie sollte neben der Klasse der Genossenschaftsbauern gleichberechtigter Bundesgenosse der Arbeiterklasse sein. Als anfangs sozial heterogene Schicht sollte sich ein sozialer Wandel zu einer sozial homogenen Schicht, dem gesellschaftlichen Gesamtarbeiter, vollziehen. Die alte, historisch entstandene gesellschaftliche Teilung der Menschen in körperlich und geistig Arbeitende sollte durch eine allmähliche Annäherung von Arbeitern, Bauern und Vertretern Intelligenz überwunden werden. Die künftige kommunistische Gesellschaft sollte sich durch soziale Homogenität auszeichnen.

Wenn die Sprache auf intellektuelle Eliten kommt, wird häufig mit den Begriffen „Intellektueller" bzw. „Intellektuelle" operiert. In den Lexika wird zu diesem Begriff lediglich ausgeführt, dass es sich bei Intellektuellen um

---

28 Nicht überliefert sind die Analysen der Bezirke Chemnitz und Rostock.

künstlerisch arbeitende Menschen bzw. um Kopfarbeiter handelt. Mitunter wird der Begriff Verstandesmensch genannt und – auch abwertend – gesagt, dass Intellektuelle das Denken auf das Rationale reduzieren.[29] Solche Erläuterungen ermöglichen noch nicht das Erfassen des Wesentlichen dieses sozialen Typus.

Werner Mittenzwei hob die beträchtliche Differenziertheit der Intellektuellen-Schicht hervor. Er meinte gar, von literarischen und technischen Intellektuellen sprechen zu dürfen.[30] Sind also Techniker und Ingenieure auch Intellektuelle?

Ganz klar nein, sofern es sich um deren Profession handelt. Unter Intellektuellen wird mehr als die bloße Profession verstanden, obgleich diese mit akademischer Ausbildung verknüpft ist. Josef A. Schumpeter kam einer Definition schon nahe, obwohl er beim Definitions-Versuch nach erfreulichem Beginn resigniert abbrach: „... sie (die Intellektuellen – d. Vf.) können nicht einfach definiert werden als die Gesamtsumme aller Menschen, die eine höhere Bildung genossen haben; das würde die wichtigsten Merkmale dieses Typus verwischen. Und doch ist jeder, der sie genossen hat – und abgesehen von Ausnahmefällen niemand, der sie nicht genossen hat – ein potentieller Intellektueller; und die Tatsache, dass ihr Geist stets auf ähnliche Weise abgerichtet ist, erleichtert ihnen das gegenseitige Verständnis und bildet ein gemeinsames Band. Es würde auch unserm Zwecke nicht dienen, wenn wir den Begriff mit der Zugehörigkeit zu den freien Berufen gleichsetzten; Ärzte und Advokaten zum Beispiel sind keine Intellektuellen im eigentlichen Sinne, es sei denn, sie sprechen oder schreiben über außerhalb ihrer beruflichen Zuständigkeit liegende Gegenstände, was sie ohne Zweifel oft tun, – namentlich die Advokaten. Und doch besteht eine enge Verbindung zwischen den Intellektuellen und den Berufen. Denn gewisse Berufe – besonders wenn wir den Journalismus dazu zählen – gehören in der Tat beinahe völlig zur Domäne des intellektuellen Typs; die Angehörigen aller Berufe haben die Möglichkeit, Intellektuelle zu werden; und viele Intellektuelle entschließen sich zu einem Beruf für ihren Lebensunterhalt. Schließlich, – eine Definition vermittels des Gegensatzes zur Handarbeit wäre viel zu weit."[31]

---

29 Vgl. CD Lexirom.
30 Werner Mittenzwei: Die Intellektuellen. Literatur und Politik in Ostdeutschland von 1945 bis 2000. Leipzig 2001.
31 Josef A. Schumpeter: Kapitalismus, Sozialismus und Demokratie. Bern 1946, S. 236/237.

Die Herausarbeitung des Unterschieds zur bloßen Berufsarbeit von akademisch Ausgebildeten zählt zu den Verdiensten Schumpeters. Heute werden Intellektuelle auch als geistig führende Gruppe in der Gesellschaft angesehen, die über eine hohe Abstraktionsfähigkeit und ausgeprägt kreative Fähigkeiten verfügt. Sprach Schumpeter den Intellektuellen noch die Rolle des „gesellschaftlichen Störenfrieds" zu, so gilt das heute hauptsächlich in dem Sinne, dass sie sich mit der gesellschaftlichen Entwicklung kritisch auseinander setzen und auf Probleme der Gesellschaft hinweisen. Als Gesellschafts- und Kulturkritiker unterscheiden sich Intellektuelle von den Experten, „die ihr Wissen unterschiedlichen, aber vor allem den herrschenden gesellschaftlichen Kräften zur Verfügung stellen und den lediglich kulturell konsumierenden Gebildeten."[32] M. Rainer Lepsius und Wolfgang Jäger schlugen vor, in der DDR lieber nicht von Intellektuellen zu sprechen, dafür ihrem Selbstverständnis gemäß von Intelligenz. Diese Sicht ist interessant. Jedoch zeugt die Meinung dieser Autoren, dass sich die Intelligenz der DDR außerhalb der intellektuellen Tradition gestellt habe, weil sie für die sozialistische Utopie Partei ergriffen hätte[33], von unzulässiger Einengung. Das würde außerdem dem Selbstverständnis vieler Intellektueller der DDR widersprechen. Es genügt ein Blick in die Protokolle der Präsidialratstagungen des Kulturbundes, um sich davon zu überzeugen, dass der Begriff „Intellektuelle" häufig verwandt wurde. Diejenigen, die unkritisch den Parteivorgaben der SED folgten und Reformkonzepte Oppositioneller missachteten, wird heute wohl niemand als Intellektuelle bezeichnen wollen. Solche Vertreter waren eher Ideologen oder Propagandisten. Dennoch ist die Sicht interessant und praktikabel, hinsichtlich der DDR von Vertretern der Intelligenz zu sprechen, wenn immer auch in Kauf zu nehmen ist, dass es zwischen den Begriffen „Intellektuelle" und „Intelligenz" keine Deckungsgleichheit gibt. Im Widerspruch dazu wurden in der DDR diese Begriffe häufig synonym gebraucht.

---

32 „Intellektuelle" Microsoft® Encarta® 99 Enzyklopädie.©1993-1998. Microsoft Corporation.
33 Vgl. M. Rainer Lepsius: Kritik als Beruf. Zur Soziologie der Intellektuellen. In: Kölner Zeitschrift für Soziologie und Sozialpsychologie 16 (1964). S.75-91; Wolfgang Jäger: Die Überwindung der Teilung. Stuttgart 1998, S. 357.

III. Intellektuelle im Krisenjahr 1953

1. Entstehung und Eskalation der Krise

Am 15. Juli 1952 befasste sich der Präsidialrat des Kulturbundes mit den Konsequenzen der Beschlüsse der II. Parteikonferenz für die Tätigkeit des Kulturbundes. Johannes R. Becher erklärte, dass er in diesem Zusammenhang ein Referat nicht für erforderlich halte. Der Präsidialrat könne sich dazu eine Position auch in einer Aussprache erarbeiten. Nachdem er sich für eine Hebung des weltanschaulichen Niveaus und die stärkere Propaganda der Kulturleistungen der UdSSR ausgesprochen hatte, schlug er vor, gemeinsam mit der Akademie der Künste, eine kulturpolitische Akademie zu gründen. Es gäbe schon eine Reihe von Kulturhäusern in der DDR, jedoch fehle es an Kulturdirektoren, die verantwortlich leiten könnten: „Wir müssen herauskommen aus dem Dilettantismus der Kulturfunktionäre."[1] Dies könne keine Parteischule der SED, der Liberaldemokraten, der Nationaldemokraten und der CDU leisten. Der bisherige Funktionärstyp sei der eines „Besserwissers", der alles und leider dann meistens doch sehr wenig wisse. Gefragt aber sei Fach- und Sachkenntnis.

Eine wichtige Aufgabe für den Kulturbund bestehe darin, durch die Sammlung der Intelligenz ein neues Gesicht zu bekommen. Das gelte vor allem für die Heimatfreunde. Im Kulturbund gäbe es mit den Natur- und Heimatfreunden eine große Bewegung, die man jedoch für antiquiert halten kann. Da sei noch überall ein bisschen zu korrigieren, ein bisschen „Schmetterlingsnetz und Botanisiertrommel". Die Perspektive liege in der Naturforschung. Natur sei mit dem Blick auf Veränderung zu betrachten und deshalb sei ein Blick auf Mitschurin[2] erforderlich. Von wissenschaftlicher Seite müssten den Natur- und Heimatfreunden neue Inhalte gegeben werden.

---

[1] SAPMO-BArch, DY 27/915, Bl. 6.
[2] Auf den Tierzüchter I. W. Mitschurin berief sich der von Jossif W. Stalin geförderte Scharlatan Trofim D. Lyssenko. Becher ging es mit dem Stichwort ganz in Kongruenz mit dem herrschenden Zeitgeist um die Politisierung der Natur- und Heimatfreunde.

RÄTSELSPASS

Lösen Sie dieses japanische Zahlenrätsel:
Füllen Sie die Felder so aus, dass jede waagerechte Zeile, jede senkrechte Spalte und jedes 3-x-3-Quadrat die Zahlen 1 bis 9 nur je einmal enthält.

3		5	2					
		2		4	6	5		
1				5	3	9		2
			4		2	1		5
			3		5			
9	5	4			7			
5		3						4
			5	2	4	6		
				3	9	8	5	1

RTL

- 7.00 Unter uns (Wh.)
- 7.30 GZSZ (Wh.)
- 8.05 Teleshoppingsendung
- 8.10 RTL Shop
- 9.00 Punkt 9
- 9.30 Alles, was zählt (Wh.)
- 10.00 Mein Baby
- 10.30 Meine Hochzeit
- 11.00 Einsatz in 4 Wänden
- 11.30 Unsere erste gemeinsame Wohnung
- 12.00 Punkt 12
- 13.00 Oliver Geissen Show
- 14.00 Das Strafgericht
- 15.00 Das Familiengericht
- 16.00 Das Jugendgericht
- 17.00 Unsere erste gemeinsame Wohnung
- 17.30 Unter uns
- 18.00 Explosiv
- 18.30 Exclusiv
- 18.45 RTL aktuell
- 19.05 Alles, was zählt
- 19.40 GZSZ

20.15 Doku-Soap

- 20.15 Die Super Nanny
  Doku-Soap mit Katharina Saalfrank. Daniel hebt mittels einer gefälschten Unterschrift Geld vom Konto seiner Mutter ab. Wegen mehrerer Vergehen wurden ihm bereits 30 Sozialstunden aufgebrummt. Die Nanny soll helfen.
- 21.15 Einsatz in vier Wänden – Spezial
  Moderation: Tine Wittler

SAT.1

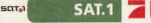

- 5.30 Frühstücksfernsehen
- 9.00 Shop TV
- 10.00 Schmetterlinge im Bauch (Wh.)
- 10.30 Verliebt in Berlin (Wh.)
- 11.00 Sat.1 am Mittag
- 12.00 Richter Alexander Hold
- 13.00 Britt Talk-Show
- 14.00 Zwei bei Kallwass
- 15.00 Barbara Salesch
- 16.00 Lenßen & Partner
- 16.28 Sat.1 News
- 16.30 Niedrig und Kuhnt – Kommissare ermitteln
- 17.00 Niedrig und Kuhnt – Kommissare ermitteln
- 17.30 Sat.1 am Abend
- 18.00 Blitz Boulevardmagazin
- 18.27 Wetter
- 18.30 Sat.1 News
- 18.45 Schmetterlinge im Bauch Telenovela
- 19.15 Verliebt in Berlin
- 19.45 K 11 Doku-Reihe

20.15 Unterhaltung

- 20.15 Clever – Die Show, die Wissen schafft (5)
  Gäste: Antje Pakusch, Ralf Bradhering. Wigald Boning (Foto) geht u. a. der spannenden Frage nach, ob man ein Segelboot mit einem Fön antreiben kann. Ein echtes Boot und ein Mega-Haartrockner sollen Aufklärung bringen.
- 21.15 Der Bulle von Tölz
  Krimi, D/A 2005.

ProSieben

- 5.15 taff (Wh.)
- 6.00 Das Auktionshaus
- 7.05 Galileo (Wh.)
- 8.05 Do It Yourself – S.O.S.
- 9.00 Das Geständnis – Heute sage ich alles
- 10.00 Frank – der Weddingplaner (Wh.)
- 11.00 talk talk talk Highlights der Woche
- 12.00 Avenzio Magazin
- 13.00 SAM Boulevardmagazin
- 14.00 We Are Family! So lebt Deutschland
- 15.00 Frank – der Weddingplaner Doku-Soap
- 16.00 Charmed Mystery-Serie
- 17.00 taff Boulevardmagazin
- 18.00 Die Simpsons
- 18.30 Die Simpsons
- 19.00 Galileo Magazin mit Daniel Aminati

20.15 Actionthriller

- 20.00 Newstime
- 20.15 Speed
  ★★★ Actionthriller, USA 1994. Mit Keanu Reeves, Sandra Bullock, Dennis Hopper. R: Jan de Bont. Bombenleger Payne deponiert in einem vollen Linienbus einen Sprengsatz. Fährt dieser langsamer als 50 Meilen pro Stunde, so detoniert die Bombe. Cop Jack (Keanu Reeves)

1.1. Die Vergrämung der Techniker und Ingenieure

Im 2. Tagesordnungspunkt ging es um die Aufgaben des Kulturbundes unter der technischen Intelligenz. Die einleitenden Referate hielten der Präsident der Kammer der Technik (KdT), Heinrich Franck, und der Leiter des Büros des Förderungsausschusses für die deutsche Intelligenz, Walter Freund. Beide Referenten gingen unverblümt auf Schwachpunkte der technischen Intelligenz ein.

Für Frank zeigten sich in der neuen Intelligenz, die mit der Aktivisten- und Rationalisatorenbewegung verbunden war, bereits die neuen Merkmale der Intelligenz in der Phase des Aufbaus der Grundlagen des Sozialismus. Hingegen verharre die alte Intelligenz noch isoliert im Elfenbeinturm. Der Kulturbund müsse sich darum bemühen, die alte Intelligenz aus der Isolierung herauszuholen. Mit der Verordnung über die Erhöhung der Gehälter für Wissenschaftler, Ingenieure und Techniker vom 28. Juni 1952 (GBl. II 1952 Nr. 84 S. 510) habe die Regierung dafür gute Voraussetzungen geschaffen. Diese materielle Seite sei für die Techniker und Ingenieure schon nicht mehr das Problem. Sie hätten aber andere Wünsche. Dies sei ein sehr schwieriges Kapitel – eine begriffliche Zusammenfassung sei kaum möglich oder aber sehr diffizil. Der Förderungsausschuss habe in seinem Bericht das Wort „Vergrämung" geprägt: „Es gibt einzelne Menschen unter dieser Intelligenz, die mit dem, was ihnen gegeben ist, nicht zufrieden sind und (die) in diesen Sinne vergrämt sind. Ich habe neulich schon darauf hingewiesen, dass zu dieser Vergrämung in vielen Fällen das Auftreten und die unziemliche Behandlung durch subalterne Instanzen führt. Das haben wir bis in die höchsten Instanzen unserer Regierung und Partei. Was ihnen durch einzelne Redner des Kulturbundes, die in die Länder gehen, gesagt wird, das hören sie zwar und nehmen es gern auf, aber sie vergleichen es dann mit dem, was ihnen konkret in der Gemeinde, auf der Polizei und bei anderen Instanzen passiert ist und sie müssen dann feststellen, dass zwar die materielle Berücksichtigung ihrer Lebensforderungen erfüllt ist, dass aber die menschliche Behandlung dem nicht entspricht, wie man das erwarten kann, wenn im Mittelpunkt der Mensch steht."[3]

Frank demonstrierte an einem Beispiel, was er meinte. Am 5. Juli 1952 nahm er auf Einladung von Minister Fritz Selbmann an einer Bergarbeitertagung in Leipzig teil. Die Einladung war an ihn in seiner Funktion als Präsident der

---
[3] SAPMO-BArch, DY 27/915, Bl.19.

Kammer der Technik gerichtet worden. Frank hob hervor, dass er nicht unbedingt darauf versessen sei, im Präsidium solch einer Veranstaltung Platz zu nehmen. Auf seiner Einladung sei als Platz angegeben gewesen: Präsidiumsempore, letzte Reihe, letzter Platz. Im Publikum saßen auch die Nationalpreisträger Georg Bilkenroth und Erich Rammler. Nach der Veranstaltung fand ein Essen im Großen Saal des Hotels International statt. Da er im Großen Saal keinen Platz mehr gefunden habe, setzte er sich gemeinsam mit Bilkenroth und Rammler in den kleinen Saal und unterhielt sich mit ihnen über die Herstellung von Koks in Hüttenbetrieben. Techniker könnten sich über alles trösten, wenn sie über ihren Beruf sprechen. Nachdem das Essen beim Eis angelangt war, erschien der Staatssekretär und sagte: „Entschuldigen Sie, wir haben einen großen Fehler begangen, wir haben die technische Intelligenz vergessen, bitte nehmen Sie im großen Saal Platz."[4] Selbmann, dem davon Mitteilung gemacht wurde, fühlte sich bemüßigt, den Fehler einzuräumen und die Gäste zu begrüßen. Er begrüßte Bilkenroth und Rammler und vergaß den Präsidenten der Kammer der Technik, was Frank mit den Worten kommentierte: „Dieses Beispiel beweist Ihnen, wie eine Vergrämung entsteht. Was hat es für einen Sinn, an allen Stellen zu erklären, ohne die technische Intelligenz können wir unseren Kampf nicht gewinnen und man hat nicht einmal die einfachsten gesellschaftlichen Manieren, um die Gäste richtig zu behandeln."[5]

Frank behauptete, dass er hundert solche Beispiele anführen könne. Über die Fehler, die bei der Erteilung von Interzonenpässen gemacht würden, möchte er sich nicht weiter ausbreiten, sich aber bei der zuständigen Referentin dafür entschuldigen, dass er dafür das Wort „Saustall" benutzt habe. Dieses Wort habe er dann in „Schweinehütte"[6] abgemildert. Die alte Intelligenz habe einen Panzer um sich gelegt, der mit den Worten „Ich will mit Politik nichts zu tun haben" umschrieben werden kann. Sie zu gewinnen, sei nicht einfach. Aussprachen im Kreise von 15 bis 45 Menschen seien fruchtbarer als Großveranstaltungen mit 1 500 Menschen. Die junge Intelligenz habe nichts desto weniger auch ein Manko, ihr fehle die kulturpolitische Erziehung. Oft fange dies schon bei der Beherrschung der deutschen Sprache an.

---

4 Ebenda, Bl. 18.
5 Ebenda.
6 Der Begriff „Schweinehütte" war in dieser Zeit positiv besetzt, weil der Bau solcher Art von Schweineställen nach dem Vorbild der sowjetischen Landwirtschaft gerade propagiert wurde. Die Schweinehütten bewährten sich allerdings nicht. Bald wurde über Schweinehütten nicht mehr oder nur noch mit einem Schmunzeln gesprochen.

Im Staatssekretariat für Hochschulwesen habe er an einer Debatte um das politische Studium teilgenommen. An einigen Universitäten würden Einwände gegen das gesellschaftswissenschaftliche Grundstudium erhoben. Dieses Studium würde doch ziemlich defensiv begonnen. Er selbst habe schon vier Gesellschaftssysteme erlebt, und in jedem seien die Studenten auch politisch erzogen worden. Auch Technikern und Mathematikern schade es nicht, meinte Franck, wenn sie über Staat und Gesellschaft Bescheid wüssten.

Walter Freund ging davon aus, dass Techniker und Ingenieure die Anerkennung der fachlichen Qualität zum Ausgangspunkt ihres Verhaltens machten. Diesem Kriterium habe das Kommuniqué der SED zur technischen Intelligenz vom 26.4.1951 (und 1. Mai 1952) entsprochen.[7] Hohe Anerkennung bei der technischen Intelligenz fände die gesamtdeutsche Politik der DDR. Andererseits seien Verhaftungen von Ingenieuren sehr schädlich und würden den Störern des friedlichen Aufbaus direkt helfen. Walter Ulbricht habe bereits auf dem III. Parteitag der SED vor feindlichen Stellungnahmen gegen die technische Intelligenz gewarnt. Die Hintermänner seien festzustellen und alle Angebote zu melden, die der technischen Intelligenz gemacht werden, damit den Agenten ein für alle Mal das Handwerk gelegt werden könne.[8]

Gegen das sektiererische Verhalten müsse vorgegangen werden. Bei Abschluss der Einzelverträge werde häufig viel zugesagt, dann aber nicht eingehalten: „Wenn man dort verspricht in einem bestimmten Paragraphen, das Kind des Angehörigen der technischen Intelligenz erhält die von seinen Eltern gewünschte Ausbildung und auch die Voraussetzungen in diesem Sinne vorhanden sind und das Kind kann doch nicht studieren, dann ist das für die technische Intelligenz unverständlich."[9]

§ 36 der Verfassung der DDR bestimme einerseits Schulgeldfreiheit, draußen im Lande aber werde Schulgeld kassiert. Das führe zu Unzufriedenheit bei der technischen Intelligenz. Ausführlich ging Freund auf die entstandene Rechtsunsicherheit ein: „Nehmen wir die Frage der Verhaftungen. Wir haben einen Artikel der Verfassung, der festlegt, was zu geschehen hat, wenn ein Bürger verhaftet wird: innerhalb von 48 Stunden Haftbefehl sind die Angehörigen zu verständigen, er darf schreiben, an wen er will, darf besucht wer-

---

7 Vgl. Weitere Maßnahmen zur Verbesserung der Lage der Arbeiter und der Intelligenz (29. April 1952). In: Dokumente der SED. Bd. IV. Berlin 1954, S. 37/38.
8 Vgl. Walter Ulbricht: Der Fünfjahrplan und die Perspektiven der Volkswirtschaft. In: Protokoll des III. Parteitages der SED 20. bis 24. Juli 1950 in der Werner-Seelenbinder-Halle zu Berlin 1.-3. Verhandlungstag. Berlin 1951, S. 404/405.
9 SAPMO BArch, DY 27/915, ebenda, Bl. 27.

den, darf Päckchen kriegen usw. Meyer wird verhaftet, damit ist es aus. Die Frau, die Mutter, erfahren nichts. Gilt der Artikel oder nicht bei uns im Lande? Das ist die Frage, die die technische Intelligenz stellt. Die Dinge sind anders, wenn die Besatzungsmacht den Befehl gibt, Meyer zu verhaften, dann gilt sowjetisches Recht. Das ist die Möglichkeit, wie wir haben, die Dinge zu erklären."[10]

Mit einem Zwischenruf meldete der stellvertretende Ministerpräsident Dr. Lothar Bolz Widerspruch an. In der Frage der Verhaftungen alles auf die Besatzungsmacht zu schieben, sei keine gute Möglichkeit.

Freund lenkte sofort ein. In einer Reihe von Betrieben sei jetzt gerade dieses Problem aufgetreten, und die sowjetische Generaldirektion habe die Hintergründe aufgeklärt. In einem Fall der technischen Intelligenz habe es sich um einen „ganz schmutzigen Agenten der Amerikaner"[11] gehandelt. Aber bei weitem nicht immer könne eine Aufklärung erreicht werden. In dieser Frage sei eine Veränderung überfällig: „Alle Angehörigen der technischen Intelligenz verstehen es, dass man am Berliner Ring kontrolliert, dafür hat jeder Verständnis, aber die Art und Weise, wie das geschieht, ist das, was kritisiert wird. Wir haben in allen Fällen helfen können, die uns bekannt sind im Förderausschuss, indem wir die Methoden abändern mit Hilfe von Freunden im Innenministerium, bei der Volkspolizei usw."[12]

Aufgabe des Kulturbundes sei es, qualifizierte Gespräche mit der technischen Intelligenz zu führen. Dabei müssten die tatsächlich brennenden Fragen behandelt werden, und nicht solche nebengeordneten Fragen, ob einer die 30 qm Dachpappe, die er bestellt hat, auch bekam. Zu den akuten Fragen zähle vor allem die Wohnungsknappheit. Diese Frage werde noch lange eine Rolle spielen, auch bei Ärzten und Künstlern.

Den Kulturbund bat Freund um qualifizierte Kräfte für kulturelle Veranstaltungen der technischen Intelligenz. In Industrieschwerpunkten müsse für gute Konzerte und Theateraufführungen gesorgt werden. Ein besonderes Problem stelle sich hinsichtlich der nationalen Verteidigung. In zahlreichen Diskussionen mit Technikern und Ingenieuren in Betrieben sei er auf drei Argumente gestoßen:

– Wozu nationale Verteidigung, das habe bis zum 9. Mai 1945 die hervorragende Rote Armee besorgt, sie soll dies weitermachen.

---

10 Ebenda, Bl. 28.
11 Ebenda.
12 Ebenda. Bl. 27.

– Das Schrecklichste auf der Welt sei der Bruderkrieg. Wenn erforderlich, sollte sich die DDR kampflos von den „Amis und Adenauer" besetzen lassen.
– Die Schweiz und Schweden hätten seit Jahrhunderten Kriege von ihren Landesgrenzen ferngehalten. Auch die DDR könne durch eine geschickte Neutralitätspolitik diese Frage lösen.

Diese Argumente seien typisch für die technische Intelligenz. Vor allem in kleinen Aussprachen sollte ermittelt werden, wo „unsere Freunde aus Kreisen der technischen Intelligenz der Schuh drückt."[13] Die Ergebnisse solcher Aussprachen habe der Förderungsausschuss an die Regierung herangetragen.

Bolz widersprach erneut. Die in der Verfassung fixierte Schulgeld- und Lehrmittelfreiheit koste enormes Geld: „Wenn 1950 die Hälfte der Schulkinder Schulgeld bezahlen musste, sind es 1951 nur noch 40 Prozent, 1952 nur noch 30 Prozent, 1953 20 Prozent, 1954 10 Prozent und 1955 erledigt sich die Schulgeldfrage ohne weiteres, die Frage der Lernmittel wird uns noch größere Kopfschmerzen machen."[14] Zu den Verhaftungen wandte Bolz ein, dass man Mitgliedern der „Kampfgruppe gegen Unmenschlichkeit" nicht die Rechte der Verfassung einräumen dürfe. Der Zweck der Untersuchung dürfe nicht gefährdet werden. Dies stehe in jedem Gerichtsverfassungsgesetz. Es seien in dieser Beziehung genügend Erfahrungen in der Weimarer Zeit gesammelt worden. Bolz gestand aber ein: „Ich gebe zu, dass von den Organen, die sich mit den Dingen befassen, zu oft Gebrauch gemacht wird [...] Der Grund ist in der Unerfahrenheit in der Abwicklung der Dinge zu suchen, weil der Gegner zu raffiniert arbeitet."[15] Die Einwände, die in Sachsen zur Aufstellung nationaler Streitkräfte gemacht würden, seien allgemein bekannt. Diese Einwände hätten alle eine gemeinsame Wurzel, „die Unlust das zu verteidigen, was es in unserer Republik gibt oder aber der Unglaube an die Möglichkeit, es zu verteidigen"[16]. Nach zwei Kriegskatastrophen könne sich ein Volk nicht ohne weiteres für die Aufstellung nationaler Streitkräfte begeistern. Aber es dürfe nicht vergessen werden, dass das deutsche Volk Kriege nicht nur verloren hatte. Kriege für die Freiheit habe das Volk 1813 bis 1815 gemeinsam mit dem russischen Volk geführt und gewonnen. Dies sei eine Garantie dafür, dass der Frieden erhalten werden kann. Die große Aufgabe der Intelligenz

---
13 Ebenda, Bl. 26.
14 Ebenda, Bl. 33.
15 Ebenda.
16 Ebenda, Bl. 34.

bestehe darin, die Menschen mit Liebe und Stolz auf die nationalen Streitkräfte zu erfüllen: „Wir sollen unserer Intelligenz die Aufgabe stellen, aus unserer Geschichte die Dichtung und die Tonkunst und den Tanz so (zu) schaffen, sie (zu) erneuern und (zu) ergänzen, dass sie die Notwendigkeit der Verteidigung unserer Heimat dem Herzen unseres Volkes nahe bringt."[17]

Frank räumte ein, dass das angeführte Beispiel im Zusammenhang mit den Verhaftungen für den Sinn der Ausführungen von Bolz gesprochen habe. Leider seien nicht alle praktischen Bespiele so. Er könne ein Gegenbeispiel anführen. Der deutsche Generaldirektor des größten keramischen Unternehmens der DDR, das bis vor kurzem noch eine SAG gewesen war, habe einen Sohn, der in Jena studiere. Dieser war am Wochenende nach Hause gekommen. Das Polizeirevier rief an. Kommilitonen von ihm wollten ihn sprechen. Er möge das Polizeirevier aufsuchen. Er ging hin und kam nicht wieder. Sein Vater wurde nicht informiert. Erst nach 1½ Tagen kam der Vater mit der entsprechenden Stelle ins Gespräch und nach langer Zeit erfuhr er, wo sich der Sohn aufhielt. Der Sohn kam später wieder frei, weil nichts gegen ihn vorlag. Auch der Schwiegersohn des Generaldirektors wurde verhaftet und später freigelassen. Der Generaldirektor sei so verängstigt worden, dass er, ohne etwas mitzunehmen, mit seiner Frau in den Westen ging.

Frank polemisierte nicht dagegen, dass ein Übeltäter, der unter Verdacht der Übeltat steht, verhaftet werden muss. Er forderte aber, das „dies in geeigneter, unserer Kultur entsprechender Form" geschieht, „wobei selbstverständlich Schutzmaßnahmen gegen eine Verdunkelung notwendig sind, nicht dass die Angehörigen dasitzen und keine Nachricht haben".[18] Nicht alle solche Fälle dürften auf die sowjetische Besatzungsmacht abgeschoben werden. Dies sei nur in seltenen Fällen der Fall: „Es ist unsere Polizei, die in falschem Machtbewusstsein sich so verhält, das sich auswirkt in mangelhafter Behandlung des einzelnen Menschen."[19] Auf das Kernproblem, dass die DDR sich sowjetischem Rechtsverständnis unterordnete und dieses Recht für vorbildlich hielt, ging niemand ein. Ein sozialistisches Recht hätte aber gerade erfordert, mit den in der Sowjetunion üblichen Praktiken zu brechen. Dies war offenbar zu Stalins Lebzeiten und unter sowjetischer Besatzung nicht möglich.

Auch Alexander Abusch polemisierte gegen Frank, allerdings bezog er sich auf ein anderes Problem. Frank habe schon vor Wochen behauptet, dass die

---

17 Ebenda, Bl. 36.
18 Ebenda, Bl. 42.
19 Ebenda, Bl. 43.

technische Intelligenz Sachsen-Anhalts in der Frage eines eigenen Speisesaals weiter sei, als allgemein angenommen werde. Auf Grund des Überblicks über die Situation in allen Ländern, könne er versichern, dass Frank irre: „Die technische Intelligenz ist nicht weiter, sie verzichtet auf den Speisesaal, weil sie zurückweicht vor falschen Stimmungen in der Arbeiterschaft." (Protokollvermerk: „Zustimmung unter den Präsidialratsmitgliedern.")[20] In den Betrieben herrschten allgemein noch starke antiintellektuelle Stimmungen. Aus der Erfahrung im Wilhelminischen Staat und in der Weimarer Republik würde die Intelligenz noch immer in der Tradition gesehen, dass sie im Dienst der Unternehmer die Ausbeutung der Arbeiter unterstützt. Diese Kluft von damals sei in den Betrieben noch immer vorhanden. Vor allem Gewerkschaftsfunktionäre schürten einen antiintellektuellen Kurs in den Betrieben.

Aufgabe des Kulturbundes sei es, in wichtige Schwerpunktbetriebe zu gehen und mit der Intelligenz zu diskutieren: „Nehmen wir uns den Waggonbau Weimar vor im kommenden Herbst und noch ein oder zwei andere Betriebe, bei denen etwas Ähnliches ist. Treten wir in Diskussionen ein mit der Intelligenz, treten wir bei der Arbeiterschaft auf und gehen wir in die Arbeiterschaft hinein, organisieren wir kulturelle Veranstaltungen."[21]

Für den Austausch der wissenschaftlichen Meinungen müsse der Kulturbund mehr tun. Gerade die technische Intelligenz und die Ärzte im Kulturbund spielten in dieser Hinsicht eine wachsende Rolle.

Abusch stellte sich hinter die einführenden Bemerkungen Bechers, dass der Kulturbund noch nicht alle Konsequenzen überschauen könne, die sich aus dem planmäßigen Aufbau des Sozialismus in der DDR ergäben. Definitiv unterstrich er Bechers Feststellung, dass nicht die Aufgabe bestehe, „den Kulturbund umzubenennen in Kulturbund für sozialistische Kultur"[22]. Nach wie vor stehe der Kampf um die Einheit des Vaterlandes und die Einheit der deutschen Kultur auf der Tagesordnung. Der Kulturbund habe zwei Aufgaben, den Aufbau des Sozialismus in der DDR und die gesamtdeutschen Aufgaben für Einheit und demokratische Erneuerung.

Dafür habe der Präsidialrat erst noch ein Arbeitsprogramm zu erarbeiten.[23] Vorerst stehe der Kulturbund vor der Aufgabe, sich in Übereinstimmung mit der Reorganisation der Verwaltung in der DDR strukturell zu verändern. An

---

20 Ebenda, Bl. 38.
21 Ebenda, Bl. 39.
22 Ebenda, Bl. 40.
23 Die Richtlinien für die Arbeit des Kulturbundes beim Aufbau des Sozialismus beschloss der Präsidialrat des Kulturbundes am 26. September 1952.

die Stelle eines Landesvorsitzenden kämen drei Bezirksvorsitzende, bezogen auf die ganze Republik seien es 15. Die große Zahl der 210 Kreise überbeanspruche den Kulturbund. Er könne aus Geldmangel nicht alle Kreise mit Sekretären besetzen. Kreissekretariate würden in erster Linie dort eingerichtet, wo sich die Intelligenz konzentriere. Diese Umstellung, die der Kulturbund nicht vermeiden könne, müsse für eine Neubelebung der Kulturbundarbeit genutzt werden.

Am 25. Oktober 1952 tagte der Deutsche Kulturtag, ein Gremium von Wissenschaftlern und Künstlern aus beiden deutschen Staaten, in Bayreuth. Er verabschiedete einen Aufruf an alle Geistesschaffenden „Wir wollen eine Gemeinschaft bilden ..."

Es ging schon nicht mehr nett zu im deutsch-deutschen Verhältnis. Der namhafte Germanist Hans Mayer berichtete über die Bayreuther Tagung: „Am 29. Oktober 1952 entgingen Becher und auch ich knapp einer Verhaftung durch die Bayreuther Polizei, die Anweisung aus München erhalten hatte. Wir waren auf gemeinsame Einladung von Becher – damals noch kein Regierungsmann – und dem Münchner Ordinarius Karl Saller, einem Anthropologen, zu einem ‚Deutschen Kulturtag' eingeladen worden. Warum Bayreuth? Es lag günstig. Außerdem Jean Paul. Bei der Ankunft erfuhren wir von dem Verbot und machten uns sogleich auf den Weg nach München. Die Zurückbleibenden, darunter der Präsident der Akademie der Wissenschaften der DDR, ein allgemein angesehener Gelehrter, wurden eingesperrt und anschließend abgeschoben. ‚Deutsche an einen Tisch!'"[24] Becher, der im Präsidialrat über die Bayreuther Tagung berichtete, sah eher Anlass für eine Selbstkritik, die es in sich hatte. Die entscheidende Frage nach der großen kulturpolitischen Linie habe nicht beantwortet werden können. In den letzten Jahren habe das Vermögen gefehlt, große Probleme zu stellen, die sowohl für die DDR wie auch für Gesamtdeutschland Geltung hätten: „Wir sind etwas reichlich abgesunken von der großen Begeisterung, mit der wir den Kulturbund als einen Kulturbund ‚zur demokratischen Erneuerung Deutschlands' gegründet haben, und haben uns in sehr vielen Alltagsfragen verloren. Das bedeutet nicht, dass nicht diese Alltagsarbeit gemacht werden muss. Aber wir als zentrale Leitung, als Präsidialrat haben nicht verstanden, diese Arbeit zusammenzufassen, dieser Arbeit einen höheren kulturell-politischen Sinn zu geben und auf diese Weise wieder unsere Freunde unten, die in der Alltagsarbeit

---

24 Hans Mayer: Der Turm von Babel. Erinnerung an eine Deutsche Demokratische Republik. Frankfurt/Main 1991, S. 132/133.

stecken, zu unterstützen. Unsere Freunde unten haben doch sehr oft das Gefühl gehabt, sie stehen irgendwie abseits auf verlorenem Posten, und wir haben es eben nicht verstanden, diese großen Fragen vor der ganzen Öffentlichkeit der Deutschen Demokratischen Republik zu entwickeln."[25]

Und Becher verstand es, zwischen den Zeilen zu sagen, was ihm in der DDR als Defizit erscheint: „Wir hatten vor, in Bayreuth das Grundprinzip des Kulturbundes zur demokratischen Erneuerung Deutschlands darzulegen, welches darin besteht – was für uns hier intern für die DDR ebenso wichtig ist –, dass nur mit einer geistigen Auseinandersetzung Probleme erörtert und geklärt werden dürfen, dass es unsere Überzeugung ist, dass Menschen mit Menschen über alles sprechen können, ohne dass sie zum Schlagring bzw. zu Panzerdivisionen und Atomwaffen greifen müssen. Das hat auch für uns hier eine Bedeutung. Wenn wir von einer Sammlung der Intelligenz sprechen, dürfen wir nie außer acht lassen, dass wir uns geistig auseinandersetzen müssen."[26]

Becher verdeutlichte an einem Beispiel, worum es ihm ging. An irgendeiner Schule sei er von einer Genossin gefragt worden, ob er gegenüber auch der Dichtung auf dem Standpunkt des Marxismus-Leninismus stehe. Er habe bejaht und fragte genauso zurück. Sie erklärte, selbstverständlich, denn sie sei eine ältere Genossin. Dann fragte Becher, welcher Dichtung sie so gegenüberstehe, was sie von der Dichtung wisse, der gegenüber sie auf dem Standpunkt des Marxismus-Leninismus stehe. Darauf antwortete sie, dass sie sich damit noch nicht beschäftigt habe. Das Auditorium reagierte mit Heiterkeit. Schließlich sagte Becher, worauf er eigentlich hinaus wollte: „Man kann weltanschaulich der Dichtung nur dann auf einem höheren Standpunkt gegenüberstehen, wenn man von der Dichtung etwas weiß, wenn man über Wissen verfügt. Ich kann nicht mit unserem Freund Hollitscher[27] jetzt ein Gespräch über naturwissenschaftliche Probleme beginnen und sagen: ich bin Materialist, und ihn angreifen, ohne eine Ahnung etwa von der Einsteinschen Relativitätstheorie zu haben. Das ist unter anderen Dingen etwas anderes. Ein Arbeiter, jemand, der nicht dazu berufen ist, diese Dinge sauber, handwerklich, fachgemäß zu behandeln, kann solche Diskussionen führen; aber letzten Endes müssen wir, damit wir unsere Weltanschauung überzeugend zum Ausdruck bringen uns auch bemühen, uns Wissen anzueignen. Wir müssen, meine ich,

---

25 SAPMO-BArch DY 27/915, Bl. 164.
26 Ebenda, Bl. 165.
27 Vgl. Walter Hollitscher: ... wissenschaftliche betrachtet ... Vierundsechzig gemeinverständliche Aufsätze über Natur und Gesellschaft. Berlin 1951.

mit allen Mitteln versuchen, diese Weltanschauung wissensmäßig, bildungsmäßig zu fundieren. Drüben wird darüber geschrieben, drüben wird über bestimmte literarische Probleme usw. geschrieben, und man muss etwas von den Dingen verstehen, um die Leute, wenn man selbst – ich unterstreiche das – dieser Berufsgruppe angehört, überzeugen zu können. – Das war eine kleine Abschweifung."[28]

Becher versah die ständige Berufung auf den Marxismus-Leninismus eindeutig mit einem Fragezeichen. Er hatte offenbar erkannt, dass hier Denkbarrieren aufgerichtet wurden und wehrte sich auf seine Weise dagegen. Hans Mayer konnte im Rückblick entschieden deutlicher werden: „Walter Ulbricht war als Bekenner des ‚Marxismus-Leninismus' zu Macht und Erfolg gekommen, also war er für den Marxismus-Leninismus. Seine Feinde waren dann Gegner des Marxismus-Leninismus. Folglich musste man sie vernichten."[29]

Am 20. Dezember 1952 fasste das ZK der SED den Beschluss „Lehren aus dem Prozess gegen das Verschwörerzentrum Slánský"[30]. Der Beschluss nahm den aufgrund falscher Beschuldigungen des Ersten Sekretärs der KPTsch Rudolf Slánský und weitere Mitglieder der KPTsch, darunter vor allem jüdische Bürger, im November in Prag durchgeführten Prozess[31] zum Anlass für eine Überprüfung der in der DDR lebenden Juden und der „Westemigranten". Es begannen Hausdurchsuchungen in den Räumen von Jüdischen Gemeinden und von Personen, die in Prozesse verwickelt werden sollten. Verhaftet wurden Bruno Goldammer, Chefredakteur einer Illustrierten, Hans Schrecker, Vorsitzender der Nationalen Front in Sachsen, und Leon Löwenkopf, Vorsitzender der Jüdischen Gemeinde Dresden und Präsident der Sächsischen Notenbank. Der Historiker Helmut Eschwege verlor seine Funktion als Abteilungsleiter im Berliner Museum für Deutsche Geschichte. Er wurde aus der SED ausgeschlossen.

Der Slánský-Prozess in Prag war Teil eines Machtkampfs zwischen Moskau und Prag gewesen. Stalin wählte vornehmlich jüdische Opfer, „weil er im Begriff war, seine Strategie im Mittleren Osten neu zu orientieren, und weil er die Angeklagten als wurzellose Kosmopoliten präsentieren wollte, die für die

---

28 Ebenda, Bl. 168.
29 Hans Mayer: Der Turm von Babel, a. a. O., S. 152.
30 Vgl. Lehren aus dem Prozess gegen das Verschwörerzentrum Slánský. In: Dokumente der SED. Bd. IV. Berlin 1954, S. 199-210.
31 Vgl. Prozess gegen die Leitung des staatsfeindlichen Verschwörerzentrums mit Rudolf Slánský an der Spitze. Gerichtsprotokoll. Prag 1953.

kommunistische Bewegung untypisch seien."[32] Der Beschluss des ZK lag einerseits ganz auf der Linie der Bestrebungen Stalins, und er hatte für die Zuspitzung des sozialen Klimas in der DDR fatale Folgen. Andererseits kann für die Bewertung nicht völlig außer Betracht bleiben, dass Wilhelm Pieck durch einen Anruf bei Stalin verhinderte, dass die unter Lawrentii P. Berijas Anleitung agierende Gruppe von Wiktor S. Abakumow direkt vom Slánský-Prozess in Prag nach Berlin reiste. Über den Inhalt dieses Telefongesprächs berichtete Hermann Axen: „Er (Wilhelm Pieck – d. Vf.) rufe in einer sehr dringenden, für die Existenz unserer Partei wichtigen Sache an. Eben habe er die Mitteilung erhalten, dass Genosse Zaisser von dem und dem Genossen angerufen und informiert wurde, es kämen die und die Genossen, um uns bei der Aufdeckung von ähnlichen Erscheinungen zu helfen, wie es sie in den anderen Ländern gäbe. Man wolle uns die Erfahrungen aus Ungarn usw. vermitteln und die Sache auch bei uns in Schwung bringen. Wir, neben mir die hier anwesenden Genossen Grotewohl, Ulbricht, Oelßner, Zaisser – meinen Namen erwähnte er nicht –, sind strikt dagegen, dass diese Gruppe zu uns kommt. Deshalb bitten und ersuchen wir Sie, dies zu verhindern und zwar sofort, noch ehe sie bei uns eintrifft. Wenn die Gruppe nicht zurückgehalten werden kann, müssten wir sie zurückschicken, sobald sie hier landet. Da die Partei gerade mal gegründet wurde, sie sich aber als Partei neuen Typs gut entwickelt, die DDR erst zwei Jahre existiert, und da wir uns vor einem Jahr mit Ihnen über unsere Probleme beraten haben und Sie uns selbst sagten, man müsse in der deutschen Frage sehr behutsam vorgehen – Stalin hatte damals sich bildlich ausgedrückt, dass man sich wie ein Juwelier verhalten müsse, könne dies großen Schaden anrichten. Die Einheit der Partei könne sehr leicht kaputt gemacht werden. Es sei auch zu bedenken, dass die DDR offene Grenzen habe. Das Wichtigste aber ist, dass es bei uns keine derartigen Erscheinungen gibt wie in anderen Ländern. In Anbetracht der Anwesenheit der sowjetischen Truppen und Berater und unserer ständigen Kontakte mit Ihnen haben Sie ja genügend Kenntnisse über unsere Lage. Wir geben Ihnen die Gewähr, dass die SED fest zur Sowjetunion steht, dass es keinen Grund für Misstrauen gibt. Der Inhalt des Gesprächs wird nach Bestätigung durch das Politbüro als Telegramm Ihnen zugeschickt.

---

32 Igor Lukes: Der Fall Slanský: Eine Exilorganisation und das Ende des tschechoslowakischen Kommunistenführers 1952. In: Vierteljahreshefte für Zeitgeschichte, 47. Jg., Heft 4, 1999, S. 465.

Stalin hat darauf kurz und sachlich, ohne große Worte geantwortet: Seien Sie beruhigt; Sie brauchen keine weiteren Erklärungen abzugeben. Ich halte Ihre Auffassung für begründet, sie entspricht auch meiner Meinung. Von dieser Sache habe ich keine Kenntnis. Schicken Sie mir bitte dieses Telegramm. Ich werde sofort in Prag, wo sich die Gruppe aufhielt, anrufen, dass sie nicht nach Berlin fahren soll. Ich werde eine solche Anweisung geben. Sollten sich einige schon auf dem Weg befinden, werden sie zurückbeordert."[33]

So kam es in Berlin zwar zu keinem Schauprozess mit anschließender Vollstreckung von Todesurteilen. Aber der „Fall Slánský" hatte bis in die DDR hinein negative Folgen. Die Krise in der KPTsch legte sich wie Mehltau auch über die Nachbarländer.

Unter nicht wenigen Intellektuellen der DDR sprachen sich die Tatsachen herum. Das Ideal war spürbar besudelt worden. Hinrichtungen, Folter und kriecherische Nachahmung von allem Sowjetischen wurden künftighin als Verletzung und Widerspruch zum sozialistischen Ideal empfunden und von aufrechten Charakteren auch artikuliert. Der Riss im intellektuellen Selbstverständnis der DDR-Eliten wurde durch nachfolgende Zuspitzungen noch größer.

1.2. Widerspruch zwischen Geist und Macht

Zu Beginn des Jahres 1953 spitzte sich in der DDR der Widerspruch zwischen Geist und Macht deutlich zu. Als Konsequenz der sicherheitspolitischen Maßnahmen seit Mai 1952 war es für Schriftsteller, Künstler und Schauspieler zu spürbaren Einschränkungen im Reiseverkehr von und nach Westberlin bzw. zur Bundesrepublik gekommen. Interzonenpässe wurden nur nach polizeilichen Überprüfungen in marginalem Umfang gewährt. Der Kurs auf den „beschleunigten Aufbau des Sozialismus" wurde mit strikten Einsparungen verbunden. Das bedeutete für nicht wenige Intellektuelle eine Einschränkung bei gewohnten Sozialleistungen. Ohne Abstimmung mit dem Förderungsausschuss für die deutsche Intelligenz reduzierte eine Verordnung der Regierung vom 4. Dezember 1952 (GBl. II 1952 Nr. 174 S. 1303) mit Beginn des Jahres 1953 die bis dahin gewährten Tages- und Übernachtungssätze bei

---

33 Hermann Axen: Ich war ein treuer Diener der Partei. Autobiographische Gespräche mit Harald Neubert. Berlin 1996, S. 154/155.

Dienstreisen. Es kam ferner zu Lohn- und Gehaltskürzungen und zum Wegfall von Steuererleichterungen.[34]

Am 13. Januar 1953 meldete die sowjetische Nachrichtenagentur TASS die Verhaftung von „Mörderärzten". Im Gefolge der „Verschwörung der Kreml-Ärzte", denen Spionage und versuchte Ermordung hoher Sowjetführer vorgeworfen wurde[35], schwappte eine Woge des Antisemitismus von der UdSSR in die DDR über und verunsicherte jüdische Bürger. Dieser Antisemitismus war nicht rassistisch motiviert wie im NS-Regime. Es handelte sich um einen eher taktisch geprägten Antisemitismus. Im Bezirk Cottbus diskutierten Ärzte darüber, dass es sehr gefährlich sei, Mitglieder der SED zu behandeln: „Bei dem geringsten Misslingen einer Behandlungsmethode würde sofort eine gerichtliche Bestrafung einsetzen ...Unter den jüdischen Ärzten wird bewusst das Argument verbreitet, dass im Zusammenhang mit dem Prozess eine Judenverfolgung zu erwarten sei. Es wird vom Gegner unser Kampf gegen die feindlichen zionistischen Organisationen gleichgesetzt mit einem Kampf gegen die Juden."[36]

Nach Angaben von Wilhelm von Sternburg hielt Arnold Zweig am 13. Januar 1953 in der Volkskammer der DDR eine leidenschaftliche Rede, die sich gegen die Methoden der DDR-Justiz richtete, die 25 Jahre Zuchthaus mit

---

34 Eine am 13. Dezember 1952 erlassene Durchführungsbestimmung sah erhöhte Steuerabzüge für Freischaffende vor. Auch Hochschullehrer und Pädagogen erhielten bisher gewährte Steuermäßigungen nicht mehr.
35 Am 4. April 1953 teilte die sowjetische Presse mit, dass das so genannte Ärztekomplott sorgfältig überprüft worden sei. Die Ärzte seien vom ehemaligen Ministerium für Staatssicherheit zu Unrecht verhaftet und beschuldigt worden. Kurz danach wurden im Kreml für Mitglieder und Kandidaten des ZK der KPdSU Geheimpapiere zur Ansicht ausgelegt, die Stalin als Urheber der beklemmenden Geschichte der „Mordärzte" auswiesen. Es wurde offenbar, dass Stalin in seiner letzten Lebensphase in psychisch kranker Verfassung war, ein Mann voller Misstrauen und anomaler Grausamkeit.
Paul Wandel sagte dazu am 31. Mai 1956 Schriftstellern der DDR: „Diese Ärzte waren noch am Leben und den Mitgliedern des Präsidiums bekannt. Sie waren meistens auch ihre Ärzte gewesen. Man hatte bestimmte Zweifel und lud diese Ärzte ins Präsidium. Sie waren beschuldigt worden auf Grund der Anzeige einer Ärztin, die darauf hingewiesen hatte, dass diese Ärzte auf Grund des Krankheitszustandes falsche Arzneien ausgegeben hätten. Dabei kam heraus, dass die Geständnisse, die sie gemacht hatten, unter Anwendung von physischer Gewalt von ihnen erzwungen worden waren. Das Präsidium beschloss darauf, drei Kommissionen einzusetzen, um die Arbeit des Staatssicherheitsapparates zu prüfen. Kurze Zeit darauf kam es zum Konflikt mit Berija."
SAPMO-BArch, DY 30 IV 2/1.01/309, Bl. 20.
36 Ebenda, DY 27/500, Bl. 116. Vgl. Dokumentation 2.3.

Leichtigkeit verhänge.[37] Da im Januar 1953 keine Plenartagung der Volkskammer stattfand, hat sich der Vorgang vermutlich im Petitions-Ausschuss der Volkskammer abgespielt, dessen Mitglied Zweig war. Zweig, der sehr unter den willkürlichen Verhaftungen in der DDR litt und der sich darüber mehrfach ungehalten äußerte, war nach Auffassung des westlichen Freundeskreises in Gefahr. Robert Neumann schrieb an Lion Feuchtwanger: „Ich frage mich, was wir für unseren Arnold Zweig tun können. Sie wissen ja wohl, dass er durch Becher in der Akademie ersetzt worden ist. Er ist zweifellos gefährdet. Andererseits kann ich nicht ermessen, ob auch er das fühlt und ob er weg will. Es ist ja so schwer, all das von hier aus zu beurteilen. Wie denken Sie darüber?"[38] Feuchtwanger beschwichtigte jedoch Neumann. Von ernsthafter Gefahr könne keine Rede sein. Zweig habe gerade in einem Aufruf in der DDR-Presse den Zionismus verteidigt.

Vom 17.-18. Januar 1953 fand der erste Theaterkongress der DDR in Berlin statt. Das Thema des Kongresses lautete: „Das sowjetische Theater – unser Vorbild im Kampf um den sozialistischen Realismus." Die Zielstellung, die Theater auf den Weg des sozialistischen Realismus zu führen, brachte weitere Verengungen und Disziplinierungen mit sich. Die Freiheit der Spielplangestaltung wurde eingeengt. Gemäß den Beschlüssen dieses Kongresse wurde verlangt, dass zwei Drittel der aufgeführten Stücke sowjetische oder volksdemokratische Schauspiele sein sollen. Auch Gegenwartsstücke, wie das in Rostock aufgeführte Stück Erich Blachs „Der Mensch lebt nicht vom Brot allein", das Probleme der Stadt-Land-Verbindung behandelte, wurde trotz vieler Schwächen und Fehler als Vorbild hingestellt. Das Werk, so hieß es, zeichne sich durch „einen kühnen Griff in unser Leben und ein gelungenes, lebensvolles Bild unseres neuen Menschen in seiner Entwicklung" aus.[39]

Werner Mittenzwei wies darauf hin, welche verhängnisvollen Entwicklungen und Deformationen der sowjetische Diplomat Wladimir S. Semjonow auf dem Gebiet von Kunst und Literatur in der DDR auslöste.[40] Sich im Hintergrund haltend, veröffentlichte er unter dem Pseudonym N. Orlow in der „Täglichen Rundschau" niederträchtige Artikel gegen die Tradition der deutschen Malerei und eröffnete einen Feldzug gegen Dekadenz und Formalis-

---

37 Vgl. Wilhelm von Sternburg: „Um Deutschland geht es uns". Arnold Zweig. Die Biographie. Berlin 1998, S. 274.
38 Lion Feuchtwanger/Arnold Zweig: Briefwechsel. Bd. I, S. 179.
39 SAPMO-BArch, DY 30 IV/9.06/189, Bl.27.
40 Vgl. Werner Mittenzwei: Die Intellektuellen. Literatur und Politik in Ostdeutschland von 1945 bis 2000. Leipzig 2001, S. 94-105.

mus.[41] Semjonow verfolgte damit keine eigenständige Politik. Er setzte nur um, was die Zentrale in Moskau erwartete. Die Formalismuskampagne, die von 1948 bis Mitte der fünfziger Jahre im Mittelpunkt der kulturpolitischen Debatten stand, führte zum Bruch mit der revolutionären Kunst von vor 1933. Die führenden Funktionäre der SED übernahmen widerstandslos die sowjetische Kunstdiskussion. In der Zurückweisung der Moderne sah die Bürokratie ein Instrument zur Disziplinierung der Künstler und Schriftsteller. Für die Künstler hatte das auch materielle Folgen. Viele Betriebe und Institutionen wurden so verunsichert, dass sie kaum noch Bilder von Malern der DDR erwarben. Die Theater gerieten in die Schwierigkeit, dass sie ihre Anrechte nicht mehr oder nur noch schleppend verkaufen konnten. Aus der akuten sozialen Not bildender Künstler heraus folgte der Ruf nach Aufträgen.

Die Debatte um das Faustus-Opernlibretto in der ersten Hälfte des Jahres 1953 unterschied sich von den Auseinandersetzungen über den Formalismus. Hanns Eisler hatte 1952 keine vollständige Oper präsentiert. Er veröffentlichte zunächst sein Libretto für die geplante Oper, für die die Musik nur teilweise komponiert worden war. Während Ernst Fischer aus Wien in der Zeitschrift „Sinn und Form" begeistert zustimmte, weil er in Eislers „Johann Faustus" die bisher fehlende „deutsche Nationaloper" zu erblicken glaubte, veröffentlichte Alexander Abusch einen Verriss. Für Abusch bedeutete Eislers Faustus die „Zurücknahme von Goethes Faust": „Die Größe von Goethes Dichtung und ihr unverrückbarer Platz in der Literatur unserer Nation machen, ohne dass man von Goethes Faust ausgeht, das Schaffen einer deutschen Nationaloper mit dem Titel ‚Johann Faustus' unmöglich."[42]

Zwei verschiedene Strategien von Kultur- und Kunstpolitik mit marxistischem Anspruch standen sich gegenüber: auf der einen Seite Eisler, der von Brecht, Felsenstein und Fischer unterstützt wurde und auf der anderen Seite die Opponenten Abusch und Girnus, die sich auf Becher stützten. Als ein „Vergehen gegen die Klassik" wurde angesehen, dass Eisler nach Goethes Faust in der Oper einen „negativen Faust" auftreten lassen wollte. Wie noch zu zeigen sein wird, sollte sich auch Ulbricht noch zuungunsten von Eisler einmischen. Die Faustus-Debatte war ein typisch ostdeutsch-hausgemachter Streit mit leider ähnlich schädlicher Wirkung wie die Disziplinierung durch das

---

41 Vgl. N. Orlow: Wege und Irrwege der Moderne. In: Tägliche Rundschau, 20. und 21.1.1951.
42 Alexander Abusch: Faust – Held oder Renegat in der deutschen Nationalliteratur? In: Sinn und Form, 5. Jg., Berlin 1953, Drittes Heft, S. 193.

Dogma des „sozialistischen Realismus". Das geistige Klima in der DDR wurde nachhaltig vergiftet.

In dem Bestreben, ihre führende Rolle auszubauen, setzte die SED ihre seit 1948 praktizierte Politik fort, Organisationen, die sich nicht in der gewünschten Weise in die Machthierarchie einfügten, aufzulösen.

Am 1. Februar 1953 beschloss die Zentrale Delegiertenkonferenz der Deutschen Volksbühne, angesichts des sozialistischen Aufbaus in der DDR und der Entwicklung der Theater der DDR zu Volkstheatern die Tätigkeit der Deutschen Volksbühne mit Ende der Spielzeit einzustellen. Die Volksbühne war 1890 in Berlin durch den Kulturwillen der Arbeiterschaft entstanden. Das später errichtete Theater der Volksbühne wurde zum Wahrzeichen der Volksbühnenbewegung. Die Wiederrichtung des im Krieg zerstörten Theaters war 1945 eine der ersten Forderungen der Berliner. 1947 hatten sich bereits sechs Landesverbände mit 166172 Mitgliedern in der sowjetischen Besatzungszone gebildet.[43] Schon 1950 zerfiel die Volksbühnenorganisation im Lande Brandenburg, da das Finanzministerium die Subventionen in Höhe von 2,3 Millionen DM strich. Zum 31. Juli 1950 wurden die volkbühneneigenen Wandertheater im Lande Brandenburg aufgelöst.[44] Das 1953 allzu knappe Geld war aber nur ein Grund für die Auflösung. Ein anderer Grund war politischer Natur. An den Volksbühnenorganisation wurde kritisiert, dass sie „sozialdemokratische Einflüsse" niemals überwunden hätte. In einer „Anregung zur Durchführung politischer Aufklärungsarbeit unter den Schauspielern der Volksbühnen" der Kulturabteilung des ZK der SED hieß es: „Das politische Niveau unserer Schauspieler ist erschreckend niedrig. Es gehört mit zu den wichtigsten Aufgaben der Organisation, die Künstler, besonders die jungen, aus ihrer Indolenz und Unwissenheit zu reißen."[45] Als „altes Kleinbürger-Unternehmen" schien die Volksbühnenorganisation nicht mehr in das kulturpolitische Dogma vom „sozialistischen Realismus" zu passen. Durch Verlagerung der Kulturarbeit in die Betriebe und die Überleitung der Aktivitäten der Volksbühne in den FDGB sollte die kulturpolitische Ausrichtung ins Lot gebracht werden. Die SED opferte eine kulturelle Tradition der Arbeiterbewegung, um der dogmatischen Ausrichtung ihrer Kulturpolitik besser Rechnung tragen zu können. Eine Tagung von Kulturfunktionären des Kreises Königswusterhausen am 10. Februar 1953 machte darauf aufmerksam, dass

---

43 SAPMO-BArch, DY 30/9.06/196, Bl. 1.
44 Ebenda, Bl. 110.
45 Ebenda, Bl. 104.

zahlreiche Kulturgruppen der Volksbühne keinen Großbetrieb fanden, der als Träger hätte fungieren können. Der Kreis verfügte nur über einen einzigen Großbetrieb. Kleine Handwerksbetriebe und LPG waren ökonomisch zu schwach, um als Träger z. B. für einen Chor fungieren zu können. Einige Gruppen waren bereit, die benötigten Mittel selber aufzubringen, befürchteten aber, dann als illegale Vereine verboten zu werden: „Eine ablehnende Haltung aus politischer Gegensätzlichkeit war nicht vorhanden, lediglich die Befürchtung der Zerstörung der bisher geleisteten Arbeit."[46] Die weitere Entwicklung sollte zeigen, wie berechtigt diese Befürchtung war. Die Walze „Kampf dem Sozialdemokratismus in der Kulturarbeit"[47] hatte sich in Bewegung gesetzt.

Am 12. Februar 1953 verfügte das ZK der SED die Zwangsauflösung der Vereinigung der Verfolgten des Naziregimes (VVN) in der DDR. Die VVN war nach der Gründung der DDR die Organisation gewesen, die seitens der SED-Führung am meisten kritisiert worden war. Obwohl in den Führungsgremien der VVN Mitglieder SED dominierten, wurde der Organisation im Zuge der laufenden politischen Kampagnen „Trotzkismus", „Parteifeindlichkeit", „Sozialdemokratismus", „Fraktionismus" und „Versöhnlertum" vorgeworfen. Diese Vorwürfe entbehrten der realen Substanz. Wohl lag der Moskau-Fraktion in der SED daran, politisch aktive Juden und Westemigranten, häufig gesellschaftlich aktive, aber kritische bzw. missliebige Intellektuelle zum Schweigen zu bringen. Nicht wenige Juden fühlten sich veranlasst, die DDR zu verlassen. Die SED-Politiker unternahmen nichts, um die Fluchtwelle zu stoppen. Sie sahen in der Flucht die erwünschte Alternative zu den nicht gewollten Verhaftungen und Verurteilungen. Die Auflösung der VVN beseitigte „eine nicht unwesentliche politische Plattform des Wirkens von Juden in der DDR."[48] An die Stelle der VVN trat das Komitee der Antifaschistischen Widerstandskämpfer, das sich in die Herrschaftshierarchie der Moskau-Fraktion der SED-Führung nahtlos einfügte.

---

46 Ebenda, Bl. 119.
47 Vgl. Volksstimme, Magdeburg, 14. März 1953.
48 Elke Reuter/Detlef Hansel: Das kurze Leben der VVN von 1947 bis 1953. Die Geschichte der Vereinigung der Verfolgten des Naziregimes in der sowjetischen Besatzungszone und in der DDR. Berlin 1997, S. 505.

1.3. Alarm: Missstimmungen in der Intelligenz

Anfang Februar 1953 flatterte eine Information der Akademie der Künste über Missstimmungen unter den Künstlern auf den Tisch von Ministerpräsident Otto Grotewohl.[49] Unter Mitgliedern der Akademie der Künste greife eine merkwürdig gedrückte Haltung um sich, die sich darin äußere, dass die Künstler in ihrem Schaffen unproduktiv seien: „Es fehlt jede kämpferische Stimmung und jene gewisse Fröhlichkeit, die die Voraussetzung für ein künstlerisches Schaffen sind." Die Gründe für diese Situation seien individueller Art.

Der Maler Gustav Seitz, dessen „Chinesisches Skizzenbuch" eingestampft worden war, weil die Kunstkommission es mit dem Attribut „formalistisch" versehen hatte, habe vor, in den Westen zu gehen. Er fühle sich künstlerisch eingeengt. Für die künstlerische Darstellung nackter Figuren sei wohl in der DDR gar kein Bedarf. In der Plenarsitzung der Akademie der Künste hatte Seitz gesagt: „In der Kunstkommission sind politisch einwandfreie Leute, aber fachlich haben die keine Ahnung, sie untergraben jede künstlerische Auseinandersetzung. Ich persönlich leide am meisten darunter."

Ähnlich habe sich auch Brecht über die Kunstkommission geäußert. Er fühlte sich besonders schäbig durch die DEFA behandelt, die nach zweijähriger Drehzeit den Courage-Film absagte.

Gret Palucca legte die Leitung ihrer Tanzschule in Dresden nieder, weil sie den Eindruck hatte, dass ihre Art des Tanzes nicht gewollt ist.[50]

Der Komponist Rudolf Wagner-Regény war gekränkt, weil ohne ernsthafte Diskussion mehrere seiner Werke, darunter eine heitere Oper, abgesetzt wurden. Er sprach von „infernalischer Böswilligkeit" und „abgründiger Dummheit".

Hanns Eisler fühlte sich durch Presseveröffentlichungen sehr getroffen, die sich formell auf die Staatsoper bezogen, die aber sein persönliches und moralisches Verhalten angriffen. Diese ständigen Attacken verleideten Eisler die Lust, eine Musik zum ‚Faustus'-Libretto zu schreiben. Beinahe hilflos hatte

---

49 Vgl. Dokumentation, 1.1. Nachfolgende Zitate entstammen diesem Dokument.
50 Walter Weidauer, der Dresdner Oberbürgermeister, befürchtete, Gret Palucca zu verlieren. Er bat deshalb Egon Rentzsch, sich dieser Angelegenheit anzunehmen und Gret Palucca zu einem Gespräch nach Berlin einzuladen. Vgl. SAPMO-BArch, DY 30 IV 2/9.06/122, Bl. 28.
51 SAPMO-BArch, NY 4090/536, Bl. 227.

Eisler gefragt: „Ist denn alles falsch, was wir machen? Man spürt keine liebende Hand und dadurch wird man mutlos."[51]

Das Papier enthielt auch Schlussfolgerungen, die jedoch angesichts der akuten Krise eher in bloßer Oberflächlichkeit stecken blieben. Seitz z. B. sollte nicht den Auftrag erhalten, Marx und Engels zu gestalten. Für ihn wäre ein Denkmal für einen klassischen Dichter oder ein Brunnen mit nackten Figuren als Auftrag besser geeignet. Erstmals tauchte hier der Vorschlag eines Sonder-HO für Künstler auf, der in einigen Städten bald in der Form der Intelligenz-Läden verwirklicht werden sollte und rasch Schiffbruch erlitt.

In der Kulturabteilung des ZK der SED lösten die Alarmglocken der Akademie der Künste verstärkte Aktivitäten aus. Kulturelle Institutionen hatten zu berichten. Aus der Komischen Oper traf eine Aufstellung der Künstler ein, die ihren festen Vertrag gelöst hatten und ihren Arbeitsplatz nach Westberlin oder in die Bundesrepublik verlegt hatten. 16 Namen wurden genannt, darunter die solcher prominenter Sängerinnen wie Anny Schlemm und Sonja Schöner.[52]

Die Staatsoper berichtete über ähnliche Erscheinungen. Zu den Ursachen gab eine Analyse der Staatsoper zu bedenken, dass auf keinem anderen Gebiete der Kunst das Bedürfnis so stark hervortrete wie auf dem Gebiete der Oper, durch Gastspiele im internationalen Maßstab sich einen Namen zu machen. Nur in der Oper sei es möglich, dass mit gesungenen Partien in allen anderen Opernhäusern gastiert werden kann. In der DDR aber sei eine Beschaffung von Interzonenpässen für die Reise nach Westdeutschland sehr schwierig und Pässe für die internationale Reisemöglichkeit würden so gut wie nicht ausgestellt. Überdies seien Visen nur schwer zu beschaffen: „Daraus ergibt sich, dass die Sänger lieber nach dem Westen umziehen, um diese dort sehr leichte Besorgung von Reisepässen wahrzunehmen. Der Drang geht ausschließlich nach den westlichen Ländern, einschließlich Südamerika usw., da auf der anderen Seite ein Ausgleich durch Gastspiele nach den Volksdemokratien oder gar nach der Sowjet-Union nicht gegeben ist."[53]

Im Staatssekretariat für Innere Angelegenheiten fand am 27. März 1953 eine Beratung über die Zunahme der Republikfluchten statt.[54] Walter Freund vom Förderungsausschuss benannte auf dieser Beratung einige Aspekte des Themas. Er ging davon aus, die etwa 80 000 Vertreter der technischen Intelli-

---

52 Ebenda, DY 30/IV 2/9.06/168, Bl. 44-46.
53 Ebenda, Bl. 110-113.
54 Vgl. Dokumentation 1.2.

genz der DDR keineswegs als „eine einheitliches Ganzes betrachtet werden"[55] dürften. Er könne sich vor allem zu den Spitzenkräften unter den Technikern und Ingenieren äußern. An erster Stelle nannte er das Wirken von „westlichen Agenten in Verbindung mit dem RIAS-Sender"[56]. Er wurde bei diesem Punkt nicht konkreter, was darauf hindeutet, dass er damit die seinerzeit übliche ideologische Norm erfüllte. Sodann sprach er die „angeblich" in der DDR vorhandene Rechtsunsicherheit und das daraus resultierende Misstrauen gegen den Staat und die Funktionäre an. Hierbei handele es sich um einen besonders schwerwiegenden Fragenkomplex. Die Rechtsunsicherheit bezog Freund insonderheit auf die Arbeitsschutzbestimmungen und alte Produktionsanlagen, deren Inbetriebnahme von keiner Instanz bestätigt worden war, Planerfüllungsfragen und Verhaftungen von Ingenieuren und Technikern unter Berufung auf die Verfassung der DDR. Der frühere Leiter der Farbenfabrik in Wolfen, Dr. P. habe berichtet, dass er einerseits mit dem Titel „Hervorragender Wissenschaftler des Volkes" ausgezeichnet worden sei und zugleich einen Strafbescheid von den zuständigen Arbeitsschutzbehörden in Höhe von 300,--- DM erhalten habe. In einem der zahlreichen Objekte des Werkes war ein Arbeiter bei Aufzugsreparaturarbeiten tödlich verunglückt. Dr. P. trug dafür keine Verantwortung. Seine Beschwerde gegen den Strafbescheid wurde ohne Angabe von Gründen verworfen. Nicht wenige hervorragende Vertreter der Intelligenz seien in Sorge, weil sie einerseits die Planauflage kannten und zugleich durch bestimmte Ereignisse wie den Ausfall von Westimporten erkennen mussten, dass die Planerfüllung unmöglich sein wird. In einer solchen Situation entlastete sie niemand aus ihrer Verantwortung für die Planerfüllung.

Als dritten großen Komplex, der für die Republikfluchten verantwortlich zeichne, nannte Freund Dutzende von unnötigen kleinen und kleinsten Schwierigkeiten, die den Angehörigen der Intelligenz oft im täglichen Leben gemacht würden:

„a) Falsches Verhalten unserer zuständigen Stellen bei Anträgen auf Ausstellung eines Interzonenpasses, bzw. Aufenthaltsgenehmigungen für die DDR.

b) Falsches Verhalten des Amtes für Warenkontrolle am Berliner Ring oder bei Geschenkpäckchensendungen aus dem Westen.

c) Ablehnungen der Teilnahme an wissenschaftlichen Konferenzen und Kongressen, die im Westen durchgeführt werden sollen.

---

55 Ebenda, NY 4090/418, Bl. 192.
56 Ebenda.

d) Ungenügender Erfahrungs- und Meinungsaustausch mit den Ländern des Friedenslagers, etwa in der Richtung: ‚Ich möchte mir ein Institut nicht im Schnellzugstempo besichtigen, sondern so, wie ich es gewöhnt bin, in jedem beliebigen Institut hospitieren, also auch in den wissenschaftlich Einrichtungen der Sowjetunion usw. Die Metro in Moskau kann ich mir dann immer mal so nebenbei ansehen!'

e) Nichteinhaltungen von Verpflichtungen aller Art, die zum Beispiel im Einzelvertrag übernommen wurden (Wohnraum, Autos, Fotoapparate, Prämien usw.)

Die Angehörigen der Intelligenz schlussfolgern daraus: wir selbst führen unsere eigenen gesetzlichen Bestimmungen nicht durch.

f) Schulische Fragen usw."[57]

Die Krise spitzte sich in allen ihren Aspekten zu. Die materiellen und rechtlichen Probleme lagen auf der Hand. Es gab auch so etwas wie eine geistige Krise. Der Germanist Hans Mayer vertraute Ende März 1953 seine Geistesverfassung Becher an: „Aber es ist nicht zu leugnen, dass die Gemeinheit im einen Falle, die Unfähigkeit im anderen, das servile Besserwissertum in sehr vielen Fällen mich beispielsweise dazu geführt haben, möglichst wenig in der Öffentlichkeit hervorzutreten, nur noch Dinge zu publizieren, die andere nicht machen können oder machen wollen, dem Gezänk über aktuelle Literaturprobleme aber aus dem Wege zu gehen. Ich halte keine Vorträge mehr, schreibe nicht mehr aktuelle Kritiken und beschränke mich auf die sehr fruchtbare und beglückende Arbeit mit meinen Studenten. Wollte ich kritisch zu unserem Literaturleben Stellung nehmen, ich müsste jeden Tag einen scharf polemischen Aufsatz schreiben: über die unsägliche Sprachverschluderung, über die völlige Ahnungslosigkeit von Besserwissern, die ‚grundlegende' Referate über Kunst, Literatur und Musik von sich geben, über die Dilettantenorgien bei der Herausgabe von Literaturwerken, über ästhetisches Gesabber von Leuten, die keinerlei Beziehung haben zu Kunst in irgendeiner Gestalt."[58]

Aber auch Becher, der sich nach dem Ausscheiden Arnold Zweigs aus der Funktion des Präsidenten der Akademie der Künste, am 23. April auch noch diese Funktion hatte aufhalsen lassen, befand sich in keiner idealen Verfassung. Georg Piltz hatte in seinem von der Kulturabteilung des ZK gebilligten Artikel „Der Dichter und sein Weg" in der „Berliner Zeitung" vom 19. Februar darauf aufmerksam gemacht. Bechers Ruf als Dichter wurde auf den Prüf-

---
57 Ebenda.
58 Briefe an Johannes R. Becher 1910-1958. Berlin und Weimar 1993, S. 468/469.

stand gestellt. Die Kritik traf ihn sehr. Eher hilflos schrieb Becher an die Kulturabteilung des ZK der SED: „Von mehreren Seiten darauf aufmerksam gemacht, habe ich mich noch einmal mit dieser Kritik beschäftigt, und bei aller Vorsicht, die ich einer Kritik gegenüber, die über mich geschrieben ist, hege, muss ich doch feststellen, dass es sich bei der vorliegenden Kritik um eine feindliche handelt."[59] Auch Alexander Abusch fühlte sich unwohl in seiner Haut. Alfred Kantorowicz hatte im „Neuen Deutschland" eine wenig schmeichelhafte Besprechung des Buches „Literatur und Wirklichkeit" veröffentlicht, deren Schlusssatz lautete: „Für interessierte Leser, die sich über Grundzüge der Entwicklung und über Gegenwartsprobleme der deutschen Literatur zu unterrichten wünschen, kann das Buch nicht als geeigneter Leitfaden empfohlen werden."[60]

Auch Abusch erhoffte Hilfe von der Kulturabteilung, da die Besprechung von Kantorowicz „die marxistisch-leninistischen Prinzipien der Kritik und Selbstkritik in gröbster Weise verletzt und entstellt"[61] habe.

Warum kam gerade jetzt dieser Schuss vor den Bug von Abusch und Becher? Es ist nicht auszuschließen, dass bestimmten Leuten in den oberen Etagen des ZK beider aktuelle Aktivität im Kulturbund hinsichtlich der Debatten und Ausarbeitungen einer Enquête über die Lage der Intelligenz der DDR nicht behagte.

1.4. Stalins Tod[62]

Am 7. März 1953 veranstaltete der Präsidialrat des Kulturbundes eine Trauergedenkstunde anlässlich des Todes von Jossif W. Stalin.

Becher eröffnete die Veranstaltung mit dem Hinweis, dass der Kulturbund an Armeegeneral Wassilij Tschuikow folgendes Telegramm gerichtet habe:

„Im Auftrage des Kulturbundes zur demokratischen Erneuerung Deutschlands bringen wir Ihnen und Ihrer Regierung unser Gefühl tiefster Ergriffenheit und Trauer zum Ausdruck über das Ableben des Gen. Stalin, des besten Freundes des deutschen Volkes. Die deutschen Kulturschaffenden mit den Kulturschaffenden der ganzen Welt verlieren in ihm den genialen Lehrer und Baumeister einer neuen humanistischen Menschheitskultur. In unerschüt-

---

59 SAPMO-BArch, DY 30 IV 2/9.06/266, Bl. 28.
60 Alfred Kantorowicz: „Literatur und Wirklichkeit". In: Neues Deutschland, 26.3.1953.
61 SAPMO-BArch, DY 30 IV 2/9.06/266, Bl. 2.
62 Der Vf. dankt Gustav Weinert dafür, dass er ihm Einblick in eine Materialsammlung zu diesem Thema gewährte.

terlicher Verbundenheit mit dem sowjetischen Volke geloben wir in dieser schweren Stunde, im Geiste Stalins für die Erhaltung des Friedens zu kämpfen."[63]

Zugleich verlas Becher den dreieinhalb Seiten langen Entwurf einer Erklärung des Präsidialrats, die sich an alle deutschen Kulturschaffenden wandte. Becher sah die Zustimmung des Präsidialrats für gegeben an und erteilte Bundessekretär Wendt das Wort. Dieser, 1936 bis 1938 und 1941 bis 1945 selbst Opfer stalinistischer Repression in der UdSSR[64], sprach von tiefem Schmerz und großer Trauer. Es lebe ein Gefühl des unendlichen Dankenwollens gegenüber dem Mann, der Unvergleichliches für die Menschheit geleistet habe. Stalin habe in der Menschheitsgeschichte eine neue lichte Epoche eröffnet. Die ganze Menschheit danke Stalin. Auch die Intelligenz danke. Wendt richtete auch den Blick auf die von „Widersprüchen zerfressene" und „untergehende Gesellschaft des Kapitalismus" und die widersprüchliche Wissenschaft: „Die bürgerliche Philosophie, die bürgerliche Ökonomie ist von einem Fäulnisprozess ergriffen, der auch die Künste nicht unberührt gelassen hat, der auch sie erfasst hat. Verschwunden sind die großen Ideen der Vergangenheit, nichts ist in dieser Philosophie geblieben von der großen Seele unserer klassischen Literatur, von dem großen Geist unserer klassischen Philosophen. Diese Seele und dieser Geist, sie haben die Fratze des modernen Kapitalismus gesellschaftlich gezeichnet als Fratze einer Bestie, die den Untergang herannahen fühlt, die gezeichnet ist von obskurantem Menschenhass."[65]

Diese von Wendt genutzte Wortwahl war der Terminologie Stalins durchaus adäquat. Mehr kam dann aber nicht. Becher stellte noch eine Delegation

---

63 SAPMO-BArch, DY 27/916, Bl. 111.
64 Erich Wendt (1902-1965). Geb. in Leipzig. Volksschule in Eisleben. 1916-20 Schriftsetzerlehre bei Ullstein in Berlin. 1922 Mitglied der KPD. 1925/26 Redakteur der KJI in Moskau. 1931 Einleitung eines Gerichtsverfahrens wegen „Hochverrat" in Berlin, Emigration in die UdSSR. Stellv. Vorsitzender der Verlagsgenossenschaft ausländischer Arbeiter in der UdSSR. Ehe mit Lotte Kühn (Lotte Ulbricht) bis 1936. 1936-1938 NKWD-Haft in Saratow, Ausschluss aus der KPD. 1940/41 Übersetzer bei der Zeitung „Die Nachrichten" in Saratow. 1941 mit Wolgadeutschen zwangsausgesiedelt nach Kansk (Krasnojarsker Gebiet). Arbeit als Hilfsbuchhalter und Übersetzer. 1947 Rückkehr nach Ostberlin. Tätigkeit beim Berliner Rundfunk und beim Deutschlandsender. 1947 bis 1954 Leiter des Aufbau Verlages. 1951 bis 1953 1. Bundessekretär des Kulturbundes. 1963 Beauftragter der DDR für die Verhandlungen mit dem Westberliner Senat über das Passierscheinabkommen, das Privatbesuche von Westberlinern in Ostberlin ermöglichte.
65 DY 27/916, Bl. 116.

zusammen, die bei der Sowjetischen Botschaft kondolieren und am Stalindenkmal einen Kranz des Kulturbundes niederlegen sollte. Becher schloss die Gedenkstunde mit den Worten: „Möge die Größe unserer Trauer der Größe Stalins entsprechen, möge die Größe unserer Trauer der Größe unserer Bemühungen entsprechen, alle Hoffnungen der Feinde des Friedens zunichte zu machen, die sie aus dem Tod Stalins schöpfen mögen, aus der Größe unserer Trauer für uns Kraft und Stärke entstehen, unsere deutsche Kultur einem neuen Aufstieg entgegenführen."[66]

Der Schriftstellerverband der DDR schickte dem sowjetischen Schriftstellerverband ein Telegramm, in dem er versicherte: „Auch wir deutschen Schriftsteller sind in diesen schweren Tagen reifer geworden. Immer werden wir nach Moskau blicken, nachzueifern versuchen. Wir versprechen Euch, gute nachbarliche Verwandte in der großen Familie derer zu sein, die den Sozialismus bereits aufbauen oder noch im Kampf um ihre Befreiung stehen."[67]

Willi Bredel wähnte sich betäubt von Schmerz, als er vom Tode Stalins hörte: „Es ist als halte die Stadt den Atem an. Niemand von den vielen Menschen in den Straßen spricht. Ich blicke in die Gesichter. Ernst sind sie und traurig."[68] Anna Seghers schrieb den Satz, der Zeitgenossen vielleicht auch zum Nachdenken veranlasste, dass sie am liebsten schweigen möchte. Jedoch sei ein junger Freund zu ihr gekommen, dem zumute war, als würde die Welt zum Stillstand gekommen sein. Dem sagte die Seghers: „Wenn plötzlich der teuerste Mensch fehlt, kommt einem die ganze Welt entleert vor. Jetzt ist's Dir zumute, als stünde alles still. Denn die gewaltigste aller Bewegungen, der Herzschlag Stalins, hat aufgehört. In Wirklichkeit aber ist die Welt gerade durch diese Kraft, in der die besten Kräfte der Welt zusammenströmten, in eine solche Bewegung versetzt, sie ist voll von vollendeten, von halbfertigen, von geplanten Leistungen …, dass wir jetzt unsere Kräfte und Gedanken einsetzen müssen bis zum äußersten."[69] Dass Vieles erst „halbfertig" oder erst „geplant" sei, was meinte die Seghers damit?

Stefan Heym gab auch später im Rückblick zu, dass ihn Trauer befallen hatte, nachdem er vom Tode Stalins gehört hatte: „Diese Trauer war echt: wäre nicht Stalin gewesen, Hitler hätte gesiegt. Ein Riese, der Mann; in seiner ruhigen, selbstsicheren Haltung, in dem harten Gesicht und dem prüfenden

---

66 Ebenda, Bl. 121/122.
67 Neue Deutsche Literatur, 1. Jg., H. 4. Berlin 1953, S. 3.
68 Ebenda, S. 10-11.
69 Ebenda, S. 5-6.

Blick war personifiziert, was man unter Sozialismus verstand; er war die Autorität, sein Wort galt, bis zum Tag seines Todes; nun waren die Völker verwaist, wie sollte man auskommen ohne die große Vaterfigur?"[70] Heym hatte aber schon 1953 ein Gespür für viele falsche Töne und die wohlklingenden Elogen einiger seiner Zeitgenossen auf Stalin. Am 21. Dezember 1953 durfte er aus Anlass des ersten Geburtstages Stalins nach dessen Tod einen Nachruf in der „Täglichen Rundschau" veröffentlichen. Nicht ungeschickt lobte Heym Stalin, indem er sich von den „künstlichen Lorbeerblättern" distanzierte: „Und dann waren die Lobhudler, die sich gar nicht genug tun konnten mit schönen Adjektiven. Als ob er das nötig gehabt hätte! Der Mann war von solchem Format – als Mensch, als Parteiführer, als Wissenschaftler, Historiker, General und Staatsmann – dass weder der Dreck noch die künstlichen Lorbeerblätter, die man ihm in den Weg warf, auch nur an seine Schuhsohlen reichten." Das war deutlich, zeugte aber auch noch von vielen Illusionen über die Stalin zugeschriebenen Fähigkeiten, von denen sich viele alsbald als pure Scharlatanerie entpuppen sollten.[71]

Stalins Tod markierte noch einmal die Manifestation eines Personenkultes, wie er schon kurze Zeit später in dieser Entäußerung und Dimension nicht mehr vorstellbar war, wenngleich die Tendenz zum Aufblühen neuer Kulte bestehen bleiben sollte. Für die Verantwortlichen in der DDR begann eine Zeit des Nachdenkens darüber, wie es wohl in Moskau weitergehen würde. Viel Zeit blieb angesichts der drückenden Krisenerscheinungen nicht. Otto

---

70 Stefan Heym: Nachruf. Frankfurt/Main 1990, S. 559.
71 Es sei hier nur darauf verwiesen, dass Stalins Image als Wissenschaftler, wenn man überhaupt davon sprechen kann, darauf beruhte, dass er Forschungsergebnisse sowjetischer Wissenschaftler als seine eigene Leistung ausgab. Die Kritik an Nikolai Marrs sprachwissenschaftlicher Schule war von Viktor Winogradow und Arnold Tschikobawa ausgearbeitet worden. Stalin machte daraus Artikel für die „Prawda", die dann als Broschüre veröffentlicht zu einem Gegenstand großer Konferenzen auch in der DDR gemacht wurden. Stalins letztes Werk „Ökonomische Probleme des Sozialismus" (1952) beruhte auf Materialien einer Konferenz führender sowjetischer Ökonomen vom November 1951. Die „Geschichte der KPdSU: Kurzer Lehrgang" war von einem Autorenkollektiv verfasst, aber als Stalins Werk ausgewiesen worden. Auf die Bitte des Direktors des Revolutionsmuseums, M. Samoilow, einige Seiten des Manuskripts für die Ausstellung zur Verfügung zu stellen, antwortete Stalin: „Genosse Samoilow, ich habe nicht gedacht, dass Sie sich in ihrem Alter mit solchen Trivialitäten abgeben. Das Buch ist in Millionen Exemplaren erschienen, wozu brauchen Sie dann noch ein Manuskript? Damit Sie beruhigt sind: Ich habe alle Manuskripte verbrannt. J. Stalin." Zit. nach: Roy Medwedew: Das Urteil der Geschichte. Stalin und der Stalinismus. Bd. 3. Berlin 1992, S. 337.

Grotewohl berichtete darüber, dass schon ab Februar der fehlerhafte Kreislauf in der DDR Anlass für gründliche Analysen gegeben hätte. Es sei die Überzeugung gereift, dass die notwendige und schnelle Veränderung mit eigenen Kräften nicht zu erreichen sei: „Wir wandten uns darum Anfang April mit der Bitte an unsere Freunde, die entstandene Lage zu überprüfen und uns durch Rat und Tat zu unterstützen."[72] Bald sollte sich zeigen, dass die „Freunde" sich zu „Rat" aufrafften, aber hinsichtlich der „Tat" vorerst stumm blieben. Mit anderen Worten: eine spürbare Entlastung von den Reparationen wäre neben den Korrekturen in der Innenpolitik unabdingbar für eine Stabilisierung der DDR gewesen. Daran wollten die Nachfolger Stalins vorerst nicht denken. Im sowjetischen Außenministerium erfolgte zur gleichen Zeit eine kritische Überprüfung der sowjetischen Deutschlandpolitik unter Stalin. Bemängelt wurde, dass es trotz der Notenoffensive 1952 nicht gelungen war, die westliche Front in entscheidendem Maße aufzureißen.[73] Diesem kritischen Prüfungsprozess kam Winston S. Churchill mit einer außenpolitischen Rede im Unterhaus am 11. Mai 1953 sehr entgegen.[74] Erstmals zeichnete sich eine Chance ab, die starre Front der Ost-West-Konfrontation aufzubrechen.

1.5. Die Kulturbund-Enquête über die Lage der Intelligenz

Dem Präsidialrat des Kulturbundes war die Zuspitzung im Verhältnis von Staat und Intelligenz nicht verborgen geblieben. Johannes R. Becher brachte im Februar 1953 eine interne Erhebung zur Lage der Intelligenz in der DDR auf den Weg. Der Präsidialrat gab den Bezirksleitungen des Kulturbundes zehn Fragen[75] vor, die bis Mitte März zu beantworten waren. Die erste Gruppe von Fragen bezog sich auf die materielle Lage der Intelligenz und auf Ursachen für die Unzufriedenheit. Eine weitere Gruppe bezog sich auf die Republikflucht, den „verschärften Klassenkampf" und die „Arbeit des Gegners". Schließlich wurde nach Erfolgen in den Reihen der Intelligenz und nach Vorschlägen für die weitere Arbeit mit der Intelligenz gefragt.

Die im März beim Präsidialrat eingehenden Analysen waren in der Aussagequalität sehr unterschiedlich, je nach dem Analysevermögen der Kultur-

---

72 SAPMO-BArch, DY 30 IV 2/1/121, Bl. 224.
73 Vgl. Gerhard Wettig: Die beginnende Umorientierung der sowjetischen Deutschland-Politik im Frühjahr und Sommer 1953, in: Deutschlandarchiv, Köln 1995, H. 5, S. 495.
74 Vgl. Klaus Larres: Politik der Illusionen. Churchill, Eisenhower und die deutsche Frage. Göttingen 1995.
75 Vgl. Dokumentation 2.1.

bundleitungen in den einzelnen Bezirken. Insgesamt boten sie ein enormes empirisches Material und waren ein sicherer Beleg für die Auswirkungen der Gesellschaftskrise in den Reihen der Intelligenz.

Die Fragen nach den Erfolgen wurden eher allgemein bzw. phrasenhaft beantwortet.

Die Analysen brachten sehr genaue Angaben zur materiellen Lage der Intelligenz, die sich vor allem bei Technikern und Ingenieuren seit den Lohnerhöhungen im Jahre 1952 deutlich verbessert hatte. Nicht stimmig war jedoch die Relation zwischen den Spitzentechnikern und dem durchschnittlichen Technikerpersonal. Während die unteren Einkommen von Technikern fast verdoppelt worden waren, hatte sich in der Spitze nichts verändert, so dass so etwas wie eine Gleichmacherei zwischen diesen unterschiedlichen Leistungsgruppen stattgefunden hatte. Das schuf bei denen, die bisher besser verdient hatten, Unzufriedenheit. Bei den Technikern und Ingenieuren standen, wie die Dresdner Analyse auswies[76], nicht so sehr die materiellen Probleme im Vordergrund. Verärgerung entstand durch falsche Behandlung und den Bürokratismus. „Oben" saßen, so schien es, unfähige Leute. Unruhe und Unsicherheit entstanden immer dann, wenn technologische Schwierigkeiten, Ausfälle und andere Probleme sofort als Sabotage ausgelegt und zu Verhaftungen führte. Durch willkürliche Verhaftungen hatte sich die Staatssicherheit auch bei vielen Ingenieuren einen schlechten Namen gemacht.

Unter den privat tätigen Ärzten herrschte Angst, dass demnächst jede selbstständige Arzttätigkeit unterbunden werden würde.[77] Die Sozialversicherung hatte die Verträge mit diesen Ärzten gekündigt, ohne mit ihnen über eine andere Regelung zu verhandeln. Die SVK trug öffentlich Angriffe gegen die Ärzte vor, indem sie ihnen den hohen Krankenstand vorwarf.

Die Ärzte führten den Krankenstand auf Erschöpfungszustände ihrer Patienten infolge Vitaminmangel zurück.

Die Neuregelung der Haushaltspläne im Bezirk Leipzig zog Gehaltssenkungen bei Krankenhaus- und Poliklinikärzten nach sich.[78] Auffällig war die Gehaltskürzung bei drei Ärzten der Poliklinik Heiligenstadt, Bezirk Erfurt, deren Gehälter im März von 1 500,-- DM auf 700,-- DM abgesenkt wurden.[79] Völlig unzureichend war die Versorgung mit PKW, einschließlich Be-

---

76 Vgl. ebenda 2.4.
77 Vgl. ebenda, 2.8.
78 Vgl. ebenda, 2.9.
79 Vgl. ebenda, 2.5.

reifung, und die Bereitstellung von Benzin geregelt worden. Viele Ärzte konnten die höheren Preise für KFZ und Zubehör nicht mehr aufbringen. Sie drohten damit, keine Hausbesuche bei Patienten mehr durchzuführen. Häufig klagten Ärzte darüber, dass ihre Kinder keinen Studienplatz erhielten, was sie nicht selten mit Flucht aus der DDR quittierten.

Für Lehrer war ein neuer Tarif in Kraft gesetzt worden, der zunächst noch nicht für Berlin galt. (GBl. II 1952 Nr. 180 S. 1359 und 1365)

Bestimmte Gruppen von Lehrern klagten darüber, dass infolge des Wegfalls der Steuerermäßigung jetzt weniger Nettogehalt gezahlt werde als früher. Lehrer mit Hochschulbildung vor 1933 wurden mit Lehrern mit Hochschulbildung nach 1945 nicht gleichgestellt. Ferienplätze für Lehrer wurden häufig erst nach den Schulferien zur Verfügung gestellt, so dass sie diese nicht annehmen konnten.

Ein Diskussionspunkt der Lehrer an den Oberschulen waren die umfangreichen Lehrpläne und die damit verbundenen Schwierigkeiten. Die Lehrpläne für die Oberschulen wiesen einen derart umfangreichen Stoff auf, der nach Meinung der Lehrer in der Kürze der zur Verfügung stehenden Zeit nicht mit der notwendigen Gründlichkeit verarbeitet werden konnte. Dieses war auch der Grund dafür, dass das Anschauungsmaterial ungenügend ausgewertet wurde. Das traf besonders für den Biologie-Unterricht zu. Die überaus starke Inanspruchnahme der Lehrer führte u. a. auch dazu, dass den Lehrkräften z. T. nicht genügend Zeit zur Befriedigung ihrer kulturellen Bedürfnisse zur Verfügung stand. Ein Lehrer der Oberschule in Parchim erklärte z. B., seit drei Jahren kein schöngeistiges Buch gelesen zu haben.[80]

Die materielle Lage der Wissenschaftler war im allgemeinen gut. Jedoch traten Einschränkungen bei der Versorgung auf IN-Karte ab März 1953 auf.[81] Wissenschaftliche Assistenten in den relevanten Fachrichtungen konnten oft nicht lange an der Universität gehalten werden, weil sie in der Wirtschaft besser bezahlt wurden. Wissenschaftler beklagten die schlechte Versorgung mit Fachliteratur. Sie sorgten sich darum, dass die DDR schon allein deshalb im internationalen Vergleich zurückbleiben werde.[82] Enorme Unzufriedenheit herrschte über die Einschränkung der Reisen zu Kongressen in der Bundesrepublik und über die Nichterteilung von Lizenzen für die Publikation von Büchern außerhalb der DDR. Beklagt wurde auch, dass der Begriff „wissen-

---

80 Vgl. ebenda, 2.13.
81 Vgl. ebenda, 2.9.
82 Vgl. ebenda, 2.4.

schaftlich" in der DDR zu einem Schlagwort gemacht worden sei, das sich selbst ad absurdum führe.[83] Gefordert wurden auch mehr Reisemöglichkeiten in die Volksdemokratien und die UdSSR.

Die Lage der freischaffenden bildenden Künstler und Schriftsteller war im großen Ganzen nicht zufriedenstellend. Bei einer in den Kreisen Riesa und Großenhain durchgeführten Wanderausstellung des Verbandes Bildender Künstler, die in insgesamt 16 Betrieben gezeigt wurde, konnte nicht ein einziges Bild verkauft werden. Die Mittel des Kultur- und Direktorenfonds durften angeblich nicht für diese Zwecke verwandt werden, und die Werktätigen dieser Betriebe, darunter Stahlwerk Riesa und Gummiwerk Riesa, zeigten kein Interesse für einen Ankauf. Die bildenden Künstler in Riesa, Bezirk Dresden, konnten seit Monaten ihre Mieten nicht mehr bezahlen.[84]

Der in Westberlin wohnende ehemalige Intendant der Deutschen Staatsoper Ernst Legal erklärte, dass die vielen „Funktionärchen" auf dem Gebiete der Kunst mehr schaden als nutzen, da sie, weil sie nichts von Kunst verstehen, die Künstler mit Phrasen abspeisen wollten. Er nannte in diesem Zusammenhang als besonders schlechte Kräfte auf dem Gebiet der Kunst die führenden Vertreter der Staatlichen Kommission für Kunstangelegenheiten.[85]

Die materielle Lage der Musiklehrer, Maler und Schriftsteller war im Kreis Arnstadt, Bezirk Erfurt, nicht gesichert. Einige privat arbeitende Musikerzieherinnen lebten trotz guter Leistungen in äußerst dürftigen Verhältnissen.[86] Die Lage der bildenden Künstler in Eisenach war immer noch katastrophal. In Eisenach konzentrierten sich bildende Künstler Thüringens, von denen ein Teil mit durchschnittlich DM 150,--- monatlich nicht einmal das Existenzminimum erreichten. Sie mussten den Lebensunterhalt durch Waggonausladen verdienen, um ihre Familien zu ernähren und dabei noch malen zu können.

Allgemeine Unzufriedenheit in allen Teilen der Intelligenz herrschte über die engstirnige Art der Berichterstattung in den Medien. Die nicht vorhandene Öffentlichkeit förderte das Entstehen von Gerüchten. Im Bezirk Leipzig wurde erzählt, dass die zu erwartenden Personalausweise nur eine Bewegungsfreiheit im Umkreis von 100 km zulassen würden.[87] Im Bezirk Magdeburg kam das Gerücht auf, dass am 1. März 1953 in Berlin die Sektorengrenze

---

83 Vgl. ebenda, 2.5.
84 Vgl. ebenda, 2.4.
85 Vgl. ebenda, 2.2.
86 Vgl. ebenda, 2.5.
87 Vgl. ebenda, 2.9.

gesperrt werde.[88] Zeitgleich mit diesen Gerüchten wurde Furcht vor einem unmittelbar bevorstehenden Krieg geäußert.

Allgemein verbreitet war die Angst, sich in öffentlichen Diskussionen zu äußern, weil fristlose Entlassungen oder Inhaftierungen nicht selten die Folge waren.[89] Verfolgungsgefühle und Angstpsychosen traten bei solchen Intellektuellen auf, deren Verwandte oder Bekannte ohne Nachricht über ihr Verbleiben inhaftiert wurden.

Die Enquête des Kulturbundes förderte viel brisantes Material ans Tageslicht. Es wurde offenbar, dass lediglich Einzellösungen nicht ausreichten, um dem Brodeln in der Intelligenz Einhalt zu gebieten. Natürlich versuchte der Präsidialrat, sofort Feuerwehr zu spielen und Änderungen einzuleiten.

Am 28. März schrieb Karl Kneschke an die Bezirksleitung des Kulturbundes in Leipzig: „Wir danken Euch für den Bericht vom 20.3. Er war uns eine gute Grundlage für die Gesamtdarstellung der Bundesleitung. Wir betonen das deshalb, weil die Berichte aus den Bezirken in ihrer Qualität und Sorgfältigkeit recht unterschiedlich waren.

In dem Bericht sind eine ganze Reihe von Dingen angegeben, die ein sorgfältiges Eingreifen des Kulturbundes in Eurem Bezirk verlangen. Wir schlagen Euch deshalb vor, es nicht bei der Feststellung dieser Tatsachen zu belassen, sondern mit den infrage kommenden Stellen, die je nach dem Falle verschieden sein können, zu versuchen, die aufgetretenen Schwierigkeiten zu beseitigen."[90]

Aus Leipzig kam die Antwort: „In Bestätigung Eures Schreibens vom 28.3.[19]53 können wir mitteilen, dass wir inzwischen in einzelnen Fällen, wo wir bürokratische Missstände im Verhalten gegenüber der Intelligenz festgestellt haben, bereits Maßnahmen ergriffen haben, diese abzustellen.

Weiterhin wird nach einer Rücksprache mit dem Sekretär unserer Partei der Rat des Bezirkes in der nächsten Zeit einige prominente Kulturschaffende zu einer Ratssitzung einladen, in der in Auswertung des Materials über die Möglichkeiten der Unterstützung der Intelligenz seitens des Rates des Bezirkes gesprochen wird."[91]

---

88 Vgl. ebenda, 2.10.
89 Vgl. ebenda, 2.11.
90 SAPMO-BArch, DY 27/500 Bl. 23.
91 Ebenda, Bl. 22.

Der Kulturbund leitete das Material im April an die Regierung[92] weiter und nahm Kurs auf größere Konferenzen mit der Intelligenz im regionalen und zentralen Rahmen.

1.6. Weitere Einschränkungen der Sozialleistungen

Ungeachtet der vom Kulturbund in Gang gesetzten Analysetätigkeit zur Lage und Stimmung unter Intelligenz malten die staatlichen Mühlen in Richtung weiterer Einschränkungen der sozialen Leistungen für die Intelligenz weiter. Den freiberuflich Tätigen wurde die Möglichkeit einer Sozialversicherung in der Staatlichen Versicherung genommen. Die Versorgung mit Mangelwaren wurde eingeschränkt. Die ohnehin knappen Wohnraumzuteilungen wurden ebenso gekürzt wie die Urlaubsplatzkontingente. Bei Planrückständen und Arbeitsunfällen hatten staatliche Instanzen schnell den Sabotageverdacht zur Hand. Inhaftierungen erfolgten in solchen Fällen rasch. Unter Technikern und Ingenieuren kursierten Gerüchte, eine neue Einzelvertragsregelung stehe bevor, die auch die Kündigung schon bestehender Verträge vorsehe.

An der Verteilung der IN-Scheine war schon seit 1951 verschiedentlich Kritik geübt worden. Von den etwa 60 000 IN-Scheinen, die der Förderungsausschuss ausgab, erhielt die neue Intelligenz überhaupt keine, unter den 18 000 Ärzten erhielten nur die 2 000 in der Verwaltung IN-Scheine und Oberschullehrer und Berufsschullehrer erhielten gar keine, hieß es seinerzeit in einer Aktennotiz der Staatlichen Kommission für Handel- und Versorgung beim Ministerrat.[93] Noch widersprüchlicher sah die Sache bei den Künstlern aus. Für eine Bereinigung des IN-Schein-Problems allein unter den Künstlern wären 30 000 zusätzliche IN-Scheine erforderlich gewesen. 1953 war schon im Zuge solcher Bereinigungen die Zahl der IN-Scheine, die der Förderungsausschuss verteilte, auf 120 000 angestiegen, die angesichts der allgemeinen Sozialkürzungen 1952/53 nicht mehr vollständig beliefert werden konnten. Ab März 1953 sollte nun die Zahl der IN-Scheine um 36 000 gekürzt werden.

Die geplante Beschränkung der IN-Scheinempfänger auf Angehörige der Intelligenz, auf Wissenschaftler und Künstler sowie auf alle in der Verwaltung mit Einzelvertrag Arbeitenden entsprach etwa der Gesamtzahl der im Lande

---

92 Nach Aussagen von Karl-Heinz Schulmeister vom 15.8.2000 war die der Regierung übergebene Ausfertigung der Enquête schon zu Zeiten der DDR verschollen. Trotz intensiver Recherche konnte sie im Bundesarchiv bis jetzt nicht aufgefunden werden.
93 Vgl. SAPMO-BArch, NY 4090/418, Bl. 93.

abgeschlossenen Einzelverträge bzw. der gewährten Altersversorgungen einschließlich einiger wichtiger freischaffender Künstler.

Die Einschränkungen bei IN-Scheinen erfolgten gegen den Widerstand des Förderungsausschusses. Walter Freund schrieb am 7. März 1953 an Elli Schmidt, Vorsitzende der Staatlichen Kommission für Handel und Versorgung beim Ministerrat: „Unsere Erhebungen, die in geeigneter Weise in allen Sparten der Intelligenz durchgeführt wurde, ergaben übereinstimmend, dass die Wegnahme von IN-Scheinen bzw. die Abgabe der auf IN-Scheine gewährten Lebensmittel zu HO-Preisen weitgehende Beunruhigungen hervorrufen dürfte […] Wahrscheinlich wäre es politisch besser, die gesamten IN-Scheine zu streichen und die bessere Versorgung des entscheidenden Teiles der Intelligenz schwerpunktmäßig, wie von der Partei vorgeschlagen, durchzuführen."[94]

Mit der Verordnung vom 9. April 1953 (GBl. I 1953 Nr. 48 S. 543) wurden mit Wirkung ab 1. Mai 1953 die IN-Karten abgeschafft. An ihre Stelle sollten „Intelligenzläden" treten, in denen ein reichhaltigeres Angebot zur Verfügung stand als in den HO-, Konsum- und privaten Einzelhandelsgeschäften. Aus eigener Erfahrung berichtete Erich Loest darüber: „Ein Geschäft war eingerichtet worden in der Innenstadt, in dem Intelligenzler mit Sonderausweis einkaufen konnten. Butter war knapp, ein Intelligenzler aber besaß das Recht, jeden Tag ein Stück zu kaufen, Arbeiterfrauen standen unterdessen Schlange nach Margarine."[95]

Der Zugang zu „Intelligenzläden" wurde im Vergleich zum ursprünglichen Kreis der IN-Karten-Empfänger auf Professoren und andere Wissenschaftler an den Akademien, Universitäten und Hochschulen sowie auf Vertreter der technischen Intelligenz eingeschränkt. Der Förderungsausschuss verlor die Verwaltung der Sanatorien und Erholungsheime. Die Sanatorien in Bad Elster und Bad Liebenstein kamen in die Verantwortung der Sozialversicherung mit der Auflage, bevorzugt Nationalpreisträger, Neuerer, Wissenschaftler, Helden der Arbeit, Heinrich-Greif-Preisträger, Verdiente Ärzte des Volkes, Verdiente Techniker des Volkes und Verdiente Lehrer des Volkes unterzubringen. Das Erholungsheim Wiepersdorf wurde als Arbeitsstätte für Schriftsteller an den Deutschen Schriftstellerverband übergeben. Die Erholungsheime in Heiligendamm, Schierke und Oberhof gingen in die Verfügung der Akademien mit der Deutschen Akademie der Wissenschaften der DDR als verwal-

---

94 SAPMO-BArch, NY 4090/418, Bl. 188.
95 Erich Loest: Durch die Erde ein Riss. Ein Lebenslauf. Leipzig 1990, S. 192.

tender Instanz über. Im Förderungsausschuss wurde eine strukturelle Veränderung vorgesehen, die seine Aktivität auf die Kontrolle der Intelligenz-Förderung reduzierte. Die Ministerien und Staatssekretariate hatten selbst Abteilungen für die Intelligenz-Förderung einzurichten.[96] Diese Einschränkung der Rolle des Förderungsausschusses war der Zurücknahme der sozialen Förderung der Intelligenz durchaus adäquat.

Am 9. April 1953 wandten sich evangelische Bischöfe in einem Schreiben an Armeegeneral Wassilij Tschuikow. Sie informierten über ein Memorandum, das sie wegen der Maßnahmen gegen die Junge Gemeinde an den Ministerpräsidenten Otto Grotewohl gesandt hatten. Ihr Memorandum habe jedoch keinen Erfolg gehabt: „Im Gegenteil: Die Maßnahmen sind immer schärfer geworden. Man hat in allen Bezirken der DDR Schüler und Schülerinnen, die sich zur Jungen Gemeinde halten, in turbulenten Versammlungen angegriffen, beschimpft, von der Schule verwiesen und ihnen das Studium unmöglich gemacht. Man hat Pfarrer und Diakone, die der Jungen Gemeinde dienten, verhaftet, man hat Zusammenkünfte verboten oder aufgelöst, man hat die jungen Christen auf das schwerste bedroht und hat Häuser, die der Schulung junger Christen dienten, beschlagnahmt. Die Unruhe über diese Geschehnisse geht durch unsere gesamte Kirche. Man macht kein Hehl daraus, dass die Absicht besteht, die Liebesarbeit der Kirche zum Erliegen zu bringen und den ganzen kirchlichen Organismus umzugestalten. Mit einem Wort: ein Kirchenkampf großen Ausmaßes hat im Gebiet der DDR begonnen."[97]

Die SED sah in der Jungen Gemeinde eine illegale Jugendorganisation, die sich im Gegensatz zur FDJ begeben hatte. Ähnlich beurteilte sie auch die CDU-Studentengruppen.[98] Aus alledem leitete sie ihren restriktiven Kurs ab, den viele Studenten und Schüler mit der Relegation von den Universitäten und von den Oberschulen bezahlen mussten. Die zunehmend schlechte Stimmung im Lande wurde davon wesentlich mitbestimmt.

---

96 Vgl. SAPMO-BArch, DY 30/J IV 2/3/367, Bl. 34/35.
97 SAPMO-BArch, NY 4090/455, Bl. 230/231.
98 Vgl. Stephan Zeidler: Die CDU in der DDR vor dem Mauerbau (1953-1961). Bonn 2001, S. 179-197.

2. Neuer Kurs und Juniunruhen

2.1. Die Vorkonferenz in Jena: die Probe aufs Exempel

Der Präsidialrat des Kulturbundes befasste sich am 24. April 1953 mit der Vorbereitung einer zentralen Konferenz über „Die Lage der Intelligenz in der DDR". Alexander Abusch ging in seinem einleitenden Referat ausführlich auf die Enquete über die Lage der Intelligenz in der DDR ein. Die Durchführung einer solchen Enquete sei vom Kulturbund mit der Regierung vorbesprochen und von den Bezirksleitungen im Verlaufe des März 1953 durchgeführt worden. Berichte aus den Bezirken lägen vor, „die wir auch den zuständigen Stellen in unserer Regierung sofort zugänglich machten."[99] Die Enquête habe gezeigt, dass der Kulturbund die einzige Organisation sei, die in der Lage ist, ein allumfassendes Bild über Lage, Stimmungen und Wünsche der Wissenschaftler und der technischen und künstlerischen Intelligenz in der DDR zu geben.

Die Berichte aus den Bezirken zeigten, trotz aller Verschiedenheit im einzelnen, doch zusammengenommen in wichtigen Punkten ein typisches Bild.

Ob die Enquête wirklich ein zuverlässiges Bild vermittle, war wohl noch nicht ganz sicher. Der Kulturbund machte offenbar deshalb nach Vereinbarung mit der Regierung die Probe aufs Exempel, indem an einem Punkt, und zwar an einem in der krisenhaften Situation besonders schwierigen Punkt, in Jena, eine Vorkonferenz durchgeführt wurde.

Diese Vorkonferenz vereinigte am 21. April Vertreter der Intelligenz der Universität Jena, von Zeiss Jena, Schott Jena, Farbenwerke, Bauunion und Vertreter der freischaffenden Intelligenz. Aus Berlin waren Minister Paul Wandel und Johannes R. Becher erschienen, die in der Aussprache noch einmal prüften, ob die in der Enquête gegebene Einschätzung wirklich die charakteristischen Momente enthielten, die zu einer wirklichen Beurteilung der Lage der Intelligenz notwendig sind.

An der Konferenz nahmen etwa 300 Personen teil, wovon 30 das Wort ergriffen. Abusch stellte auf der Präsidialratstagung fest, dass die Probe aufs Exempel ein eindeutiges Resultat erbracht habe. Die Enquete vom März habe doch ein zutreffendes Bild vermittelt.

Abusch griff auf die Situation im Vorjahr zurück, als über die Strukturveränderung des Kulturbundes entschieden werden musste. Es erfolgte die Los-

---

99 SAPMO-BArch, DY 27/916, Bl. 136.

lösung der Künstlerverbände vom Kulturbund und der Kulturbund konzentrierte sich fürderhin auf vier Schwerpunkte:
1. gesamtdeutsche Arbeit
2. Sammlung der Intelligenz
3. die Verbreitung wissenschaftlicher Kenntnisse
4. die Natur- und Heimatfreunde-Bewegung.

Diese Aufgabenstellung sei etwas abstrakt gewesen. Es gab nur sehr allgemeine Vorstellungen davon, wie der Kulturbund die Intelligenz sammeln sollte, um sie in den Aufbau der DDR einzubeziehen. In Präsidialratsberatungen seien Debatten über verschiedene Fragen geführt worden:
– die Frage der Schaffung von Foren, um den wissenschaftlichen Meinungsstreit zu entwickeln
– die Notwendigkeit der Schaffung von Klubs, um das gesellschaftliche Leben der Intelligenz zu entwickeln.

Erst im Verlaufe des Jahres sei der Präsidialrat allmählich dahin gekommen, eine konkretere Vorstellung von dem zu entwickeln, was der erste Schritt zur Sammlung der Intelligenz hätte sein können.

Das sei schließlich diese Arbeit, „die unsere Organisation begonnen hat mit dieser Enquête, die sie fortgesetzt hat mit der Vorkonferenz in Jena ... und die weiter fortgesetzt werden soll nach dem Vorschlag, der heute hier zur Diskussion steht, durch Einberufung einer zentralen Konferenz".[100]

Für die Vorkonferenz sei gerade Jena ausgewählt worden, weil sich dort seit Monaten die „Arbeit des Gegners" konzentriert habe. Gerüchte seien verbreitet, eine Stimmung der Unsicherheit sei geschaffen und die Republikfluchten seien angekurbelt worden. Der Kulturbund habe mit seiner Entscheidung, die Vorkonferenz in Jena durchzuführen, „sozusagen den Stier bei den Hörnern gepackt"[101].

Paul Wandel habe nur kurz zur Einleitung gesprochen und Becher sofort eingegriffen, um die Versammelten zu einer freien Aussprache zu bewegen. Dies sei in vollem Umfange gelungen. Damit habe der Beweis erbracht werden können, „dass eine solche Aussprache auf dem Boden des Kulturbundes stattfinden kann und dass dadurch der Kulturbund zu der Organisation wird, die die berechtigten Vorschläge und Wünsche unserer Intelligenz unserer

---

100 Ebenda, Bl. 138.
101 Ebenda, Bl. 139.

Regierung vermitteln kann, wobei Herr Minister Wandel" in seinem Schlusswort hervorgehoben habe, dass alle Fragen, die nicht sofort beantwortet werden konnten, von der Regierung ernsthaft geprüft würden einschließlich all der Schlussfolgerungen, die in der heutigen Lage möglich seien. Natürlich müssten Kritiken und Änderungsvorschläge aufgegriffen werden, wenn geholfen werden soll.

Abusch, der wohl bei den übergeordneten Instanzen nicht missverstanden werden wollte, legte zunächst Wert auf die Hervorhebung bestimmter Erfolge der loyalen Mehrheit der Intelligenz beim Aufbau des Sozialismus. Trotz der Klagen und der Zunahme von Republikfluchten wären „große positive Erfolge in der Mehrheit der Intelligenz der DDR zu verzeichnen"[102], behauptete er. Als Beweis führte Abusch an: „Der überwiegende Teil der Intelligenz ist bereit, an der Erfüllung und Übererfüllung des Fünfjahrplanes auf dem speziellen Fachgebiet mitzuarbeiten, ein weitaus größerer Teil der Intelligenz, als vor einigen Jahren, begreift den Inhalt des Bündnisses der Arbeiterklasse mit der Intelligenz und die Möglichkeit, die sich für die schöpferische Tätigkeit unserer Intelligenz aus diesem Bündnis ergeben. Wir haben auch zu verzeichnen als Kulturbund, dass sich immer zahlreichere und hervorragendere Intellektuelle zu Vorträgen zur Verbreitung wissenschaftlicher Kenntnisse unter den Arbeiter und Bauern, also unseren Werktätigen, zur Verfügung stellen, wir haben eine sehr positive Entwicklung zu verzeichnen bei der Übernahme von Patenschaften zur persönlichen Ausbildung von Nachwuchskräften, wir haben aber auch positive Erscheinungen zu verzeichnen bei dem wachsenden Interesse der Intellektuellen, der wissenschaftlichen und technischen Intelligenz, beim Studium der Entwicklungsgeschichte, der Theorie des Marxismus-Leninismus, allerdings nicht dort, wo diesen Wissenschaftlern diese Theorie in der Form durch systematische Schulung und durch schlechte Referenten gebracht wird, sondern gemäss den besonderen geistigen Interessen ihres Berufes in spezieller und wissenschaftlicher Weise ihnen nahe zu bringen versucht wird."[103]

Dieses Bemühen Abuschs, „positive Erfolge" vorzuweisen, macht die Diplomatie des Kulturbundes deutlich, die folgenden, bisweilen recht harschen, Kritiken etwas auszubalancieren. Was als Erfolg ausgewiesen wurde, war sehr allgemein gehalten. Das konnte jeder Funktionär aus dem Stehgreif so behaupten. Dazu bedurfte es keiner Enquête. Aber bei der Durchsicht der ver-

---

102 Ebenda, Bl. 140.
103 Ebenda.

schiedenen Analysen zur Lage der Intelligenz zeigte sich, dass gerade beim Ausweis von Fortschritten das ansonsten so reichhaltig angebotene empirische Material nur mager war oder ganz fehlt und folglich durch Phraseologie übertüncht wurde.

Abusch muss dies selbst bemerkt haben, denn er versicherte überdies, dass die positiven Ausgangspunkte genommen werden müssten, wenn die Kritik und die Klagen der Intelligenz in dem realen Zusammenhang der positiven gesellschaftlichen Entwicklung richtig bewertet werden sollen. Erst danach kam er auf vier Kategorien zu sprechen, die sich auf die Kritik und Fragen der Intelligenz beziehen. Sie hätten ihre Ursache:

„1. in Fehlern einzelner Instanzen unseres staatlichen Apparates, in häufiger bürokratischer Willkür und in Missachtung von Intellektuellen von staatlichen und kommunalen Funktionären,

2. in einer ungenügenden Erklärung von Maßnahmen unserer Regierung, die sich aus dem stürmischen Wachstum unserer Wirtschaft, aus den Notwendigkeiten des schnellsten Aufbaus und großer Investierungen, um den Plan zu erfüllen, ergeben,

3. in einer planmäßigen und provokatorischen Arbeit der Feinde unserer Republik, die nach der Methode Zuckerbrot und Peitsche arbeiten, das heißt, die einerseits wichtige Kräfte der Intelligenz wegzukaufen versuchen und, wie das in verschiedenen Gebieten unserer Republik sichtbar wurde, mit nächtlichen Telefonanrufen arbeiten, durch Wochen hindurch, um Menschen zu erschrecken und zur Flucht aus unserer Republik zu veranlassen, und ähnliche Methoden mehr, und

4. diese Kritik und die Klagen der Intelligenz haben ihre Ursache in einem Mangel an kultureller Betreuung, in kulturellen Möglichkeiten, in dem Mangel an Möglichkeiten für ein gesellschaftliches Leben unserer Intelligenz an wichtigen Punkten, an denen besonders zahlreich unsere Intelligenz konzentriert ist."[104]

Abusch versicherte, dass diese vier Punkte nur „ein knapper Nenner" seien. Wie allzu „knapp", das zeigte sich daran, dass die Republikflucht auf „Wegkaufen" reduziert wurde, während die Enquete mit zahlreichen Beispielen belegte, dass Erscheinungen administrativer Willkür, vor allem die willkürlichen Verhaftungen, ebenso ein Grund für Republikfluchten waren. Das Bundessekretariat muss sich solcher Verkürzung bewusst gewesen sein. Ihm

---

104 Ebenda, Bl. 141.

lag der Entwurf einer Zusammenfassung der Enquête vor[105], der offenbar als zu explosiv empfunden wurde. Denn die Kulturbundführung verzichtete darauf, dieses Dokument dem Präsidialrat zur Kenntnis zu geben, was Abusch mit dem Worten begründete: „… dann sind wir übergegangen dazu, eine Reihe von positiven Aufgaben zu formulieren, die sich aus den Berichten ergaben. Ich glaube, dass an Hand der positiven Aufgaben, die ich Ihnen vortragen will, auch klar sichtbar wird, wie die Situation innerhalb unserer Intelligenz ist."[106] Offenbar schien die Quintessenz der Enquête zu „sperrig", um im Präsidialrat vorgetragen zu werden. Das in der Intelligenz spürbare Brodeln sollte offenbar nicht noch forciert werden. So schlug Abusch also vor:

„a. eine erneute und nachdrückliche Erklärung, dass die Kinder der loyalen, am Aufbau tätigen Intellektuellen die volle Möglichkeit zur Zulassung zur Oberschule und zum Hochschulstudium haben."[107] Diese Erklärung sei zwar schon vor drei Jahren von Walter Ulbricht abgegeben worden, jedoch würden „untere Stellen" (!) immer wieder die Verwirklichung dieser Zusage hintertreiben. Gerade bei der Untersuchung der Ursachen der Republikflucht tauche immer wieder die Tatsache auf, dass auf diese Weise wichtige Fachleute den Punkt der Studienzulassung ansprechen.

„b. Die Verbesserung der Versorgung mit Qualitätswaren durch die HO (Frage der besonderen Schwerpunkte, auch für die Intelligenz, wie z. B. in Jena, Greifswald u. a. jetzt vernachlässigte Punkte)."[108] Im Einzugsgebiet Jena lebten 7 000 Intellektuelle, wobei die 8 000 Studenten gar nicht berücksichtigt würden, bedingt durch große Betriebe wie Zeiss, Schott, Jenaer Farben und Universität sei die Kaufkraft hoch und dennoch sei Jena der schlechtest versorgte Ort der DDR. Jena sei auch die Stadt der DDR mit den wenigsten Restaurants. Der Kulturbund habe die Regierung auf diese schlechte Verteilung der vorhandenen Waren durch die HO gerade am Beispiel dieser Stadt aufmerksam gemacht.

„c. Wo werden zunächst Geschäfte für die Versorgung der Intelligenz gemäß den Beschlüssen des Ministerrats geschaffen?"[109] In Jena sei die Frage aufgetaucht, ob nicht die Beibehaltung der IN-Karten, die nur eine bestimmte Menge an Waren zu HO-Preisen garantiere, besser gewesen wäre. Die Intelligenz verdiene genug, um die HO-Preise zu bezahlen. Es sollte schon am

---

105 Vgl. Dokumentation, 2.15.
106 SAPMO-BArch, DY 27/916, Bl. 142.
107 Ebenda, Bl. 146.
108 Ebenda.
109 Ebenda.

Anfang mit den IN-Karten erreicht werden, dass die Intellektuellen vor Schwierigkeiten bei der Versorgung z. B. mit Butter und Fleisch bewahrt würden.

„d. Welche Möglichkeiten gibt es, um die Intelligenz mit einer stärkeren Zahl von Ferienplätzen zu versehen, in der wichtige Teile der Intelligenz allein in Urlaub gehen können. (Juli, August)"[110] In allen Berichten habe es einen einzigen Schrei nach Ferienplätzen gegeben. Der Kulturbund habe durch Einsparungen die Zahl der Ferienplätze in Ahrenshoop verdreifachen können. An die Regierung werde appelliert, für das Jahr 1954 möglichst zahlreich Ferienplätze für die wichtigsten Gruppen der Intellektuellen zu schaffen.

„e. Kann eine Erklärung über eine bestimmte Zahl von neu zu schaffenden Klubs der Intelligenz und deren Erhaltung mit Angabe der Orte abgegeben werden?"[111] 1953 sollten einige wichtige Punkte dieser Forderung erfüllt werden. In Jena fehlte noch etwas Geld für die Schaffung des Klubs. Minister Wandel habe stehenden Fußes den fehlenden Betrag zur Errichtung des Klubs in Jena aus den ihm zur Verfügung stehenden Mitteln spendiert. Wenn es gelänge, von einer freimütigen Aussprache auch andere berechtigte Forderungen zu erfüllen, dann würde das dazu beitragen, das Vertrauen der positiven Mehrheit der Intelligenz zu stärken.

„f. Kann eine bestimmte Erklärung über die Verbesserung der Versorgung mit eigener und ausländischer Fachliteratur durch die zentrale Stelle für wissenschaftliche Literatur abgegeben werden?"[112] Die Intelligenz sei keineswegs mit der notwendigen Fachliteratur aus der Sowjetunion und den Volksdemokratien gut versehen. Die Lage differiere von Fach zu Fach. Sowjetische Fachliteratur werde in nicht wenigen Fällen aus Westberlin bezogen. Häufig gäbe diese Literatur jedoch keine Antwort auf aktuelle Fragen des Arbeitsprozesses und der Arbeitsorganisation.

Diese Punkte würden in den nächsten Tagen mit der Regierung besprochen.[113] Die Wirkung der zentralen Konferenz hänge sehr wesentlich davon ab, ob es gelinge, den stellvertretenden Ministerpräsidenten Walter Ulbricht zur Teilnahme zu bewegen.

Diese Feststellung scheint bemerkenswert. Der Präsidialrat verfügte bereits über einen zuverlässigen Draht zu Otto Grotewohl. Allerdings war offensichtlich geworden, dass Grotewohl in der Führung nicht über das letztlich ent-

---

110 Ebenda, Bl. 147.
111 Ebenda, Bl. 147.
112 Ebenda, Bl. 148.
113 Vgl. Dokumentation, 3.1.

scheidende Durchsetzungsvermögen verfügte. Wilhelm Pieck war krank. Er befand sich zur Kur in der Sowjetunion.

Das endgültige Datum der Konferenz werde sich danach richten, fuhr Abusch fort, dass die Anwesenheit hervorragender Vertreter der Regierung gesichert ist. Geplant sei die Konferenz in der Woche, die mit dem 11. Mai beginnt. Die Teilnahme der Konferenz werde nach dem Schema der Konferenz von Jena erfolgen, d. h. hervorragende Vertreter der Universitäten, Hochschulen und Großbetriebe würden eingeladen. Hinzu kämen noch 10 Prozent Künstler und Schriftsteller. Einzuladen seien auch Vertreter der freien Berufe, z. B. Ärzte, um bei der Diskussion ein umfassendes Bild zu erhalten.

Der Kernsatz des vom Präsidialrat zu fassenden Beschlusses lautete: „Nach eingehender Beratung beschließt der Präsidialrat die Einberufung einer zentralen Konferenz der wissenschaftlichen und technischen Intelligenz, unter Hinzuziehung auch von Vertretern der künstlerischen Intelligenz, auf der über ihre Lage und Aufgaben in der DDR beraten werden soll."[114]

Zusammenkünfte der Intelligenz sollten in regelmäßigen Abständen erfolgen. So würde gesichert, dass es zwischen der Intelligenz und der Regierung zu einer starken Verbindung käme. Die Organisation solcher Zusammenkünfte könne der Kulturbund als gesellschaftliche Organisation viel besser bewerkstelligen, meinte Abusch, als dies eine Institution wie der Förderungsausschuss in der Vergangenheit vermochte. Der Förderungsausschuss als staatliche Institution habe unvermeidlich bestimmte bürokratische Erscheinungen hervorgebracht. Der Kulturbund könne diese Aufgabe als eine „lebendige gesellschaftliche Aufgabe realisieren"[115].

Die immer wieder zu beobachtende Polemik gegen den Förderungsausschuss ergab sich zum einen aus der Konkurrenz-Situation des Kulturbundes. Zum anderen wäre noch zu prüfen, inwieweit darauf auch das offenbar begründete Misstrauen in die Führungsspitze des Förderungsausschusses mit hineinspielte. Walter Freund hatte schon am 2. Februar 1953 an Grotewohl über den Vorsitzenden des Förderungsausschusses, Prof. Dr. Hermann Kastner, geschrieben: „Ich lenke Deine Aufmerksamkeit auf die Tatsache, dass Prof. K., seitdem ihm gestattet wurde, täglich in seinem Büro zu sein, die ihm umfassend zur Verfügung stehenden Mittel, wie schalldichtes Büro, staatliches Telefon in jedem Ort der Republik, Telegramm, Fernschreiber usw. benutzt,

---

114 SAPMO-BArch, DY 27/916, Bl. 150.
115 Ebenda, Bl. 151.

um aus mir nicht bekannten Gründen alle erdenklichen Leute in seinen Dienstraum zu rufen und mit ihnen oft recht lange zu verhandeln.

Eine Liste der Besucher, die zu ihm kamen, für die Monate Januar 1953 und teilweise noch Dezember 1952, lege ich Dir zur Orientierung bei. Ich versichere, dass auch nicht eine einzige der aufgeführten Personen mit unserer Arbeit als Förderungsausschuss das Geringste zu tun hat und, wie ich annehmen kann, haben wird. In diesem Zusammenhang weise ich besonders darauf hin, dass eine Reihe der aufgeführten Personen Westberliner bzw. Ausländer sind."[116] Handschriftlich findet sich ein Vermerk auf dem Schreiben, dass das MFS schon informiert worden sei. Reinhard Gehlen schreibt in seinen Memoiren: „Zu den Informanten des Dienstes gehörte auch eine so hochgestellte Persönlichkeit wie der ehemalige stellvertretende Ministerpräsident der ‚DDR', Professor Hermann Kastner […] Kastner hatte sich dem Dienst und vorher schon den Amerikanern zur Verfügung gestellt, nachdem er sich in persönlichen Auseinandersetzungen mit Ulbricht und anderen SED-Funktionären aufgerieben und das Ende seiner politischen Ambitionen erkannt hatte. Auch seine hervorragenden Beziehungen zur Sowjetischen Militär-Administration (SMA), die ihn für den Dienst zu einem wertvollen Wissensträger machten, vermochten ihn nicht an der Regierungsspitze zu halten. Aus all dem erwuchs bei Professor Kastner die Bereitschaft, sich dem Westen nicht nur durch Lieferungen von Material, sondern auch als Antipode gegen Ulbricht vor der Öffentlichkeit zur Verfügung zu stellen."[117] Hier trog Reinhard Gehlen offenbar sein Erinnerungsvermögen. Wie noch zu zeigen sein wird, wurde Kastner als Antipode Grotewohls 1953 von Semjonow ins Gespräch gebracht.

Abusch schloss mit einem Zitat aus einem Diskussionsbeitrag eines Bezirkssekretärs, den dieser bei der Auswertung der Enquête am Vortage gehalten hatte: „Jetzt ist der Kulturbund in der Feuerprobe bei der Erfüllung seiner Aufgaben, die er sich vor einem Jahr gestellt hat, der Sammlung der Intelligenz."[118]

Als erster Redner in der Diskussion ergriff der Romanist Victor Klemperer das Wort. Er bedaure sehr, dass noch mehr Essen und Trinken als besondere Forderung der Intelligenz hingestellt werde. Denn darauf laufe es hinaus, wenn

---

116 Ebenda, NY 4090/418, Bl. 179.
117 Reinhard Gehlen: Der Dienst. Erinnerungen 1942-1971. Mainz-Wiesbaden 1971, S. 202-203.
118 SAPMO-BArch, DY 27/916, Bl. 151.

von HO-Sonderläden und Sonderversorgungen für die Intelligenz gesprochen werde. Es sei gut, dass die Intelligenzkarte, die viel böses Blut geschaffen habe, abgeschafft wurde. Er bedaure besonders, dass der Punkt, der der wesentlichste sein sollte, nämlich die Umstufung der Oberschulen, nicht berührt worden sei: „Während man in der Sowjetunion dabei ist, die Elf-Jahresschule auf die Zwölf- Jahressschule umzuformen, will man uns die Zwölf-Jahrschule nehmen. Wir haben jetzt schon große Schwierigkeiten bei der Sprachenvorbildung. Wenn uns die Zwölf-Jahresschule nun noch genommen wird, ist der Erfolg der, dass die Universität zur Oberschule wird. Darüber ist viel zu reden. Darüber ist aber nicht ein Ton geredet worden."[119]

Der Pädagoge Heinrich Deiters pflichtete Klemperer bei. Es sei damit die allgemeinere Frage berührt, dass Regierungsstellen bei der Vorbereitung neuer Maßnahmen nicht frühzeitig mit den Betreffenden in Kontakt träten. Es könne nicht gut gehen, wenn so viele Menschen eines morgens unvorbereitet die Zeitung aufschlügen und von neuen entscheidenden Maßnahmen im Bildungswesen erführen. Vor allem im Jahre 1952 seien neue Maßnahmen und Gesetze auf den Weg gebracht worden, die die Gesellschaftsstruktur politisch und finanziell auf das Stärkste beeinflusst hätten, ohne dass die überwältigende Mehrheit der Intellektuellen davon vorher Kenntnis erhalten habe. Er erwarte, dass kühne neue Entschlüsse rechtzeitig zur Diskussion gestellt werden: „Ehe man sich mit solchen neuen Schritten auseinandersetzt und sie verstehen kann, braucht man eine Vorbereitungszeit des Nachdenkens und des sich Entschließens. Daran krankt unsere ganze Entwicklung stark, dass das nicht geschieht. Ich möchte bitten, die Frage in den Vordergrund der weiteren Arbeit auf dem Gebiet zu stellen."[120] Nicht die materielle Versorgung und die Frage der Ferienplätze seien das Problem, sondern die Art, wie die Intelligenz lebe und denke. Die Intelligenz könne nur dann die Politik der Regierung begreifen, wenn sie in großen Angelegenheiten nicht vor vollendete Tatsachen gestellt werde.

Das zweite Problem, das Deiters ansprach, war die Information durch Presse und Rundfunk. Die Presse habe die Aufgabe zu informieren. Aber jeder können Beispiele nennen, dass Informationen über große weltpolitische Ereignisse zu spät und nur unzureichend erfolgten. Es entstünde der Eindruck, dass auf bürokratischer Linie und hinter verschlossenen Türen gearbeitet

---

119 Ebenda, Bl. 155.
120 Ebenda, Bl. 153/154.

werde. Sich absichernd, ergänzte Deiters: „Das ist nicht so, aber der Eindruck kann entstehen."[121]

Drittens schließlich nannte Deiters die ausufernde Verwaltungsarbeit, mit der jeder Wissenschaftler konfrontiert sei: „Jedenfalls ist das in der Universität spürbar geworden, dass zusätzliche Aufgaben in den Vordergrund treten. Ich möchte ihnen den Briefwechsel zeigen, den wir im Laufe des letzten Jahres gehabt haben mit Rektor und Staatssekretär."[122] Außerdem würden auch noch Interesse für das Nationale Aufbauwerk und Beiträge für das Karl-Marx-Jahr verlangt: „Wir sind so stark in Anspruch genommen, dass die Fähigkeit und Kraft, unsere beruflichen Aufgaben zu erfüllen, darunter leidet. Dazu gehört auch die Überschwemmung mit wissenschaftlichen Konferenzen, eine Anzahl neuer Veranstaltungen, die uns aus der eigenen Arbeit heraus reißen."[123]

Das Wichtigste aber bleibe der erste Punkt, die bessere und frühere Information und umfangreichere, freie Diskussion. Er hoffe darauf, dass noch im Jahre 1953 entsprechende Maßnahmen getroffen würden.

Auch der Chemiker Günther Rienäcker wandte sich gegen neue materielle Privilegien für die Intelligenz. Es nutze nur, den Arbeitsstil gewisser Stellen zu verbessern. Die SED übersteigere alles, beanspruche Lehrkräfte für ihre Zirkel: „Das heißt unsere Aufgaben stark verkennen, wenn man glaubt, uns helfen zu können, uns aber von der wissenschaftlichen Arbeit abhält."[124] Ständig werde von außen versucht, den Initiator zu spielen, um Wissenschaftler zur Verbesserung der wissenschaftlichen Arbeit zu bekommen. Nur mit Mühe und Not sei es möglich, zwei bis drei Tage konzentriert schreiben zu können. Es gäbe viel zu viel Resolutionen, in denen stehe, dass das wissenschaftliche Leben entfaltet werden müsse: „An den kleinen Universitäten ist es so, dass wir gerade noch schwimmen, fast schon ertrinkend, um die Universität in Betrieb halten zu können, um die Überschwemmung mit Studenten und den Mangel an Lehrkräften durch Weggehen zu überwinden."[125] Viele Studenten könnten von den Wissenschaftlern nicht unterrichtet werden, weil die Laborräume und weil die Assistenten nicht ausreichen. So sei ein konzentriertes Arbeiten zehn Monate im Jahr unmöglich. Den Wissenschaftlern sollte folglich nur die Möglichkeit gegeben werden, so ungestört und ungeschoren wie

---

121 Ebenda, Bl. 154.
122 Ebenda.
123 Ebenda.
124 Ebenda, Bl. 155.
125 Ebenda, Bl. 156.

möglich das tun zu lassen, wovon jetzt nur 30 Prozent getan werden können. Von einer raschen Veränderung der gegenwärtigen Situation hänge Vieles ab: „Ich habe mit Kollegen gesprochen, die sagen, das halte ich nicht aus. Noch zwei Jahre, dann gehe ich dahin, wo ich zur Arbeit komme."[126]

Hans Mickinn, Hennigsdorf, sprach als Vertreter des Stahl- und Walzwerks „Wilhelm Florin". Er führte die „negativen Dinge" in der Intelligenz auf die „unzulässige Arbeit einer Reihe von Kollegen des zentralen Staatsapparates"[127] zurück. Das Werk habe vor einem Vierteljahr die Anordnung erhalten, von 76 Einzelverträgen 21 zu kündigen, was das Werk verweigert habe. Später hätte sich herausgestellt, dass die Anordnung des Staatssekretärs unzulässig war. Ebenso kam ein Stopp für den Abschluss weiterer Einzelverträge. Bald hieß es, dass es nur ein vorläufiger Stopp sei, weil das Kontingent für Künstler benötigt werde. Nach wie vor sollten Spezialisten der Schwerindustrie durch Einzelverträge gebunden werden. Auf einer zentralen Konferenz der Arbeitsdirektoren der Schwerindustrie wurde bekannt gegeben, dass Altersversorgungen nur noch mit Kollegen im Alter von über 40 Jahren abgeschlossen würden. Dabei handelte es sich um Techniker, die nicht in Konstruktionsbüros arbeiteten, sondern mit den Arbeitern zusammen im Produktionsprozess stehen. Sie hätten schon im Alter zwischen 30 und 40 Jahren Unfälle erleiden können, waren aber sozial nicht abgesichert. Arbeiter hingegen sind durch Altersversorgung geschützt. Bei einer Nachprüfung wurde in Erfahrung gebracht, dass davon nichts in der Verordnung stand.

Der Ministerrat hatte einen bürokratisch fahrlässigen Erlass für den Nachwuchs der technischen Intelligenz beschlossen. Junge Facharbeiter der Metallurgie, die bereits 650-700 Mark verdienen, sollten im Falle der Qualifizierung zum Ingenieur nur noch 350 Mark Stipendium erhalten. Mickinn kommentierte diese Festlegung mit den Worten: „Wir können nicht in dem erforderlichen Masse Hunderte von Jungingenieuren ausbilden, wenn nicht für die Dauer des Studiums in erträglichem Masse die Sorgen von ihnen genommen werden."[128] Das Werk erhielt bei 6 000 Werksangehörigen 600 Ferienplätze, wovon 3,5 Prozent für die technische Intelligenz abzuzweigen waren. Die Ingenieure seien aber so anständig, dass sie auf ihren Platz verzichten, wenn das ganze Werk nur 600 Plätze erhält. D. h. die Urlaubsfrage für die Intelligenz war in Hennigsdorf am Beginn des zweiten Quartals 1953 noch

---

126 Ebenda.
127 Ebenda.
128 Ebenda, Bl. 158.

ungeklärt. Eine Neuregelung sei inzwischen vorgesehen, komme aber für den Sommer reichlich spät. Im „Neuen Deutschland" habe gestanden[129], dass die Intelligenz „kapitalistische Überreste" aufzuweisen habe. Als alter Funktionär der Arbeiterbewegung[130] sei er, Mickinn, der Meinung, dass diese „Überreste" nicht nur die Intelligenz zu verzeichnen habe. Versorgungsschwierigkeiten gäbe es im Stahlwerk nicht, da es zu den zentralgelenkten Schwerpunktbetrieben gehöre: „Dadurch haben wir Lebensmittel in ausreichender Menge."[131]

Die Präsidialratstagung vom April verdeutlichte jedem Teilnehmer, dass sich im Vorfeld der Zentralen Intelligenzkonferenz viele Probleme angestaut hatten.

Der Höhepunkt in der Zuspitzung im Verhalten der SED-Führung gegenüber der Intelligenz wurde am 5. Mai 1953 erreicht. An diesem Tag fand bei der SED-Bezirksleitung Berlin die Karl-Marx-Feier statt. Im Rahmen des Kulturprogramms wurde eine Kantate mit dem Text des Schriftstellers Kuba und der Musik des Komponisten Jean Kurt Forest uraufgeführt. Die Kantate rief bei führenden Parteifunktionären Missfallen und Empörung hervor. Am 11. Mai fasste das Sekretariat des ZK der SED den Beschluss „Zu den ernsten Mängeln der Karl-Marx-Feier des Zentralkomitees." Das politische Urteil über das Kunstwerk lautete: „Das Sekretariat des Zentralkomitees stellt fest, dass dieses Werk schwere formalistische Fehler sowohl im Text als auch in der Musik enthält. Dadurch wurde die Würde der Feier zu Ehren des größten Sohnes des deutschen Volkes, Karl Marx, herabgesetzt. Die Verse von Kuba, die aus einer seiner früheren Arbeiten stammen, sind voll von symbolistischen, expressionistischen Gedankenbildern und Formulierungen. Diese Musik von Forest zeigt, dass der Komponist sich noch im Banne der dekadenten kosmopolitischen Richtung in der Musik befindet und das klassische Erbe der deutschen Musik völlig negiert."[132] Der Leiter der Abteilung Schöne Literatur und Kunst, Egon Rentzsch wurde wegen Versöhnlertum gegenüber diesem Werk und wegen der Nichtdurchführung des ZK-Beschlusses über die rechtzeitige und kritische Kontrolle des Programms seiner Funktion enthoben. Die SED-Mitglieder im Schriftstellerverband wurden aufgefordert, einen kritischen

---

129 Die Anspielung bezog sich auf Fritz Selbmann.
130 Hans Mickinn (1908-1981) war Bauarbeiter und trat 1929 der KPD bei. 1933-35 illegale Tätigkeit, 1935-1945 Haft. Nach 1945 zunächst Polizeiinspektor und dann bis 1954 Kulturdirektor des Stahl- und Walzwerkes „Wilhelm Florin" in Hennigsdorf und Mitglied des Präsidialrates des Kulturbundes..
131 SAPMO-BArch, DY 27/916, Bl.161.
132 Dokumente der SED. Bd. IV, Berlin 1954, S. 392.

Meinungsaustausch über die Verse des Dichters Kuba durchzuführen, damit dieser aus der Diskussion die notwendigen Lehren ziehen könne. Den Mitgliedern des Chores und des Orchesters wurde das Recht zugestanden, „ihre kritische Meinung zum Ausdruck zu bringen"[133] und eine Stellungnahme der Staatlichen Kommission für Kunstangelegenheiten herbeizuführen.

Am 13./14. Mai 1953 fand die 13. Tagung des ZK der SED statt, die auch nach Stalins Tod noch ganz im Geiste des sich „verschärfenden Klassenkampfes" stand. Es fasste den Beschluss „Über die Auswertung des Beschlusses des ZK ‚Lehren aus dem Prozess gegen das Verschwörerzentrum Slánský'". Franz Dahlem wurde wegen „politischer Blindheit gegenüber der Tätigkeit imperialistischer Agenten" aus dem ZK ausgeschlossen und von allen Parteifunktionen entbunden.[134] In dem Beschluss „Über die Erhöhung der Arbeitsproduktivität und die Durchführung strengster Sparsamkeit" wurde verfügt, die Erhöhung der „Arbeitsnormen um durchschnittlich mindestens 10 Prozent bis zum 1. Juni 1953 sicherzustellen."[135] Am 28. Mai beschloss der Ministerrat der DDR, die Normen bis Ende Juni 1953 um durchschnittlich 10 Prozent zu erhöhen. (GBl. I 1953 Nr. 72 S. 781)

Am 15. Mai 1953 verabschiedete der Ministerrat die Verordnung über die Reorganisation der allgemeinbildenden Schulen (GBl. I 1953 Nr. 66 S. 732). Sie bestimmte, dass die beiden Formen der Oberstufe (die Oberschule und die Zehnklassenschule) zu einer Schulform, der Oberschule, vereinigt werden.

Die Oberstufe umfasste nur noch drei Jahrgänge. Eine Unterteilung in neusprachliche (A), mathematisch-naturwissenschaftliche (B) und altsprachliche (C) Züge sollte künftig wegfallen.

Zwei Fremdsprachen wurden zur Pflicht gemacht, jedoch galt von vornherein Russisch allgemeinverbindlich als erste Fremdsprache. Als zweite Fremdsprache sollte entweder Französisch, Englisch, Polnisch, Tschechisch oder eine andere moderne Fremdsprache oder Latein gewählt werden können. Die Auswahl lag in den Händen des Ministeriums für Volksbildung. Enttäuscht schrieb Victor Klemperer in sein Tagebuch: „Der verabredete Artikel über die Schulaffaire für die Berl. Ztg. ist hinfällig geworden, auch die Audienz bei Grotewohl: Gestern stand schon die Verordnung des Ministerrats in der Ztg: Abbau der 12 Jahr-Schule (natürlich verschleiert genannt). Ohne die

---

133 Ebenda, S. 393.
134 Dokumente der SED. Band IV. Berlin 1954, S. 394-409.
135 SAPMO-BArch, DY 27/916, S.412.

Universität, ohne die Volkskammer zu befragen, nach kurzer bestellter ‚Aufklärung' der öffentlichen Meinung. Das heißt: Demokratie u. kulturelle Hebung."[136]

Am 24. Mai 1953 veröffentlichte das „Neue Deutschland" unter der Rubrik „Dokumente" einen offiziellen Artikel des ZK der SED zum Thema „Die Bedeutung der Intelligenz beim Aufbau des Sozialismus". In diesem Artikel gab die SED-Führung zu erkennen, dass sie bestimmte Fehler im Umgang mit der Intelligenz zu akzeptieren begann. Die SED räumte ein, dass es noch nicht gelungen sei, „ein richtiges Verhältnis seitens der Partei der Arbeiterklasse, der Gewerkschaften, der Machtorgane und überhaupt auch der Werktätigen zur Intelligenz" zu schaffen. Die SED konstatierte die Verletzung solcher bündnispolitischer Prinzipien wie feinfühliges und taktvolles Verhalten, die Respektierung unterschiedlicher weltanschaulicher Positionen, die Einbeziehung von Spezialisten in die Entscheidungsfindung und die Sicherung günstiger Arbeits- und Lebensbedingungen für die Intelligenz. Scharf wurden bürokratische und sektiererische Verhaltensweisen von Funktionären gegeißelt. Jedoch zeigten die Ausführungen, dass die SED-Führung sich selbst noch nicht vom Sektierertum befreit hatte. Sie unterschied bei bürgerlichen Intellektuellen zwischen solchen, die in ihrer Mehrheit loyal gesinnt seien und solchen, die sich aktiv und feindlich der DDR entgegenstellten. Die Loyalen wollte die SED noch stärker an sich heranziehen, unter den Unentschiedenen sollte differenziert werden, während die „aktiven Schädlinge ausgemerzt" werden sollten. Auch dieses im letzten Punkt martialisch anmutende Herangehen erklärte die SED zum festen Bestandteil ihrer Intelligenzpolitik.

2.2. Zentrale Intelligenzkonferenz in Berlin

Der Artikel im Zentralorgan bildete den Auftakt für die Zentrale Intelligenzkonferenz des Kulturbundes am 27. Mai 1953 in Berlin mit etwa 350 Teilnehmern, davon 90 Prozent der technischen wissenschaftlichen Intelligenz der wichtigsten Großbetriebe, Universitäten und Forschungsinstitute, ausgewählt nach Schwerpunkten aus allen Bezirken. 10 Prozent der Teilnehmer waren Künstler, Ärzte und Pädagogen.[137]

---

136 Victor Klemperer: So sitze ich denn zwischen allen Stühlen. Tagebücher 1950-1959. Herausgegeben von Walter Nowojski. Berlin 1999, S. 381.
137 SAPMO-BArch, DY 27/499, Bl. 1.

Das Hauptreferat zum Thema „Die Aufgaben der Intelligenz beim Aufbau des Sozialismus in der DDR" hielt Walter Ulbricht. Er legte den Hauptakzent auf die Probleme im Bereich der Wissenschaften und schlug ohne Umschweife die Gründung wissenschaftlicher Gesellschaften und ein Programm zum Ausbau der Hochschulen vor. Die wissenschaftlichen Gesellschaften sollten wissenschaftliche Konferenzen organisieren und Fachzeitschriften, Monographien und populärwissenschaftliche Literatur zum jeweiligen Fachgebiet herausgeben. Ulbricht gab sich gar großzügig und liberal: „An verschiedenen Universitäten und Instituten sind Professoren und Wissenschaftler tätig, die anderer Auffassung sind als wir. Bitte sehr, organisieren Sie Ihre Beratungen in Wissenschaftlichen Gesellschaften, organisieren Sie Kolloquien und führen Sie den wissenschaftlichen Meinungsstreit! Wir sehen dem Ergebnis des wissenschaftlichen Meinungsstreits mit Interesse entgegen. Wir sind dagegen, dass man mit vorgefassten Urteilen operiert oder eine Abstempelung vornimmt."[138]

Ulbricht begab sich auch auf das für ihn glatte Parkett eigentlich akademischer Angelegenheiten. Er dürfte damit, wie immer in solchen Fällen, nicht wenig Schmunzeln bei den anwesenden Wissenschaftlern ausgelöst haben. So sprach er sich für die „Freiheit der Lehre" aus und erklärte, welche Vorstellung er davon hegte: „Aber alle Wissenschaftler werden mit mir darin übereinstimmen, dass es notwendig ist, in den Vorlesungen, die man an einer Universität hält, exakt wissenschaftlich zu formulieren und von der Methode des sogenannten freihändigen Vortrages, das heißt der ungenauen Formulierungen, abzugehen. Die Hörer haben ein Anrecht auf exakte wissenschaftliche Formulierungen. Es ist deshalb Sache der Herren Professoren und Dozenten, dieser Forderung zu entsprechen. Einige alte Gewohnheiten müssen also langsam überwunden werden."[139] Solche aus der starren Funktionärs-Gewohnheit abgeleitete Einseitigkeit ließ Bertolt Brecht sich nicht entgehen. Er betonte, Ulbricht kontrapunktierend, dass er die freie Rede als Erkenntnisinstrument benötigt. Ruth Berlau bestätigte das in ihren Erinnerungen: „Brecht dachte besser, wenn er sprach. Beim Reden müssen Gedanken klar formuliert werden, damit ein anderer sie verstehen kann. Brecht benutzte Leute zu Dis-

---

138 Walter Ulbricht: Die Aufgaben der Intelligenz beim Aufbau des Sozialismus in der DDR. In: Zur Geschichte der deutschen Arbeiterbewegung. Aus Reden und Aufsätzen. Bd. IV, Berlin 1958, S. 589.
139 Ebenda, S. 599/600.

kussionen ..., um sich selbst über bestimmte Dinge Klarheit zu verschaffen."[140] Hinzuzufügen ist, dass das auch viele Hochschullehrer so sahen und praktizierten.

Ulbricht gab auch an anderen Stellen noch zu erkennen, dass er aus den Analysen des Kulturbundes über die Lage der Intelligenz nicht allzu viel gelernt hatte. So behauptete er, dass an einigen Universitäten und Hochschulen das Verhältnis zur Wissenschaft noch nicht normal sei: „Man beschäftigt sich mehr mit Theologie statt mit der Technik."[141] Unverhohlen ließ er durchblicken, dass er die Planstellen der Theologischen Fakultäten am liebsten den Naturwissenschaften und der Technik zuschlagen würde: „Deshalb sind wir der Meinung, dass man vor allem die technischen Wissenschaften entwickeln muss und weniger Zeit mit Diskussionen über allerhand Mystizismus verlieren soll. Jeder kann über die Religion denken, was er will. Er kann in die Kirche gehen oder nicht, das ist seine Angelegenheit. Aber an den Universitäten beschäftigen wir uns mit Wissenschaft und nicht mit Mystik."[142]

Nachdem Ulbricht den Theologen ihren Charakter als Wissenschaftler abgesprochen und Theologie mit Religion und Mystik verwechselt hatte, gab er sich auch noch als Einpeitscher engster Formalismus-Verdikte zu erkennen. Er wetterte gegen Kosmopolitismus und Konstruktivismus. Die an die Bauhaustradition angelehnten neuen Wohnhäuser in der Bundesrepublik seien „amerikanische Kästen" und damit eine Missachtung der Traditionen der deutschen Baukunst. Zwar stimmte es, dass die Bauhaustradition aus den USA zurück nach Deutschland kam, weil viele Vertreter des Bauhauses in die USA emigriert waren. Das Bauhaus hatte aber in Dessau gestanden. Auch malte Ulbricht das Schreckgespenst an die Wand, dass Künstler der DDR dabei seien, die großen Ideen in Goethes „Faust" zu einer Karikatur zu machen und zu verunstalten, wie das „in einigen Werken ... geschehen ist, zum Beispiel in dem sogenannten Faust von Eisler und in der Inszenierung des ‚Urfaust'"[143].

Abschließend versuchte Ulbricht, einen versöhnlichen und optimistischen Ton anzuschlagen, indem er darauf hinwies, dass künftig in der Landwirtschaft nur noch Großtechnik gefragt sein würde. Ingenieure und Techniker hätten den Vorlauf dafür zu schaffen, dass in der künftigen Landwirtschaft Mähdrescher, Rübenkombines und Kartoffelkombines vorherrschen werden.

---

140 Brechts LAI-TU. Erinnerungen und Notate von Ruth Berlau. Herausgegeben und mit einem Nachwort von Hans Bunge. Berlin 1987, S. 115.
141 Walter Ulbricht, S. 603.
142 Ebenda.
143 Ebenda, S. 604.

Er wies auf den Stand der sowjetischen Wissenschaft hin und nannte als Vorbilder Oparin, Mitschurin und Pawlow. Lyssenko ließ er aus, was bestimmt kein Zufall war, da Ulbricht sich längst für den Genetiker Hans Stubbe entschieden hatte.[144]

Ulbricht wurde in der Diskussion ungeschminkt mit Problemen der Intelligenz konfrontiert.

Von der Bau-Union Magdeburg sprach Bernhard L. Gleich am Beginn seines Beitrags stellte er fest, dass sich die schaffende Intelligenz des Bauwesens zurückgesetzt fühle. Im Vergleich zu anderen Industriezweigen würde im Bauwesen auf vier Feldern eine schlechtere Versorgung vorgenommen:

Versorgung mit Mangelware
Wohnraumzuteilung
Trenngeldentschädigung
Ferienplätze

Zu Punkt 1 erläuterte L., dass die Baubetriebe viele ihrer Baustellen in Schwerpunktbetrieben hätten. Sie schafften dort die Voraussetzungen für den Neubau bzw. die Rekonstruktion. Wörtlich führte er über die entstehenden Konflikte aus: „Die Werktätigen des Schwerpunktbetriebes bekommen Mangelware; die Vertreter der schaffenden Intelligenz und unsere Kollegen Produktionsarbeiter sind von diesem Bezug ausgeschlossen. Hierdurch entstand auf unseren Baustellen eine Reihe von unfruchtbaren Diskussionen."[145]

Zu Punkt 2 brachte L. mehrere Beispiele, die die schlechte Versorgung von Bauingenieuren mit Wohnraum belegten. 50 Prozent der Gesamtinvestsumme der DDR werde verbaut: „Jüngere Bau-Ingenieure, die verheiratet sind, leben getrennt von ihrer Frau, da Wohnungen nicht zur Verfügung stehen." Selbst Ingenieure mit Einzelvertrag würden von Bürgermeistern bei der Wohnungszuteilung nicht berücksichtigt. Zu Punkt 3 führte L. aus, dass die Trennungs- und Unterkunftsgelder für Vertreter der Bauindustrie mit 5,50 Mark unter dem Satz von Vertretern anderer Industriezweige lägen, die 7,--- Mark erhalten. Besonders nachteilig wirke sich die neue Reisekostenverordnung aus, die alle diejenigen Kollegen benachteilige, die auf entfernten Baustellen arbeiten. Er forderte die Wiedereinführung der Arbeiter-Rückfahrkarte.

---

144 Vgl. Harald Wessel: Wie Walter Ulbricht einmal sogar Stalin hereinlegte. Ein Fall für Stubbe: Trofim Denissowitsch Lyssenko konnte in der DDR keinen Blumentopf gewinnen. In: Frankfurter Allgemeine Zeitung vom 6.9.2001, S. 44; Siegfried Prokop: Lyssenkos „materialistische Biologie". In: ebenda, 17.9.2001, S. 12.
145 SAPMO-BArch, DY 27/499, Bl. 1.

Die Versorgung mit Urlaubsplätzen (Punkt 4) stellte L. als das Hauptproblem heraus: „Besonders ungehalten waren unsere Kollegen über die Zuteilung der Ferienplätze. Die Bauindustrie ist im Verhältnis zu den SAG-Betrieben außerordentlich stiefmütterlich davongekommen. Alle Kollegen von uns, die im vergangenen Jahr keinen Urlaubsplatz hatten, bekommen in diesem Jahr keinen [...] Die Beschaffung von zusätzlichen Ferienplätzen durch Reisebüros ist schwer und teuer. Bei einem solchen Ferienplatz fällt die Fahrpreisermäßigung fort."[146]

Zu den genannten Punkten des Redners aus Magdeburg kamen in der weiteren Diskussion viele weitere hinzu. Ein gravierender Punkt, der immer wieder eine Rolle spielte, war die Versorgung mit Fachliteratur. Die Fachzeitschriften aus dem Westen würden in nicht genügender Zahl bezogen. Die schnellen Durchlaufzeiten ließen für ein gründliches Studium nicht genügend Zeit. Die Orientierung des Kulturbundes auf technische Zeitschriften der Sowjetunion und der Volksdemokratien wurde nicht akzeptiert. Die zur Verfügung gestellten Übersetzungen würden Fachthemen nur sehr allgemein behandeln. Neue statische Berechnungen und dergleichen seien in diesen Zeitschriften nicht zu finden. Auch Arbeitsgeräte für Techniker und Ingenieure stünden nicht in der erforderlichen Qualität zur Verfügung: „Zeichenmaterial und Zeichengeräte sind in ihrer Qualität unzulänglich. Reichlichere und qualitativ bessere Sortimente müssen zur Verfügung gestellt werden. Ebenfalls muss dafür gesorgt werden, dass Rechenschieber in guter Ausführung hergestellt werden."[147]

Gerhard M. vom Stahl- und Walzwerk Brandenburg informierte die Konferenzteilnehmer darüber, dass in letzter Zeit verschiedene Kollegen der Intelligenz zu Ordnungs- und sogar Gefängnisstrafen wegen Nichteinhaltung der Sicherheits- und Arbeitsschutzvorschriften verurteilt wurden. Diese Tatsache führe zu einer erheblichen Unruhe im Betrieb. Die Justizorgane hätten bei ihren Entscheidungen die augenblicklichen materiellen Gegebenheiten nicht gebührend in Rechnung gestellt. Die Kollegen müssten ihre Arbeit oftmals unter schlechten Umständen ausführen. Es handle sich dabei um Umstände, deren Änderung nicht mehr in den Kräften des Betriebes liege.

M. übermittelte der Konferenz in diesem Zusammenhang einige Angaben:
– „Unser Werk ist seit 1950 stürmisch gewachsen und wächst noch weiter. Der Produktionsfluss jedoch ist noch nicht in den geplanten Bahnen, die die

---
146 Ebenda.
147 Ebenda, Bl. 2.

Weiterverarbeitung unseres Rohstahles in eigenen Walzwerken vorsehen. Dadurch entsteht seit etwa einem Jahr eine ernste Schwierigkeit durch den völlig andersartigen Abtransport der Produktion und die dabei entstehenden Stauerscheinungen, die oftmals die Einhaltung von Arbeitsschutzbestimmungen und Sicherheitsbestimmungen nicht ermöglichen, ohne die Produktion zu hemmen. Das ist nicht unsere Absicht, und demzufolge verantwortet mancher unserer Kollegen die Arbeit unter diesen erschwerten Bedingungen, um den Plan zu erfüllen.

Eine Änderung dieser Erscheinungen wird eintreten, sobald unsere Walzenstrassen anlaufen und damit der geplante Produktionsfluss hergestellt wird.

– Der Aufbau und die gleichzeitige Produktion bedingten in der Vergangenheit die Anlage einer Anzahl von Provisorien, deren Beseitigung geplant ist, aber noch nicht realisiert werden konnte, da das dazu benötigte Material beim besten Willen nicht zu erhalten ist. So entspricht z. B. das Gleisnetz bei weitem noch nicht dem geplanten Umfang und der erforderlichen Sicherheit, so sind z. B. in der elektrischen Anlage große Teile der Kraneinspeisungen und Schleifleitungen noch nicht im geplanten betriebssicheren Zustande, die Nullung der Konstruktionen noch nicht im erforderlichen Masse durchgeführt und die Außenbeleuchtung im Wesentlichen noch ein Provisorium, so konnte z. B. die Presslufterzeugung bisher nur provisorisch ausgebaut werden – ich könnte die Reihe der Beispiele noch fortsetzen. Unserer Intelligenz fällt täglich die Aufgabe zu, von neuem die Verantwortung für den Betrieb dieser Anlagen zu tragen <u>und damit gegen bestehende Sicherheitsbestimmungen zu verstoßen</u>, um die Produktion zu sichern. So erklärte beispielsweise der Leiter der Abt[eilung] Werkverkehr, dass er etwa 50 Prozent der Waggons außer Betrieb nehmen müsste, um den Sicherheitsbestimmungen zu genügen. Das würde das Ende der Planerfüllung bedeuten. So erklärte der Leiter der Elektroabteilung, dass er bei strenger Anwendung der Sicherheitsbestimmungen große Teile der elektrischen Anlage außer Betrieb nehmen müsste – damit stünde die Produktion still.

– Die Anlieferung von Reparaturmaterial zur Behebung des laufenden Verschleißes steht im krassen Gegensatz zur angeforderten Höhe und damit zum tatsächlichen Bedarf. So ist z. B. die laufende Reparatur der ausgefallenen Bremslüfter der Krane nicht gesichert, weil von 6 t angeforderten Wickelmaterial für 1953 bisher nur wenige hundert kg geliefert wurden. Ganz trüb sieht es im Gleisbau aus, in dem uns noch einige km Schienen für Neuanlagen fehlen, ganz zu schweigen von den notwendigen Schrauben, Laschen usw. Dass bei einer solchen Lage an Reparaturen überhaupt nicht zu denken ist, dürfte klar sein, im Gegenteil, wir werden gezwungen, laufend neue Provisorien zu erstellen. So müssen die Züge auf einer neu verlegten Strecke mit verminderter Geschwindigkeit gefahren werden, weil zu viel verschiedene Profile aller möglichen Abnutzungsgrade verwendet werden mussten!"[148]

Alle die angeführten Tatsachen seien den vorgesetzten Behörden nicht unbekannt. Auch die Justiz sei darüber informiert worden. Wirklich klassisch sei die daraufhin von dem Kreisgerichtsdirektor stereotyp vorgebrachte Formulierung gewesen, dass im Vordergrund der Arbeit der Mensch stehe. Helfen könne mit solchen Formulierungen dem Betrieb niemand. Helfen konnte auch nicht der Minister für Arbeit, der auf sehr klare Fragen des Sicherheitsinspektors, ob nicht den Sicherheitsbestimmungen entsprechenden Anlagen ohne Rücksicht auf die Produktion stillzulegen seien, um die Menschen zu schützen, keine klare Antwort gab! Es scheine, als ob hier die Verantwortung auf die unteren Organe abgewälzt werde.

In einem vom Deutschen Schriftstellerverband (DSV) in Leipzig an die Konferenz gerichteten Schreiben wurde eine schnellere Einrichtung von Intelligenzläden und die Zulassung der Schriftsteller zu diesen Läden gefordert: „Da hier in Leipzig bisher noch kein Intelligenzladen eröffnet ist, von den rund fünfzig Mitgliedern des DSV-Bezirks Leipzig aber aufgrund ihrer literarischen Qualifikation Empfänger von IN-Karten waren, so ergibt die gegenwärtige Situation, besonders hinsichtlich Fett und Zucker, eine Herabsetzung des Lebensniveaus der Schriftsteller. Es erschien uns erforderlich, an dieser Stelle auf diese gegenwärtige Situation hingewiesen zu haben, und wir bitten, Sorge dafür zu tragen, dass bei den nächsten Schritten innerhalb der Neuorganisation der Versorgung die Schriftsteller mehr als bisher berücksichtigt werden."[149]

Ein Chefarzt einer Frauenabteilung mit 80 Betten beklagte sich darüber, dass er für seine Forschungsarbeit im Unterschied zu früher keine Spezialkamera „Kontax" zum Betriebsabgabepreis in Höhe von 700,-- Mark beziehen könne. Im HO koste diese Kamera etwa 2 000,-- Mark. Soviel Geld könne er nicht aufbringen. Der Chefarzt erhielt auf seine Frage erst viel später eine Antwort: „Das Ministerium für Gesundheitswesen teilt uns hierzu mit, dass ein Photoapparat von Ihrer Dienststelle beantragt und beschafft werden kann, wenn dies für die Arbeit notwendig ist. Die alten Bezugsberechtigun-

---
148 DY 27/290, Bl. 62/63.
149 Ebenda, Bl. 14.

gen wurden aufgehoben und werden nicht wieder eingeführt. Die Regierung verfolgt hier das Ziel, den Einheitspreis zu wahren und diesen einheitlichen Preis allmählich auf den Normalpreis zu senken."[150]

Dr. Robert Ganse, Chefarzt der Frauenklinik Dresden-Friedrichstadt benannte als Hauptfrage die Vertrauensfrage. In einer Dresdner Veranstaltung sei darum bis nach Mitternacht gestritten worden: „Die Intelligenz in Dresden bat um Vertrauen der Regierung. Ich finde: wenn die Intelligenz – und es sind ernsthafte Leute, die dort saßen- um Vertrauen der Regierung bittet, da muss doch irgendetwas sein, da ist irgendetwas nicht ausgesprochen worden, da ist doch etwas, was diese Menschen bedrückt. Ich kann Ihnen nicht ganz sagen, obwohl ich darüber nachgedacht habe, was es eigentlich ist. Es ist etwas, was auf beiden Seiten besteht. Bei der Intelligenz vielleicht eine gewisse Sorge und Angst, über gewisse Dinge zu sprechen, und auf Seiten der Staatsfunktionäre und der Funktionäre meiner Partei – es steht ja im ‚Neuen Deutschland' – ein sehr wenig erfreuliches, oft sehr bürokratisches Verhalten, ein Abwürgen und keine Antwort."[151]

Victor Klemperer sprach unverblümt die Schulverordnung an. Er fragte nach der demokratischen Legitimation: „Wir erfahren diese Sache als eine Verordnung des Ministerrats. Wer ist gehört worden? Meine Fakultät, die philosophische Fakultät der Humboldt Universität, ist nicht gehört worden. Die Sprachklasse der Berliner Akademie der Wissenschaften, der ich angehöre, ist auch nicht gehört worden. Ja, ist denn eine solche Sache auch von dem weisesten Ministerrat aus zu entscheiden? Ist es nicht eine Sache, die uns alle angeht? Wer die Erziehung anfasst, fasst an den Nerv unseres gesamten Lebens und unserer Verfassung. Wer in der Erziehung etwas schwächt, schwächt alle kommenden Fünfjahrpläne. (Beifall) Es ist absolut notwendig, dass eine solche Sache nicht Verordnung, sondern Gesetz ist. Gesetze aber werden durch die Kommissionen unserer Volkskammer beraten und werden durch die Volkskammer gehen müssen, sonst hat die Volkskammer keinen Sinn."[152]

Bezeichnend war die Antwort der Volksbildungsministerin Else Zaisser, die von Dogmatismus nur so strotzte. Interessant aber war auch die ablehnende Reaktion der Konferenzteilnehmer. Frau Zaisser erklärte: „Aber vor allen Dingen aus dem Diskussionsbeitrag von Herrn Prof. Dr. Klemperer und aus dem, wie ich glaube, verhältnismäßig geringen Beifall, den dieser Diskussionsbei-

---

150 Vgl. Dokumentation, 3.2.
151 DY 27/499, Bl. 325.
152 Ebenda, Bl. 305

trag erhalten hat, schließe ich, dass doch die Mehrheit der Vertreter der Intelligenz tiefer in den politischen Sinn des Beschlusses des Ministerrates eingedrungen ist als z. B. Herr Prof. Dr. Klemperer. (Widerspruch, Scharren)

Wenn man allerdings vom Standpunkt der traditionellen Oberschule der bürgerlich-kapitalistischen Gesellschaft an die Reorganisation herangeht, vielleicht auch aus gewissen, durch die Erinnerung an die Jugend verklärte Vorstellungen über den Charakter der Oberschule, so wie er sein sollte, so ist es allerdings unmöglich, den tiefen politischen Sinn der Reorganisation, wie sie vom Ministerrat verordnet ist, zu verstehen ... Hier wurde verschiedentlich festgestellt, dass diese Entscheidung über diese wichtige Frage der Reorganisation nicht mit genügend Fachkreisen diskutiert wurde. Dazu ist zunächst einmal zu sagen, dass diese Frage, wie ich schon sagte, diese politische Frage in erster Linie in den maßgebenden politischen Stellen entschieden worden ist, und darum, glaube ich, war es nicht notwendig, die Frage, ob 11 oder 12 oder 10 Jahre mit einzelnen Fakultäten zu diskutieren. (Scharren)

Jetzt aber, nachdem die Frage der 11-Klassenschule entschieden ist, ist es selbstverständlich unsere Aufgabe, sowohl mit den Lehrern der allgemeinbildenden Schule, als auch vor allen Dingen mit den Lehrern und Professoren der Hochschulen über den Bildungsinhalt und den Bildungsumfang dieser neuen 11-Klassenschule zu beraten. (Zurufe: vorher) Es besteht die Aufgabe auch der Wissenschaftler, mitzuhelfen bei der Ausarbeitung der neuen Lehrpläne und auch der neuen Lehrbücher."[153]

Else Zaisser verteidigte die Regierungsentscheidung denkbar schlecht. Ulbricht wird die deutliche Ablehnung durch die Konferenzmehrheit nicht entgangen sein.

Ebenso wie auf der Vorkonferenz in Jena nahmen die Redner in Berlin kein Blatt vor den Mund.[154] Begleitende Analysen vor und nach der Konferenz vertieften den Erkenntnisstand im Vergleich zur Kulturbund-Enquête vom März 1953 zu folgenden Problembereichen:

den freipraktizierenden Ärzten[155]
den klinisch und poliklinisch arbeitenden Ärzten[156]
den Ingenieuren und Technikern.[157]

---

153 Ebenda, Bl. 315-316.
154 Weitere Diskussionsbeiträge betr. Schlepperwerk Nordhausen und Theater Anklam vgl. SAPMO-BArch, DY 27/290, Bl. 29-33 und Bl. 73-75.
155 Vgl. Dokumentation, 3.3
156 Vgl. ebenda, 3.4.
157 Vgl. ebenda, 3.5.

Der Ertrag der Zentralen Intelligenzkonferenz war hinsichtlich der sich abzeichnenden Veränderungen marginal. Ulbricht verharrte überwiegend auf seinen dogmatischen Standpunkten. Er war allenfalls zu Angeboten im Sinne von etwas mehr Zuckerbrot und etwas weniger Peitsche bereit. Insofern erscheint die Bewertung von Nikola Knoth, dass sich „für die Intelligenz bereits Ende Mai 1953 ein ‚Neuer Kurs'" angekündigt habe[158], zu optimistisch.

2.3. Intelligenz in den Juni-Unruhen

Am 28. Mai 1953 fasste das Parteipräsidium der KPdSU einen Beschluss „Über Maßnahmen zur Gesundung der politischen Lage in der Deutschen Demokratischen Republik". In dem Dokument wurde festgestellt: „Als Hauptursache der entstandenen Lage ist anzuerkennen, dass gemäß den Beschlüssen der Zweiten Parteikonferenz der SED, gebilligt vom Politbüro des Zentralkomitees der KPdSU (B), fälschlicherweise der Kurs auf einen beschleunigten Aufbau des Sozialismus in Ostdeutschland genommen worden war[159] ohne Vorhandensein der dafür notwendigen realen sowohl innen- als auch außenpolitischen Voraussetzungen."[160]

Diese Weichenstellung für eine Kurskorrektur in der DDR wurde in Moskau Otto Grotewohl, Walter Ulbricht und Fred Oelßner vom 2.-4. Juni 1953 in Anwesenheit von führenden Mitgliedern des Parteipräsidiums der KPdSU übermittelt. Das den Beratungen zurunde liegende Dokument über Maßnahmen zur Gesundung der politischen Lage ging auch auf die kritische Situation in der Intelligenz der DDR ein. Ausdrücklich wurde auf die ernste Unzufriedenheit hingewiesen, die am deutlichsten in der massenhaften Flucht von Einwohnern der DDR in die Bundesrepublik zum Ausdruck komme. Allein in den ersten vier Monaten 1953 war die Zahl auf über 120 000 Flüchtlinge hochgeschnellt, darunter etwa siebzehntausend Angestellte und Angehörige der werktätigen Intelligenz. Zur Intelligenz wurde in dem Dokument ausgeführt: „Als ein grober Fehler ist auch die Unterschätzung der politischen

---

158 Nikola Knoth: Loyale Intelligenz? In: Brüche, Krisen, Wendepunkte. Neubefragung von DDR-Geschichte. Hrsg. Jochen Černy. Leipzig-Jena-Berlin 1990, S.154.
159 Die gewählte Formulierung ist nicht exakt. Die Parteikonferenz hatte den Aufbau der Grundlagen des Sozialismus in der DDR beschlossen. Von einer „Beschleunigung des Aufbaus der Grundlagen des Sozialismus" sprach Walter Ulbricht erst auf der 10. Tagung des ZK der SED vom 20.-22. November 1952.
160 SAPMO-BArch, NY 4090/699. Rolf Stöckigt: Ein Dokument von großer historischer Bedeutung vom Mai 1953. In: Beiträge zur Geschichte der Arbeiterbewegung 5/1990.

Arbeit unter der Intelligenz anzuerkennen. Dadurch erklären sich teilweise die in einem bedeutenden Teil der Intelligenz vorhandenen Spannungen, Unbeständigkeit und sogar ein feindliches Verhalten zur gegenwärtigen Ordnung."[161] Im Unterschied zu den detailliert beschriebenen Maßnahmen zur Verbesserung der Lage auf anderen Politikfeldern hieß es zur Intelligenzpolitik lediglich: „Besondere Aufmerksamkeit ist der politischen Arbeit unter der Intelligenz zu widmen, um zu gewähren, dass die Hauptmasse der Intelligenz sich der aktiven Teilnahme an der Durchführung der Maßnahmen zur Stärkung der bestehenden Ordnung zuwendet."[162]

Noch bevor die Politbüro-Delegation wieder in Berlin eintraf, erschien in Generalsuniform Wladimir S. Semjonow, der Hohe Kommissar der UdSSR, der Ende Mai 1953 an die Stelle der bisher agierenden Sowjetischen Kontrollkommission (SKK) getreten war[163], in Begleitung von sechs weiteren Personen bei Hermann Axen, der als Mitglied des Sekretariats des ZK der SED in Berlin die Geschäfte führte und verlas ein von Grotewohl und Ulbricht unterzeichnetes Telegramm. Der Inhalt lautete: „Ab sofort im Ergebnis der hiesigen Aussprache und übereinstimmender Standpunkte keine weitere Propagierung der Beschlüsse der 2. Parteikonferenz über den Aufbau der Grundlagen des Sozialismus, keine weitere Propagierung der Broschüren mit entsprechendem Inhalt, Einziehung dieser Materialien, Orientierung auf Aufbau eines

---

161 SAPMO-BArch, NY 4090/699, Bl. 28.
162 Ebenda, Bl. 30.
163 Hermann Axen sprach gegenüber Harald Neubert davon, dass Orlow ihn besucht habe. Orlow war das Pseudonym, das Semjonow bei einigen seiner Artikel in der „Täglichen Rundschau" nutzte. In einer Leserzuschrift an eine Zeitung hatte Stefan Doernberg eingewandt, dass Semjonow in der fraglichen Zeit in Moskau und nicht in Berlin gewesen sei. Neubert war deshalb davon ausgegangen, dass es sich um Alexander Leonidowitsch Orlow gehandelt haben könnte, der von 1952 bis 1956 Erster Rat in der sowjetischen Botschaft in Berlin war und der 1959 stellvertretender Außenminister der UdSSR wurde. Diese Deutung ist wenig wahrscheinlich. Die inzwischen erschienenen Memoiren von Semjonow haben Klarheit darüber geschaffen, dass Semjonow Anfang Juni nach Berlin flog, um dort seiner Funktion als Hoher Kommissar nachzukommen. Semjonow schrieb: „Anfang Juni 1953 flogen wir nach Berlin, wo wir über das ZK der SED die Maßnahmen des ‚Neuen Kurses' durchzusetzen begannen. Wir mussten sie auf den Sitzungen des Politbüros des ZK der SED, an denen ich bisher aus verständlichen Gründen nicht teilgenommen hatte, Punkt für Punkt durchkämpfen." In: Wladimir S. Semjonow: Von Stalin bis Gorbatschow. Ein halbes Jahrhundert in diplomatischer Mission 1939-1991. Berlin 1995, S. 291. Sudoplatow berichtet, dass der Hohe Kommissar Semjonow erst am 5. Juni 1953 in Berlin eintraf. Vgl. Pawel A. Suplatow/Anatolj Sudoplatow: Der Handlanger der Macht. Enthüllungen eines KGB-Generals. Düsseldorf-Wien-New York-Moskau 1994, S. 423.

demokratischen Deutschlands und Friedenspolitik usw."[164] Nach Auffassung von Hermann Axen handelte es sich bei der Kurskorrektur nicht schlechthin um eine Korrektur der bisherigen Politik Walter Ulbrichts. Es ging vielmehr um eine Neubestimmung der sowjetischen Politik in der deutschen Frage, die Axen in die Worte fasste: „Meine Meinung war und ist, dass diese Linie auf die Neutralisierung Deutschlands, aber auf kapitalistischer Grundlage hinauslief ..."[165] Axen, der diesen fundamentalen Kurswechsel zwar nicht vollständig verstand, handelte wie ein Parteisoldat, informierte Heinrich Rau, der stellvertretend in diesen Tagen das Politbüro und die Regierung führte, die Bezirkssekretäre und Rudolf Herrnstadt, den Chefredakteur des „Neuen Deutschland". Herrnstadt habe die Veränderung „großartig" gefunden, erinnerte sich Axen.

Die Moskauer Kurskorrektur wurde also in Berlin in der Form einer „jähen Wendung" durchgestellt.[166] Nach Pawel Sudoplatow habe die deutsche Führung jedoch um zwei Wochen Aufschub gebeten, um auf der Grundlage der Moskauer Entscheidung ihre eigene politische Linie ausarbeiten zu können. Darauf soll Semjonow geantwortet haben, „in zwei Wochen könnte ihr Staat bereits auf ein autonomes Gebiet in einem wiedervereinigten Deutschland reduziert sein."[167] Die deutsche Regierung sei ab dem 5. Juni wie gelähmt gewesen. In Moskau kursierten Gerüchte, Ulbricht sei zum Untergang verurteilt. Zaisser brachte Herrnstadt als Nachfolger für Walter Ulbricht ins Gespräch und Semjonow bot dem LDP-Politiker Hermann Kastner an, Ministerpräsident der DDR zu werden.[168]

Der russische Historiker A. M. Filitow charakterisierte diese Phase der sowjetischen Deutschlandpolitik als „Stabilisierung plus Liberalisierung" der DDR.[169] Wie ernst war die vorgegebene Stabilisierung gemeint, wenn zwar richtige Ratschläge gegeben wurden, die absolute Überforderung der DDR

---

164 Zit nach: Hermann Axen: Ich war ein treuer Diener der Partei. Autobiographische Gespräche mit Harald Neubert. Berlin 1996, S. 135.
165 Ebenda, S. 138.
166 Herbert Wehner behauptete in der Bundestagssitzung nach dem 17. Juni 1953, dass die sowjetische Schutzmacht die DDR-Regierung „bloßgestellt" habe. Vgl. Herbert Wehner: Wandel und Bewährung. Ausgewählte Reden und Schriften 1930/1967. Hannover 1968, S. 106.
167 Sudoplatow: Der Handlanger der Macht, S. 423/424.
168 Vgl. Reinhard Hübsch (Hg.): „Hört die Signale!" Die Deutschlandpolitik von KPD/SED und SPD 1945-1970. Berlin 2002, S. 94.
169 A. M. Filitow: „Novij kurs". Germanskij vopros v sovjetskoj politike, 1953 god. In: Rossija i Germanija Moskwa. 2001, S. 271.

durch Reparationen und den von Moskau ausgehenden Rüstungsdruck jedoch nicht gelockert wurde? Die materielle Hilfe, die der Kreml vage in Aussicht stellte, bezog sich lediglich auf die Lebensmittelversorgung und die Räumung von Krankenhäusern und Kulturstätten, die bisher von sowjetischen Truppen beansprucht wurden. Die in Moskau beschlossene Kurskorrektur war halbherzig.[170] Sie stand gewissermaßen nur auf einem Bein. Die vorgegebene Stabilisierung konnte so unter Umständen auch ins Gegenteil umschlagen. Der Ambivalenz dieser Phase der sowjetischen Deutschlandpolitik wäre Filitow näher gekommen, wenn er von „Stabilisierung/Destabilisierung plus Liberalisierung" gesprochen hätte. Sudoplatow sprach von der „Verwirrung in der kollektiven Führung unter Malenkow"[171] hinsichtlich Deutschlands. Noch präziser fasste das Problem Elke Scherstjanoi: „Stalins Erben waren nicht in der Lage, beides, das Krisenmanagement in der DDR und die Klärung der deutschlandpolitischen Ziele (oder Teilziele), parallel zu bewältigen."[172]

Noch vor den Feiern zum 1. Mai sei er, berichtet Sudoplatow, von Berija mit streng geheimdienstlichen Sondierungen beauftragt worden, um die Durchführbarkeit der eventuellen deutschen Wiedervereinigung zu prüfen. Das ins Auge gefasste Konzept habe gelautet: „Deutschland solle als ausgleichender Faktor zwischen den amerikanischen und den sowjetischen Interessen in Westeuropa wirken. Dies werde zwar einige Konzessionen unsererseits erfordern, doch lasse sich das Problem mittels einer Entschädigung für die Sowjetunion lösen. Mit anderen Worten wollte man für die Demontage der Regierung Ulbricht von ihrer zentralen zu einer peripheren Rolle Geld erpressen. Ostdeutschland – das Gebiet der Deutschen Demokratischen Republik – sollte ein autonomes Gebiet im neuen vereinigten Deutschland werden."[173] Nicht zuletzt aufgrund der Initiative Berijas habe die Sowjetunion bald die Kontrolle über die Ereignisse in Deutschland verloren.

Unmittelbar nach der Rückkehr von Grotewohl und Ulbricht aus Moskau trat das Politbüro zusammen. Auf der Beratung am 6. Juni 1953 ging Otto Grotewohl auch auf die falsche Behandlung der Intelligenz der DDR ein, wobei

---

170 Schon im März 1953 war eine Analyse-Gruppe der SED zu der Auffassung gelangt, dass die gleichzeitige Lösung der Probleme – Reparationsleistungen, Landesverteidigung, Vergenossenschaftlichung der Landwirtschaft, Investaufgaben des Fünfjahrplans – nicht möglich sei. Vgl. SAPMO-BArch, DY 30/IV 2/211/1.
171 Sudoplatow: Der Handlanger der Macht, S.421.
172 Elke Scherstjanoi: Die sowjetische Deutschlandpolitik nach Stalins Tod 1953. In: Vierteljahreshefte für Zeitgeschichte. München 1998, H.3, S.529.
173 Sudoplatow: Der Handlanger der Macht, S. 421/422.

er besonders auf Benachteiligungen solcher Angehöriger der Intelligenz hinwies, die in westlicher Gefangenschaft waren oder durch Westverwandtschaft „belastet" sind. Im Nachtrag zu den Feststellungen Grotewohls brachte Friedrich Ebert ein Beispiel aus der eigenen Familie: „Mein ältester Sohn studiert an der Hochschule für Planökonomie. Er steht im dritten Studienjahr und verrichtet die Arbeit eines Hilfsassistenten. Über seine Qualifikation kann Heinrich Rau wahrscheinlich besser urteilen als ich. Sein letztes Praktikum hat er bei der Plankommission des Rates des Bezirkes Frankfurt/O. gemacht. Zum nächsten Praktikum ist er für die Plankommission des Rates des Kreises vorgesehen [...] Man sagt, er könne nur in der Plankommission des Rates des Kreises arbeiten, da er in westlicher Gefangenschaft war. (Zuruf des Genossen Hoher Kommissar: das ist eine Unmöglichkeit – wahrscheinlich haben unsere Leute eine solche Anordnung veranlasst. Zuruf des Genossen Fred Oelßner: Diese Sache werde ich selbst untersuchen.) Dass dieser Student in westlicher Gefangenschaft war, weiß man bei der Staatlichen Plankommission schon seit mehr als vier Jahren."[174]

Mit dem am 11. Juni 1953 verkündeten „neuen Kurs" gestanden SED-Politbüro und Regierung der DDR ein, in der Vergangenheit Fehler begangen zu haben. Diese Fehler sollten nunmehr korrigiert werden, indem die Lebenshaltung der Bevölkerung entschieden verbessert wird. Den Intellektuellen wurden Erleichterungen im Reiseverkehr mit der Bundesrepublik zugesagt. Ebenso sollten Gehaltserhöhungen für Ärzte im Gesundheitswesen erfolgen, die Freiberufler wieder in die Sozialversicherung eingegliedert werden, der Beschluss über die Schulreorganisation (Reduktion der Oberschulbildung auf 11 Klassen) sollte aufgehoben und die Reisekostenvergütung neu geregelt werden. Es fällt auf, dass dank der Intelligenz-Analyse und der Intelligenz-Konferenzen des Kulturbundes die Korrektur der Fehler der Intelligenzpolitik der SED vergleichsweise umfassend erfolgte.

Welche Rolle die administrativen Normerhöhungen unter den Arbeitern spielten, wurde mangels adäquater Gewerkschafts-Analysen seitens der Führung der SED nicht erkannt. Nicht auszuschließen ist, dass Ulbricht bewusst Sand in das Getriebe zu streuen bemüht war; denn die veränderte Moskauer Deutschlandpolitik behagte ihm keineswegs.

Sehr genau hatte das Politbüro in seinem Kommunique die sektiererischen Maßnahmen gegen Oberschüler und Studenten ins Visier genommen: „Das Politbüro schlägt ferner vor, dass alle im Zusammenhang mit der Überprü-

---

174 SAPMO-BArch, NY 4090/699, Bl. 67.

fung der Oberschüler und der Diskussion über die Tätigkeit der Jungen Gemeinde aus den Oberschulen entfernten Schüler sofort wieder zum Unterricht zuzulassen sind und dass ihnen die Möglichkeit gegeben wird, die versäumten Prüfungen nachzuholen. Ebenso sollen die im Zusammenhang mit der Überprüfung der Oberschulen ausgesprochenen Kündigungen und Versetzungen von Lehrern rückgängig gemacht werden. Die in den letzten Monaten ausgesprochenen Exmatrikulationen an Hochschulen und Universitäten sollen sofort überprüft und bis zum 20. Juni 1953 entschieden werden. Bei Immatrikulationen an den Hochschulen und Universitäten dürfen befähigte Jugendliche aus den Mittelschichten nicht benachteiligt werden."[175]

Der Kulturbund organisierte im ganzen Land Gespräche über den „Neuen Kurs". In einer Aussprache mit 60 hervorragenden Persönlichkeiten der Leipziger Universität kam die Erleichterung, die Wissenschaftler angesichts der zugesagten Lockerung bei der Ausstellung von Interzonenpässen zum Besuch wissenschaftlicher Konferenzen in der Bundesrepublik empfanden, zum Ausdruck. Georg Mayer, der Rektor der Universität, ermunterte die Wissenschaftler zur ehrlichen Meinungsäußerung, damit die Regierung ihre Forderungen und Wünsche berücksichtigen könne.

Am Chemischen Institut der Leipziger Universität wurde die Befürchtung laut, dass es sich beim „Neuen Kurs" nur um eine zeitbedingte taktische Maßnahme handele. Auch bei Parteimitgliedern unter den Chemikern werde darüber gesprochen, „ob das Ziel, den Sozialismus aufzubauen, aufgegeben oder nur verschoben"[176] worden sei.

Professor Dr. L. vom Kunsthistorischen Institut sah im „Neuen Kurs" eine solch rapide Wendung, dass er es durchaus für möglich hielt, dass „morgen wieder etwas völlig Neues käme und man schließlich völlig die Übersicht verliere, was in der Regierung vorginge und er solche Sprünge nicht mitmachen könne."[177]

Wolfgang Ullrich, Direktor des Dresdner Zoos, sah im „Neuen Kurs" eine politische Erleichterung bei Verhandlungen, die zur Einheit Deutschlands führen können. Aus der Tatsache, dass schon so kurze Zeit nach der Berliner Intelligenz-Konferenz den vorgetragenen Wünschen und Forderungen der

---

175 Kommuniqué des Politbüros vom 9. Juni 1953, in: Dokumente der SED. Band IV, Berlin 1954, S. 430.
176 SAPMO-BArch, DY 27/1078, Bl. 7
177 Ebenda, Bl. 5.

Intelligenz Rechnung getragen werde, leitete er den Beweis ab, dass deren Interessen maßgeblich vertreten werden können.

In einer Aussprache mit der Intelligenz des Eisenhüttenkombinats J. W. Stalin in Stalinstadt (Eisenhüttenstadt) wurde bemängelt, dass nach Abschaffung der IN-Karten in der Stadt noch nicht die angekündigten Läden eingerichtet worden seien. Wird es neue IN-Karten geben? Von 70 Kollegen, denen ein Einzelvertrag zustehe, habe erst einer einen Einzelvertrag bekommen. Eine Richterin aus Fürstenberg forderte bei dieser Zusammenkunft die Ablösung der verantwortlichen Funktionäre, um zu verhindern, dass dieselben Fehler wieder gemacht werden. Sie selbst habe erlebt, was am Gericht in Fürstenberg mit Hilfe des Gesetzes zum Schutze des Volkseigentums gemacht worden sei. Dieses Gesetz sehe als Mindeststrafe ein Jahr Zuchthaus vor. Es seien einige Kollegen nach diesem Gesetz verurteilt worden, „ohne zu überlegen, was für ein unermessliches Leid über sie und ihre Familien gekommen ist."[178] Es wurde zu einem Jahr Zuchthaus verurteilt, auch wenn jemand nur acht Brikett oder ein Laken mitgenommen hatte. Im Unterschied zum Gesetz über Mutter und Kind, über das vor der Verabschiedung im ganzen Land diskutiert worden sei, habe das Gesetz zum Schutze des Volkseigentums nie zur Diskussion gestanden. Die Fehler dieses Gesetzes hätten bei vorheriger Diskussion des Gesetzentwurfes vermieden werden können.

In der Bauunion von Stalinstadt (Eisenhüttenstadt) wurde ein Gefühl der Unsicherheit und der Ungewissheit artikuliert: „Erfüllst du deine Aufgaben, die an dich gestellt werden, und zwar deshalb, weil die Aufgaben und der Plan, der sehr oft an uns herangetragen wird, unreal ist. Unreal in der Forderung der Termine und der Leistungen. Wenn wir trotzdem alle Kräfte einsetzen, dann soll man doch von den maßgebenden Stellen die Einsicht haben, den guten Willen respektieren und nicht, wie es vorgekommen ist, die Kollegen versteckt oder offen der Sabotage bezichtigen. Man fördert damit nicht das Vertrauen der Intelligenz, sondern man erreicht das Gegenteil."[179] Ein Teil der Intelligenz der Bauunion sei in den Westen gegangen und habe sich dort einer materiellen Ungewissheit ausgesetzt, weil sie eine „Politik der Drohung" dahin getrieben habe. Wer unter Termindruck seiner Aufsichtspflicht nicht nachkommen kann, darf dann nicht wegen Verletzung der Arbeitsschutzverordnung vor Gericht gestellt werden. Reale Pläne und ein echtes Vertrauensverhältnis seien dringend erforderlich.

---

178 Ebenda, Bl. 6.
179 Ebenda, Bl. 2.

Bundessekretär Karl Kneschke[180] leitete aus der Analyse der Diskussionen über den „Neuen Kurs" zwölf Schlussfolgerungen ab. Dazu zählte der Vorschlag, eine Zentralstelle beim ZK der SED zu schaffen, die sich eingehend mit allen Intellektuellenfragen zu beschäftigen hat und operative Möglichkeiten besitzt, eine Kontrolle über die Verwirklichung der Maßnahmen des „Neuen Kurses" auszuüben. Der Kulturbund sollte zu einer „wirklichen Organisation" der Intelligenz umgestaltet werden. Von bisherigen Nebenaufgaben sei der Kulturbund zu befreien, weshalb die Briefmarkensammler ausscheiden sollten. Das weitere Verbleiben der Natur- und Heimatfreunde im Kulturbund sei zu prüfen. In allen größeren Städten seien Klubs der Intelligenz zu schaffen, deren Verwaltung in den Händen der Intelligenz liegt. An die ehemaligen Abgeordneten des Kulturbundes in den Bezirken, Kreisen und Gemeinden erging der Sonderauftrag, Sprechstunden für Vertreter der Intelligenz einzurichten. Die Leitungsorgane des Kulturbundes seien neu zu konstituieren mit dem Ziel, arbeitsfähige Leitungen aus Vertretern der Intelligenz zu schaffen. Eine Arbeitskonferenz habe die Kulturarbeit in Westdeutschland zu überprüfen. Es gehe um grundlegende Veränderungen in dieser Arbeit. Bisher seien die dort vorhandenen Möglichkeiten auf kulturellem Gebiet nicht wirklich genutzt worden. Das Vereinsrecht der DDR sei zu überprüfen mit dem Ziel, örtliche und bezirkliche kulturelle Vereine (Chöre, Laiengruppen, Philatelisten etc.) zuzulassen, die den Mittelstand in ihre Arbeit einbeziehen. Würden diese Vereine dem FDGB angeschlossen, dann wäre der Mittelstand erneut ausgeschlossen. Der Entwurf dieser Schlussfolgerungen zeigte das Bemühen der Kulturbundführung, aus dem bisherigen engen bürokratischen Rahmen auszubrechen.

Am 16. Juni 1953 äußerte sich Walter Ulbricht vor dem Berliner Parteiaktiv im Friedrichstadtpalast zur Lage der Intelligenz ganz im Sinne der Kulturbund-Kritik: „Ein entscheidender Umschwung muss in der Stellung zur Intelligenz erfolgen. Auf der Konferenz der Angehörigen der Vertreter der Intelligenz in Berlin habe ich das Programm der wissenschaftlichen und der erzieherischen Aufgaben der Intelligenz dargelegt. Die Aussprache ergab die volle Zu-

---

180 Karl Kneschke (1898-1959). Former, Gießer und Tuchweber in Böhmen. 1915 Sozialdemokratische Arbeiterpartei Österreichs, ab 1919 hauptamtlicher Parteifunktionär. 1921 Wechsel zur KP der Tschechoslowakei, Deutsche Sektion. Langjähriger Kreissekretär in Bodenbach, Karlsbad und Reichenberg. 1929-30 inhaftiert. 1938-1945 Emigration nach Großbritannien. 1946 Übersiedlung in die Ostzone und Mitgliedschaft in der SED. Ab 1951 Präsidialratsmitglied des Kulturbundes sowie 1951-1958 Bundessekretär. 1949-1958 Mitglied der Volkskammer der DDR.

stimmung der Intelligenz zu diesem Plan, aber auch ernsthafte Kritik an der Partei und am Staatsapparat, bestimmte Fehler entschlossen zu korrigieren und die Wünsche der Intelligenz zu befriedigen. Die Vorschläge der Intelligenz waren richtig und ihre Beschwerden berechtigt. Es ist unsere Aufgabe, dafür zu sorgen, dass im Partei- und Staatsapparat das sektiererische formalbürokratische Verhalten gegenüber der Intelligenz entschlossen überwunden wird."[181]

Vom 16. bis 18. Juni 1953 beteiligten sich an den Streiks und teilweise aufstandsartigen Demonstrationen von etwa 600 000 Arbeitern gegen administrative Normerhöhungen in den Betrieben auch Ingenieure und Techniker. Die sowjetische Besatzungsmacht sah sich am 17. Juni um die Mittagszeit veranlasst, in den Unruhezentren den Ausnahmezustand zu verhängen. Der Ausnahmezustand wurde in 167 von 217 Stadt- und Landkreisen verhängt und schrittweise wieder aufgehoben, zuletzt in Berlin und Leipzig (11. Juli). Es muss die Frage aufgeworfen werden, ob es überhaupt richtig war, Panzer auffahren zu lassen und den Ausnahmezustand zu verhängen? Arnulf Baring kam nach gründlicher Analyse zu folgender Bewertung: „Aber man täusche sich nicht: der Aufstand ist nicht durch die sowjetischen Truppen niedergeschlagen worden. Aufs ganze gesehen war die revolutionäre Welle schon gebrochen, bevor die Russen aufmarschierten."[182] Das Abebben hing wohl wesentlich damit zusammen, dass der Beschluss des Ministerrates über die Rücknahme der Normerhöhungen, der am 16. Juni um 14 Uhr gefasst worden war, den Demonstranten und den Streikenden erst im Verlaufe des 17. Juni bekannt gegeben wurde. Sudoplatow benennt Berija als den Hauptschuldigen des an sich überflüssigen Einsatzes sowjetischer Truppen. Er habe die entsprechenden Befehle an Andreij A. Gretschko und Wladimir S. Semjonow gegeben und damit die tragischen Folgen[183] riskiert: „Mit dieser Demonstration der Macht hoffte er, unsere Aussichten auf einen Kompromiss mit den

---

181 Neues Deutschland, 18.6.1953, S. 3.
182 Arnulf Baring: Der 17. Juni 1953. Stuttgart 1983, S. 31.
183 In dem Bericht der sowjetischen Besatzungsorgane nach Moskau wurde für die Zeit vom 17.-20. Juni 1953 von 430 513 Streikenden, 336 376 Demonstranten, 29 Toten (plus 11 ermordeten Parteifunktionären und Polizisten sowie sechs zum Tode durch Erschießen Verurteilten, wovon vier Urteile vollstreckt wurden, gesprochen. Verwundet wurden 350 Demonstranten und Streikende und 83 Parteifunktionäre und Polizisten. Festgenommen und inhaftiert wurden diesem Bericht zufolge 6521 Personen. Vgl. Uprising in East Germany 1953. The Cold War, the German Question, and the first major upheaval behind the Iron Curtain. Compiled, edited and introduced by Christian F. Ostermann. CEU Press 2002, S. 283.

Westmächten zu verbessern. Der Westen sollte der Illusionen beraubt werden, die sowjetische Herrschaft lasse sich durch einen Volksaufstand vertreiben."[184] Aufschlussreich war die Frage des Chefs des Generalstabes der Sowjetischen Armee und des Stellvertretenden Kriegsministers der UdSSR Wassilij Sokolowskij nach seinem Eintreffen in Berlin: „Wie konnte diese Sache passieren, das verstehe ich nicht."[185] Der Einsatz der Truppen konnte bestimmt nicht die Aussichten auf einen Kompromiss mit den Westmächten verbessern. Dass Nikita Chruschtschow und die Militärs anders dachten, zeigte die weitere Entwicklung. So wurde der 17. Juni auch zu einem Katalysator des Machtkampfes in Moskau.

Die Teilnahme der Intelligenz an den Protesten, Streiks und Demonstrationen des 17. Juni spielte eine größere Rolle, als lange Zeit angenommen worden ist.

Der Meldedienst des FDGB verzeichnete am 17. Juni 1953 um 13 Uhr im Betrieb Jenapharm bei Technikern und Ingenieuren noch „eine gewisse Zurückhaltung."[186] Die kaufmännische Intelligenz verhalte sich ebenso abwartend. In Heringsdorf lobte der Chefarzt im Krankenhaus die Regierung der DDR für ihre Haltung, da diese nun die Herstellung der Einheit Deutschlands ermögliche.[187]

In Görlitz gehörten dem zwanzigköpfigen Streikkomitee auch ein Architekt, ein Arzt und ein Rechtsanwalt an.[188] Heidi Roth fasste ihre Untersuchungen zum 17. Juni in Sachsen so zusammen: „Die technische Intelligenz, die kaufmännischen und die technischen Angestellten waren in vielen Streikleitungen – entsprechend ihrem Anteil an der Belegschaft – durchaus repräsentativ vertreten.[189] So gab es unter den 32 verhafteten Streikleitungsmitgliedern aus drei Leipziger Betrieben fünf Vorarbeiter, zwei Technologen, eine Sachbearbeiterin, einen Abteilungsleiter Finanzen und einen Betriebsarzt."[190]

---

184 Sudoplatow: Der Handlanger der Macht, S. 424/425.
185 Zit. nach: Elke Scherstjanoi: Die sowjetische Deutschlandpolitik …, S. 529.
186 SAPMO-BArch, DY 34/15/515b/3100 (unpaginiert)
187 Ebenda, 15/115l/100.
188 Vgl. Manfred Hagen: DDR – Juni '53. Die erste Volkserhebung im Stalinismus. Stuttgart 1992, S. 159.
189 Bei diese zutreffenden Wertung ist zu berücksichtigen, dass die Intelligenz 1953 noch keine soziale Massenschicht war. Sie war quantitativ seit 1945 nur marginal gewachsen. Ihr gehörten zu dieser Zeit insgesamt kaum mehr als 260 000 Bürger an.
190 Heidi Roth: Der 17. Juni 1953 in Sachsen. Mit einem einleitenden Kapitel von Karl Wilhelm Fricke. Köln-Weimar-Wien. 1999, S. 600.

Der Arzt Dr. J. von der Universitätsklinik Halle erklärte, dass 90 Prozent aller Klinikärzte der „Widerstandsbewegung" angehören.[191] Von der Universität Halle nahmen vorwiegend Studenten der Landwirtschaftlichen Fakultät an den Demonstrationen teil. Im Institut für Altertumswissenschaft dieser Universität wurden folgende Forderungen gestellt:

„1. Die Regierung der DDR muss zurücktreten, da sie schwerwiegende Fehler gemacht hat und unser Vertrauen nicht mehr besitzt und es nie haben wird.

2. Forderung nach Bildung von Kommissionen, die die Macht übernehmen sollen, da die Regierung das Vertrauen des Volkes verloren hat.

3. Bildung einer neuen Arbeiterpartei (SPD), die die Regierung übernehmen soll. Der Grundfehler in unserem Staat war die Vereinigung der Arbeiterparteien.

4. An der Demonstration haben keine faschistischen Elemente teilgenommen, nur ehrliche Arbeiter.

5. Kein Vertrauen zu den angekündigten Maßnahmen der Regierung, weil diese nicht sofort und vollständig durchgeführt wurden und damit zu rechnen ist, dass die zurückgenommenen Maßnahmen später wieder eingeführt werden ..."[192]

Der Schauspieler Hans-Joachim Sch. beteiligte sich in Magdeburg an der Besetzung der Strafvollzugsanstalt. Außerdem hatte er die Belegschaft der Städtischen Bühnen zum Streik aufgerufen. Er wurde danach verhaftet und unter Druck für das MfS verpflichtet und freigelassen. Dem Schauspieler gelang die Flucht nach Westberlin, wo er sich dem „Komitee 17. Juni" anschloss.[193]

Steffi Spira, Schauspielerin am Schiffbauerdamm-Theater, erklärte: „Die Provokateure mussten scheitern, dafür ist bei uns kein Platz. Aber wir müssen für unsere Menschen, besonders in den Gewerkschaften, menschlicher handeln und denken lernen."[194] Bertolt Brecht erfuhr am Abend des 16. Juni 1953 während einer Dramaturgie-Besprechung von den Unruhen. Sofort veranlasste er eine Mitarbeiterversammlung, um sich über die Situation zu beraten. Im Ergebnis dieser Beratung schrieb Brecht an die Repräsentanten der SED einen Brief. Der Brief an Walter Ulbricht lautete:

---

191 Vgl. BStU 168/56, Bd. 20, Bl. 7.
192 Zit. nach: Angelika Klein: Die Arbeiterrevolte im Bezirk Halle – Dokumente und Statistiken, Heft 3, Potsdam 1993, S. 32.
193 Vgl. BStU 168/56, Bd. 20, Bl. 7.
194 Ebenda, Nr. 1733.

„Die Geschichte wird der revolutionären Ungeduld der Sozialistischen Einheitspartei Deutschlands ihren Respekt zollen. Die große Aussprache mit den Massen über das Tempo des sozialistischen Aufbaus wird zu einer Sichtung und zu einer Sicherung der sozialistischen Errungenschaften führen. Es ist mir ein Bedürfnis, Ihnen in diesem Augenblick meine Verbundenheit mit der Sozialistischen Einheitspartei Deutschlands auszudrücken."[195]

Am 17. Juni schrieb Brecht auch an die Kulturabteilung des ZK der SED: „Ich glaube, dass der Rundfunk heute von großer Bedeutung ist. Wir würden gerne vom Berliner Ensemble aus eine Veranstaltung im Rundfunk organisieren."[196] Das Angebot wurde nicht angenommen.

Am 21. Juni 1953 druckte das „Neue Deutschland" Brechts Schreiben an Ulbricht enorm gekürzt. Brecht stand in der Öffentlichkeit plötzlich als blauäugiger Anhänger Ulbrichts da. Diese Verfälschung hatte ein Nachspiel. In einem Aktenvermerk der Abteilung Schöne Literatur und Kunst des ZK der SED vom 7. Juni hieß es, dass Brecht über die Behandlung seines Briefes sehr empört ist: „Aus diesem Brief sei nur der letzte Absatz veröffentlicht worden, in dem Brecht seine Verbundenheit mit der Partei zum Ausdruck bringt. Die ersten Absätze, in denen er eine Diskussion über all die strittigen Probleme fordert, seien jedoch nicht veröffentlicht worden. Er hielte dieses Verfahren für taktlos, da niemand mit ihm über die Veröffentlichung in dieser Form gesprochen hätte. Seiner Ansicht nach wäre er in seinen Möglichkeiten der gesamtdeutschen Arbeit durch diesen Vorfall sehr beeinträchtigt."[197] Walter Ulbricht dankte am 8. Juli Brecht für sein Schreiben und bot ihm ein persönliches Gespräch an, worauf Brecht nicht zurückkam.

In dem Brief an Grotewohl, der nicht veröffentlicht wurde, hatte Brecht die aktive Unterstützung durch die Akademie der Künste und das Berliner Ensemble angeboten: „Lieber Genosse Grotewohl, was können wir von der Akademie der Künste und vom Berliner Ensemble aus tun? Werden Sie im Rundfunk sprechen? Es wäre gut. Wir würden gern als Einleitung und Abschluss Lieder und Rezitationen von Ernst Busch und anderen Künstlern bringen."[198] Auch dieses Angebot blieb unbeantwortet.

---

195 Ebenda, NY 4182/1387, Bl. 14, Bertolt Brecht: Arbeitsjournal 1938-1955. Berlin und Weimar 1977, S. 691.
196 SAPMO-BArch, DY 30 IV 2/9.06/266, Bl. 40.
197 Ebenda, NY 4182/1387, Bl. 15.
198 Brief an Otto Grotewohl, 17. Juni 1953. In: Bertolt Brecht: Briefe 1913-1956. Hrsg. Und kommentiert von Günter Glaeser. 2 Bände, Berlin und Weimar 1983, Bd. 1, S. 656.

Brecht wollte auch wissen, wie andere auf die Situation reagieren. Er rief den Sekretär des Schriftstellerverbandes an. Kuba (Kurt Barthel) lehnte es ab, in die Reinhardstraße zu kommen, um an einer Mitarbeiterversammlung des Berliner Ensembles teilzunehmen, weil sich der Schriftstellerverband in einer sehr gefährlichen Ecke befinde. Der Schriftstellerverband habe sich verbarrikadiert und würde sich im Notfall mit Stuhlbeinen verteidigen. Später wurde der Vorgang etwas pointierter erzählt: „Herr B. hing ein, wandte sich an seine Mitarbeiter und sagte: ‚Ein deutscher Schriftsteller in Erwartung seiner Leser'."[199]

Einige Tage nach dem 17. Juni veröffentlichte Kuba im „Neuen Deutschland" ein Gedicht mit Vorwürfen an die Bauarbeiter, die gestreikt und demonstriert hatten. Das Verhalten der Arbeiter am 17. Juni hatte auch Brecht zum Nachdenken gebracht. Seine Überlegungen lassen sich an Hand der „Buckower Elegien" nachvollziehen. In direkter Erwiderung auf das Gedicht von Kuba hatte Brecht das Gedicht „Die Lösung" verfasst:

„Nach dem Aufstand des 17. Juni
Ließ der Sekretär des Schriftstellerverbands
In der Stalinallee Flugblätter verteilen
Auf denen zu lesen war, dass das Volk
Das Vertrauen der Regierung verscherzt habe
Und es nur durch verdoppelte Arbeit Zurückerobern könne. Wäre es da
Nicht doch einfacher, die Regierung
Löste das Volk auf und
Wählte ein anderes."[200]

Brecht stand dafür ein, dass die Arbeiter nicht für richtig halten müssen, was die Regierung für notwendig und richtig hält.

Für die protestierenden Arbeiter bildeten immer wieder die Privilegien, die der Intelligenz, gewährt wurden, den Stein des Anstoßes. Der FDGB des Bezirkes Cottbus ließ dazu mitteilen: „Zur Frage der Intelligenz wird in vielen Belegschaftsversammlungen auch Stellung genommen, so z. B. im Landambulatorium Golßen sind die Kollegen der Meinung, dass die Waren an alle Bevölkerungsschichten gleichmäßig verteilt werden sollen, einschließlich

---

199 Zit. nach: Werner Mittenzwei: Das Leben des Bertolt Brecht oder Der Umgang mit den Welträtseln. 2. Band. Berlin 1986, S. 496.; André Müller/Gerd Semmer: Geschichten vom Herrn Brecht, Frankfurt/M. 1967, S. 80.
200 Bertolt Brecht: Gedichte. 10 Bände. Berlin und Weimar 1969. Bd. 7, S. 9.

Angestellte und Rentner. Die Bevorzugung der Intelligenz wurde abgelehnt. Die Kollegen des Armaturenwerkes Herzberg stellten die Frage, warum gibt es für die Intelligenz besondere Ferienheime, Klubräume usw., wo Arbeiter keinen Zutritt haben?"[201]

In Berlin hatte der „Intelligenzladen" Ecke Münzstraße/Alte Schönhauser Straße, das heißt in einem ausgesprochenen Arbeiterviertel, zur Verärgerung der Arbeiter geführt. Der Laden führte Artikel, die sonst im Handel nicht erhältlich waren.[202] In Schwerin löste der „Intelligenzladen" eine Protestdemonstration von Arbeiterfrauen aus.[203] Erich Wendt forderte in einem Schreiben an Elli Schmidt, Vorsitzende der Staatlichen Kommission für Handel und Versorgung, die sofortige Schließung der „Intelligenzläden". Sie antwortete: „Der Minister für Handel und Versorgung, Herr Wach, hat jetzt die Bezirke angewiesen, die Läden für die Intelligenz in allgemeine Verkaufsläden der HO umzuwandeln. In unserer jetzigen Situation sind besondere Läden für die Intelligenz sowieso überflüssig geworden, da wir allgemein mehr Ware über die Karten hinaus in die HO bringen werden."[204]

Welche Auseinandersetzungen in Moskau um die weitere Deutschlandpolitik vor sich gingen, ist nicht bis in die letzten Details rekonstruierbar. Es zeichnete sich ein Bündnis von Nikita Chruschtschow mit den Chefs der Armee gegen Innenminister Berija ab. Mochte vielleicht auch Chruschtschow vor dem 17. Juni noch Hoffnungen auf einen Kompromiss mit dem Westen gehegt haben, ging dieser ab diesem Ereignis davon aus, dass eine solche Chance nicht mehr bestand. Mit einem nennenswerten Preis für die DDR konnte angesichts der sichtbar gewordenen Instabilität niemand mehr rechnen.

Innenminister Berija hielt weiter an seinem Ziel fest. Um den 20. oder 21. Juni erschien, wie sich ein Zeitzeuge[205] erinnerte, Innenminister Berija in einem Flugzeug vom Typ IL 14 in Berlin-Schönefeld. Der Zeitzeuge war als Russisch- Dolmetscher in der Hauptverwaltung Ausbildung der KVP tätig. Über den für ihn zuständigen sowjetischen Berater für Bewaffnung der KVP war er nach Berlin-Karlshorst beordert und in seine Aufgabe eingewiesen

---

201 SAPMO BArch, DY 34/15/515f/3100.
202 Vgl. Anke Huschner: Die Juni-Krise des Jahres 1953 und das Staatssekretariat für Hochschulwesen. In: Jahrbuch für die Geschichte Mittel- und Ostdeutschlands. Bd. 42. München, New Providence, London, Paris 1994, S. 173.
203 Vgl. SAPMO-BArch, DY 27/1182 (unpaginiert)
204 Ebenda.
205 Vgl. Interview mit Jupp Jeschke (Jg. 1923) am 4.6.2002. Tonband im Besitz des Verfassers.

worden. Er hatte mit zwei bewaffneten Grenzsoldaten der DDR dafür zu sorgen, dass der sowjetische Innenminister nach der Landung das Flugzeug nicht verlässt.

Zuerst sei nach der Landung des Flugzeugs der Adjutant Berijas am Ausgang erschienen und sehr verwundert darüber gewesen, dass kein hoher Repräsentant zum Empfang erschienen war. Statt dessen stand ein bewaffnetes Kommando da, und der Dolmetscher erklärte, dass das Flugzeug sofort nach Moskau zurückfliegen müsse. Berija habe darauf bestanden, dass das Flugzeug aufgetankt wird, währenddessen wollte er das Flugzeug verlassen, um frische Luft zu schnappen. Diese Bitte wurde abgeschlagen. Getankt werden dürfe das Flugzeug auf dem sowjetischen Armeeflugplatz in Erfurt. So geschah es. Unverrichteter Dinge sei dann die IL 14 von Erfurt nach Moskau zurückgeflogen.

Im Auftrage Berijas traf am 26. Juni Soja Rybkina, Leiterin der deutschen Abteilung des sowjetischen Geheimdienstes, Olga Tschechowa, um Sondierungen der Chancen der deutschen Wiedervereinigung in die Wege zu leiten.[206] Am gleichen Tage wurde Berija in Moskau verhaftet. Am 29. Juni revidierte das Parteipräsidium der KPdSU die Ende Mai begonnene neue DDR-Politik. Die nun beginnende Etappe charakterisiert Filitow zutreffend als „Stabilisierung minus Liberalisierung"[207] Am 12. August zündete die UdSSR ihre erste H-Bombe. Laut Protokoll vom 22. August wurde der DDR die Restsumme der Reparationen erlassen.

Diese Veränderungen im Gefolge des Machtgerangels in Moskau lagen ganz auf der Linie der von Walter Ulbricht verfolgten Politik. Bald wieder fest im Sattel sitzend, konnte Ulbricht seine Feinde Zaisser und Herrnstadt verfolgen, worauf an dieser Stelle nicht weiter einzugehen ist.[208]

Walter Ulbricht bewertete das Verhalten der Intelligenz am 17. Juni auf der 15. ZK-Tagung im Juli 1953: „Die Angehörigen der Intelligenz haben in den Tagen der faschistischen Provokationen loyal gearbeitet."[209] Er setzte damit eine Legende in die Welt, die eigentlich dem Prinzip des „Teile und herrsche!" entsprach und einen Keil zwischen die Arbeiter und die Intelligenz treiben

---

206 Sudoplatow: Der Handlanger der Macht, S. 425.
207 Filitow, S.274.
208 Dazu ausführlich: Wilfriede Otto: Die SED und der 17. Juni. Analyse und Dokumentation der 13., 14., 15. Tagung des ZK der SED. Berlin 2003.
209 Der Neue Kurs und die Aufgaben der Partei. 15. Tagung des ZK der SED vom 24.-26. Juli 1953. Berlin 1953, S. 78/79.

sollte. Die Legende, dass sich die Intelligenz am 17. Juni loyal verhalten habe, hält sich bis heute.[210]

Zur künftigen Intelligenzpolitik stellte Ulbricht fest: „In bezug auf die Intelligenz setzt die Partei ihre bisherige Linie der materiellen Sicherstellung, der Förderung ihrer Arbeitsmöglichkeiten zur Entwicklung der nationalen Kultur und Wirtschaft fort. Gleichzeitig ist es erforderlich, den Intellektuellen größere Toleranz entgegenzubringen. Es ist falsch, auf Wissenschaftler, Künstler oder Ingenieure einen Zwang zur Anerkennung des Marxismus-Leninismus auszuüben. Durch Zwang können keine überzeugten Anhänger gewonnen werden. Die Intellektuellen sind in Zukunft in größerem Maße als bisher zur Staatsverwaltung heranzuziehen, besonders auf den kulturellen Gebieten. Der Verkehr der Intellektuellen der DDR mit den Intellektuellen Westdeutschlands ist entsprechend dem neuen Kurs der Partei zu fördern."[211]

Das Dilemma der Intelligenzpolitik der SED war damit nicht beendet. Noch im Juli 1953 wurde heftig darüber diskutiert, nach welchen Kriterien das Ministerium für Handel- und Versorgung Berechtigungsscheine für den Kauf in Intelligenz-Läden vergeben habe. Karl Kneschke schrieb am 8. Juli 1953 an Minister Wandel: „In Cottbus hieß es, Berechtigungsscheine werden nur an NPT, Verdiente Lehrer und Verdiente Ärzte des Volkes ausgegeben. Eine solche Maßnahme ist Zündstoff unter 90 % der Intelligenz. Die dann immer wieder erklärt, dass sie offensichtlich nicht zur Intelligenz gerechnet wird (Lehrer, Ärzte, technische Intelligenz usw.)."[212] Kneschke erhielt lediglich die Mitteilung, dass seine Anfrage an den Förderungsausschuss weitergeleitet worden sei.

Weitere Anfragen erreichten Kneschke. Der Schriftsteller Arthur F. aus Sondershausen stellte fest, er habe nie einen IN-Schein erhalten, weshalb ihn interessiere, wer zur Intelligenz gehöre. Am 24. Juli 1953 antwortete Kneschke: „Zur Intelligenz gehören sicher alle akademischen Berufe und jene Autodidakten, die in schöpferischer Weise zur Entwicklung unseres kulturellen und geistigen Lebens beitragen."[213] Der Rechtsanwalt R. W. aus Bad Doberan wollte am 1. August 1953 wissen, ob Rechtsanwälte auch zur Intelligenz gehören. Die Rechtsanwälte seien bisher von allen Vergünstigungen ausgeschlossen worden: „Weder erhalten wir die so gen[annte] Intelligenzkarte, noch irgend-

---

210 Wolfgang Engler: Die Ostdeutschen. Kunde von einem verlorenen Land. Berlin 2000, S. 84/85.
211 Ebenda, S. 135/136.
212 SAPMO-BArch, DY 27/1186, (unpaginiert).
213 Ebenda.

welche Steuervergünstigungen, wie sie die ‚Intelligenz' genießt, noch werden uns bei der Raumzuteilung irgendwelche Vergünstigungen zugebilligt." Kneschke antwortete: „Die Beschlüsse und Verordnungen der Regierung betreffen niemals die Intelligenz als Ganzes, sondern jeweils bestimmte Teile und Berufe der Intelligenz. Wir halten es für richtig, dass Rechtsanwälte den Raum zugeteilt erhalten, der für ihren Beruf und ihre Wohnung notwendig ist. Als Freischaffende haben die Rechtsanwälte unter den anderen Freischaffenden eine solche Position eingenommen, dass offensichtlich unsere Regierung ihnen keine Steuervergünstigung gewähren musste."[214] Auch in einem Brief vom 15.12.1953 an Dr. Leopold K. aus Freital sah sich Kneschke genötigt, zur Definition der Intelligenz Stellung zu nehmen: „Demgemäß ist die Intelligenz eine gesellschaftliche Kategorie, eine Schicht in unserer Gesellschaft, die einem raschen Entwicklungsprozess unterworfen ist. Nicht alle Angehörigen dieser gesellschaftlichen Schicht müssen die Eigenschaft haben, intelligent zu sein."[215]

Im Juli 1953 wandten sich wissenschaftliche Assistenten der Universität Halle an den Staatssekretär für Hochschulwesen mit einem Protest. Solange IN-Scheine ausgegeben würden, hätten Assistenten diese erhalten. In das System der Bescheinigungen für den Einkauf in Intelligenz-Läden wären sie jedoch nicht aufgenommen worden. Eine schlüssige Erklärung dafür konnte der Rat des Bezirkes Halle nicht geben. Ebenso klagten die Assistenten über die geringe Bezahlung. Ein Assistent der Juristischen Fakultät werde mit 675,-- DM bezahlt, während ein Justitiar in einem VEB das doppelte Gehalt beziehe.[216]

Auch unter den Künstlern der DDR hielt nach dem 17. Juni die aufgeregte Debatte zu sozialen Problemen an. Einhellig lehnten Künstler die bisherige Gleichsetzung der freiberuflich Kulturschaffenden mit den selbständig Gewerbetreibenden ab. Sie forderten eine Gleichbehandlung mit den im Angestelltenverhältnis tätigen Arbeitnehmern, weil der Auftraggeber der Freischaffenden nicht ein einzelner, sondern die Gesellschaft sei. Das bedeutete, die Benachteiligung freischaffenden Künstler in der Krankenversicherung zu bereinigen und eine zusätzliche Altersversorgung zu erreichen. Am 28. Juni 1953 fand eine Besprechung des FDGB mit dem Ministerium für Arbeit statt, die Regelungen für eine Kranken- und Altersversicherung für Künstler und darüber hinaus einer zusätzlichen Altersversorgung auf den Weg brachte. Angesichts des in der letzten Zeit erlahmten Kunstschaffens wurde von Künstlern

---
214 Ebenda.
215 Ebenda.

angeregt, Kollegen für Aufträge in den Sparten Landschaftsmalerei, Porträt-, Historien-, Genremalerei, Wandausgestaltung, Plastik, Porträtplastik usw. vorzuschlagen.[217]

Im Rahmen der Gewerkschaft Gesundheitswesen vollzog sich eine Diskussion über die Altershilfe für private Tier- und Zahnärzte, wobei die Selbstfinanzierung einerseits streng beachtet, aber zugleich die Möglichkeit eingeräumt wurde, entstehende Mehrkosten durch den Staatshaushalt zu decken.[218]

Für die Intelligenz bildete der Ausnahmezustand vom 17. Juni also durchaus keinen Endpunkt. Die Debatten beschränkten sich auch nicht nur auf die sozialen Fragen. Reformkonzepte schlossen sich an. Antonia Grunenberg hob hervor, dass die Debatte über demokratische und sozialistische Alternativen mit dem Scheitern des 17. Juni nicht zu Ende war, sondern sich bis 1956 fortsetzte, an den Universitäten bis Ende der 50er Jahre.[219] Der neue Kurs hatte gerade unter vielen Intellektuellen, aber auch im Parteiapparat, Hoffnungen befördert. Noch am 30. Juni 1953 hatte die in Karl-Marx-Stadt (Chemnitz) herausgegebene SED-Zeitung „Volksstimme" behauptet, dass die SED in ihrer Politik eine „prinzipielle Wendung" vollzogen habe. Ulbricht muss sich enorm herausgefordert gefühlt haben, denn er widersprach in einem Brief an Otto H. in Karl-Marx-Stadt heftig: „Die Generallinie der Partei war und bleibt richtig. Ist das klar? Ich denke, das ist absolut klar. Wir korrigieren die Fehler in unserer Linie. Aber die grundlegenden Aufgaben der Festigung der demokratischen Ordnung, des Aufbaus des Sozialismus [...] wird mit aller Kraft durchgeführt."[220] Damit war auch die sowjetische Sonderlinie, die einigen Politbüromitgliedern vom 2.-4. Juni in die Feder diktiert und vom Hohen Kommissar noch verschärft worden war, ad acta gelegt worden. Der neue Kurs war jetzt ein anderer im Vergleich zu dem vor dem 17. Juni 1953 verkündeten. Das Konfliktgefüge, mit dem es die Intelligenz der DDR zu tun hatte, war strukturell unverändert geblieben. Ein Lehrer schrieb an Wilhelm Pieck einen Brief:

„Ich will nicht mehr schweigen. Ich habe mir am 17. Juni das Gelöbnis gegeben, dass ich nicht mehr schweigen werde. Das war meine Schlussfolgerung. Und ich sage Euch: es gibt schon wieder keine Eier in Leipzig. Es

---

216 Vgl. ebenda.
217 Vgl. Neuer Kurs und die bildenden Künstler. Berlin 1953, S. 39-43.
218 SAPMO-BArch, DY 30/J IV 2/3/407 (unpaginiert).
219 Vgl. Antonia Grunenberg: Aufbruch der inneren Mauer. Politik und Kultur in der DDR 1971-1990. Bremen 1990, S. 48.
220 SAPMO-BArch, NY 4182/1385 (unpaginiert).

gibt schon wieder das und das nicht. Die Leute reden so und so. Man macht nur Demonstrationen und gibt Parolen heraus. Wenn das nicht geändert wird, wenn alles verwischt wird, dann kommt es wieder zu einem 17. Juni. Ich will diesmal nicht mitschuldig werden. Ich schweige nicht. Ich erhebe meine Stimme."[221]

3. Politische Neuansätze im Hochschulwesen und in der Kultur

3.1. Rapides Sinken des Kaufpreises

„Gusti erzählte, die Bücher von der 2. Parteikonferenz, also das Programm des sozialistischen Aufbaus werde eingestampft, alle ähnlich orientierten Schriften seien verboten, insbesondere aus dem Schulunterricht zurückgezogen – wir sind jetzt für die Großbauern, für die junge Gemeinde, wir sind auf reuigem Rückmarsch."[222] Diese Sätze schrieb Victor Klemperer am 22. Juni 1953 in sein Tagebuch. Sie weisen in eine Richtung, auf die auch Wolfgang Harich verschiedentlich eingegangen war. Dieser erlebte die Tage um den 17. Juni im Krankenhaus. Dort besuchte ihn der Leiter des Aufbau Verlages, Erich Wendt, und erklärte ihm, dass aus allen Publikationen das Wort Sozialismus verschwinden müsse. Für Harich schien klar, dass das Parteipräsidium der KPdSU von Ende Mai bis in die Tage um den 17. Juni 1953 einen Kurs der raschen Herstellung der deutschen Einheit verfolgte. Die Nachfolger Stalins waren bereit, die DDR aufzugeben, wenn dafür ein Preis gezahlt würde. Dieser Preis bestand in der Berücksichtigung der sowjetischen Sicherheitsinteressen, denen am besten durch ein militärisch neutrales Deutschland entsprochen worden wäre und durch die Begleichung der Reparationsschuld, die für das ganze Deutschland keine übermäßige Belastung darstellen würde. Folgt man dieser Bewertung der sowjetischen Politik während der Wochen ab Ende Mai und im Juni, dann könnte der 17. Juni aus einem anderen Blickwinkel betrachtet werden, als es Ost und West während des Kalten Krieges taten. Dann hätten die Unruhen vom 17. Juni der Sowjetunion das Geschäft ver-

---

[221] SAPMO-BArch, DY 30/IV 2/1/28, Bl. 56.
[222] Victor Klemperer: So sitze ich denn zwischen allen Stühlen. Tagebücher 1950-1059. 2. Aufl., Berlin 1999, S. 390.

dorben, denn nach dem 17. Juni besaß die DDR keinen nennenswerten Kaufpreis mehr. Das KPdSU-Präsidium konnte sich nur noch durch das „Bauernopfer" Berija aus der Affäre ziehen, der nach der Verhaftung angeklagt, verurteilt und im Dezember 1953 hingerichtet wurde. Jetzt musste Moskau an Ulbricht festhalten und nicht nur die Reparationslast rasch mildern und schließlich stoppen, sondern auch Kredite bereit stellen. Der neue Kurs von Anfang Juni, der sich gegen Ulbricht richtete[223], wandelte sich zum Kurs für die Stärkung der DDR unter Führung Ulbrichts.

Der nächste überraschend erscheinende Besucher Harichs im Krankenhaus war Bert Brecht.[224] Harich setzte Brecht seine Überlegungen auseinander, die auf eine titoistische Reform der DDR hinausliefen. Brecht widersprach entschieden, weil er diese Vorstellung für irreal hielt. Aussichtsreich sei es jetzt, einen Schlag gegen die Staatliche Kunstkommission zu führen. Harich möge einen Artikel gegen die Kunstkommission schreiben. Er, Brecht, werde entsprechende Gedichte schreiben. Brecht hatte damit den Blick des Schwärmers und Phantasten Harich auf das Machbare gelenkt.

Die Verordnung über die Einführung der Elfjahresschule vom Mai 1953 hatte auch den Unmut vieler Professoren angepeitscht. Das „Attentat auf die Schule" (Klemperer) wurde keineswegs hingenommen. Klemperer meldete seinen Protest bei Ministerpräsident Otto Grotewohl an. Die schärfste Attacke gegen die sowjethörige Hochschulpolitik ritt nach dem 17. Juni 1953 der Mediziner Theodor Brugsch im Präsidialrat des Kulturbundes: „Ich will kein Russe werden, ich will keine russische Universität, ich will eine deutsche Universität. Sie heißt ‚Humboldt-Universität'. Was hat man daraus gemacht? Eine russische Universität!"[225]

---

[223] Unter diesem Aspekt dürfte die Forderung von Demonstranten „Der Spitzbart muss weg!" im Sitz des Hohen Kommissars in Berlin-Karlshorst kaum Unruhe ausgelöst haben.
[224] Vgl. Siegfried Prokop: Ich bin zu früh geboren. Auf den Spuren Wolfgang Harichs. Berlin 1997, S. 73.
[225] SAPMO-BArch, DY 27, Nr. 916, Bl. 221.

3.2. Neuer Kurs im Hochschulwesen und in der Akademie der Künste

Ob Staatssekretär Gerhard Harig überhaupt an dem Projekt der Schaffung einer 11-Klassenschule in der DDR beteiligt war, kann anhand der z. Z. verfügbaren Quellen nicht festgestellt werden. Es ist eher anzunehmen, dass dies eine Ressortangelegenheit des Volksbildungsministeriums unter Else Zaisser war. Die Angriffe aber, die wegen der Überzentralisierung, der unkritischen Orientierung auf die Sowjetwissenschaft und die Verschulung der Universitäten kamen, bezogen sich zweifelsfrei auf seine Zuständigkeit als Staatssekretär für das Hochschulwesen. Das Staatssekretariat sah sich zu kritischer Bestandsaufnahme veranlasst. Schleunigst musste eine Antwort auf die Frage gegeben werden, wie der Neue Kurs im Hochschulwesen aussehen sollte. Am 1. Juli 1953 nahm Gerhard Harig auf der Rektorenkonferenz zum 17. Juni 1953 und zur notwendigen Wendung in der Politik der DDR Stellung. Diese Wendung dürfe kein bloßes Manöver sein, keine Politik mit Augenzwinkern; denn: „Die Geschichte lehrt, dass sich die Werktätigen und die Bevölkerung nicht auf die Dauer betrügen lassen, dass eine solche Politik nicht vom Vertrauen des Volkes getragen und deshalb zum Scheitern verurteilt ist, da sie nicht zum Ziele führt."[226] Die Wendung in der Politik sei eine Hinwendung zur Verbesserung der Lebensbedingungen der Werktätigen: „Sie ist eine Politik der Abwendung von der Nichtbeachtung dieser Bedürfnisse, die Abkehr von einer Politik des Reglementierens und Administrierens, die Partei und Regierung besonders in den letzten Monaten von der Bevölkerung zu lösen begann und zu einem Mechanismus um seiner selbst willen zu werden drohte und teilweise geworden war. Eine Maßnahme zog aus sich heraus weitere Maßnahmen nach sich – das einfache und große menschliche Ziel aber: die Lebensbedingungen zu verbessern, die Umstände, unter denen wir leben, menschlich zu gestalten, oder anders formuliert: Die Befriedigung der materiellen und kulturellen Bedürfnisse der gesamten Gesellschaft, dieses Ziel drohte in den Hintergrund zu geraten."[227] Die Wendung in der Politik der DDR habe Auswirkungen auf die Hochschulen. Wissenschaft in Lehre und Forschung werde sich künftig freier als bisher nach den Bedürfnissen der Wis-

---

226 Gerhard Harig: Allgemeine Maßnahmen auf dem Gebiet des Hochschulwesens. In: Gerhard Harig: Gesammelte Reden und Schriften zur Hochschul- und Wissenschaftspolitik. Gesammelt und zur Herausgabe vorbereitet von Hans-Joachim Böhme. Berlin 1990. (Maschinenschrift), S. 440.
227 Ebenda.

senschaft entwickeln können. Sie soll nachdrücklich das Niveau ihrer Arbeit heben, um dem deutschen Volke zu dienen. Neben der Hochachtung gegenüber der sowjetischen Wissenschaft und Technik sei das deutsche wissenschaftliche Erbe zu pflegen. Aufgrund der Ereignisse des 17. Juni würden im Staatssekretariat neue Vorstellungen entwickelt, die sich inzwischen zu einem Vorschlag des Staatssekretariats verdichtet hätten.

An Stelle der bestehenden Einschränkungen, Beschränkungen und Überspitzungen soll als Grundsatz verwirklicht werden, dass jeder Wissenschaftler der DDR seine Lehr- und Forschungstätigkeit gemäß seiner weltanschaulichen und wissenschaftlichen Überzeugung ungehindert durchführen kann: „Jeder Wissenschaftler der DDR kann seine Lehr- und Forschungstätigkeit gemäß seiner weltanschaulichen und wissenschaftlichen Überzeugung ungehindert durchführen. Aus der Vertretung bestimmter wissenschaftlicher Auffassungen dürfen ihm keine Nachteile erwachsen. Zugleich soll ein offener, von Sachkenntnis getragener Meinungsaustausch, der zur Weiterentwicklung der Wissenschaft in Lehre und Forschung unerlässlich ist, nachdrücklich gefördert und darf der Freiheit der Kritik auf wissenschaftlichem Gebiet nichts in den Weg gelegt werden."[228]

Dem Wunsch vieler Wissenschaftler nach Bildung Wissenschaftlicher Gesellschaften werde entsprochen. Die Abhaltung wissenschaftlicher Tagungen, Konferenzen, Kongresse und Colloquien werde maßgeblich gefördert. Die Einschränkungen in bezug auf Konferenzbesuche in Westdeutschland und im Ausland werden aufgehoben. Der Bezug von wissenschaftlicher Literatur aus Westdeutschland werde erleichtert. Die Ereignisse um den 17. Juni hätten nicht etwa gegen, sondern ganz eindeutig für die neue Linie der Politik gesprochen: „Sie haben Klarheit darüber geschaffen, wohin die Fehler der Vergangenheit geführt haben: zu echter begründeter Unzufriedenheit vieler Werktätiger mit ihrer Lage und mit der von Partei und Regierung befolgten politischen Linie."[229]

Das Präsidium der Akademie der Künste beschloss am 30. Juni 1953 Vorschläge zur Veränderung der künstlerischen und kulturellen Leitungstätigkeit[230], die am 2. Juli der Regierung übergeben wurden. Die Akademie forderte, die Verantwortung der Künstler vor der Öffentlichkeit wiederher-

---

228 Ebenda, S. 446.
229 Ebenda, S. 443.
230 Die lebhafte Debatte ist dokumentiert von Ulrich Dietzel und Gudrun Geißler (Hrsg.): Zwischen Diskussion und Disziplin. Dokumente zur Geschichte der Akademie der Künste (Ost) 1945/1950 bis 1993. Berlin 1997, S. 85-92.

zustellen. Auf allen Gebieten der Kunst wären differenzierte und die verschiedenen Schichten der Bevölkerung ansprechende Themen und Gestaltungsarten zu entwickeln und zu fördern. Den Mitgliedern der Akademie der Künste sei bei der Vorbereitung von Gesetzen und Verordnungen, die sich auf die Kunst beziehen, ein Mitspracherecht einzuräumen. Bei Vergabe von Aufträgen, Denkmalsentwürfen, Veranstaltung von Kunstausstellungen und Preisausschreiben müsse die Akademie der Künste als Berater und Gutachter herangezogen werden. Die Redaktion von Kunst- und Kulturzeitschriften sei verantwortlich in Hände der jeweiligen Organisationen und Verbände zu legen. Besonders kritisch wurden die Informationspraxis der Presse und des Rundfunks sowie die Einengung der Thematik in der Filmproduktion beleuchtet:

„5. Der Rundfunk hat als ein entscheidendes Instrument der Meinungsbildung versagt. Er hat die Information und Beeinflussung der Bevölkerung den irreführenden gegnerischen Sendern überlassen. Nur eine grundlegende Reorganisation – auch auf künstlerischem Gebiet – kann den Rundfunk in die Lage versetzen, das Interesse und das Vertrauen der Hörer wiederzugewinnen und den Einfluss der gegnerischen Sender zurückzudrängen.

6. Im Gegensatz zu den ersten Jahren nach 1945, als unsere Filmproduktion breite Teile der Bevölkerung ansprach, wird in den letzten Jahren durch eine immer stärkere Verengung des Themenplans nur ein kleiner Kreis von Menschen interessiert. Die Akademie schlägt vor, zur Steigerung der Produktion und der thematischen Vielfalt im Spielfilmstudio der DEFA künstlerisch selbständige Produktionsgruppen zu bilden. Sie schlägt ferner der DEFA vor, mehr Filme gesamtdeutschen Gepräges herzustellen. Für die Wochenschau gilt dasselbe, was über Tagespresse und Rundfunk gesagt wurde."[231]

Das Presseamt lehnte die Veröffentlichung der 10 Punkte der Akademie der Künste ab. Die Kritik am Rundfunk sei zu apodiktisch, sie müsse „positiver" ausfallen, wurde gefordert. Becher als Akademiepräsident schrieb am 10. Juli einen eindringlichen Brief an Otto Grotewohl, in dem er um Unterstützung bat. Um der ganzen Angelegenheit Nachdruck zu verleihen, rief Becher den persönlichen Mitarbeiter Grotewohls an, der für den Ministerpräsidenten einen Aktenvermerk anfertigte: „Gestern, am 10. Juli, konnten Brecht und Felsenstein nur mit Mühe davon abgehalten werden, ihren Rücktritt aus der Akademie der Künste zu erklären. Becher und alle anderen Mitglieder der Akademie der Künste verwahren sich auf das entschiedenste gegen das Verbot der Ver-

---

231 Sinn und Form. Berlin 1953. H. 3-4, S. 256/257.

öffentlichung durch Genossen Axen, zumal jedem bekannt ist, das Genosse Axen ressortmäßig den Rundfunk bearbeitet. Seine eigene Meinung ist die, dass ein ‚Volksaufstand' gegen den Rundfunk im Gange ist, da der Rundfunk vollkommen versagt hat. Die Formulierung im 10-Punkte-Programm ist sehr milde. An eine Rücknahme kann nicht gedacht werden."[232] So kam es dann auch. Nichts wurde zurück genommen. Die Punkte wurden veröffentlicht, jedoch gab die SED-Führung ihre Aversionen gegen einige der 10 Punkte nicht auf.

3.3. Präsidialratstagung des Kulturbundes im Juli 1953

Am 3. Juli 1953 fand die erste Präsidialratstagung des Kulturbundes nach dem 17. Juni statt. Becher, der die Tagung eröffnete, holte weit aus. Nach 1945, nach der größten Katastrophe in der deutschen Geschichte, wurde ein Neubeginn versucht. Nicht nur große Teile des Kleinbürgertums seien nazistisch verseucht gewesen, sondern auch breite Arbeitermassen. In der deutschen Geschichte habe es nie eine wirklich ernsthafte Umwälzung gegeben. Auch nach 1945 habe eine wirklich demokratische Umstimmung nicht stattgefunden, da sofort die Spaltung des Landes eine Lage schuf, die es schwer gemacht habe, „den Faschismus wirklich auf allen Gebieten erstens gründlich zu studieren und zweitens gründlich zu überwinden"[233]. Die Lage sei dadurch noch erschwert worden, dass Westberlin auf dem Territorium der DDR existiert und alles, was die DDR zu verwirklichen sucht, unterminiert.

Becher nahm sodann zum 17. Juni Stellung, indem er ansprach, was den Vorgang so schwer verständlich mache: „Ich glaube auch, was am 17. Juni vor sich gegangen ist, sehen wir dieses merkwürdige Amalgam: Gangster und Totschläger – ich war in verschiedenen Prozessen und kann Ihnen sagen, es ist unbeschreibbar, was für Typen dort auftraten – und dann wirkliche, ehrliche Arbeiter, die für das und das demonstrieren wollten und die zu schwach waren, etwas dagegen zu tun, wenn das Horst-Wessel-Lied angestimmt wurde, oder die nicht sahen, was das bedeutet, die überzeugt den geschichtlichen Sinn dieser Aktion nicht begriffen haben."[234]

Ein Problem bleibe zu lösen, wie es möglich gewesen sei, dass all diese Ursachen noch einen Boden haben finden können. Becher sprach von notwen-

---
232 SAPMO-BArch, NY 4090/536, Bl. 230.
233 Ebenda, DY 27/916, Bl. 208/209.
234 Ebenda, Bl. 209.

diger Selbstkritik. Der Kulturbund habe zumindest so etwas geahnt, als er vor vier Monaten dazu aufforderte, „einmal eine reale Bestandsaufnahme von dem zu machen, was unter der Intelligenz wirklich los ist, was dort brodelt, was sich dort herausarbeitet"[235]. Die Bestandsaufnahme habe in einem beschränkten, noch keineswegs realistischen Grade, gezeigt, was wirklich los ist. Sie habe auch den Zustand der Kulturbundgruppen verdeutlicht, über den sich der Präsidialrat Illusionen gemacht hatte. Dabei müsse zugleich festgehalten werden, dass sich die Intelligenz der DDR im großen und ganzen mindestens zurückhaltend und keineswegs so verhalten habe, dass gesagt werden könne, größere Teile der Intellektuellen wären auf Seiten der Gegenkräfte des 17. Juni gewesen.

Becher erinnerte an das Sprichwort, „Russen, Juden und Kommunisten müssen Heilige sein, und selbst, wenn sie Heilige sind, werden sie auch noch verbrannt", was ihm der Präsidialrat mit Heiterkeit quittierte. Etwas resigniert verwies er auf die Verpflichtung, auf das ernsteste zu prüfen, wie der Kulturbund zu einer Organisation der Sammlung der Intelligenz werden könne, um alles das, was begonnen worden sei, ernsthaft in Angriff zu nehmen. Seine Resignation erklärte Becher ohne Umschweife: „Ich erinnere mich, dass ich in der ‚Täglichen Rundschau' vor anderthalb Jahren einen Artikel über unseren Rundfunk, über die scheußliche Verfratzung unserer Städte durch die Sichtwerbung und über alle diese Dinge geschrieben habe, – in der ‚Täglichen Rundschau', die doch noch eine gewisse Autorität hatte und hat. Es ist darauf nichts geschehen! Ich habe sechs Monate später im ‚Sonntag' einen Artikel geschrieben: ‚Worte, nichts als Worte'. Auch darauf ist nichts geschehen!"[236]

Heute sei der Kulturbund vor ein ganzes Konglomerat sofort zu korrigierender Unmöglichkeiten gestellt, eine Aufgabe, die den Kulturbund allein vollkommen überfordere. Der Kulturbund, die Akademie der Künste, die Akademie der Wissenschaften und der Schriftstellerverband müssten sich jetzt endlich reorganisieren und demokratisieren.

In erstaunlicher Offenheit sprach Becher den wohl wundesten Punkt an, den der verlorenen Überparteilichkeit des Kulturbundes: „Wenn es nicht gelingt, den Kulturbund als wirklich eine überparteiliche Organisation zu erhalten bzw. ihn wieder dazu zu entwickeln […] kann er seiner eigentlichen Aufgabe nicht nachkommen. Ich glaube, eine der wichtigsten Aufgaben ist, dass jetzt mit allen Mitteln versucht wird, diesen überparteilichen Charakter

---
235 Ebenda, Bl. 210.
236 Ebenda, Bl. 211.

des Kulturbundes herzustellen. Dazu ist es notwendig, dass man die Leitungen von unten bis oben, bis zum Präsidenten, demokratisiert und endlich eine solche Leitung und eine solche Zusammenarbeit schafft, dass approximativ alle Kreise der Intelligenz an der Leitung des Kulturbundes teilhaben. Auf keine andere Art wird es uns gelingen, maßgebende Teile der Intelligenz zu gewinnen. Es ist eine sehr alte Weisheit, die wir immer wiederholen, dass der Mensch ein gesellschaftliches Wesen ist. Wenn wir nicht gewisse gesellschaftliche Bedingungen für die Intelligenz schaffen, dann schafft sie sich diese Bedingungen anderswo. Das ist doch selbstverständlich. Wenn ich in Jena nicht der Intelligenz die Möglichkeit gebe, gesellschaftlich gleichberechtigt zu leben, dann wird sie irgendwo anders zusammenkommen und dieses ihr von uns vorenthaltene gesellschaftliche Leben in anderen Kreisen suchen."[237]

Becher stellte hier Forderungen, die Walter Ulbricht gewiss nicht behagten. Becher ahnte oder wusste, dass der Kulturbund besser seine Aufgaben ohne die Subordination unter die SED erfüllen konnte. Er rief den Präsidialrat auf, Ellbogenfreiheit für ein anständiges menschliches Leben in der DDR zu schaffen. Alle Aussprachen mit der Intelligenz hätten ergeben, dass an der Spitze der Anstrengungen des Kulturbundes die strenge Einhaltung der Gesetzlichkeit rangieren müsse. Es seien in letzter Zeit selbst mit Vorsitzenden des Kulturbundes Dinge geschehen, die ungesetzlich waren und trotzdem geduldet wurden. Ein Verhalten nach dem Motto „Was kann man da schon machen?" sei falsch.

Becher stellte sich ausdrücklich hinter die Anordnungen des Justizministers Max Fechner[238], die besagten, dass eine Teilnahme an Demonstrationen und Streiks nicht ohne weiteres bestraft werden dürfe, sondern nur die zu bestrafen sind, die gemordet und gebrannt haben: „In diesem Erlass wird ausdrücklich darauf hingewiesen, dass bei uns das Streikrecht gesetzlich gewährleistet ist und dass infolgedessen auch Streikleitungen nicht verhaftet werden können. Ich möchte ausdrücklich auf die Erklärung, die gerade heute neu erschienen ist, in der diese Punkte noch einmal heraus gearbeitet werden, sehr aufmerksam machen. Es ist Aufgabe der Intellektuellen und des Kulturbundes, darauf zu achten, dass nicht am Anfang schon wieder Ungesetzlichkeiten begangen werden, wenn sie abgeschafft werden sollen."[239]

---

237 Ebenda.
238 Fechner wurde am 15. Juli verhaftet und erst 1956 aus der Haft entlassen und „rehabilitiert".
239 SAPMO-BArch, DY 27/916, Bl. 212.

Menschen möchten nicht für dumm verkauft werden. Sie seien viel heller, als gewisse Leute annähmen. Wenn die Fahrpreise erhöht würden und IN-Karten abgeschafft, dürfe das nicht als Aufschwung hingestellt werden."[240] Vielmehr seien die tatsächlichen Gründe zu nennen, die dazu zwingen. Man hätte sagen sollen, dass die Nichtbefriedung der Welt und insbesondere Deutschlands zu sehr vielen Maßnahmen zwinge, die jetzt aufgehoben werden könnten, wenn eine Befriedung der Welt eintritt. Aufgrund der Waffenstillstandsverhandlungen in Korea bahnt sich eine Befriedung an und von den Dingen könne Abstand genommen werden, die eine materielle und geistige Anspannung in der DDR erzeugt hätten.

Becher sprach sich zum Abschluss seines Einführungsreferates für eine konsequente Korrektur der gemachten Fehler aus: „Fehler, die wir machen, wiegen um so schwerer, weil sie gemacht werden angesichts der besten Sache, die wir vertreten. Unsere Fehler sind darum besondere Fehler. Aber das ist vor allen Dingen eine Angelegenheit, die wir in unserem Kreise rasch bereinigen müssen, und wir müssen jetzt zu einem gründlichen Gespräch übergehen, um gemeinsam die Mittel und Wege zu finden, die dazu nötig sind."[241] Becher wies auf den Entwurf der Entschließung hin, über die eine Generaldiskussion stattfinden müsse. In diesem Entwurf bündelte der Kulturbund in 12 Punkten[242] sehr pointiert seine Sicht für einen neuen Kurs in der DDR.

Nach dem Verlesen des Papiers äußerte sich der Chemiker Heinrich Franck geradezu euphorisch: „Wenn ich ein junges Mädchen wäre, würde ich dem Autor dieses Aufrufes je einen dicken Kuss auf die Backen knallen, weil ich ihn ausgezeichnet finde. Ich bin aber ein alter Mann, und infolgedessen zitiere ich ein bekanntes jüdisches Wort: ‚Dies Wort in Gottes Ohr!' Das muss wirklich gemacht werden! Einen Punkt vermisse ich dabei: das ist die Gewährleistung der Rechtssicherheit."[243] Das Protokoll der Tagung verzeichnet an dieser Stelle einen Zwischenruf von Arnold Zweig: „Sehr richtig! Das ist sehr wesentlich, das muss als erster Punkt hineingesetzt werden!" Becher nahm die Zustimmung sichtlich erfreut auf und schlug die Bildung einer Kommission zur Prüfung und Einarbeitung der gemachten Vorschläge vor. Theodor Brugsch, der greise und berühmte Mediziner, ging mit den Fehlentwicklun-

---

240 Das „Neue Deutschland" war am 11. April 1953 mit dem Leitartikel „Ein weiter Schritt zur Hebung des Lebensstandards" erschienen, der die Verschlechterungen als Verbesserungen hinzustellen suchte.
241 SAPMO-BArch, DY 27/916, Bl. 214.
242 Nach der Debatte erweiterte sich die Zahl der Punkte auf 14.
243 Ebenda, DY 27/916, Bl. 219.

gen in der DDR äußerst scharf ins Gericht. Er sagte: „Ich bin einer derjenigen, die 1945 loyal den Aufbau der Intelligenz hier auf der Universität für die ganze DDR betrieben haben. Heute beurteile ich die Dinge so: Wir haben eine Verfassung gemacht. Ich bin selber Mitglied der Verfassungskommission gewesen. Ich habe auch Ministerpräsident Grotewohl deswegen geschrieben. Die Verfassung ist vorbildlich. Nun sehe ich unser Volk. Ich habe vielleicht mehr Gelegenheit als viele von Ihnen, mit den Menschen zu sprechen. Die Menschen sagen: wir haben Angst, wir haben keine Freiheit. Sie sehen, dass tausend bis zweitausend Menschen täglich nach dem Westen gehen. Vor einigen Tagen war eine Frau bei mir, – zusammengebrochen. Warum? Ihr Mann sagt: ‚Glauben Sie mir, sie kann nicht weiter; wir erfüllen unser Soll nicht, sie hat Angst vor dem Parteisekretär; unser Nachbar ist schon nach dem Westen gegangen, wir müssen auch nach dem Westen gehen.' Ich habe gesagt: ‚Bleiben Sie, das wird sich alles einrichten!'

Die Menschen sehen die Urteile, und die Urteile sind hart. Sie sehen, es wird einer eingesperrt, sie wissen nichts von dem Betreffenden, sie hören nichts von ihm – und er bekommt 15 Jahre Zuchthaus. Wir haben damals in der Verfassung die Habeascorpusakte gemacht. Wir nennen uns eine Demokratie. Der erste Satz unserer Verfassung heißt nicht: ‚Wir sind eine Arbeiter- und Bauernrepublik', sondern: ‚Wir sind eine Demokratie.' Sie wird nicht gehalten! Das ist das, was ich vorwerfe, – und dass die Regierung sich nicht dazu äußert. Die Verfassung muss gehalten werden! Das können wir Intelligenzler doch verlangen. Ich bin überparteilich; aber wenn mir einer sagt: ‚Ihr haltet überhaupt nicht die Verfassung', was soll ich ihm antworten? Ich kann nur sagen: ‚Ja.' Warum äußert sich die Regierung nicht dazu? Warum erklärt sie nicht klipp und klar: ‚Damals ist die Verfassung beeidigt worden, – und wo wird sie gehalten?'"[244]

Brugsch ging noch einen Schritt weiter. Er wies die Verfälschung des 17. Juni als Aktion von Faschisten zurück: „So liegt doch die Geschichte, und man hat nicht den Mut, es auszusprechen. Wenn wir den Mut haben, zu widersprechen, zieht sich das weiter. Man sagt, es sind die Faschisten. Nein, es ist das Volk! Reden Sie doch mit dem Volk! Wenn der Mann mit einer dünneren Lohntüte nach Hause kommt und die Frau fragt: ‚Wo bleibt das Geld?' und wenn der Mann sagt: ‚Ich muss jetzt mehr arbeiten, unser Chef hat gesagt, wir müssen ‚freiwillig' die höhere Norm leisten', dann platzt den Leuten der Kra-

---

244 Ebenda, Bl. 220/221.

gen. So liegen doch die Dinge, und das sehen wir nicht."[245] Brugsch wandte sich auch gegen bestimmte Tendenzen der Hochschulreform, die die Humboldt-Universität zu einer „russischen Universität" gemacht hätten. Diese, im vorhergehenden Abschnitt bereits ausführlich zitierten, Bemerkungen sollten noch auf Widerspruch stoßen.

Arnold Zweig schloss sich mit seinem Diskussionsbeitrag an. Er habe in Budapest die Nachrichten vom 17. Juni gehört und sich sofort gefragt, wann die Volkskammer einberufen werde. Er habe die Frage auch gestellt, nachdem er aus Budapest zurück gekehrt war. Aber er habe nur sehr viel Zeit damit vergeudet und wenn er es sich recht überlegte, sei er mit der Volkskammer gar nicht so recht einverstanden gewesen. Die Erörterung der notwendigen Maßnahmen habe sich offenbar nur im Ältestenrat abgespielt, zu dem er nicht gehöre. Deshalb lautete der Vorschlag Arnold Zweigs: „Ich möchte also vorschlagen, dass der Kulturbund der Regierung vorschlägt, die Volkskammer so schnell wie möglich einzuberufen und darüber zu diskutieren, wie man eine wirkliche Vertretung des Volkes durch die Volkskammer instituieren kann. Denn, was im Volke vorgeht, wissen wir nur durch Gerede, durch Nachrichten, die wir nicht kontrollieren können. Ich bin nicht naiv genug, um nicht zu wissen, dass zu Gerede immer nur ein Gran von Realität gehört. Aber wir haben über dieses Gran von Realität offenbar eine sehr große Ignoranz bewiesen. Ich bin der Meinung, dass wir jetzt dafür sorgen sollten, dass wir wenigstens von nun an die wirkliche Meinung des Volkes unter den Leiden, die der Zustand des Besiegtseins dem deutschen Volke bringt, besser informiert werden als vorher."[246]

Sodann kam Zweig auf sein altes Steckenpferd zu sprechen, die Rechtspflege in der DDR. Für ihn war das die zentrale Frage für alle Kulturschaffenden. Die DDR habe in den vergangenen Jahren nicht wenige positive Leistungen vorweisen können. Aber immer wieder werde von westdeutschen Kameraden die Frage nach der Rechtssicherheit in der DDR gestellt. Der Regierung müsse nahegelegt werden, diese Dinge wesentlich zu verbessern. In einer Stadt der DDR habe ein Gerichtsvorsitzender einem Verteidiger gesagt, dass Verteidiger nur eine Attrappe seien. Er habe selbst in der kaiserlichen Armee im Jahre 1916 als Verteidiger fungieren dürfen. Der ethische Grundsatz, dass niemandem etwas geschehen darf, der nicht die Möglichkeit hat, sich zu verteidigen oder verteidigen zu lassen, müsse die Grundlage der gemeinsamen Be-

---

245 Ebenda, Bl. 223.
246 Ebenda, Bl. 223.

mühungen zur Verbesserung der kulturellen Lage in der DDR sein. Zweig endete mit der unmissverständlichen Feststellung: „Wer nicht das Recht achtet, ist verloren!"[247]

Der Pädagoge Heinrich Deiters fragte den Vorsitzenden des Kulturpolitischen Ausschusses der Volkskammer und Bundessekretär des Kulturbundes, Erich Wendt, wie oft dieser schon getagt habe. Wendt antwortete: „Ich glaube, viermal in der ganzen Zeit, seit ich der Volkskammer angehöre!"[248]

Deiters befand, dass dies außerordentlich wenig sei. Er bat Wendt, den Kulturpolitischen Ausschuss einzuberufen, um die Arbeit der Volkskammer von einer bestimmten Stelle aus in Gang zu bringen. Der Meinung, dass die Volkskammer tätig werden müsse, schloss sich Deiters voll und ganz an. Er bat den Präsidialrat, sich die ernste Lage der Lehrerschaft der DDR vor Augen zu führen. Die Schulen stünden eigentlich am Rande des Bankrotts. 35 Prozent des in den Lehrplänen geforderten Unterrichts werde nicht gegeben, weil die Lehrer fehlen. Für das Studium an den Lehrerbildungseinrichtungen im kommenden Jahr lägen zu wenig Bewerbungen vor. Nur 50 Prozent des Kontingents würden in Anspruch genommen. Der Präsidialrat möge zur Kenntnis nehmen, dass die Schule vor der Gefahr steht, vollkommen zusammenzubrechen. Das zuständige Ministerium und die Gewerkschaft sollten eine gründliche Untersuchung darüber anfertigen, was der Lehrerschaft fehlt und was sie drückt; denn nur die Beseitigung der Not der Lehrerschaft könne diesen Zustand ändern. An erster Stelle stünden nicht einmal mehr materielle Nöte, sondern es handele sich dabei auch um ideelle, um berufliche und um rein moralische Nöte.

Kollege Victor Klemperer habe bereits in einer früheren Beratung darauf hingewiesen, dass die Verordnung über die Verkürzung der Oberschule von vier auf drei Jahre außerordentlich bedenklich sei. Dabei handelte es sich um eine Anordnung ohne Befragung der Nächstbeteiligten. Inzwischen habe Ministerpräsident Otto Grotewohl in seiner Rede am Tag des Lehrers (12. Juni) diese Maßnahme rückgängig gemacht. Aber eine weitere Maßnahme, die auch mit niemandem besprochen worden sei, bleibe aufrechterhalten, die Verlagerung der Grundschullehrerausbildung von den Universitäten und Hochschulen in Pädagogische Institute. Zur Erläuterung führte Deiters aus: „Das heißt also, gewissermaßen stillschweigend, unter Verletzung der Öffentlichkeit wird hier eine Maßnahme der einschneidensten Art getroffen, und das geschieht

---

247 Ebenda, Bl. 224.
248 Ebenda, Bl. 225.

in einem Augenblick, wo man mit Recht sagt, es soll alles unterbleiben, was die Differenzen zwischen uns und Westdeutschland zu vergrößern geeignet ist. Die westdeutsche Lehrerschaft, soweit sie überhaupt ein pädagogisch und politisch fortschrittliches Bewusstsein hat, fordert in steigendem Masse die Ausbildung der Lehrer an den Universitäten und hat unsere Regelung der Lehrerausbildung immer geachtet und respektiert. Wir wollen nun in diesem Augenblick dazu übergehen, die Ausbildung der Lehrer von den Universitäten zurückzuverlegen an Pädagogische Institute, die um nichts besser sind als die früheren pädagogischen Seminare, und zwar geschieht das, ohne dass die Öffentlichkeit darüber gefragt worden ist."[249] Der Kulturpolitische Ausschuss der Volkskammer, der doch durch seinen Vorsitzenden mit dem Kulturbund eng verbunden ist, möge von der Regierung fordern, dass in dieser Angelegenheit nichts geschieht, bevor die Angelegenheit nicht in breiter Öffentlichkeit und unter Heranziehung aller daran Beteiligten behandelt worden sei. Zur Presse fand Deiters weniger kritische Worte, während er hervorhob, dass er sich so gut wie niemals aus dem Rundfunk informiere. Er gestand der Presse zu, dass sie sich verbessert habe und Gutes leiste. Jedoch sei die Presse wegen des Mangels an ausreichenden und klaren Informationen zu tadeln: „Über das, was außerhalb unseres Bereiches geschieht, was in Westdeutschland und sonst irgendwo in der Welt geschieht, können wir uns aus unseren Zeitungen eigentlich nur unterrichten, indem wir die dagegen gerichteten Artikel sorgfältig lesen. Dann können wir mit Mühe und Not etwas erraten, was dieser oder jener Staatsmann vielleicht gesagt haben könnte, was in dieser oder jener Verhandlung des Bundestages in Bonn vielleicht gesagt worden sein könnte. So geht es aber nicht. Die Presse lebt und stirbt letzten Endes mit dem Reichtum ihrer Information."[250] Deiters unterbreitete einen Änderungsvorschlag für die Entschließung, wonach es Pflicht von Rundfunk und Presse sei, künftig für wirklichkeitsgetreue umfassende Information der Bevölkerung zu sorgen. Geschehe in dieser Richtung nichts, dann werde die Wirkung der Presse vollkommen erlöschen, die Menschen werden die Zeitungen einfach nicht mehr lesen oder nur noch zu einem geringen Teil.

Victor Klemperer wies auf zwei Punkte hin, die aus begreiflicher Leidenschaft wohl etwas zu schroff formuliert worden seien. Er fühle sich durch die Bemerkung von Theodor Brugsch persönlich getroffen, wenn dieser behaupte die Humboldt Universität sei eine „russische Universität" geworden: „Das

---

249 Ebenda, Bl. 228/229.
250 Ebenda, Bl. 231.

ist bestimmt nicht der Fall, wir sind keine russische Universität, weder hier noch in Halle."[251] Der zweite Punkt Klemperers bezog sich auf die Bemerkung von Zweig, die DDR sei kein Rechtsstaat. Als Mitglied des Rechtsausschusses der Volkskammer könne er bezeugen, dass zwei ganze Tage über die neue Strafprozessordnung mit der Regierung verhandelt worden sei. Es sei nun völlig gesichert, dass jeder Angeklagte unter allen Umständen seinen Rechtsanwalt bekommen muss und unter allen Umständen im Prozess das Schlusswort hat. Es mag sein, dass da bisher die Dinge nicht so geachtet worden seien, aber das Bestreben sei durchaus vorhanden.

Die Frage der Volkskammer habe ihn vom ersten Augenblick an geradezu zur Verzweiflung gebracht: „Als die entsetzliche Geschichte vom 17. Juni passierte, hatten wir eine Personalunion zwischen dem Präsidenten der Volkskammer und dem Präsidenten der Deutschen Demokratischen Republik; denn nach der Verfassung ist Herr Dieckmann in dem Augenblick Präsident der Republik, wo Herr Pieck durch Krankheit verhindert ist. Wo war er und wo ist er? Ich habe gestern wieder angefragt, wann die nächste Volkskammersitzung sein wird. Ich habe zur Antwort bekommen: aller Wahrscheinlichkeit nach zwischen dem 9. und 16. Juli. Das ist doch einen Monat zu spät!"[252]

Hinsichtlich des Lehrerproblems stellte sich Klemperer hinter Deiters, ging aber noch einen Schritt weiter: „Mit dem, was Sie, Kollege Deiters, über die Lehrerschaft gesagt haben, ist das allerwenigste gesagt. Was Sie gesagt haben, stimmt Wort für Wort; aber leider stimmt noch sehr viel mehr. Wenn man sieht, wie gerade unsere besten Lehrer durch eine übermäßige Bürokratie gehemmt werden: Ein Lehrer kennt doch seine Schüler, er weiß, was für Fragen er zu stellen hat. Aber er bekommt in einem verschlossenen Kuvert gedruckte Zettel: diese Fragen hast Du zu stellen, und du hast darauf die und die Antworten zu geben. Die Leute sind derartig geknebelt, – ich bin mit Leidenschaft Lehrer, aber so möchte ich nicht unterrichten."[253]

Ein Zuruf unterbrach Klemperer: „Das verlangt man von uns an der Universität auch!"[254] Klemperer bestätigte den Zuruf, auch ihm seien 60 Fragen vorgegeben worden, die er Studenten in der Prüfung stellen sollte. Er habe dies nicht getan. Becher warf ein: „Wie ist es mit den Vorlesungen, die sollen

---

251 Ebenda, Bl. 231.
252 Ebenda, Bl. 232.
253 Ebenda, Bl. 236.
254 Ebenda.
255 Ebenda.

doch schriftlich ausgearbeitet werden!"[255] Das stehe auf dem Papier, meinte Klemperer. Becher denke wohl eher an die Ausarbeitungen an den Oberschulen. Becher antwortete: „Nein, auf der Universität! Das ist auf der Intelligenzler-Konferenz gesagt worden!"[256] Damit polemisierte Becher indirekt gegen Ulbricht, was aufmerksame Beobachter der Szene bemerkt haben dürften. Klemperer beschwichtigte seine Zuhörer mit dem Hinweis, dass sich daran niemand halte.

Klemperer sprach auch die jähen Wendungen in den politischen Orientierungen an, die aus der veränderten sowjetischen Deutschlandpolitik herrührten: „Jetzt wird alles zurückgenommen, jetzt gibt es Worte, die tabu sind, die man nicht mehr sagen darf. Vom demokratischen Aufbau darf man noch sprechen.

(Zuruf: Aber nicht mehr vom Aufbau des Sozialismus!)

Ja, eben, das sind Worte, die tabu sind. Die Lehrer sind dadurch bis ins einzelne verängstigt worden. Jetzt kommen sie zu mir und fragen mich: was dürfen wir noch sagen?"[257] Auf solche Fragen gaben die führenden Politiker der SED in der Tat keine Antwort. Hätten sie es versucht, wären sie mit der sowjetischen Seite in Konflikt geraten.[258]

Der Historiker Ernst Niekisch warnte vor einer irreführenden und geradezu gefährlichen Interpretation des 17. Juni. Zweifellos hätten faschistische Elemente und Provokateure eine große Rolle gespielt: „Aber das Wesentliche und für uns vor allen Dingen in Betracht Kommende ist doch, dass hier ein elementarer Ausbruch aus der Arbeiterschaft erfolgt ist, und davon muss man sich in der Beurteilung und Behandlung der Sache weitgehend leiten lassen."[259]

Die Antwort auf die Frage nach den Ursachen für diesen Ausbruch sei nicht schwierig. Ein hoher Staatsfunktionär habe ihm vor einiger Zeit mit Stolz erklärt, das er nach 1945 noch nicht einmal mit der Eisenbahn gefahren sei, sondern nur noch im Wagen. Niekisch wörtlich: „Dieser Mann hat keine Ahnung von den wirklichen Verhältnissen und der tatsächlichen Stimmung in-

---

256 Ebenda.
257 Ebenda, Bl. 237.
258 Ulbricht äußerte sich in Andeutungen erst Anfang der 60er Jahre dazu: „Die Parteiführung der SED, unterstützt von Vertretern der sowjetischen Besatzungsmacht, setzte den Bestrebungen L. P. Berijas entschiedenen und erfolgreichen Widerstand entgegen. Seine Beauftragten wurden nicht in die DDR hereingelassen." Zit. nach: Autorenkollektiv unter Leitung von Walter Ulbricht: Geschichte der deutschen Arbeiterbewegung, Bd. 7, Berlin 1966, S. 228.
259 SAPMO-BArch, DY 27/916, Bl. 239/240.

nerhalb der Bevölkerung. Ein anderer Mann, der mitunter nach dem Westen geschickt wurde, um dort mit allerlei Persönlichkeiten Fühlung zu nehmen, klagte mir darüber, wie sehr ihm die Berichte, die er nach Rückkehr von seinen Westfahrten erstattet habe, übel genommen wurden. In diesen Berichten habe er sich skeptisch geäußert, er habe die Dinge realistisch so darstellt, wie er sie erfahren habe; das habe man aber nicht gewünscht."[260]

An der Spitze sei ein vollkommen falsches Bild vom dem entstanden, was sich an der Basis abspielte. Das Grundempfinden großer Teile des Volkes sei Angst. Der entscheidende Punkt, den auch schon Kollege Franck angesprochen habe, sei die Rechtsunsicherheit. Hier liege eine der wesentlichen Ursachen für das Umsichgreifen der Angst: „Der Zustand, dass Menschen verhaftet werden und ihre Angehörigen schlechthin nichts erfahren, ist auf die Dauer unerträglich. Ich habe einige Freunde, die während der Hitler-Zeit mit ihrem Leben und ihrer Freiheit gegen Hitler eingestanden sind und die verhaftet wurden und verschwunden sind, ohne dass ihnen ein Verschulden nachgewiesen werden könnte. Ich habe eine Reihe von Rechtsanwälten zu Freunden, die sich seit langer Zeit verzweifelt über die Situation ihres Berufes aussprechen. Hier müssen sich Änderungen vollziehen. Das muss man, gerade wenn man mit Leib und Seele und mit jeder Faser seines Herzens an der DDR hängt, mit aller Schärfe und aller Präzision zum Ausdruck bringen."[261]

Richtig sei festgestellt worden, dass in der DDR die Verfassung nicht respektiert werde. Im Verfassungsausschuss habe er die betrübliche Erfahrung gemacht, dass leichtfertig Bestimmungen der Verfassung verletzt werden.

Zu den Bestimmungen der Verfassung zählt die Immunität von Abgeordneten. Jedoch seien Abgeordnete der Volkskammer verhaftet worden, ohne die Genehmigung der Volkskammer einzuholen. Nebenbei sei erwähnt: „Aber wenn die Obrigkeit die Verfassung nicht achtet, darf sich niemand wundern, wenn der Respekt vor der Verfassung im allgemeinen dahingeht. (Zustimmung)"[262]

Klemperers Ruf nach der Volkskammer sei berechtigt. Doch wäre zu wünschen, dass das tatsächliche Gewicht der Volkskammer gestärkt werde.

Ein kitzeliges Problem schnitt Niekisch gesondert an – die Diskussion über den Formalismus. Gegen den Formalismus sei gewiss unendlich viel einzuwenden. Jedoch gäben viele, die sich gegen den Formalismus wandten, dem

---
260 Ebenda, Bl. 240.
261 Ebenda, Bl. 240/241.
262 Ebenda, Bl. 241.

Verdacht Nahrung, dass ihr Kampf weniger gegen eine Stilart geht als vielmehr gegen den Geist an sich: „Form und Stoff: in dieser Gegenübersetzung vertritt die Form das geistige Prinzip. Wenn man hier diskutiert hat, dann hat man häufig die Grenzen dessen überschritten, was erlaubt war, insofern man das Wesen des Geistes berücksichtigen und achten wollte."[263]

Niekisch nahm den Präsidialrat aus seiner Kritik nicht aus. Einige Mitglieder des Präsidialrats seien ausgeschieden, ohne dass über die Gründe des Ausscheidens auch nur ein Wort verloren wurde. Er nannte die Namen Ernst Legal und Falk Harnack. Niekisch sprach auch den Fall Horst Strempel an, der jedoch nicht den Kulturbund betraf: „Auch er – ein Mann von großer Begabung – verlässt die DDR aufgrund von Bemerkungen, die in einer Sitzung ihm gegenüber gemacht wurden und aufgrund deren er meinte, um seine persönliche Sicherheit Angst haben zu müssen. Das geht nicht an, das soll und darf nicht sein, und ich bin überzeugt, dass wir alle der Auffassung sind, hier muss eine Wandlung zum Besseren eintreten. Es muss endlich damit Schluss sein. Denn im Fall Harnack und in anderen Fällen ist in Erscheinung getreten, dass wir etwas haben – vielleicht nicht als Institution, aber tatsächlich –, was wir der Verfassung nach nicht haben dürften, nämlich eine Zensur."[264]

Zur Debatte zwischen Klemperer und Brugsch äußerte Niekisch, dass Klemperer Brugsch missverstanden habe. Brugsch habe nur sagen wollen, dass mit der Hochschulreform ein Vorbild nachgeahmt worden sei, das vielleicht nicht ganz und gar in den deutschen Verhältnissen begründet war. Wenn hier Anstände vorgetragen wurden, dann beträfen diese sicherlich vor allem die Gesellschaftswissenschaften. Gerade dieses Gebiet müsse an der Universität mit äußerster Delikatesse behandelt werden. Aber das Gegenteil sei der Fall. Junge Dozenten seien tätig, die nicht über dem Stoff und kaum richtig im Stoff stehen und die mehr Schaden anrichten, als sie Nutzen gestiftet hätten. Gänzlich unerträglich sei, wenn Studenten der FDJ herumgingen, um vor dem Besuch von Vorlesungen zu warnen, weil die betreffenden Professoren sich nicht auf der vorgeschriebenen Linie bewegten. Noch tiefer wolle er nicht in den Sack greifen. Zum Schluss empfahl Niekisch dem Kulturbund, „den Standpunkt (zu) vertreten, dass schöpferische Tätigkeit des Geistes nicht möglich ist ohne Freiheit"[265].

---

263 Ebenda, Bl. 214/242.
264 Ebenda, Bl. 242.
265 Ebenda, Bl. 243.

Pfarrer Karl Kleinschmidt nahm zur Situation an den Schulen Stellung. Aufgrund der Vereinbarung des Ministerpräsidenten mit der Kirchenführung seien von den Schulen verwiesene Schüler wieder aufgenommen worden. Jedoch gäbe es dabei einige Fälle, wo unbewiesene Beschuldigungen weiter aufrechterhalten werden: „Es sind Fälle darunter, wo jungen Menschen Dinge vorgeworfen wurden, die nicht bewiesen worden sind und gegen die sie sich auch nicht haben verteidigen können. Ich weiß von einem jungen Mädchen, der besten Schülerin der Klasse, einer Pfarrerstochter, die beschuldigt worden war, Glied der Jungen Gemeinde zu sein, ohne dass sie es war. Sie ist im Pädagogischen Rat auf das Fürchterlichste beschimpft worden, der Direktor dieser Schule hat sie eine Lügnerin, eine Verbrecherin usw. genannt. Und jetzt soll sie wieder in die Schule hinein. Dieses junge Mädchen weigert sich, wieder in die Schule hineinzugehen, solange sich dieser Direktor nicht vor demselben Gremium, vor dem er sie beschimpft hat, entschuldigt hat. Ich halte das für vollkommen berechtigt."[266]

Kleinschmidt sah die Gefahr, dass die Korrekturen durch die Regierung an der Basis nicht mit der Energie durchgeführt werden, wie es die Regierung verlangt. Das Vertrauen, das durch das Kommuniqué über den Neuen Kurs wieder entstand, begänne schon wieder zu versickern. Ein Beispiel dafür seien auch die neuerlich absurden Verhältnisse auf dem Lande: „Von den Bauern, die wegen Steuerrückständen oder Nichterfüllung des Ablieferungssolls von den Höfen kamen, ist ein Teil nach dem Westen gegangen; ein Teil von ihnen ist aber dageblieben, weil sie unter keinen Umständen weggehen und möglicherweise auch eine Zuchthausstrafe auf sich nehmen wollten. Nun ist folgender grotesker Tatbestand eingetreten: Die Bauern, die aus Westdeutschland zurückkommen, bekommen ihre Höfe sofort wieder. Denjenigen, die hier geblieben sind und verurteilt worden sind, ist die Strafe zwar erlassen worden; aber die Nebenstrafen, Vermögenseinzug usw., sind nicht mitaufgehoben worden, so dass die Hiergebliebenen ihre Höfe noch nicht zurückbekommen."[267] Es sei leicht, von Bürokratie zu sprechen. Aber in dem Bemühen, Rechtssicherheit zu schaffen, könne nicht jeder Staatsanwalt und jeder Richter machen, was er für richtig und notwendig hält. Erforderlich seien vielmehr allgemein verbindliche rechtliche Grundlagen.

Der Greifswalder Medizindekan Hanns Schwarz nahm eine sozial-psychologische Analyse der DDR-Bevölkerung nach dem 17. Juni vor. Er teilte

---
266 Ebenda, Bl. 248.
267 Ebenda, Bl. 249.

sie in fünf Gruppen ein, wobei die Genauigkeit seiner Beobachtungsgabe besticht:

„*Erstens* eine Gruppe, die sehr ehrlich sagt: es ist ein derartiger Bruch in der sozialistischen Linie erfolgt, dass ich an dem Aufbau des Sozialismus zweifle. Über sie ist nichts zu sagen, weil ich ihrer menschlichen und charakterlichen Integrität sehr sicher bin. Sie denken nach!

Zweitens gibt es eine Gruppe von Menschen, die Neofaschisten sind und die jedes, was geschieht, in ihrem Sinne auszunutzen versuchen. Ich glaube, es ist richtig, darauf aufmerksam zu machen, dass sich solche Gruppen ganz besonders in der Jugend befinden. Es sind nicht nur westlich infizierte, sondern es sind auch (solche) aus dem Begriff >Druck und Gegendruck< geformte junge Menschen, Schüler und Studenten, – eine sehr schwere Gruppe, die sich in einer Oppositionshaltung befindet, die man schwer zerbrechen kann. Sie ist klein, allerdings nicht ungefährlich.

Eine *dritte* Gruppe sind die Blamierten. Ganz dieselben Leute, die am 8. Juni jenes sagten, sagen jetzt ohne ein Wort der Entschuldigung genau in derselben Nachbeterei wie vor vier Wochen den neuen Kurs auf und finden an sich gar nichts dabei. Ihr Gewissen schlägt nicht, sie bearbeiten die Dinge heute mit genau derselben Funktionärsmentalität, wie sie sie vor vier Wochen bearbeitet haben und hätten. Das ist eine Gruppe, gegen die wir sehr stark Front machen müssen.

Eine *vierte* Gruppe wären die Misstrauischen – eine sehr große Gruppe –, nicht nur die Attendisten, sondern diejenigen, die das Vertrauen verloren haben und von denen man nicht sagen darf, durch irgendein Kommuniqué wird diese schwere Vertrauenskrise, die sie durchgemacht haben, beseitigt. Nein, sie sagen: ich bleibe misstrauisch, das ist kein Kurswechsel um 180 Grad, sondern einer um 360 Grad, der auf Umwegen da wieder einmündet, wo wir gestanden haben. Das ist eine kluge Gruppe, eine Gruppe, mit der sehr ernsthaft zu diskutieren ist.

Die *fünfte* Gruppe, die mir einfällt, sind diejenigen, die sagen: wir haben es ja immer gesagt! Wenn man diese Gruppe dieser etwas witzblattartigen Kennzeichnung ‚Wir haben es ja immer gesagt' entkleidet, glaube ich doch, dass es eine sehr beachtliche Gruppe ist; denn es gibt welche, die es tatsächlich ‚immer gesagt' haben, und ich bin stolz darauf, dass bei uns im Kulturbund, in unserem Gremium und in unseren Versammlungen sehr viel gesagt worden ist, was zu dem ‚wir haben es ja immer gesagt' gehört."[268]

---

268 Ebenda, Bl. 254/255.

Vor allem der Kulturbund sei dazu berufen, die Misstrauischen zu überzeugen. Im Kulturbund seien gerade die Persönlichkeiten, die mit aller demokratischen Aufrichtigkeit behaupten dürften, sie hätten oft den Kopf hingehalten und sich die Zunge verbrannt. Dem Kulturbund dürfe vertraut werden, denn er habe eine gewisse Linie. Der Kulturbund behaupte an der richtigen Stelle des neuen Kurses seine Position aufgrund der Geschichte. Er habe, als er 1945/46 in Berlin begann, vor allem das gewollt, was heute zum Teil da sei. Der Kulturbund sei dabei durch viele Krisen gegangen und könne sich guten Gewissens auf diese Geschichte berufen. Er sei dagegen, dass der Kulturbund jetzt mit einer bescheidenen oder masochistischen Selbstanklage reagiert. Mit aller Deutlichkeit müsse er feststellen: „Im Kulturbund ist manches vorbereitet worden. Wir dürfen auch ruhig die Tatsache ausnutzen, dass die Konferenz vom 27. Mai schließlich chronologisch vor dem 17. Juni stattgefunden hat. Ich kenne die Zusammenhänge nicht; aber wenn mir einer sagt: hat die Konferenz nicht vielleicht doch einen gewissen Einfluss darauf gehabt, werde ich nicht so dumm sein, das zu verneinen."[269]

Beachtlich ist diese Feststellung des Greifswalder Medizindekans schon, wies er doch auf die Kontinuität emanzipatorischer Bemühungen des Kulturbundes bis zum 17. Juni hin. Der Präsidialrat folgte dieser Analyse mit offenbar gespannter Aufmerksamkeit, denn kein Zwischenruf unterbrach die Ausführungen.

Schwarz führte die Angst wegen mangelnder Rechtssicherheit auch auf zwei Faktoren zurück, die bisher noch nicht erwähnt wurden. Die Ausbildung der Menschen für die Rechtspflege der DDR sei mangelhaft. Ferner spiele die Verfahrensweise der Vernehmung außerhalb des Gerichtssaales eine Rolle. Wem mag nicht der Atem bei dem gestockt haben, was der Mediziner dann berichtete? „Die Wissenschaft der ganzen Welt bemüht sich jetzt darum, festzustellen, ob die sogenannte Narkoanalyse, das Wahrheitsserum, wie es populär heißt, anwendbar sein soll oder nicht. Ich habe selbst darüber gearbeitet. Es ist eine sehr einfache Sache: man spritzt einem Menschen ein Barbitursäurepräparat in die Venen, er schläft kurz ein, wacht wieder auf, und in dieser euphorischen Stimmung ist er imstande, mehr zu sagen als vorher. Aus diagnostischen Gründen, aus explorativen Gründen ein sehr elegantes Verfahren! Die Welt zerbricht sich den Kopf, ob das die Wahrheit ist, ob das, was der Betreffende nach dieser Narkoanalysespritze aussagt, etwa als rechtssicheres Geständnis aufgefasst werden soll. Darüber arbeiten die Gelehrten,

---

269 Ebenda, Bl. 255.

wie gesagt. Haben Sie schon einmal jemand in einer Arbeit sich darüber expektorieren gehört, ob es die Wahrheit fördert, wenn ein Mann vier Stunden lang unter zehn Lampen à 100 Watt sitzt? Darüber gibt es keine wissenschaftlichen Arbeiten. Ich habe vor zwei Tagen einen Mann begutachtet, einen Hirnverletzten, der ein paar Sack Getreide im Auftrage seines Arbeitgebers von einer Scheune in eine andere getragen hatte. Dieser arme Mann musste vier Stunden unter solchen Lampen sitzen, bis er vom Stuhle gefallen ist. Darüber arbeitet die Wissenschaft nicht! Lassen Sie sich erzählen, wie die Verfahrensweise außerhalb des Gerichtssaales aussieht! Das ist Folter, und auch dagegen müssen wir als Menschen uns wehren. ‚Der Mensch steht im Mittelpunkt' ist unser vornehmster Satz; aber die Menschen werden zu Figuren gemacht."[270]

Schwarz schloss damit, dass der Kulturbund sich nicht damit quälen sollte, immer alles falsch gemacht zu haben. Es gehe darum, vom Kulturbund und von den Universitäten, diesen beiden Säulen des geistigen Lebens, aus, dem neuen Kurs den Inhalt zu geben, den er bekommen muss.

Als ein Vertreter, der die Ereignisse des 17. Juni in, wie er sagte, „Millimetertuchfühlung" miterlebt hatte, ergriff Hans Mickinn aus dem Stahl- und Walzwerk Hennigsdorf das Wort. Er warnte vor allzu weitgehenden Verallgemeinerungen. Er unterschied drei Gruppen von Arbeitern:

– „Es gibt eine Gruppe von Menschen, die tatsächlich Zerstörungen begangen haben, die Objekte in Brand gesteckt haben, die 200 Volkspolizisten verletzt haben. Zu dieser Gruppe von Menschen haben sich in Verwirrung auch solche Arbeiter gesellt – zum mindesten hinsichtlich der Zerstörungen, nicht hinsichtlich des Mordens –, die berechtigte Forderungen an die Regierung zu stellen hatten.

– Die große Mehrheit unserer Arbeiterschaft hat sich aber beschränkt auf die berechtigten Forderungen, die darauf hinausgingen, dass der Normenbeschluss rückgängig gemacht wird, dass der Lohngruppenkatalog zurückgezogen wird, dass die Lebensmittelpreiserhöhungen zurückgenommen werden usw.

– Aber eine gleichfalls sehr bedeutende Gruppe von Arbeitern hat die Arbeit in den Betrieben nicht niedergelegt, sondern die Arbeit fortgesetzt. Sie haben die Werke beschützt gegen solche, die man tatsächlich als Provokateure bezeichnen muss, aber auch solche, die sehr zornig waren und unbedachte Handlungen begehen wollten. Sie haben den Notdienst in den Werken einge-

---

270 Ebenda, Bl. 256.

richtet, und es gibt Hunderte von Arbeitern, die drei, vier Schichten hintereinander im Werk geblieben sind, um das Werk vor Schaden zu bewahren."[271] Mickinn informierte darüber, dass die Hennigsdorfer Arbeiter, die nach Berlin marschiert waren, nach der Rückkehr nicht ein Schräubchen zerstört hätten. Nach der Rückkehr wollten viele sehr empörte Arbeiter mit der Werkleitung über die Erfüllung ihrer Forderungen diskutieren. In keiner der folgenden Versammlungen sei in Hennigsdorf einem Funktionär auch nur ein Haar gekrümmt worden. Mickinn widersprach Becher, der das Interview, das Justizminister Fechner in bezug auf die Streikleitungen gegeben hatte, einleitend zustimmend herausgestellt hatte. In Hennigsdorf, behauptete Mickinn, seien Streikleitung und Agenten vollkommen identisch gewesen.[272] Es habe sich um 22 Mann gehandelt, die in einem Zeitraum von sieben Monaten in das Werk eingeschleust worden waren. Am 18. Juni seien alle Arbeiter, ohne dass jemand dazu aufgerufen hatte, in den Kultursaal des Werkes geströmt. Die BGL hatte die Führung der Versammlung übernommen. Es herrschte eine aufgeregte Stimmung. Die Luft erschien brenzlig. Verschiedene Angehörige des Werkes ergriffen das Wort, wurden schweigend angehört oder auch niedergebrüllt. Dann hätten auch die 22 sich ans Rednerpult gedrängt und jene bekannten sieben Forderungen gestellt, die auf freie, unabhängige Wahlen, den Sturz der Regierung und die Neuwahl der BGL hinausliefen. Ihr Schlussredner habe schließlich verkündet, dass solange gestreikt werde, bis die Regierung zurück getreten sei. Ein ungeheures Beifallsgetrampel sei gefolgt. Über den weiteren Fortgang berichtete Mickinn: „Eine halbe Stunde später kamen die Walzerbrigaden und baten darum, ihre Arbeit wieder aufnehmen zu dürfen und vor den Stahlwerkern, die so randalierten, geschützt zu werden. Eine weitere Viertelstunde später kamen die Stahlwerker und baten darum, die Arbeit wiederaufnehmen zu dürfen und vor den randalierenden Walzern geschützt zu werden. So sind die Menschen durcheinander geworfen worden, und eine Stunde später waren, obwohl der einstimmige Beschluss vorlag, den Streik fortzusetzen, die Brigaden an den Öfen und auf den Straßen, und die Arbeit lief auf vollen Touren. Aber auch die 22 Menschen, die in den letzten sechs Monaten in unser Werk hineingekommen wa-

---

271 Ebenda, Bl. 273/274.
272 In dieser Terminologie widerspiegelte sich bereits die von Erich Mielke praktizierte Abrechnungsstrategie, die unterstellte, dass die Organisatoren jeglicher Aktivitäten am 17. aus dem Westen kamen bzw. mit dem Westen in Verbindung standen. Vgl. Wilfriede Otto: Erich Mielke – Biographie. Aufstieg und Fall eines Tschekisten. Berlin 2000, S. 195.

ren, befanden sich nicht mehr im Werk, die haben wir – und das muss ich unzweideutig sagen – rechtmäßig festnehmen lassen, weil es keine ehrlichen Leute waren, weil sie nicht in Vertretung der Arbeiterschaft diese Sache organisiert hatten, sondern weil offensichtlich war, dass es Menschen waren, die zu diesem Tage in unser Werk geschickt worden waren."[273]

Mickinn kam auch auf die Rolle der technischen Intelligenz zu sprechen. Die Ingenieure hätten, mit wenigen Ausnahmen, in diesen Tagen Hervorragendes geleistet. Sie hätten zusammen mit den bewusstesten Teilen der Arbeiterschaft, etwa 2000 Kollegen, das Werk gehalten. Jedoch sei die technische Intelligenz dadurch in eine sehr peinliche Lage geraten. Die Techniker und Ingenieure seien zu stolz, um ihre eigene Erschütterung und das Bewusstsein ihrer peinlichen Lage zum Ausdruck zu bringen. Worum ging es? Alle Ingenieure bis hin zu den Meistern seien an den Diskussionen um die Normerhöhung beteiligt gewesen. Noch am Tag vor dem Marsch und dem Streik, am Dienstag, seien auf einer Gewerkschaftsaktivtagung von 15 bis 19 Uhr die Normerhöhungen von ihnen verteidigt worden. Der Ministerrat hatte aber um 14 Uhr den Beschluss gefasst, die Normerhöhungen rückgängig zu machen. Bis abends 21 Uhr habe in Hennigsdorf niemand davon etwas gewusst. Eine ähnlich peinliche Lage sei im Zusammenhang mit den Diskussionen um die Lebensmittelpreiserhöhungen entstanden. Diese Preiserhöhungen traten genau in dem Moment ein, wo die Ingenieure mit den Arbeitern über die Normerhöhung diskutierten. Die furchtbare, zunächst nicht erwartete, Enttäuschung folgte kurz darauf: „Drei Tage später durften wir zu Hause von unseren Gattinnen erfahren, welche Auswirkungen diese Lebensmittelpreiserhöhungen überhaupt hatten. Das hat uns kein Mensch vorher gesagt. Wir haben das rätselhafte Wort ‚Preisregulierung' irgendwo gehört. Aber dann haben wir erfahren, dass es die Schuhe, die es bisher auf Bezugsschein für 22 Mark gab, nicht mehr gibt, sondern dass sie auch 80 Mark kosten, dass das Glas Marmelade nicht mehr 1,10 Mark, sondern 1,84 Mark kostet, dass die Fahrpreisermäßigungen aufgehoben worden sind und dass der Eintritt für den Fußballplatz nicht mehr 80 Pfennig, sondern 1 Mark kostet. Überall kostete es also mehr Geld – und im Betrieb hat man ‚beschlossen', dass der Arbeiter weniger Geld verdient. Aber an dem Dienstag haben wir bis abends neun Uhr mit den Kollegen allseitig diskutiert. Niemand konnte sich erlauben, wenn er den Beschluss des Ministerrats nicht kannte, einfach zurückzu-

---

273 SAPMO-BArch, DY 27/916, Bl. 276/277.

weichen vor dem Druck, den Beschluss über die Normen außer Kraft zu setzen. Das kann es nicht geben, das ist glatte Anarchie."[274]

Es gab im Machtapparat der DDR offensichtlich unterschiedliche Zielsetzungen: die einen, die auf Zuspitzung setzten und die anderen, die auf Konfliktberuhigung aus waren. Für Mickinn stand fest, dass der wichtige Ministerrats - Beschluss über die Aufhebung der Normerhöhung, wäre er in Hennigsdorf nicht erst am nächsten Tag bekannt geworden, den Marsch der Hennigsdorfer Arbeiter nach Berlin überflüssig hätte werden lassen: „Aber jetzt ist die Lage so, dass die Ingenieure es zwar nicht oder nur vereinzelt aussprechen, dass aber bei unseren Kollegen der technischen Intelligenz das Gefühl bleibt: wir haben bis nachts um die Durchsetzung eines Ministerratsbeschlusses gekämpft, der tatsächlich schon vorher als Fehler festgestellt und zurückgezogen worden war."[275]

Für die Ingenieure, die am 16. und 17. Juni zur Stange gehalten hatten, begann der eigentliche Konflikt also erst jetzt. Mickinn schlug deshalb vor, in der zu beschließende Resolution nicht nur speziell die Künstler und Wissenschaftler anzusprechen, sondern auch die Techniker und Ingenieure. Niemand möge sich Illusionen darüber machen, wie tief die Vertrauenskrise der gesamten Arbeiterschaft gegenüber den Gewerkschaften gegenwärtig sitze. Heinrich Franck habe schon auf das falsche Verhalten des Bundesvorstandes des FDGB gegenüber der technischen Intelligenz hingewiesen. Mit tiefem Ernst wolle er auf Erscheinungen hinweisen, die vermeidbar sind: „Wenn man erfährt, dass der Bundesvorstand stärksten Druck macht, dass ein Betriebsleiter, in dessen Betrieb, vielleicht fünf km von ihm entfernt, ein tödlicher Unfall passiert, bestraft werden soll, dann muss der Bundesvorstand diesen Fehler korrigieren. Man kann nicht auf der einen Seite sagen: fördert die Intelligenz, und auf der anderen Seite sagen: stellt sie vor Gericht [...]. Ich habe anlässlich der Verleihung der Nationalpreise, wo unser technischer Direktor mit dem Nationalpreis ausgezeichnet wurde, tatsächlich die größte Mühe gehabt, den Arbeitsminister daran zu hindern, dass ihm gleichzeitig der Gerichtsbescheid über die Eröffnung eines Strafverfahrens überreicht wurde. Ich bin von Pontius zu Pilatus gelaufen und habe mit vieler Mühe und Not erreicht, dass Bundesvorstand und Ministerium für Arbeit davon Abstand genommen ha-

---

274 Ebenda, Bl. 278/279.
275 Ebenda, Bl. 280.

ben, gegen diesen eben ausgezeichneten Nationalpreisträger ein Strafverfahren mit 800 Mark Geldstrafe zu eröffnen."[276]

Mickinn votierte für eine freie Aussprache, bei der auch Parteifunktionäre des eigenen Betriebes von Kritik nicht ausgespart werden dürften.

Der Schriftsteller Günther Hofé konstatierte für die Intelligenz nach dem 17. Juni zunächst einmal eine abwartende Haltung, die er auch für verständlich hielt. Lange Zeit sei die Intelligenz darüber verstimmt gewesen, dass sie im Rahmen der verschiedenen Bevölkerungsschichten durch die Funktionäre wie ein unmündiges Kind behandelt worden sei. Man komme auch nicht daran vorbei, dass ein großer Teil der Künstler als ein notwendiges Übel neben der prononciert herausgestellten technischen Intelligenz gesehen worden sei. Es gäbe heute wohl einen „Verdienten Tierzüchter", aber noch keinen „Verdienten Künstler". Genau dies sei für die Entschließung noch einmal genauer zu durchdenken. Die Stufen zum Nationalpreis seien zu hoch, eine Menge Zwischenstufen müssten geschaffen werden. Für die Architekten und die bildenden Künstler existiere noch kein Republikpreis. Die kritische Würdigung der künstlerischen Intelligenz in der Presse komme zu kurz. Das sei ein wesentlicher Grund für die Republikflucht bedeutender Schauspieler. Große Namen unter den Schauspielern seien inzwischen rar geworden.

Die ZK-Kritik an der Kuba-Kantate mit der Vertonung von Jean Kurt Forest habe dazu geführt, dass Zeitungsredaktionen darüber nachdenken, ob Kuba überhaupt noch gedruckt werden dürfe. Zu fragen sei auch, ob es eine helfende Kritik sei, wenn dem Nachwuchsschriftsteller Helmut Preißler aus Cottbus nach kritischer Presse die Lebensmittelkarteneinstufung reduziert werde. Die Verärgerung der künstlerischen Intelligenz ergäbe sich auch daraus, dass in der DDR der sozialistische Realismus auf administrativem Wege durchgesetzt werde. Hofé demonstrierte an einem kleinen Beispiel, was er damit meinte: „‚Ich trage ein Gewehr und ich singe'. Selbstverständlich ist es schön, dass man so etwas macht. Es wird nicht viel Schaden stiften. Aber dann in der Presse-Interpretation zu sagen: das ist das einzige überhaupt noch Mögliche, bewirkt, dass eine Reihe von Lyrikern überhaupt nichts mehr schreibt. Ich bin der Ansicht, wenn man einen der letzten Begriffe nimmt, nämlich den des Typischen, dass damit in der Endkonsequenz nichts weiter herausgekommen ist als eine absolute Schönfärberei."[277]

---

276 Ebenda, Bl. 284.
277 Ebenda, Bl. 287.

Hofé kritisierte die unkritische Behandlung der Sowjetkultur. Sowjetische Filme, die in der UdSSR starker Kritik unterliegen, würden in der DDR zur absoluten Richtlinie erhoben. Dies diskreditiere die Sowjetkultur viel übler, als es die Westpresse zustandebringt.

Die Abschnürung vom Westen in kulturellen Dingen habe andererseits ein Ausmaß angenommen, das nicht gut sei. Grundsätzliche Korrekturen seien erforderlich. Auch über die Frage der Zensur in der DDR dürfe nicht geschwiegen werden. In der Erbe-Pflege werde mit Schnittlinien und Rastern gearbeitet. In diesem Jahr werde eine Schiller-Ausgabe herauskommen. Vorher konnte Schiller nur im Antiquariat bestellt werden. Schluss zu machen sei auch mit der Praxis, in der DDR keine Noten von Wagner oder Dvořák zu verkaufen.

Der Kulturbund dürfe sich nicht nur zurücklehnen und mit dem Zeigefinger auf den Neuen Kurs weisen „Wir haben es schon immer gewusst!". Die gesamte Intelligenz könne nur dann gewonnen werden, wenn der Kulturbund in die Bresche springe und Änderungen tatsächlich durchsetze. Im Bündnis mit den Arbeitern und Bauern müsse die Intelligenz Schlagkraft an den Tag legen.

Otto Schwarz von der Universität Jena unternahm es, die Tage nach dem 17. Juni aus der Warte nachfolgender Generationen zu betrachten. Er meinte, dass man später einmal von der „Epoche des Regimes der Funktionäre" sprechen werde und ergänzte: „Das heißt, ich möchte meinen, dass ein großer Teil derjenigen Menschen, die in der politischen Arbeit verantwortlich tätig sind, die Berufung in das Amt umgewandelt haben in einen Beruf, zu amtieren."[278] Damit traf der Professor aus Jena gewiss ins Schwarze. Ulbrichts schneller Übergang zum Aufbau der Grundlagen des Sozialismus ging von einer Basis aus, die noch nicht über die Reife einer antifaschistischen Demokratie verfügte. Der Terminus „Regime der Funktionäre" traf den hohen Grad der Abwesenheit von Demokratie in der DDR.

Der Rostocker Chemiker Günther Rienäcker sprach gegen Ende der Tagung nur kurz, aber hart. Es seien sehr viele Fehler aufgelistet worden, über die weite Kreise der Bevölkerung sehr erschüttert seien. Außer diesen Fehlern habe es unerhörte Pfuscharbeit und Dilettantismus gegeben. Auch wenn die Regierung sich jetzt umschalte, bleibe ein Pfuscher und Dilettant ein Pfuscher und Dilettant. Nach dem Beitritt der Bundesrepublik zum EVG-Vertrag seien notwendige Maßnahmen ergriffen worden, jedoch zu 30 Prozent

---

278 Ebenda, Bl. 263.

überspitzt, so dass sie zu Ungesetzlichkeiten wurden. Die Verfassung sei in krasser Weise gebrochen worden. Jetzt müsse die Verfassung wieder wirksam und heilig werden. Rienäcker forderte im Namen seiner Kollegen, die Pfuscher und Dilettanten unverzüglich zur Rechenschaft zu ziehen: „Wenn das nicht geschieht, gewinnen wir mit den besten Maßnahmen der Zukunft das Vertrauen nicht voll wieder."[279]

Abschließend widersprach Becher noch der Wertung, die Niekisch zum 17. Juni vorgetragen hatte. Er habe von diesem „elementaren Aufstand der Arbeiterschaft" eine besondere Ansicht. Becher ging auf die Schilderung Mickinns über die Hennigsdorfer Stahl- und Walzwerker ein, die ihn offenbar stark beeindruckt hatte. Allerdings tat Becher dies nicht unkritisch: „Eigentlich hatten sie (die Hennigsdorfer Arbeiter – S. P.) nur vor, bis dorthin zu gehen; aber dann sind sie zufällig weitergelatscht, geredet haben sie nichts, dann sind sie beim Regierungsgebäude angekommen, und dann sind sie wieder brav nach Hause gegangen, – und die 20 Mann von der Streikleitung waren Agenten, und die haben wir verhaftet. Ich würde sagen, das ist ein bisschen zu idyllisch, zu spitzwegisch dargestellt. Ich glaube, die Sache ist ein bisschen ernster, und ich würde sehr Acht geben, die Streikleitungen alle als Agenten zu denunzieren und zu verhaften, wenn man nicht gleichzeitig den Prozess im Betrieb öffentlich stattfinden lässt."[280] Aber genau dies geschah: Mitglieder der Streikleitungen wurden als Agenten abgestempelt.[281]

Die Präsidialratstagung verabschiedete den mehrfach veränderten und ergänzten Entschließungsentwurf mit den 14 Punkten, die in der Öffentlichkeit der DDR noch für Aufregung sorgen sollten. Dass die Forderungen des Kulturbundes mit denen der Akademie der Künste weitgehend übereinstimmten, ergab sich wohl aus der Tatsache, dass Becher in beiden Gremien als Präsident fungierte. Andererseits gingen die 14 Punkte des Kulturbundes über die 10 Punkte der Akademie der Künste dadurch hinaus, dass sie die strikte Einhaltung der Verfassung der DDR und die Gewährleistung der Rechtssicherheit einforderten:

„1. Der Kulturbund tritt dafür ein, dass in allen wissenschaftlichen und künstlerischen Diskussionen die Freiheit der Meinungen gewährleistet wird. Jede wissenschaftliche Ansicht oder künstlerische Auffassung muss in echter Gleichberechtigung die Möglichkeit zur geistigen Auseinandersetzung erhal-

---

279 Ebenda, Bl. 292.
280 Ebenda, Bl. 294.
281 7 663 Personen wurden am 17. Juni und danach festgenommen und bis Oktober 1 240 zu Haftstrafen verurteilt. Vgl. BStU, Allg. S 1/54, Bd. 1 und 2.

ten. In den Foren und in den Klubs des Kulturbundes muss dabei beispielhaft vorangegangen werden.

2. Die eigene Verantwortung der Schriftsteller und Verleger, der bildenden Künstler, der Leiter der Theater und der Orchester in den Fragen des künstlerischen Schaffens ist zu sichern. Dadurch soll die Mannigfaltigkeit und die Reichhaltigkeit der künstlerischen und literarischen Produktion gefördert werden, wie sie den Bedürfnissen unseres Volkes entspricht. Die administrative Einmischung staatlicher Stellen in die schöpferischen Fragen der Kunst und Literatur muss aufhören.

3. Die Freiheit der wissenschaftlichen Forschung und Lehre ist gemäss der Verfassung der Deutschen Demokratischen Republik zu sichern, unter selbstverständlicher Ausschaltung jeder Form der Kriegs- und Revanchehetze und der Rassendiskriminierung. Für den Lehrkörper und die Studierenden an den Hochschulen sind klare Disziplinarverhältnisse zu schaffen. Wissenschaftliche Gesellschaften sollen gebildet und gefördert werden.

4. Die Selbständigkeit des Lehrers im Unterricht und seine Verantwortung für den Unterricht sowie die Einhaltung der pädagogischen Grundsätze in der Praxis an den allgemeinbildenden Schulen und Oberschulen ist gegen kleinliche Angriffe und schematische Vorschriften zu schützen.

5. Die Voraussetzung für dies alles ist die Rechtssicherheit auf der Grundlage der unantastbaren Verfassung unserer Republik.

6. Eine tiefgehende Umgestaltung des Inhalts und der Sprache unserer Tageszeitungen und unseres Rundfunks ist notwendig. Presse und Rundfunk sollen künftig für die wirklichkeitsgetreue Information der Bevölkerung in einer lebendigen und verständlichen Sprache sorgen, keine Schönfärberei dulden und Mängel in einer offenen demokratischen Weise besprechen. Die Verantwortlichkeit der Journalisten muss wiederhergestellt und das Recht auf Berichtigung von Irrtümern zugestanden werden. Bei der Ausbildung des journalistischen Nachwuchses soll der Sprachkunde, der Sprachpflege, der klassischen und der modernen Literatur ein weiter Raum gegeben werden.

7. Der Kulturbund wird darauf achten, dass alle kulturellen Maßnahmen in der Deutschen Demokratischen Republik stets von dem Gesichtspunkt getragen werden, der Einheit Deutschlands förderlich zu sein. Er setzt sich für die verstärkte Teilnahme unserer Wissenschaftler, Techniker, Pädagogen, Ärzte, Künstler und Schriftsteller an gesamtdeutschen Tagungen ein, um immer wieder tatkräftig die unzerstörbare Einheit des deutschen Geistes und unseres Vaterlandes zu bekunden. Der Kulturbund wird dabei auch jene Bestrebungen fördern, die auf der „Deutschen Kulturtagung 1952" in Bayreuth

Kulturschaffende aus West und Ost zum deutschen Kulturgespräch vereint haben.

8. Durch Veranstaltung von internationalen Tagungen mit den Wissenschaftlern, Technikern und Künstlern aller Länder und Teilnahme an solchen Tagungen, sowie durch Entsendung von Studiendelegationen ist der wissenschaftliche Erfahrungs- und Meinungsaustausch zu fördern.

9. Der Kulturbund hält die Aufnahme von engen Beziehungen zwischen den deutschen und französischen Kulturschaffenden für besonders notwendig, um auch dadurch für die friedliche Lösung der deutschen Frage und für die Sicherung des Friedens in Europa zu wirken.

10. Der Kulturbund setzt sich dafür ein, dass die wissenschaftlichen Institute bei der Durchführung ihrer Arbeiten und der Verwaltung ihrer Mittel, insbesondere für kleinere Forschungsaufträge, eine größere Selbständigkeit erhalten. Das gleiche gilt für die Anschaffung von laufenden Arbeitsmitteln in Schulen, Krankenhäusern und ähnlichen Institutionen. Die Beschaffung von Fachliteratur aus Westdeutschland und dem Ausland ist den entsprechenden Instituten, nach Festsetzung bestimmter Beträge, selbst zu überlassen. Ebenso ist Wissenschaftlern die private Beschaffung wissenschaftlicher Literatur zu ermöglichen.

11. Der Kulturbund wendet sich an unsere Regierung der Deutschen Demokratischen Republik mit dem Vorschlag, die Wissenschaftler von der Verwaltungsarbeit zu entlasten und sofort die Personalkürzungen zu überprüfen, die übermäßige Belastungen hervorgerufen haben. Die Arbeitskraft der wissenschaftlichen Intelligenz muss, gemäß ihrer besonderen Qualität, der schöpferischen Arbeit für unseren Aufbau zugute kommen.

12. Der Kulturbund schlägt unserer Regierung vor, Klubs der Intelligenz in den größeren und mittleren Städten zu schaffen und dafür die notwendigen Mittel bereitzustellen. Die Leitung der Klubs und die Gestaltung des Klublebens liegen in den Händen der Intelligenz.

13. Der Kulturbund übermittelt, auf Grund der Forderung der Intelligenz, unserer Regierung den Vorschlag, eine generelle gestaffelte Regelung der Altersversorgung für die gesamte Intelligenz auszuarbeiten. Freischaffende Künstler und Schriftsteller sind in den Leistungen der Sozialversicherung den Arbeitern und Angestellten gleichzustellen. In Krankheitsfällen ist ihnen die gleiche Unterstützung zu gewähren.

14. Der Kulturbund schlägt der Regierung vor, eine bedeutende Vermehrung und Neuorganisation der Ferienplätze für die Intelligenz durch die Schaffung neuer Ferienheime vorzunehmen. Außerdem ist die Vermietung priva-

ter Ferienplätze für die Intelligenz in der Hochsaison neu zu regeln. Es sollte ferner überprüft werden, ob eine Organisation geschaffen werden kann, welche Ferienreisen und Genesungskuren von Intellektuellen in ganz Deutschland und im Ausland kurzfristig ermöglicht.

Um diese Vorschläge im kleinen wie im großen zu verwirklichen, beschließt der Präsidialrat:

a) Die Abgeordneten des Kulturbundes in den Gemeinden, Kreisen, Bezirken und in der Volkskammer erhalten den Sonderauftrag, sich mit den Wünschen und Sorgen der Intelligenz zu befassen und dazu besondere Sprechstunden für sie einzurichten.

b) Zur Verwirklichung all dieser Aufgaben müssen die falschen Methoden und Halbheiten, welche die Umgestaltung des Kulturbundes zu einer wirklichen Organisation der Intelligenz hemmten, durch unsere gemeinsame Bemühung überwunden werden. Das bedeutet, die Leitungen des Kulturbundes von oben bis unten durch weiteste Einbeziehung aller aktiven Kräfte der Intelligenz neu zu bilden.

c) Der 4. Bundestag des Kulturbundes zur demokratischen Erneuerung Deutschlands wird bereits für den Herbst dieses Jahres einberufen."[282]

Interessant war, dass der Präsidialrat den 14 Punkten eine Präambel voranstellte, in der diese als Ergebnisse der Konferenz vom 27. Mai und als Schlussfolgerungen aus den Ereignissen des 17. Juni 1953 ausgewiesen wurden. Eine Wendung sei vollzogen worden, die den Kulturbund zur umfassenden überparteilichen Organisation der demokratischen Selbständigkeit der Intelligenz entwickle. Diese Feststellungen der Präambel sollten sehr bald zum Stein des Anstoßes werden.

3.4. Abrechnung mit der dogmatischen Kulturpolitik

Wolfgang Harich erarbeitete am 2. Juli Vorschläge für die Veränderung der Kulturpolitik[283], die er am 4. Juli Otto Grotewohl übermittelte. Er schlug vor, unter Führung der SED grundsätzliche Veränderungen in der Kulturpolitik vorzunehmen. Die Führung durch die Partei hielt er für erforderlich, weil er ansonsten befürchtete, dass die kulturellen Errungenschaften der DDR in

---

282 Aufbau. Kulturpolitische Monatsschrift. 9. Jahrgang. Berlin 1953, S. 614-616.
283 Vgl. Eberhard Schulz: Wolfgang Harichs Vorschläge zur Kulturpolitik vom 2. Juli 1953. In: Siegfried Prokop (Hrsg.): Ein Streiter für Deutschland. Das Wolfgang Harich Gedenk-Kolloquium am 21. März 1996 im Ribbeck-Haus zu Berlin. Berlin 1996, S. 133-139.

einem Meer von Prinzipienlosigkeit und Liberalismus untergehen würden. Das Hauptübel der bisherigen Kulturpolitik der SED sah Harich in ihrer Weltfremdheit. Er forderte personelle Konsequenzen. Harich nannte Wilhelm Girnus, der als Vertreter der Kulturredaktion des „Neuen Deutschland" die Formalismus-Kampagne angepeitscht hatte, einen „aufgeblasenen Ignoranten."[284] Die Artikel von Girnus hätten großen Schaden angerichtet, weil diese von Diffamierungen strotzten, den Charakter erpresserischer Drohungen hatten und vom Nimbus staatsoffizieller Autorität umgeben waren. Harich schlug vor, Wilhelm Girnus, Ernst Hoffmann, Helmut Holtzhauer, Kurt Liebknecht, Kurt Magritz, Maria Rentmeister und Sepp Schwab von ihren Funktionen zu entfernen. Hingegen sollten Robert Rompe, Wolfgang Steinitz und Erich Wendt ins ZK der SED kooptiert werden. Egon Rentzsch sei zu rehabilitieren und wieder als Leiter der Kulturabteilung des ZK einzusetzen. Harich betrachtete Johannes R. Becher, Rudolf Engel, Fred Oelßner, Paul Wandel und Erich Wendt als beste Kulturpolitiker der DDR.

Mit seinem Gedicht „Nicht feststellbare Fehler der Kunstkommission" geißelte Bertolt Brecht am 11. Juli in der „Berliner Zeitung" den festgefahrenen Dogmatismus und die Unfähigkeit der Vertreter der Kunstkommission zur Selbstkritik. Er löste damit sein Versprechen ein, das er Harich im Krankenhaus gegeben hatte.

„Geladen zu einer Sitzung der Akademie der Künste
Zollten die höchsten Beamten der Kunstkommission
Dem schönen Brauch, sich einiger Fehler zu zeihen
Ihren Tribut und murmelten, auch sie
Zeihten sich einiger Fehler. Befragt
Welcher Fehler, freilich konnten sie sich
An bestimmte Fehler nicht erinnern
[…]
        Jedoch
Bestanden sie heftig darauf
Fehler gemacht zu haben – wie es Brauch ist."[285]

Mitte Juli 1953 hielt Harich den Kulturfunktionären der „Kunstkommission" in der „Berliner Zeitung" eine Philippika. Durch Anmaßung, Dummheit und Schikanen sei eine unerträgliche, geisttötende und herzbeklemmende Atmo-

---

284 SAPMO-BArch, NY 4090/531, Bl. 81.
285 Bertolt Brecht: Gedichte, Bd. 7, S. 108.

sphäre entstanden: „Immer wieder wird die Forderung nach getreuer Wiedergabe von Details bis zur Propagierung des Naturalismus übertrieben, wird das Wesen des Optimismus flach und unmarxistisch aufgefasst und etwa dahingehend missverstanden, dass das banale Lächeln von Zahnpasta-Reklamen, d. h. die Schönfärberei in der bildenden Kunst, der Bevölkerung einen Auftrieb zu großen Taten zu geben vermöchte. Immer wieder werden Eigenarten der schöpferischen Methode des Künstlers und seines individuellen Stils als formalistisch gebrandmarkt, auch wenn die Grundtendenz seines Schaffens, auf die es eigentlich ankommt und die durch ermutigenden Zuspruch gefördert werden sollte, gegenständlich und realistisch ist."[286]

Harich erstrebte eine marxistische Kulturpolitik, die von allen dogmatischen Zwängen befreit ist. Die Aufgabe des neuen Kurses sah er darin, „eine freiheitliche Atmosphäre herzustellen und ernste Missstände zu beseitigen."[287]

Harichs Totalverriss der Kulturpolitik der Staatlichen Kunstkommission unter der Leitung von Helmut Holtzhauer bereitete den Boden dafür, an ihre Auflösung zu denken. „In der pointierten Verallgemeinerung dürfte etwas Schärferes wohl kaum in einem anderen Land gegen eine staatliche Kulturbehörde vom Rang eines Ministeriums veröffentlicht worden sein"[288], schrieb Werner Mittenzwei.

Bertolt Brecht war es schließlich, der weiterhin der Verabredung mit Harich folgend, in Briefen an Otto Grotewohl und an Paul Wandel die Auflösung der Kunstkommission forderte.[289]

Die Forderungen von Brecht und Harich sowie die Punkte-Programme der Akademie der Künste und des Kulturbundes richteten sich auf die Veränderung der Kultur- und Kunstpolitik. Ihr Sprengpotential reichte indes entschieden weiter. Ihre Verwirklichung wäre mit dem Festhalten Walter Ulbrichts am Konzept eines autoritären Sozialismus letztlich unvereinbar gewesen. Nur bei Spielraum für mehr Demokratie und die zivilisatorischen Errungenschaften aller bisherigen Geschichte in der DDR-Gesellschaft hätten diese Forderungen eine Chance gehabt.

---

286 Wolfgang Harich: Es geht um den Realismus. Die bildenden Künstler und die Kunstkommission. In: Berliner Zeitung, 14.7.1953.
287 Ebenda.
288 Werner Mittenzwei: Das Leben des Bertolt Brecht, S. 521.
289 Vgl. Bertolt Brecht: Briefe 1913-1956. Bd. 1, Berlin und Weimar 1983, S. 660/662.

4. „Neuer Kurs" in alten Schläuchen

4.1. Mehr Bruch als Besen

Es konnte nicht verwundern, dass zunächst in Leserbriefen gegen die Forderungen der Akademie der Künste und des Kulturbundes Stellung bezogen wurde. Kulturbund und Künstler seien dabei, sich vom Staat loszulösen. Die Selbständigkeit der Lehrer im Unterricht stehe im Widerspruch zu den Wünschen der Eltern. Es könnte dann unwissenschaftlicher Stoff vermittelt oder gar geprügelt werden.[290]

Walter Besenbruch kritisierte die Forderungen der Akademie und des Kulturbundes in einem Artikel im „Neuen Deutschland". Seine Übereinstimmung mit der Politik Walter Ulbrichts betonte er auch dadurch, dass er gleich an drei Stellen behauptete, die Grundlinie der SED sei richtig gewesen. Zugleich ermahnte er alle: „Besinnen wir uns mehr als bisher darauf, das Rückschrittliche vor allem durch größtmögliche Förderung aller positiven Ansätze zu überwinden."[291] So konnte es nicht verwundern, dass Besenbruch alle kulturellen Erfolge der DDR auf die Beschlüsse der 5. Tagung des ZK der SED im Jahre 1951 zurückführte, also auf jene Tagung, die die Bevormundung in künstlerischen Fragen und das Kommandieren im kulturellen Bereich erst so richtig in Szene gesetzt hatte. Gerade diese „Erfolge" sah Besenbruch in Gefahr. Der Akademie der Künste und dem Kulturbund trat Besenbruch frontal entgegen: „Was ist das Resultat dieser Unklarheiten in der Erklärung des Kulturbundes und der Deutschen Akademie der Künste? Dieses Resultat ist, dass die opportunistischen Kräfte an die Oberfläche kommen und alle diejenigen Tendenzen an die Oberfläche kommen und diejenigen Bestrebungen ermutigt werden, die darauf gerichtet sind, alle unsere Errungenschaften für eine nationale realistische Kultur zu beseitigen."[292] Als Parteigänger Ulbrichts gab sich Besenbruch auch durch die scharfe Kritik an Wolfgang Harichs Artikel in der „Berliner Zeitung" zu erkennen, dem er vorwarf, „gefährliches Gift" unter die Leser gebracht zu haben. Harich erschien in der Darstellung Besenbruchs als der Hauptfeind der Funktionäre und ihrer Politik. Damit war Harich schon als Mann für eine politische Repression vormarkiert. Noch wurde Harich

---

290 Vgl. Eberhart Schulz: Zwischen Identifikation und Opposition. Künstler und Wissenschaftler der DDR und ihre Organisationen von 1949 bis 1962. Köln 1995, S. 116.
291 Walter Besenbruch: Über berechtigte Kritik und über Erscheinungen des Opportunismus in Fragen der Kunst. In: Neues Deutschland, Nr. 167, 19.7.1953, S.4.
292 Ebenda.

zugute gehalten, dass er sich der geziehenen Verfehlung nicht bewusst sei: „Wir setzen voraus, der Genosse Harich hat den objektiv feindlichen Charakter seiner Ausführungen selber nicht erkannt und vertritt sie nicht mit voller Bewusstheit."[293] Das war deutlich.

Eine Frontstellung wurde aufgemacht, die auf das Niederwerfen der Feinde des Dogmatismus abzielte.

Brecht fasste am 20. August 1953 seine Bewertung des 17. Juni zusammen, wobei sein Differenzierungsvermögen besticht:

„Der 17. juni hat die ganze existenz verfremdet. In aller ihrer richtungslosigkeit und jämmerlicher hilflosigkeit zeigen die demonstrationen der arbeiterschaft immer noch, dass hier die aufsteigende klasse ist. Nicht die kleinbürger handeln, sondern die arbeiter. Ihre losungen sind verworren und kraftlos, eingeschleust vom klassenfeind, und es zeigt sich keinerlei kraft der organisation, es entstehen keine räte, es formt sich kein plan. Und doch hatten wir hier die klasse vor uns, in ihrem depraviertesten zustand, aber die klasse. Alles kam darauf an, diese erste begegnung voll auszuwerten. Das war der kontakt. Er kam nicht in der form der umarmung, sondern in der form des faustschlags, aber es war doch der kontakt. – die partei hatte zu erschrekken, aber sie brauchte nicht zu verzweifeln. Nach der ganzen geschichtlichen entwicklung konnte sie sowieso nicht auf die spontane zustimmung der arbeiterklasse hoffen. Es gab aufgaben, die sie unter umständen, unter den gegebenen umständen, ohne zustimmung, ja gegen den widerstand der arbeiter durchführen musste. Aber nun, als grosse ungelegenheit, kam die grosse gelegenheit, die arbeiter zu gewinnen. Deshalb empfand ich den schrecklichen 17. juni als nicht einfach negativ."[294]

Kritik traf hier die Arbeiter, die verworren und kraftlos, keine Organisation aufbauten und keinen Plan entwarfen, eine Arbeiterklasse, die nach der Niederlage von 1933 noch „depraviert" war. Aber sie hatte der Partei einen „Faustschlag" versetzt, der die Chance für einen Kontakt bot. Die große Gelegenheit, die Arbeiter zu gewinnen, war endlich gekommen. Das empfand Brecht als positiv an diesem 17. Juni. Als Brecht dies schrieb, wird ihm klar gewesen sein, dass die Chance bereits dahinschwand.

Das alte Spannungsverhältnis lud sich wieder auf. Der Widerspruch zwischen den Reformvorstellungen und dem Festhalten am alten Stil der Machtausübung über Kunst und Kultur durch die Partei blieb bestehen. Akademie

---

293 Ebenda.
294 Bertolt Brecht: Arbeitsjournal …, S. 515.

der Künste und Kulturbund gerieten ziemlich schnell in eine Defensiv-Position. Die Illusion vieler Intellektueller, systemimmanente Reformen durchsetzen zu können, sollte offenbar werden. Diese Illusion verhinderte letztlich, dass sie sich systemtranszendente Ziele setzten. Die SED hatte so bald wieder leichtes Spiel, ärgste Überspitzungen zurückzunehmen, materiellen Ausbau als Erneuerung und Fortschritt auszugeben, Peitsche und Zuckerbrot anzuwenden. Eine gesellschaftliche Erneuerung, eine neue Qualität der Gesellschaft der DDR, konnte so nicht erreicht werden.

Eine Verordnung regelte, dass die im Oktober 1950 in Weimar geschaffene Arbeitsgemeinschaft für Deutsche Literatur zu den Nationalen Forschungs- und Gedenkstätten der klassischen deutschen Literatur ausgebaut wurde, als deren Generaldirektor Helmut Holtzhauer, der bisherige Vorsitzende der Staatlichen Kommission für Kunstangelegenheiten, berufen wurde (GBl. II 1953 Nr. 92 S. 933)

Im August und September 1953 eröffneten folgende neuen Hochschulen und Institute mit Hochschulcharakter ihren Forschungs- und Lehrbetrieb:
- Die Hochschule für Landwirtschaftliche Produktionsgenossenschaften in Meißen.
- Die Hochschule für Finanzwirtschaft in Berlin-Kaulsdorf
- Die Hochschule für Binnenhandel in Leipzig
- Das Institut für Zootechnik in Güstrow-Schabernack
- Das Institut für Agronomie in Neugattersleben
- Die pädagogischen Institute in Dresden, Leipzig, Halle, Erfurt, Güstrow und Mühlhausen (Thüringen)
- Die Hochschule für Elektrotechnik in Ilmenau.

Im Aufbau befanden sich vier weitere Hochschulen, deren Eröffnung im folgenden geplant wurde: Die Hochschule für Schwermaschinenbau in Magdeburg, die Hochschule für Maschinenbau, Papier- und Textiltechnik in Karl-Marx-Stadt (Chemnitz) und die Hochschulen für Bauwesen in Cottbus und Leipzig.

4.2. Kulturbund lenkt ein

Am 24. September 1953 nahm der Präsidialrat des Kulturbundes Stellung zum Stand der teilweise leidenschaftlichen Debatten über die 14 Punkte. Wendt resümierte, dass die Mehrheit der Intelligenz den 14 Punkten zugestimmt habe. Sie wurden so aufgefasst, wie sie gemeint waren, als ein Beitrag zum neuen Kurs der Regierung. Sie stießen aber auch auf Widerspruch und Missverständnis.

Das erste Missverständnis bestehe darin, dass die 14 Punkte ein Resultat des 17. Juni seien, „sozusagen unter dem Druck dieser Aktion der Provokateure entstanden sind"[295]. Keineswegs sei ein „17. Juni der Intelligenz" der Anlass für diese Vorschläge gewesen! In der Präambel zu den 14 Punkten hatte es aber geheißen, dass der Kulturbund Schlussfolgerungen „aus den Ergebnissen der Konferenz der Intelligenz vom 27. Mai und aus den Ereignissen des 17. Juni"[296] ziehe. Dieser Bezugspunkt wurde jetzt also ein Missverständnis hingestellt. Der Kulturbund habe bereits nach der Intelligenz-Enquête erste Forderungen erhoben, die nach Verkündigung des Neuen Kurses teilweise zurückgenommen werden konnten, weil sie in den Beschlüssen Regierung schon verankert waren: „Das betraf z. B. den Interzonenverkehr, das betraf die Honorierung der Ärzte und das betraf auch die Frage der Rechtssicherheit ... Andererseits hat uns der neue Kurs, ich möchte sagen, veranlasst, einiges hinzuzufügen, zum Beispiel den Passus über die Presse."[297] Die Behauptung des Kritikers Besenbruch, dass der Präsidialrat wie die am 17. Juni „Irregeleiteten" die Errungenschaften der DDR vergessen hätten, wies er mit aller Schärfe zurück. Zahlreiche Pressezuschriften habe es zur Kritik des Kulturbundes an der kleinlichen Bevormundung der Schulen gegeben. Dabei sei behauptet worden, der Kulturbund sei für die Freiheit vom Lehrplan, Freiheit vom Lehrstoff und vom Lehrziel. Der Kulturbund habe freilich von einer solchen Freiheit nichts gesagt. Nicht zurückzuweisen sei die Behauptung, der Kulturbund sei möglicherweise auch für die Wiedereinführung der Prügelstrafe, weil bei dieser Behauptung mangelnder guter Wille zutreffe. Dem Kulturbund sei auch vorgeworfen worden, Grundprinzipien der Kulturpolitik angegriffen zu haben. Auch hier fühlte sich Wendt zum Lavieren genötigt und zum Bekenntnis zu einer „realistischen, echten und volksverbundenen Kunst"[298] bemüßigt. Zugleich distanzierte er sich von jener „maßlosen Kritik" Wolfgang Harichs an der Kunstkommission, was Arnold Zweig zu dem Einwurf veranlasste: „Das glaube ich nicht!" Wendt versicherte, ohne auf Zweig einzugehen, dass der Kulturbund in keiner Weise die führende Rolle des Staates in der Kultur in Frage stelle.

Walter Ulbricht habe die 14 Punkte mit den Worten begrüßt: „Die Vorschläge dieser überparteilichen Organisation (das heißt des Kulturbundes) können nur begrüßt werden. Wenn auch einige der Vorschläge erst geprüft

---

295 SAPMO-BArch, DY 27/916, Bl. 346.
296 Aufbau. 9. Jg. Berlin 1953, S. 614.
297 SAPMO-BArch, DY 27/916, Bl. 346.
298 Ebenda, Bl. 348.

werden müssen, so lässt sich doch der größte Teil verwirklichen."[299] Damit unterstrich Ulbricht aber, dass er nicht mit allen Punkten einverstanden war.

Für den Greifswalder Mediziner Hanns Schwarz war das Zurückschrauben der Kulturbundarbeit auf die am 26. September 1952 beschlossenen Richtlinien für die Arbeit des Kulturbundes beim Aufbau des Sozialismus ein Rückschritt: „Nichts von dem Salz und Schmelz ist hier drin zu spüren."[300] Er pries die 14 Punkte als die größte Tat des Präsidialrats seit seinem Bestehen: „Auf alle Fälle glaube ich, dass unsere 14 Punkte außerordentlich gut waren, und man müsste sie geradezu zu 14 Geboten der Intelligenz ernennen, sie jedem in die Hand geben, damit die Intelligenz etwas zu tun hat."[301] Was Besenbruch darüber geschrieben habe, sei eben mehr Bruch als Besen. Gegen manche staatliche Organisation habe der Kulturbund nur deshalb etwas einzuwenden, weil in dieser Männer sitzen, die von der Sache gar nichts verstehen.

Auch Ernst Bloch nahm kritisch Stellung zu dem von Wendt vorgeschlagenen Kurs. Er resümierte Meinungsäußerungen über den Kulturbund in der Zeit der Enquête, der Intelligenzkonferenz und der 14 Punkte: „Der Kulturbund hat seit der Intelligenztagung und wohl auch schon vorher Muskeln gezeigt, eine politische Kraft dargestellt. Er hatte nicht nur einen moralischen Hintergrund. Der Kulturbund hat also Macht oder starke Beziehungen. Er hat jetzt Beziehungen zur Macht bekommen. Wir hören jetzt auf ihn."[302] Inzwischen seien aber auch andere Meinungen laut geworden. Es gäbe Enttäuschung in der Intelligenz: „Die Meinung, der Wind hat sich gelegt, da ist nicht mehr der Elan drin, der in den ersten 14 Punkten enthalten war, hier wird gebremst, hier wird wieder geredet, wie man früher auch schon geredet hat, der Stoß fehlt, die allergetreueste Opposition fehlt, die unbedingt hier notwendig ist, es wird Wasser in den Wein geschüttet, es heißt neuer Kurs und ist gänzlich der alte oder zum Teil noch schlechter als der alte, dieser alte Kurs hat sich ein paar Phrasen zugelegt, nichts erfüllt."[303] Als Beispiel nannte er den Journalismus der DDR. Die Journalisten seien abgerichtet, so zu sprechen: „Die Bonner Marionettenregierung – Stärkstes Bollwerk des Friedens." Dies werde seit Jahr und Tag so geschrieben, gleichgültig, welches Datum die Zeitung habe. Von einem Papagei dürfe nicht erwartet werden, dass er den Anfang vom „Faust" zitiert.

---

299 Zit. nach: ebenda, Bl. 350.
300 Ebenda, Bl. 384.
301 Ebenda, Bl. 382.
302 Ebenda, Bl. 387.
303 Ebenda, Bl. 388.

Natürlich vermochten solche Einwände und Kritiken nicht, den Kulturbund von seinem Einlenken abzubringen. Sie waren aber das Zeichen dafür, dass kritisches Denken nicht erlosch. Die Glut glimmte unter der Asche, während die Kulturbundführung den „neue Kurs" in enger Zusammenarbeit der Kulturschaffenden mit der Regierung und mit den verschiedensten Regierungsstellen zu verwirklichen suchte.[304]

4.3. Otto Grotewohl im Gespräch mit Künstlern und Schriftstellern

Am 19. Oktober 1953 fand zwischen Otto Grotewohl und führenden Vertretern der Kunst und Kultur ein Gespräch zum Thema „Fragen des Verhältnisses zwischen Staat und Kunst" statt. Unter den 45 geladenen bekannten Persönlichkeiten aus Kunst und Kultur befanden sich Anna Seghers, Stefan Heym, Walter Felsenstein und Arnold Zweig. Bertolt Brecht fehlte.

Grotewohl rückte in seinen Ausführungen die Frage des Friedens in den Mittelpunkt, in der er die „Hauptvoraussetzung für die Entfaltung von Kunst und Kultur"[305] sah. Diese Haltung zur Friedensfrage erkläre die veränderte Haltung der SED zu Jean Paul Sartre, denn dieser habe den ersten großen Schritt in das Lager des Friedens getan. Der neue Kurs schaffe auch bessere Voraussetzungen für eine innerdeutsche Verständigung. Der neue Kurs sei jedoch zuallererst auf die Lösung der ökonomischen Probleme als Voraussetzung für ein besseres Leben gerichtet. Es seien somit politische Maßnahmen vorbereitet und durchgeführt worden, die einen besseren persönlichen Kontakt zwischen den Menschen in beiden Teilen Deutschlands ermöglichen. In den Fragen der Kultur sei die SED entschlossen, „einen größeren und besseren, ungehemmten Austausch kultureller Erfahrungen durchzuführen."[306] Nach dem Dank für die „außerordentlich positive und mutige Haltung" der Künstler am 17. Juni wies Grotewohl unverhohlen Kernforderungen von Kulturschaffenden und Künstlern aus der Zeit um den 17. Juni 1953 zurück: „Da wird zum Beispiel in Kritiken an falschen Methoden der Staatlichen Kom-

---

[304] In einer Rede, die als Manuskriptdruck erschien, propagierte der Kulturbund einen angepassten Neuen Kurs. Vgl. Karl Kneschke: Die Aufgaben des Kulturbundes im neuen Kurs. O. O., o. J.
[305] Neuer Kurs und die bildenden Künstler. In: Das Blatt des Verbandes Bildender Künstler Deutschlands. Beiträge aus den Protokollen der außerordentlichen Vorstandssitzungen am 7. und 6. August 1953 und 14. November 1953. Sonderausgabe (Halle 1953). Otto Grotewohl am 19. Oktober 1953, S. 8.
[306] Ebenda.

mission für Kunstangelegenheiten, Kritiken, die wir sonst anerkennen, ganz allgemein die Freiheit der Meinung gefordert. Es wird weiter gefordert, die volle Verantwortlichkeit des Journalisten wiederherzustellen, die Selbständigkeit des Lehrers im Unterricht, und es wird gefordert, dass die Vertretung jeglicher wissenschaftlichen Ansicht und jeder künstlerischen Auffassung in echter Gleichberechtigung gewährleistet sein müsste. Wir sind nicht der Auffassung, dass der neue Kurs in einem faulen Liberalismus besteht. Man darf unseres Erachtens auch im neuen Kurs nicht auf eine Lenkung und Klarheit verzichten."[307]

Das war eine deutliche Zurückweisung. Grotewohl ging noch einen Schritt weiter. Dem Kulturbund und der Akademie der Künste warf Grotewohl vor, dass sie ihren Vorschlägen die Intelligenzkonferenz und den 17. Juni zugrunde gelegt hätten. Dabei sei nicht beachtet worden, dass dazwischen der Beschluss der SED über den neuen Kurs am 9. Juni und die zwei Tage später folgende Entschließung der Regierung gelegen hätten. Damit sei ein falscher Diskussionsansatz entwickelt worden. An den Kulturbund gerichtet, erklärte Grotewohl: „So ist denn auch in der Tat in dieser Entschließung eine Reihe von Darlegungen enthalten, die nicht die völlige Zustimmung der Regierung gefunden haben, so weit dazu überhaupt eine Zustimmung erforderlich ist. Ich nehme das natürlich gar nicht in Anspruch. Selbstverständlich ist jeder berechtigt, seine Auffassungen zum Ausdruck zu bringen. Wahrscheinlich ist es ein großer Fehler gewesen, dass früher diese Auffassungen zu wenig zum Ausdruck gebracht worden sind. Aber als sie dann ausgesprochen wurden, da begannen sie, schief zu laufen."[308]

Der Akademie der Künste warf Grotewohl vor, dass sie eine Gegenüberstellung in der Frage Öffentlichkeit und Staat vorgenommen habe. Diese „fehlerhaften Auffassungen" seien ein Anzeichen für die Verkennung der Rolle „unseres Staates als eines Instruments der Herrschaft der Arbeiterklasse im Bündnis mit den werktätigen Bauern."[309] Einige Künstler erweckten den Eindruck, dass der Staat ein Fremdkörper sei, der die Kunst an der Entfaltung hemme. Dies sei falsch, weil der Staat keine Minderheit vertrete, sondern die Mehrheit der Werktätigen.

Grotewohl trug damit der Tatsache Rechnung, dass der 17. Juni letztlich mit einem Sieg Walter Ulbrichts verbunden gewesen war. Der Widerspruch

---
307 Ebenda, S. 10.
308 SAPMO-BArch, NY 4090/538, Bl. 123.
309 Neuer Kurs ..., S. 10.

zwischen der Selbsttätigkeit der Massen und dem Fortbestehen der Staatsbürokratie blieb unaufgehoben. Der neue Kurs nach dem 17. Juni vollzog sich folglich als Festigung und Optimierung einer autoritären Herrschaft.

Sarkastisch vertraute Victor Klemperer im Oktober 1953 seinem Tagebuch seine Bewertung des Vorgangs an: „Die geheime Tyrannei, der geheime Sumpf, der älteste Kurs unter dem Deckmantel des neuen."[310] Die behauptete Herrschaft der Werktätigen blieb weiterhin eine Herrschaft der sie substituierenden Bürokratie. Die Intellektuellen und Künstler waren gefragt, insofern sie sich in diesen Prozess einzubringen bereit waren. Andernfalls drohte ihnen die Kollision mit der Staatsmacht.

Grotewohl, der im Unterschied zu anderen Spitzenpolitikern der DDR in seiner gesamten Regierungszeit über einen guten „Draht" zu Künstlern und Schriftstellern verfügte[311], lockte diese, sich im Rahmen der gezogenen Grenzen zu engagieren. Er bot ihnen auch Zuckerbrot an. Künftig werde es größere Möglichkeiten für den Austausch von Kulturschaffenden und Künstlern mit dem Westen geben. Ab 1. Januar 1954 werde das Berliner Ensemble in sein eigenes Haus am Schiffbauerdamm ziehen können. Danach soll die Volksbühne am Luxemburgplatz ihre Tätigkeit wieder aufnehmen können. Der Wiederaufbau der Staatsoper Unter den Linden gehe voran, so dass nach Fertigstellung das Operettentheater (Metropol – d. Vf.) wieder in den Admiralspalast einziehen könne. In Leipzig werde bereits an der Projektierung der Oper gearbeitet und in Karl-Marx-Stadt (Chemnitz) werde das Theater ausgebaut.

Grotewohl appellierte an die Künstlerorganisationen, die Kontrolle auszuüben, dass ein bis zwei Prozent der Investitionsmittel bei Bauten für die künstlerische Ausgestaltung verwendet werden.[312]

Auch die Eigeninitiative der Künstler sei erwünscht. Warum werden nicht überall Verkaufsgenossenschaften der Maler gegründet? Grotewohl spielte auf das Beispiel der Malerei-Verkaufsgenossenschaft in Meißen an. Der Maler Franz Nolde hatte auf der Außerordentlichen Vorstandssitzung der Bilden-

---

310 Victor Klemperer: So sitze ich denn zwischen allen Stühlen. Tagebücher 1950-1059. 2. Aufl., Berlin 1999, S. 410.
311 Vgl. Aus Otto Grotewohls Briefwechsel mit Künstlern und Schriftstellern, in: Beiträge zur Geschichte der Arbeiterbewegung, H. 2, Berlin 1984, S. 197-206.
312 In einem Schreiben des Kulturfonds an Grotewohl vom 19. Oktober 1953 hieß es, dass für die zentralen Bauten in Berlin, Leipzig und Ludwigsfelde künstlerische Aufträge in Höhe von insgesamt DM 3 800 000,-- vergeben worden seien. Außerhalb dieses Investkomplexes habe der Kulturfonds ab 1. Juni 1953 Aufträge in Höhe von DM 302 000,-- an bildende Künstler vergeben. An Schriftsteller ergingen ab 1. Januar 1953 43 Aufträge vor allem für Romane für DM 101 000,--. SAPMO-BArch, NY 4090, Bl. 26.

den Künstler am 7./8. August 1953 über die Verkaufsgenossenschaft berichtet. „Seit etwa einem Jahr, nachdem wir erkannten, wie die Situation ist, dass die Lage der Künstler noch unbefriedigend ist, haben wir uns überlegt: Was haben wir zu erwarten? Können wir darauf warten, dass ein Wunderhorn über uns ausgeschüttet wird? Können wir immer nur abstrakte Forderungen stellen? Helft uns, wir sind notleidende Künstler! Wir hören das und schämen uns, dass man uns als notleidende Künstler betrachtet. Wir haben uns also gesagt: Wir können die 24 Künstler, die wir in Meißen sind, nicht mit den öffentlichen Aufträgen und mit der staatlichen Auftragserteilung befriedigend an die Arbeit heranführen und ihr Kunstschaffen weiterzuentwickeln helfen."[313]

Grotewohl hatte mit dem Hinweis auf die Verkaufsgenossenschaft grünes Licht für eine Ausweitung des Meißner Beispiels gegeben. Zugleich sagte er einen Plan für die Ausarbeitung von Staatsaufträgen an die Künstler zu. Eine Kommission aus schaffenden Künstlern sollte das öffentliche Auftragswesen beeinflussen können. Ein bis zwei Prozent aller Investitionsmittel würden in Zukunft bei Bauten für die künstlerische Ausgestaltung verwendet werden. Weil die Kommission für Kunstangelegenheiten die ihr gestellte entscheidende Aufgabe, ein enges, schöpferisches und unbürokratisches Verhältnis zu den führenden Künstlern herzustellen, nicht gelöst habe, beabsichtige er, ein Ministerium für Kulturfragen zu bilden. Der Förderungsausschuss für die deutsche Intelligenz sei weiter zu reorganisieren. Die materielle Betreuung der Kulturschaffenden müsse künftig bei den zuständigen Ministerien liegen, während die Versorgungsfrage allein vom Ministerium für Handel und Versorgung gelöst werde. Die Regierung der DDR sei bereit, den Künstlern eine gesicherte Altersversorgung zu gewähren. Die bisher gestellten Anträge seien noch lückenhaft und nicht vorlagereif. Die Akademie der Künste und die Organisationen der Künstler sollten endlich etwas tun, um alles, „was wir von der Regierungsseite aus vorhaben, zu befruchten und sichtbar zu machen."[314]

In der Diskussion hielten die geladenen hochrangigen Gäste mit ihrer Meinung nicht hinter dem Berg. Arnold Zweig kam ohne Umschweife auf die Absetzung des Films „Das Beil von Wandsbeck" zu sprechen. Der Film gestaltete das Schicksal eines Mitläuferehepaars in der Nazizeit gut, sachlich und realistisch. Nachdem diesen Film 180 000 Menschen gesehen hatten, wurde er wegen eines Leserbriefes an die „Berliner Zeitung" abgesetzt. Die Einwän-

---
313 Ebenda, S. 35.
314 Ebenda, S. 13.

de richteten sich gegen den Schlussteil des Filmes. Die Akademie der Künste verlangte eine Diskussion über die Gründe der Absetzung des Filmes. Zur Diskussion erschien jeder einzelne der interessierten Künstler: „Aber von den Kommissionen, die den Film abgesetzt hatten, erschien keiner, erschien keine Vertretung von irgendeiner Parteiorganisation oder überhaupt einer Organisation der DEFA. Niemand hielt es für nötig, sich mit dem Film auseinanderzusetzen, obgleich das Buch, das dem Film zugrunde lag, vom damaligen Präsidenten der Akademie geschaffen worden war. Immerhin war dieses Buch schon in mindestens acht Sprachen erschienen und hatte überall einen sehr starken, durchaus antifaschistischen, kriegsfeindlichen, positiven und fortschrittlichen Eindruck hinterlassen."[315]

Anna Seghers wandte sich vehement gegen die Behandlung Max Lingners: „Lingner hat jahrelang in einem anderen Lande gelebt. Seine Frauentypen haben wahrscheinlich noch heute vieles an sich, was nicht typisch berlinerisch, was nicht typische Berliner, ja sogar typische deutsche Mädel oder Frauen sind. Mit Formalismus hat das nichts zu tun. Der Mann ist aus eigenen Kräften als Sozialist und Patriot zu uns gekommen. Warum hat man den Mann kränken und grämen müssen. Ich stelle gerade ihn heraus, weil er nicht mein engerer Kollege ist, weil er ein Maler ist."[316]

Auch der Filmmacher Martin Hellberg wandte sich dagegen, dass jeder neue Versuch und jede außergewöhnliche Anwendung von Mitteln in der DDR sofort in das Odium des Formalismus gerät. Dies hemme die Künstler außerordentlich. Wenn etwas abzuliefern sei, werde zuerst daran gedacht, was wohl die Kommission dazu sagen werde, ohne darauf Rücksicht zu nehmen, was das Volk dazu sagen wird. Hellberg bekannte: „Jedes Mal, wenn ich in die Kommission gehe, habe ich Angst. Ich schwitze wie eine Mutter, die auf den Tisch gelegt wird und deren neugeborenes Kind so betrachtet wird, dass man sagt: erstens hat es O-Beine, zweitens ist es rot, drittens ist der Kopf etwas lang gedrückt, viertens ist das und das. Ich werde nun aufgefordert, das neugeborene Kind zu operieren, und es kommt kein Kind ohne Operation davon, obwohl noch nicht nachgewiesen ist, dass operierte Kinder die besten Kinder sind. Das ist schmerzlich, und das muss aufhören."[317] Hellberg ging auf seine beiden Filme „Das verurteilte Dorf" und „Geheimakte Solvay" ein. Aus dem zweiten Film wurde die Szene eines jungen Liebespaares herausge-

---
315 SAPMO-BArch, NY 4090, Bl. 141.
316 Ebenda, Bl. 148.
317 Ebenda, Bl. 178.

schnitten, weil dies im Gesichtsausdruck mehr als nur einen Kuss verraten habe. Von dem Film sei nichts weiter übrig geblieben als ein Gerippe. Das Wichtigste sei die Auswahl derer, die über die Leistungen zu entscheiden haben, damit es nicht heiße: neuer Kurs in alten Schläuchen!

Mehrere Redner wandten sich dagegen, dass das „Chinesische Skizzenbuch" von Gustav Seitz eingestampft wurde. Für Zweig war der unberechtigte Vorwurf des Formalismus an Seitz Anlass zu sehr klaren Worten: „Wir sind also der Meinung, dass die erste Befreiung, die kommen muss, die Befreiung von der Bevormundung, von dem Eingriff in die Existenz bereits vorliegender und gelungener künstlerischer Werke sein muss."[318] Auch Anna Seghers solidarisierte sich mit Seitz: „Ich war dabei, wie er gezeichnet hat. Er hat Zeichnungen gemacht, die schön waren. Sie sind zumindest von den Chinesen, die ihre Unterschrift und einige Worte dazu gegeben haben, nicht als formalistisch empfunden worden. Aber man muss doch eines bedenken: es ist ein Skizzenbuch. Es war nichts Endgültiges."[319]

Kuba schlug die Gründung eines Instituts für Literatur vor. Er sah als eine der Ursachen, dass die Kulturschaffenden „Millionenmassen" noch nicht erreichen, darin, dass in den Kulturabteilungen der Massenorganisationen noch nicht die besten Menschen und Funktionäre sitzen, sondern die, die man abstellt, weil sie anderswo nicht verwendet werden könnten: „So ist es! Auf was für Unfähigkeit man draußen im Lande stößt, das geht auf keine Hutschnur!

(Anna Seghers: Kuhhaut!)

Hutschnur heißt es in Sachsen!

(Zuruf: Über die Hutschnur!)"[320]

Stefan Heym forderte als Grundbedingung jeder Kulturpolitik in der DDR zu gestatten, dass die Wahrheit geschrieben werden kann. Dies sei aber ein Problem: „Wenn sich jemand vornähme, einen Roman über den 17. Juni zu schreiben, ein Thema, das immerhin auf der Tagesordnung steht, und er würde von dem Standpunkt ausgehen, den der Herr Ministerpräsident hier vertreten hat, dass nur fünf Prozent der Bevölkerung der DDR auf der Seite der Konterrevolution gestanden hätten, dann würde dieser Roman nicht gut werden, weil er nicht wahr und nicht echt ist."[321]

---

318 Ebenda, Bl. 176.
319 Ebenda, Bl. 148.
320 Ebenda, Bl. 166.
321 Ebenda, Bl. 142.

Wahr sei zwar, dass fünf Prozent am Putsch teilgenommen hätten. Weitere zehn Prozent hätten daneben gestanden und sich die Hände gerieben. Die Regierung möge sich keine Illusionen darüber machen. Es müsse eine weitergehende Diskussion darüber geben, auch in der Öffentlichkeit. Denn, was in der Öffentlichkeit nicht ausgesprochen werde, das würde der RIAS aussprechen „und zwar falsch."[322]

Auch wenn hier Heym noch auf die inzwischen offizielle Sprachregelung der DDR einging und die emanzipatorische Seite des 17. Juni unerwähnt ließ, warf er dennoch eine wichtige Frage auf. Er sei dafür, dass der Staat auf dem Gebiete der Kultur führe. Dazu habe er ein Recht und eine Pflicht, schließlich sei er unser Staat. Das Problem sei: „Was geschieht aber, wenn sich Staat und Regierung von den Künstlern entfremden und nicht zuhören, was die Künstler zu sagen haben? Dann kommen wir in eine solche Situation, wo die Künstler verlangen: Weg mit dem Eingriff des Staates! Das ist genau dasselbe, als wenn sich der Staat von der Arbeiterschaft entfremdet und die Arbeiterschaft Mittel und Wege sucht und findet, um aufzumucken."[323] Damit hatte Heym das Gemeinsame im Konflikt von Arbeitern und Künstlern mit dem Staat formuliert. Er löste das Problem künstlich auf, in dem er die Hoffnung aussprach, der Staat werde diese Entfremdung beseitigen. Bei Heym war dies möglicherweise eine Taktik, mit der er moralischen Druck auf die Politiker ausüben wollte, bei der Mehrheit der Intellektuellen blieb dies eine Illusion, die sich über die Jahre noch verfestigen sollte.

Heym wandte sich auch an die sowjetische Besatzungsmacht. Er habe als amerikanischer Offizier die Besatzungspolitik der USA seit 1945 studieren können. Er und seine Freunde hätten übereinstimmend festgestellt, dass die Amerikaner sofort den „Wettlauf um die deutsche Seele" begonnen hätten: „Die Amerikaner waren durchaus bereit, zu korrumpieren, zu zahlen, Geld hineinzustecken, um dieses Potential auf ihrer Seite zu haben. Das haben sie auch seit 1945 genügend getan. Bei diesem Wettlauf um die deutsche Seele war nun der andere Partner, der mit um die Wette hätte laufen sollen, auf eine ganz andere Weise vertreten. Er benutzte nicht dieselben Mittel wie die Amerikaner, sondern politische, ethische und moralische Argumente. Er kam dadurch bei einer Nation, die wie die deutsche im großen und ganzen während der ganzen Hitlerzeit korrumpiert worden ist, ins Hintertreffen."[324]

---

322 Ebenda, Bl. 143.
323 Ebenda.
324 Ebenda, Bl. 141/142.

Die Kritik, die Heym hier formulierte, dürfte die sowjetische Seite weit über diese Veranstaltung hinaus beschäftigt haben. Moskau brauchte aber noch bis 1956 für die Erkenntnis, dass die Auseinandersetzung der Systeme sich auch im friedlichen Wettstreit auf dem Felde der Ökonomie entscheiden werde.

Fast zum Schluss der Veranstaltung ergriff der mit herzlichem Beifall begrüßte Botschafter Semjonow das Wort. Jedoch dürfte der Beifall manchen der Teilnehmer sehr bald leid getan haben. Semjonow gab sich unumwunden als der Betonkopf zu erkennen, als den er sich in seinen mit „Orlow" gezeichneten Beiträgen in der „Täglichen Rundschau" schon ausgewiesen hatte. Er konstatierte im Vergleich zur Zeit vor drei Monaten einen großen Fortschritt. Warum? „Die Formalisten nennen sich jetzt nicht mehr Formalisten. Sie glauben, dass sie unerkannte Realisten sind."[325]

Der Symbolismus sei verschwunden. Auch die alte Krankheit, nur über die Erlebnisse von Prostituierten zu schreiben, verschwinde. Der Optimismus nehme zu. Klarer sei die Einwirkung der Kunst auf die Massen geworden. Ebenso sei in der Kunst mehr Vollendung zu verzeichnen: „Früher war manchmal jede Skizze schon eine vollendete Sache. Das war oft schon der Gipfel der Schöpfung. Jetzt sind mehr schon vollendete Sachen zu sehen. Die Nase ist nicht nur punktiert. Das ist eine volle menschliche Nase."[326] Zweifellos ein Tiefschlag! Der „Neue Kurs in alten Schläuchen" kam jetzt auch und gerade vom sowjetischen Botschafter.

In seinen Schlussbemerkungen vermied Grotewohl es, einen Schlusspunkt zu setzen. Er ging davon aus, dass die Diskussion fortgesetzt werde. Er stimmte Zweigs Kritik an der Art und Weise, wie mit dem Film „Das Beil von Wandsbeck" verfahren wurde, ausdrücklich zu: „Man soll sich diesen Film genau ansehen und überprüfen, in welcher Form man ihn der Öffentlichkeit übergeben kann. Das kann man ohne weiteres. Warum soll man diesen Film so schamhaft in einen Kasten legen? Ich glaube, die Dinge sind heute, ein Jahr nach dieser Auseinandersetzung, wesentlich anders als damals."[327]

Auf die Frage von Heym, ob er über den 17. Juni die Wahrheit sagen könne, antwortete Grotewohl: „Bitte schön, sagt sie! Wir haben nichts dagegen!" Stefan Heyms Roman über den 17. Juni, der im Jahre 1961 in der DDR erscheinen sollte, konnte in der DDR erst 1989 erscheinen.[328] Ob Grotewohl das 1953

---

325 Ebenda, Bl. 186.
326 Ebenda, Bl. 187.
327 Ebenda, Bl. 107.
328 Stefan Heym: 5 Tage im Juni. Roman. Berlin (Ost) 1989.

schon ahnen konnte? Vermutlich nicht! Er sagte dann etwas zu dem 17. Juni, was sich langfristig als völlig richtig erweisen sollte: „Nur Genosse Stefan Heym, der 17. Juni hat nicht am 16. Juni begonnen und am 18. Juni aufgehört, sondern der 17. Juni gehört in eine Periode. Wenn man eine Wahrheit finden will, dann kann man sie nur aus der Periode heraus finden."[329]

4.4. Hochschulkonferenz des ZK der SED

Am 31. Oktober/1. November 1953 fand in Leipzig die 1. Hochschulkonferenz des ZK der SED statt, an der sich 450 Wissenschaftler, Aspiranten und Angestellte der Universitäten und Hochschulen der DDR beteiligten.[330] Kurt Hager, Leiter Abteilung Wissenschaft und Hochschulwesen, referierte zum Thema „Der neue Kurs und die Parteiarbeit an Universitäten und Hochschulen".

Hager stützte sich in seinen Bewertungen des 17. Juni auf die 15. und 16. Tagung des ZK der SED, wonach es gelungen sei, die „faschistischen Provokationen" zu zerschlagen: „Die von amerikanischen Dienststellen gelenkte Provokation, deren Ziel die Verhinderung des neuen Kurses, die Beseitigung aller Errungenschaften der Werktätigen und die Verwandlung ganz Deutschlands in einen neuen Kriegsherd, ist kläglich gescheitert."[331] Hager gab keine Erklärung, warum ausgerechnet eine „faschistische Provokation" von US-amerikanischen Dienststellen gelenkt worden sein sollte. Das Stricken am Mythos des „faschistischen" bzw. „konterrevolutionären Putschversuchs" hatte in der DDR eben erst begonnen. Unebenheiten in den Deutungsklischees waren offenbar noch nicht zu vermeiden.

Hager zeichnete ansonsten ein betont optimistisches Bild, wenn er behauptete, dass die Wissenschaften in der DDR von den Fesseln befreit seien, denen sie in der kapitalistischen Vergangenheit ausgesetzt waren. Die neue Stellung der Wissenschaften komme in der großzügigen Förderung der wissenschaftlichen Institutionen und der Wissenschaftler und Studenten sowie in der allmählichen Änderung der Formen, der Organisation und Methoden der wissenschaftlichen Arbeit zum Ausdruck. Die großen Perspektiven der gesamten Volkswirtschaft und der Kultur brächten einen hohen Bedarf an wissenschaftlichem Personal hervor. Hager wies auf eine der entscheidenden Schlussfolgerungen des SED-Politbüros nach dem 17. Juni 1953 hin: „Es ist auf den

---
329 SAPMO-BArch, NY 4090, Bl. 108/109.
330 Vgl. ebenda, DY 30/IV 2/9.04/8.
331 Ebenda, Bl. 10.

verschiedensten Gebieten unserer Volkswirtschaft notwendig, den Anteil der wissenschaftlich-technischen Kräfte an der Gesamtzahl der Beschäftigten zu erhöhen. Daher hat die Regierung auf Vorschlag des Politbüros der SED am 6. August einen Beschluss über die weitere Entwicklung wissenschaftlich-technischer Kader mit Hochschulbildung angenommen."[332]

An den neuen Spezialhochschulen müssten von Anfang an Arbeiter- und Bauernkinder in der Studentenschaft dominieren, da die Schaffung einer neuen Intelligenz von grundlegender Bedeutung sei. Diese soziale Einengung auf die Arbeiter- und Bauernkinder war gleichbedeutend mit einer Verringerung der Studienchancen für Abiturienten aus anderen sozialen Schichten, was für diese neue Anlässe bot, die DDR zu verlassen.[333] Unverständlich sei für ihn jedoch, wandte sich Hager an das zuständige Ministerium für Land- und Forstwirtschaft, dass an dem gerade gebildeten Institut für Zootechnik in Güstrow unter den Studenten kein einziges Parteimitglied der SED sei. Als Konsequenz malte er das Gespenst von Studenten mit einer Art „Rentnerideologie" an die Wand. Diese Studenten glaubten, sie könnten jeden Monat das Stipendium kassieren, ohne Verpflichtungen gegenüber dem „Staat der Werktätigen" zu haben. Das Ergebnis seien dann „akademische Insulaner", die ihr Fach losgelöst vom Kampf der Werktätigen studierten. Seine Verachtung für diese Art des Studiums steigerte Hager mit der Feststellung, dass so „politisch wankende Gestalten" entstünden. Studenten hätten aber mitzuwirken am Bau der Institute. Wie direkt das Hager meinte, demonstrierte er am Beispiel des Chemischen Instituts der Universität Halle: „An diesem Bau arbeiten 80 junge Bauarbeiter bis zu 18 Jahren. Diese jungen Bauarbeiter bauen das chemische Institut. Studenten der chemischen Fachrichtung und anderer Fachrichtungen kommen dort sehr selten hin. Sie helfen nicht mit, dieses große Projekt aufzubauen. Ich habe den jungen Bauarbeitern gesagt: Hört mal zu, was hal-

---

332 Ebenda, Bl. 30 oder: Kurt Hager: Der neue Kurs und die Parteiarbeit an Universitäten und Hochschulen. In: Neues Deutschland, 4.11.1953, S. 4.
333 Das war allerdings nicht die einzige Alternative für Betroffene. Norbert Langhoff berichtete, dass er als Sohn eines Bäckers 1953 trotz hervorragenden Abschlusszeugnisses keine Zulassung zum Studium erhielt: „Das war 1953 ein Riesenproblem. Nach vielen Irrwegen landete ich in Berlin im VEB Entwicklung und Fabrikation elektrischer Messinstrumente. Nach der Ausbildung als Mechaniker bewarb ich mich erneut zum Studium und wurde wieder abgelehnt. Das hat den Chef, Professor Stanek, geärgert, er gab mir ein Empfehlungsschreiben an den Rektor der neuen Hochschule Ilmenau. Dort habe ich von 1955 bis 1960 Elektrotechnik und Automatisierungstechnik studiert." Zit. nach: Wir haben die Kurve ganz gut gekriegt. Prof. Dr. Norbert Langhoff, Geschäftsführer des Instituts für Gerätebau GmbH in Berlin Adlershof, gibt Auskünfte über Ankünfte. In: Neues Deutschland, 4./5.11.2000, S. 15

tet ihr von diesem Vorschlag: Ihr baut hier mal das Institut auf, und Ihr werdet auch an dem Institut, nachdem ihr die Reifeprüfung gemacht habt, studieren."[334] Ging es mit der Reifeprüfung und dem Studieren so einfach? Im Protokoll steht dennoch die Bemerkung „Lebhafter Beifall". Das belegt eine starke Verwurzelung sektiererischer Positionen gegenüber den Studenten. Hager wandte sich gegen einen Leipziger Professor, der den Einsatz von Studenten in der Hackfruchternte kritisiert hatte: „Wir bauen auf, wir schaffen unsere Institute, wir beseitigen die Zerstörungen an der Karl-Marx-Universität, – und wir müssen unsere Studenten daran interessieren, dass unsere Hackfrüchte hereinkommen, damit uns nicht wieder zehntausende Zentner Zuckerrüben auf den Feldern liegen bleiben und hunderttausend ungehobener Tonnen Zucker nachher für den Export fehlen und wir infolgedessen dann nicht die nötigen Lebensmittel einführen und die Versorgung der Bevölkerung nicht verbessern können."[335] Mit keinem Wort ging Hager auf die vollgestopften Studienpläne ein, die das Ergebnis der Hochschulreform von 1951 waren, die das Zehnmonatestudienjahr mit obligatorischem gesellschaftswissenschaftlichen Grundstudium, deutscher und russischer Sprachausbildung und obligatorischem Sportunterricht einführte.

Hager stellte der angeprangerten „Rentnerideologie" der Studenten als Leitbild die „neue Intelligenz" entgegen. Die Bedingungen für ihre Entwicklung erforderten die politische Erziehung, die rege Teilnahme am gesellschaftlichen Leben und die Entfaltung der Initiative der Studenten. Der Meinungsaustausch sei zu fördern, die Kontakte zur UdSSR auszubauen und die Wissenschaft enger mit der Praxis zu verbinden: „Zur Festigung der Parteiorganisation, zur völligen Überwindung der kleinbürgerlichen Schwankungen ist die parteimäßige, eng mit der Praxis verbundene Erziehungsarbeit von großer Bedeutung. Zur Verbesserung dieser Erziehungsarbeit trägt der Beschluss bei, das Parteilehrjahr für die Genossen Studenten wieder einzuführen."[336]

Rektor Leo Stern berichtete über das Verhalten von Wissenschaftlern und Studenten der Universität Halle am 17. Juni 1953. 10 bis 15 Rowdys hätten in den Räumen der Universität Losungen und Bilder der führenden Politiker der DDR entfernt. Keines der Mitglieder der SED sei dagegen aufgetreten: „Es wurde von manchen Genossen, die es eigentlich hätten wissen müssen kraft ihrer politisch-ideologischen Vorbildung hätten wissen müssen, der

---
334 SAPMO-BArch, DY 30/904/8, Bl. 38.
335 Ebenda, Bl. 38/39.
336 Kurt Hager: Der neue Kurs ..., ebenda.

Charakter der faschistischen Provokation nicht erkannt. Es gab auch eine schwankende Einstellung zum ZK, zur Regierung und es gab auch ein unklares Verhalten über das Auftreten der sowjetischen Armee, namentlich in Halle, das ja mit eines der Zentren der faschistischen Provokation war."[337]

Werner Tschoppe[338], Parteisekretär der Humboldt-Universität, behauptete, dass die Universität am 17. Juni – generell gesehen – gestanden habe. Viele Einsätze zum Schutze der Universität und lebenswichtiger Objekte seien durchgeführt worden. Ein ehemaliges Parteimitglied der Grundorganisation Philosophie habe Angriffe gegen Ulbricht und Grotewohl gerichtet, was von anderen Philosophen toleriert worden sei. Tschoppe war vor allem darüber empört, dass die größten Schwankungen bei den Historikern, den Juristen und in einigen Zweigen der Wirtschaftswissenschaft aufgetreten seien. Die Professoren seien überhaupt nicht in Erscheinung getreten. Ein solches „totales akademisches Insulanertum"[339] dürfe nicht geduldet werden, der Unterricht in diesen Fachrichtungen sei zu überprüfen.

Bei den Philosophen werde viel über den dialektischen und historischen Materialismus gesprochen. Es werde auch Dialektik gelehrt, aber die Dinge würden nicht im Zusammenhang gesehen. Der Artikel in der „Berliner Zeitung", es war offenbar Wolfgang Harich gemeint, sei an der Universität als der „17. Juni der Intelligenz" bezeichnet worden. Der Autor habe am 17. Juni auch die Regierung der DDR kritisiert, aber er sei noch nicht so klug gewesen, die marxistisch-leninistische Philosophie zu erkennen: „Die Grunddirektive ist die Bekämpfung der faschistischen Provokateure und ihre Entlarvung und dass man die Zusammenhänge sehen muss, wo der Feind steht, dass der Feind Nr. 1 nicht unsere Regierung, sondern Adenauer und die faschistischen Provokateure sind, dass sich daraus die Generallinie und alles weitere ergibt."[340] Mit dem Terminus „Grunddirektive" erfasste Tschoppe die Ulbricht-Politik nach dem 17. Juni adäquat, eine Politik, die eine Kritik im Innern nicht mehr zuließ. Das Stichwort lautete: „Keine Fehlerdiskussion!"

Käte Dornberger, Parteisekretär am Institut für Medizin und Biologie in Berlin-Buch, sprach eine delikate Frage an. Zu den Kleinigkeiten, mit denen sich die Wissenschaftler tagtäglich herumzuschlagen hätten, zähle ein Zaun, der sich wie eine Demarkationslinie zwischen Groß-Berlin und die DDR ge-

---

337 SAPMO-BArch, DY 30/904/8, Bl. 160.
338 Tschoppe kam 1964/1965 in Konflikt mit der SED-Führung, weil er mit Robert Havemann befreundet war und dessen Reformkonzepte unterstützte.
339 SAPMO-BArch, DY 30/904/8, Bl. 174.
340 Ebenda, Bl. 175.

legt habe. Die nächste Stelle eines Überganges sei weit weg und für einen Weg von wenigen Minuten brauchten Mitarbeiter jetzt über eine Stunde: „Das hat zur Folge, dass die Mitarbeiter, die in Sichtweite des Instituts wohnen, also sozusagen über den Zaun hinüberspringen könnten, einen Weg von fast einer Stunde zurücklegen müssen, um von ihrem Hause zum Institut zu kommen. Es ist begreiflich, dass diese Tatsache Unruhe und Unmut unter den Wissenschaftlern ausgelöst hat."[341] Am 17. Juni habe unter den Mitarbeitern eine Stimmung geherrscht, mit der Axt und einer Säge den Zaun des Anstoßes niederzureißen. Weil Zusagen gegeben worden seien, einen Übergang ganz in der Nähe zu schaffen, sei davon Abstand genommen worden. Jedoch gäbe es diesen Stein des Anstoßes noch heute. Niemand habe sich bereit gefunden, eine Lösung im Interesse der Mitarbeiter zu schaffen.

Wilhelm Hauser, Studentendekan der Pädagogischen Hochschule Potsdam, versuchte eine Lanze für die Gleichstellung aller Hochschulen der DDR zu brechen. Es würden keine guten Lehrkräfte an die Pädagogische Hochschule nach Potsdam kommen, wenn diese einen nachgeordneten Rang habe. Die Hochschule habe schon wertvolle Kräfte an die Humboldt-Universität verloren: „Ich glaube, wer zu unserer Hochschule kommt, wird anerkennen, was wir da geleistet haben. Um nur ein Beispiel herauszugreifen, wir haben mit einem halbzerstörten Gebäude vor fünf Jahren mit 160 Studenten angefangen und haben heute, um nur eine Zahl zu nennen, etwa 40 Gebäude und 1 600 Studenten. Ich glaube, ich kann sagen, wir haben unsere Arbeit getan. Wir haben sie, das kann ich offen sagen, zum großen Teil getan im Kampf gegen die zuständigen Stellen."[342]

Der Parteisekretär im Staatssekretariat für Hochschulwesen, Kurt Voigtländer, vermittelte einen Eindruck von dem „17. Juni"-Denken an den Universitäten und Hochschulen der DDR. Er nannte einige Bespiele: „In Greifswald erklärte ein Wissenschaftler, als man bestimmten Forderungen, die er stellte, im Moment nicht nachkommen konnte, dass er dann mit 150 Studenten nach Berlin fahren wollte und dort den Kollegen im Staatssekretariat einen kleinen 17. Juni veranstalten will."[343]

In keinem Bereich der DDR gäbe es so viele „Gerüchte und Unklarheiten" wie an den Universitäten und Hochschulen.

---

341 Ebenda, Bl. 139.
342 Ebenda, Bl. 158.
343 Ebenda, Bl. 245.

Das Staatssekretariat erhalte eine Vielzahl Schreiben, die in einer Tonart verfasst sind, wie das vor dem 17. Juni überhaupt nicht der Fall war. Die Briefe seien so aggressiv, dass er sie in diesem Rahmen überhaupt nicht vorlesen könne. Die tollsten Dinge seien gerade nach dem 17. Juni im Staatssekretariat für Hochschulwesen passiert. Dazu zähle auch, dass jede Menge Delegationen von Universitäten im Staatssekretariat aufgetaucht seien: „Ich möchte hier nur eine herausgreifen. Bei uns im Staatssekretariat erschien eine Delegation der BGL der Universität Halle unter Führung des Genossen Dr. L. Wir haben einige Fragen besprochen, und man musste sich wirklich die Frage stellen: weshalb eine Delegation? Ich will nur nebenbei bemerken, dass hinterher im Zentralvorstand Wissenschaft erzählt wurde, man hätte diese Genossen im Staatssekretariat aufgefordert, sie sollen streiken, um ihre Forderungen durchzudrücken. Genossen, das ist eine ganz gefährliche Sache. Was ist das? Das ist die Ideologie des 17. Juni."[344]

Der Staatssekretär Gerhard Harig wurde mit keinem Wort erwähnt. Voigtländers Beitrag muss sich für die Insider wie ein Korreferat zum Konzept des Neuen Kurses im Hochschulwesen, das Harig vor den Rektoren am 1. Juli entwickelt hatte, angehört haben. Voigtländer forderte dazu auf, im Sinne des 15. und 16. Plenums des ZK der SED die Schwächen in der Arbeit des Staatssekretariats zu überwinden. Deutlich schwenkte er auf den dogmatischen Kurs von Ulbricht ein: „Das Hauptinstrument bei der Verwirklichung des neuen Kurses ist die Staatsmacht in der DDR. Das ist die Macht der Arbeiter und Bauern im Bündnis mit der werktätigen Intelligenz. Die Arbeiterklasse hat in unserem Staat die wichtigsten Positionen inne ... Von unseren Genossen an den Universitäten wird sehr oft vom Staat der Arbeiter und Bauern gesprochen, und doch wird oft nicht verstanden, dass auch das Staatssekretariat für Hochschulwesen ein Teil des Staates der Arbeiter und Bauern ist."[345]

Voigtländer hat in seinem Beitrag nicht zufällig die Akzente so gesetzt. Auch im Hochschulwesen wurde das Signal gegenüber den politischen Neuansätzen nach dem 17. Juni auf Rot gestellt.

Hager machte in seinem Schlusswort genau dies deutlich, Neuansätze waren nicht mehr gefragt. Der Kern des neuen Kurses bestehe nicht in erster Linie darin, neue wissenschaftliche Gesellschaften zu gründen und neue Hochschulen zu eröffnen: „Der Kern des neuen Kurses ist die Erziehung der neuen sozialistischen Intelligenz, die fest und unerschütterlich auf dem Boden un-

---

344 Ebenda, Bl. 244.
345 Ebenda, Bl. 242.

seres Arbeiter- und Bauernstaates, unserer gesellschaftlichen Ordnung steht, und die entschlossen sich einsetzt für die Verwirklichung des neuen Kurses unserer Partei."[346] Lohnerhöhungen seien in nächster Zeit nicht zu erwarten. Jetzt gehe es um Preissenkungen und um die Erhöhung der Reallöhne. Es dürfe hinsichtlich Löhne keine Lawine losgetreten werden. Es kämen da sofort die Fachschullehrer, die anderen Gruppen der Lehrer und ganze Kategorien der technischen Intelligenz und der Künstler. Sie alle wollten mehr Lohn und Gehalt. Hauser und andere hätten auf der Tagung einen nicht richtigen Standpunkt vertreten. Das ZK könne sich nicht um jeden Zaun kümmern, der um ein Institutsgebäude gezogen wurde: „Ich glaube, ihr müsst einen anderen Zaun beseitigen, nicht den Zaun um euer Institut, sondern, einen gewissen engstirnigen Zaun, der nur euren eigenen Bereich sieht oder den Standpunkt, bei allen Fragen müsse man das ZK in Anspruch nehmen oder die zentralen staatlichen Stellen."[347]

Das war schon wieder die alte Arroganz gegenüber den Problemen an der Basis. Die Entfremdung blieb: auch im Hochschulbereich ein „Neuer Kurs in alten Schläuchen".

5. Schlussbemerkung

Betrachtet man die Aktivität der Intellektuellen im Krisenjahr 1953, so ist diese in Quantität und Qualität beachtlich. Keineswegs haben sie bloß getan, was die SED-Führung ihnen vorschrieb. Sie mischten sich mit Analysen, Konferenzen und Änderungsvorschlägen aktiv in die DDR-Gesellschaft ein und forderten die Politik zur Stellungnahme heraus. Die Punkte-Programme nach dem 17. Juni und das Konzept für den Neuen Kurs im Hochschulwesen gingen von sozialistisch zivilisatorischen Grundsätzen wie z. B. der Herstellung von Öffentlichkeit aus und forderten Freiheit für Kunst und Wissenschaft sowie die Durchsetzung des Wahrheitsprinzips in den Medien. Der Kulturbund beanspruchte erneut Überparteilichkeit und demokratische Strukturen für die Institutionen der Kultur und Wissenschaft. Er bestand auf Rechtssicherheit und Einhaltung der demokratischen Verfassung. Das waren insgesamt noch keine ausgereiften demokratisch-sozialistischen Konzepte. Aber in nicht un-

---

346 Ebenda, Bl. 313.
347 Ebenda, Bl. 317.

wesentlichen Punkten stimmten sie mit den Erörterungen zur Theorie und Politik des demokratischen Sozialismus in Westeuropa überein.[348] Was den theoretischen Gehalt und die gesellschaftliche Bedeutung und ihren emanzipatorischen Charakter betrifft, gingen sie über die Forderungen der Arbeiter (Rücknahme der Normerhöhungen, Preissenkungen, Freie Wahlen usw.[349]) deutlich hinaus.

Egon Bahr berichtete, dass die Vertreter der Streikleitung, die am 17. Juni 1953 im Sender RIAS erschienen, keine Liste von Forderungen bei sich trugen und keine Vorstellungen über ihre Organisation hatten und über keine Verbindungen verfügten: „Und dann haben wir uns mit den Abgesandten hingesetzt und erst mal gefragt, welches denn ihre Forderungen sein sollten. So haben wir zusammen fünf oder sechs Punkte formuliert. Dann haben wir diese Forderungen gesendet, als Position der Streikleitung."[350] Der viel gerühmte theoretische Sinn der deutschen Arbeiterbewegung kam im Juni 1953 nicht zum Tragen. Nach der Niederlage von 1933 und der Prägung vieler Arbeiten durch den Drill der Wehrmacht waren es eben Arbeiter, wie Brecht gemeint hatte, in „ihrem depraviertesten zustand"[351]. Wenn es in neueren Darstellungen über den 17. Juni üblich geworden ist, schlechthin von „Aufständischen" zu sprechen, wird da nicht nachträglich idealisiert? In den Quellen gibt es Hinweise darauf, dass sich viele der Arbeiter, die an Streiks und Demonstrationen teilgenommen hatten, sich am 18. Juni in den Polikliniken rückwirkend ab dem 17. krank schreiben ließen.[352] Das wird nicht als Feigheit interpretiert werden können, da der Hauptgrund der Teilnahme an Streiks und Demonstrationen, die Empörung über die administrativen Normerhöhungen, mit der Rücknahme hinfällig geworden war.

Aufständische aber hätten sich in den Bergen und Wäldern versteckt, um mit den Waffen, die sie der KVP abgenommen hatten, für ihre Ziele weiterzukämpfen. Dies aber geschah in keinem einzigen Falle.

---

348 Vgl. Dieter Dowe (Hrsg.): Demokratischer Sozialismus in Europa seit dem Zweiten Weltkrieg. Reihe Gesprächskreis Geschichte der Friedrich-Ebert-Stiftung. H. 38. Bonn 2001.
349 Ausführlich: Angelika Klein: Die Arbeiterrevolte im Bezirk Halle. Potsdam, Potsdam 1993, Heft 2.
350 „Bewegung ging von Ostdeutschland aus". Der SPD-Politiker Egon Bahr erinnert sich an den 17. Juni 1953 als damaliger Chefredakteur des RIAS. In: Berliner Zeitung, 16. Juni 1993, S. 5.
351 Bertolt Brecht: Arbeitsjournal 1938-1955. Berlin 1977, S. 515.
352 Vgl. SAPMO-BArch DY 34 15/515i/3100 (unpaginiert).

Wie dem auch sei, der Protest so vieler Arbeiter, ihr „Faustschlag" gegen das „Regime der Funktionäre", war „nicht einfach negativ".[353] Entgegen der schon in den Tagen des 17. Juni zu verzeichnenden Legendenbildung, die Erhebung der Arbeiter sei ein Votum für die Regierung Adenauer gewesen, hob Herbert Wehner hervor, dass diese sich auch gegen die Adenauersche Politik gerichtet habe, die auf Restauration kapitalistischer Herrschaft durch eine bedingungslose Westintegration hinauszulaufen schien.[354]

Die Intellektuellen setzten sich ebenso wie die Arbeiter nicht durch, weil sie von der Illusion beherrscht wurden, durch systemimmanente Reformen könnten ihre Forderungen verwirklicht werden. Aber genau das war im Rahmen des autoritären Sozialismus unmöglich. Nur durch das Streben nach und das Durchsetzen von systemtranszendenten Reformen, um im Bilde zu bleiben – das Zerbrechen des „Regimes der Funktionäre" und die Errichtung einer realen demokratischen Herrschaft – wären dafür Erfolgschancen eröffnet worden.

Eine gewisse Tragik liegt darin, dass die große Mehrheit der Intelligenz diesen Grundirrtum nie überwand.

---

353 Ebenda.
354 Vgl. Dieter Groh/Peter Brandt: „Vaterlandslose Gesellen". Sozialdemokratie und Nation 1860-1990. München 1992, S. 286-290. Wehner wies darauf hin, dass aus dem Büro des Bundeskanzlers wenige Tage nach dem 17. Juni zu vernehmen war, dass die Einheit in Freiheit auch heute noch unmöglich sei. Erst nach der Gesamtbereinigung des Ost-West-Konflikts, wofür es jetzt „noch zu früh" sei, könne die Vereinigung erfolgen. Vgl. Herbert Wehner: Wandel und Bewährung, S. 104.

IV. Dokumentation

1. Akute Krise im Bereich von Kunst und Technik

1.1. [Information der Akademie der Künste an Ministerpräsident Otto Grotewohl über Missstimmungen unter Spitzenkünstlern der DDR, 4.2.1953]

<u>Abschrift</u>
Bericht über die Missstimmungen, die in der letzten Zeit unter einigen Mitgliedern der Akademie der Künste entstanden sind.

Aus Berichten des Genossen Engel, aus dem Studium von Sitzungsprotokollen und von Briefen von Wagner-Regény, Cremer, Brecht u. a. sowie aus einem Gespräch mit Frau S. stellt sich folgendes heraus:
Unter einigen Akademiemitgliedern greift in der letzten Zeit eine merkwürdig gedrückte und unfrohe Haltung um sich, die sich im wesentlichen darin äußert, dass die Künstler in ihrem Schaffen unproduktiv sind. Es fehlt jede kämpferische Stimmung und jene gewisse Fröhlichkeit, die die Voraussetzung für ein künstlerisches Schaffen sind. Die Gründe für die Missstimmung sind zum Teil sehr individueller Art, haben aber oft ähnliche Ursachen.
<u>Gustav Seitz</u> hat den Wunsch, für längere Zeit von uns wegzugehen, um im Westen bei seiner Mutter zu arbeiten. Dabei gebraucht er folgende Argumente:
a) „Als man mich herholte, hat man gewusst, wer ich politisch und künstlerisch bin. Ich erfülle offensichtlich nicht die Erwartungen, die die Regierung in mein Schaffen stellt. Alles mache ich falsch. Vielleicht ist es doch besser, und ich diene unserem Ziel mehr, wenn ich in Westdeutschland arbeite und dort im Kampf für den Frieden meine Pflicht erfülle." […]
b) „Ich fühle mich künstlerisch eingeengt; ich möchte auch mal nackte Figuren machen, Frauenkörper und dergleichen. Aber dafür ist wohl kein Bedarf." […]
c) „In der Kunstkommission sind politisch einwandfreie Leute, aber fachlich haben die keine Ahnung, sie untergraben jede künstlerische Auseinandersetzung. Ich persönlich leide am meisten darunter. Bei mir geht es soweit, dass ich überhaupt nicht weiß, wie lange ich noch hier bleiben kann." (Protokoll der Plenarsitzung vom 10.1.[19]53)

Bertolt Brecht wehrt sich gegen die, seiner Meinung nach, unqualifizierte Beurteilung von Kunstwerken durch Mitarbeiter der Staatlichen Kunstkommission. Er sagt wörtlich: „Für die Akademie ist die Angelegenheit der Kunstkommission sehr wichtig; sie wird für die Mitglieder von Woche zu Woche praktisch wichtiger, wird auch immer skandalöser. Ich denke an solche Sachen wie die, dass unserem Mitglied Wagner-Regény nun schon die zweite Oper ohne jede Appellationsmöglichkeit prinzipiell direkt von Beamten zensuriert wird, aber nicht etwa nur politisch zensuriert wird, sondern auch künstlerisch. – Dann der absolute Skandal, dass jungen Schriftstellern tatsächlich stilistische Zensuren von einer Kunstkommission gegeben werden, die überhaupt keine Qualifizierung nachweisen kann, in solchen Fragen irgendwie zu urteilen."... „Ich sehe da Gutachten, die geradezu hanebüchen sind. Sie sind nicht bloß in schlechtem Deutsch, ohne Beherrschung der Grammatik abgefasst, die Urteile selbst sind lächerlich."
Außerdem hat Brecht Konflikte mit der DEFA (siehe beiliegenden Brief/Anlage 1).

Wagner-Regény ist gekränkt, weil seine Werke ständig abgesetzt werden ohne ernsthafte Diskussion auf Grund von Entscheidungen, die seiner Ansicht nach von untergeordneten Mitarbeitern der Kunstkommission unqualifiziert getroffen werden (dazu siehe Brief/Anlage 2).

Gret Palucca hat die Leitung der Schule in Dresden niedergelegt, weil sie den Eindruck hat, dass man ihre Art des Tanzes nicht haben will. Die Niederlegung der Leitung der Schule kommt unseren Absichten an sich entgegen. – Nun wird aber ihre weitere Arbeit bei uns durch bürokratische Kompetenzstreitigkeiten und mangelnde Entschlusskraft sehr in Frage gestellt, was bei der Palucca wieder zu schweren Missstimmungen führt.
Es war ein Einzelvertrag seitens der Staatlichen Kunstkommission vereinbart, der sowohl eine gewisse Lehrtätigkeit (Frau P. hat große pädagogische Erfahrungen und Fähigkeiten) und einen Forschungsauftrag erhalten sollte. Der Einzelvertrag wird nicht abgeschlossen, weil die Kunstkommission meint, die Akademie sollte ihn abschließen, dort aber keine Mittel vorhanden sind und man der Meinung ist, die Kunstkommission sollte diesen Vertrag abschließen.

Hanns Eisler ist sehr getroffen durch die sich auf ihn beziehenden Bemerkungen in dem Artikel im N. D. über die Staatsoper, da sie seiner Ansicht nach nicht sein musikalisches Schaffen kritisieren, sondern sein persönliches und moralisches Verhalten angreifen, ohne nähere Begründungen zu bringen.

In einem Gespräch mit dem Genossen Engel äußerte Eisler: „Ist denn alles falsch, was wir machen? Man spürt keine liebende Hand und dadurch wird man mutlos."
Er ersucht in einem Brief vom 16.1. die Akademie der Künste, ihn von der Führung einer Meisterklasse zu entbinden.

Derartige Missstimmungen unter den führenden Künstlern haben natürlich ihre Auswirkung auch auf breitere Teile der Künstlerschaft. So muss man die in letzter Zeit verstärkende Tendenz der Abwanderung von Spitzenkünstlern, besonders an Operninstituten, nach dem Westen sicherlich u. a. in Zusammenhang mit dieser Frage sehen.
Die Symptome und Fälle haben folgende Ursachen:
1. Im Zusammenhang mit den verschärften Klassenkampf verstärkt der Gegner seine Tätigkeit der ideologischen Beeinflussung unserer Künstler und versucht mit allen Mitteln, das Bündnis der Arbeiterklasse mit der Intelligenz zu stören.
2. Die Entwicklung des sozialistischen Realismus stellt neue hohe Anforderungen an die Künstler, denen gerade ein Teil der älteren nicht so schnell nachkommen kann. Dazu kommt, dass die neuen Talente sich auf allen Gebieten der Kunst entwickeln, was bei einem Teil der älteren zu einer bestimmten Unzufriedenheit und Verärgerung führt.
3. Unter einigen führenden Genossen, insbesondere in der Staatlichen Kunstkommission, ist die Achtung vor den Potenzen der deutschen Künstler noch nicht so entwickelt, dass sie ein richtiges Verhältnis zu ihnen finden. Anstatt offen und klar mit den Künstlern zu sprechen, die nötige prinzipielle Festigkeit mit der ebenso nötigen Elastizität in taktischen Fragen zu verbinden, versucht man, die Künstler zu hintergehen oder sie zu kommandieren. Das erweckt in den Künstlern die Meinung, wir hätten eine doppelte Buchführung und würden sie hinters Licht führen.
4. Wir machen ungenügend Anstrengungen zur Erhöhung der fachlichen Qualifikation unserer Kulturfunktionäre, so dass diese nicht verstehen, unsere Prinzipien wissenschaftlich-einwandfrei und fachlich-fundiert zu propagieren.
5. Wir beachten nicht genügend den Entwicklungsweg und Entwicklungsstand derjenigen Künstler, die im Kapitalismus groß und zum Teil berühmt

geworden sind und selbstverständlich viele bürgerliche Schlacken haben. Wir sind oft zu ungeduldig und stellen Anforderungen, die sie nicht erfüllen können.
6. Wir haben es nicht verstanden, eine ganze Reihe führender Künstler, insbesondere Sänger und große Schauspieler, ideologisch für uns zu gewinnen. Sie sind nicht überzeugt von der Stärke der Sowjetunion und des Friedenslagers und sehen nicht in der DDR die Basis für das einheitliche demokratische Deutschland. Der Kontakt führender Genossen aus dem politischen und kulturellen Leben mit diesen Künstlern ist ungenügend. Sie haben zu wenig Gelegenheit, die Repräsentanten der neuen gesellschaftlichen Ordnung persönlich kennen zu lernen, um sich von ihren hohen politische und moralischen Qualitäten zu überzeugen.

Schlussfolgerungen

Aus diesen Erwägungen ergeben sich einige Schlussfolgerungen und Maßnahmen, die wir in der nächsten Zeit treffen müssen.
1. Man muss die ideologische Arbeit mit den führenden Künstlern verstärken und vor allem qualifizieren. Ein wichtiger Weg dazu ist, dafür geeignete Genossen mit einem Parteiauftrag zu versehen, sich bestimmter und wichtig erscheinender Künstler persönlich anzunehmen.
2. Es ist notwendig, dass führende Genossen der Partei und der Regierung (Gen. Pieck, Gen. Grotewohl, Gen. Ulbricht, Gen. Wandel, Gen. Lauter u. a.) von Zeit zu Zeit Zusammenkünfte mit den führenden Künstlern, Mitgliedern der Akademie, hervorragenden Solisten der Theater usw. durchführen, die der Festigung des Vertrauens der Künstler zu unserer Regierung dienen.
3. Bei dem Präsidenten, Genossen Wilhelm Pieck, sollten von Zeit zu Zeit repräsentative Hauskonzerte durchgeführt werden, in denen die bedeutendsten Solisten auftreten und Gelegenheit erhalten, mit den führenden Persönlichkeiten des Staates in Kontakt zu kommen.
4. Im Ministerium für Staatssicherheit muss ein Sonderbeauftragter eingesetzt werden, der sich mit der Tätigkeit feindlicher Agenten in bezug auf die Beeinflussung unserer Spitzenkünstler usw. befasst, Fälle der Westflucht geschickt und gründlich untersucht und analysiert; z. B. den Fall des Wegganges von Horst Strempel.
5. Die Aufträge müssen differenzierter erteilt werden. Sie müssen dem Entwicklungsstand des Künstlers angepasst sein. Seitz z. B. sollte nicht die Aufgabe erhalten, Marx und Engels zu gestalten, sondern sollte ein Denkmal z. B.

eines klassischen Dichters, einen Brunnen mit nackten Figuren und ähnliches als Auftrag erhalten.

6. Die Akademie der Künste muss ihre Arbeit sofort in der Richtung verbessern, dass dort künstlerische Auseinandersetzungen, schöpferische Gespräche und ein richtiges Klubleben zustande kommt. Die Veranstaltungen müssen einen zwanglosen, der ganzen Art der Künstler angepassten Charakter haben.

7. Einige konkrete Fälle bürokratischen Verhaltens der Kunstkommission, des Filmkomitees und anderer Stellen müssen untersucht und durch einen Artikel eines maßgebenden Funktionärs (Lauter) verurteilt werden.

8. Die Abteilung Schöne Literatur und Kunst muss auf der Basis dieser Aufgabenstellung Richtlinien ausarbeiten, die den 1. Bezirkssekretären helfen, auch ihrerseits ihre Verpflichtung mit den führenden Künstlern ihres Bezirkes zu stärken, deren festes Vertrauen zu gewinnen und sei ideologisch zu erziehen.

Schaffung einer Sonder-HO
Einrichtung einer besonderen Stelle beim Präsidenten mit eigenen Mitteln (vor allem für die Wissenschaft)

Berlin, den 4. Februar 1953/d.

Anlage 1:
Abschrift des Briefes von Bertold Brecht an Engel, Direktor der Akademie der Künste, vom 17.11.1952.
[In dem Brief informiert Brecht über die Absage des Courage-Films durch die DEFA nach zwei jähriger Arbeit am Drehbuch. B. bringt zum Ausdruck, dass er so schäbig im seiner ganzen bisherigen Praxis als Schriftsteller noch nicht behandelt wurde, weder in Deutschland noch außerhalb. Man müsse doch zumindest in Betracht ziehen, dass er während der ganzen Zeit, wo die DEFA an diesem Film arbeitete, keine moralische Möglichkeit hatte, den Film anderswo anzubieten.]

Anlage 2:
Abschrift des Briefes von Wagner-Regény
an Engel vom 4.9.1952
[Wagner-Regény berichtet über die Verhinderung der Uraufführung einiger seiner Werke in den letzten zwei Jahren. Fünf Gitarrensoli für einen der be-

sten Gitarrenspieler, die vom Rundfunk gesendet werden sollten, würden seit 14 Monaten blockiert, weil diese Stücke vielleicht „formalistisch" seien.
1940 habe er mit Caspar Neher begonnen, eine heitere Oper zu schreiben. Bomben, Pestilenz, Krieg, Todesfälle wären daran Schuld gewesen, dass er das Werk erst 1950 beenden konnte. Die Komische Oper hatte dies Werk 1950 zur Uraufführung angenommen. Nun durfte sie es nicht herausbringen, weil die untergehende Gesellschaft zwar mit guter Wirkung angegriffen ist, das arbeitende Volk aber im Stück zu keinem gemeinschaftlichen Handeln und Willen geformt ist, so dass nicht deutlich werde, was an die Stelle des zu Beseitigenden gesetzt wird. Die Aufführung unterblieb.]

(Quelle: SAPMO BArch, NY 4090/536, Bl. 226-232)

1.2. **[Der Förderungsausschuss für die Deutsche Intelligenz über Probleme von Spitzenkräften der technischen Intelligenz – Walter Freund, Leiter des Büros des Förderungsausschusses, an Ministerpräsident Otto Grotewohl 8.4.1953]**

[…]
Eine am 27. März 1953 im Staatssekretariat für Innere Angelegenheiten durchgeführte Sitzung zu den Fragen der Republikflucht, an der ich im Auftrage des Genossen Minister Wandel teilnahm, veranlasst mich, aus den Erfahrungen unserer Arbeit heraus den nachstehenden Vermerk zu übermitteln:
Die große Gruppe der Angehörigen der technischen Intelligenz unseres Landes (ca. 80 000) kann keinesfalls in dem oben bezeichneten Zusammenhang als ein einheitliches Ganzes betrachtet werden. Meine Bemerkungen beschränken sich auf die Erfahrungen, die wir mit Spitzenkräften der technischen Intelligenz machten. Hierbei waren im wesentlichen für die Republikflucht drei Komplexe zu erkennen:
1) Die Auswirkungen der Tätigkeit der westlichen Agenten-Organisationen in Verbindung mit dem RIAS-Sender.
2) Die angeblich in unserem Lande vorhandene Rechtsunsicherheit und das daraus resultierende Misstrauen gegen unseren Staat und seine Funktionäre.
Hierzu drei Fragengruppen:
   a) Arbeitsschutzbestimmungen – alte Produktionsanlagen, deren Inbetriebnahme nicht bestätigt ist.
   b) Planerfüllungsfragen.

c) Verhaftungsangelegenheiten – Verfassung der Deutschen Demokratischen Republik.

3) Dutzende von unnötigen kleinen und kleinsten Schwierigkeiten, die den Angehörigen der Intelligenz oft im täglichen Leben gemacht werden. Ich nenne nur einige:

a) Falsches Verhalten unserer zuständigen Stellen bei Anträgen auf Ausstellung eines Interzonenpasses bzw. Aufenthaltsgenehmigungen für die DDR.

b) Falsches Verhalten des Amtes für Warenkontrolle am Berliner Ring oder bei Geschenkpäckchensendungen aus dem Westen.

c) Ablehnungen der Teilnahme an wissenschaftlichen Konferenzen und Kongressen, die im Westen durchgeführt werden sollen.

d) Ungenügender Erfahrungs- und Meinungsaustausch mit den Ländern des Friedenslagers, etwa in der Richtung:

„Ich möchte mir ein Institut nicht im Schnellzugstempo besichtigen, sondern so, wie ich es gewohnt bin, in jedem beliebigen Institut hospitieren, also auch in den wissenschaftlich Einrichtungen der Sowjetunion usw. Die Metro in Moskau kann ich mir dann immer mal so nebenbei ansehen!"

e) Nichteinhaltungen von Verpflichtungen aller Art, die zum Beispiel im Einzelvertrag übernommen wurden (Wohnraum, Autos, Fotoapparate, Prämien usw.)

Die Angehörigen der Intelligenz schlussfolgern daraus: wir selbst führen unsere eigenen gesetzlichen Bestimmungen nicht durch.

f) Schulische Fragen usw.

Besonders zu Punkt 2) ist zu sagen, dass dieser Fragenkomplex der schwerwiegendste ist.

Wenn unsere Arbeitsschutzbestimmungen die persönliche Verantwortlichkeit des jeweils zuständigen Leiters ausdrücklich gesetzlich festlegen, der Leiter jedoch nicht die Möglichkeit erhält durch Bereitstellung entsprechender Investitionsmittel die erforderlichen Arbeitsschutzmaßnahmen durchführen zu können und niemand ihn aus seiner persönlichen Gewissensnot befreit, dann ist dies eine Frage, die ihn zu der Überlegung veranlassen kann, seine Arbeitskraft unter angeblich für seine Person angenehmeren Bedingungen, also im Westen, zur Verfügung zu stellen.

Ähnlich sieht es in den Fragen der Planerfüllung aus. Nicht wenige hervorragende Angehörige der Intelligenz sind in Sorge, weil sie einerseits die Planauflage kennen und gleichzeitig andererseits durch bestimmte Ereignisse (z. B.

ausgefallene Westimporte) erkennen, dass die Planerfüllung in der vorgesehnen Höhe unmöglich ist. Bisher entlastete sie jedoch noch niemand von ihrer persönlichen Verantwortung für die Planerfüllung.

Im Zusammenhang mit der Agententätigkeit einschließlich RIAS-Hetze sind die hier gezeigten Gesichtspunkte besonders tragend.

Hier ein Beispiel dafür, wie ein hervorragender Fachmann zu zwei Fragen Stellung nimmt (Studium und Arbeitsschutzbestimmungen).

Am 27. März 1953 teilte mir der in der Farbenfabrik Wolfen beschäftigte, vielfach anerkannte Chemiker Dr. B. mit, dass er in großer Gewissensnot sei, da er als gläubiger Katholik nunmehr sieht, wie seine Tochter in Leipzig nicht nur Medizin studieren kann, sondern auch gleichzeitig Gesellschaftswissenschaften[1] studieren muss. Er sagte wörtlich: „Meine Tochter macht das nur mit, weil sie muss! Nicht, weil sie innerlich davon überzeugt ist und dies halte ich nicht mehr aus!"

Er sagte dann weiterhin:

„Ich weiß genau, dass es mir persönlich drüben nur schlechter gehen kann als in der DDR, aber dort kann meine Tochter Medizin studieren, ohne Gesellschaftswissenschaften gleichzeitig belegen zu müssen."

Bei dieser Aussprache erfuhr ich gleichzeitig, dass der frühere Leiter unserer Farbenfabrik in Wolfen, Dr. P., der nach seiner Gesundung mit dem Titel „Hervorragender Wissenschaftler des Volkes" ausgezeichnet werden wird, einen Strafbescheid in Höhe von DM 300,-- von den zuständigen Arbeitsschutzbehörden übermittelt bekam, obwohl er von dem in Frage stehenden Vorfall nicht nur nichts wusste, sondern auch angesichts dieses Riesenwerkes gar nichts wissen konnte.

In einem der zahlreichen Objekte dieses großen Werkes ist ein Arbeiter bei Aufzugsreparaturarbeiten tödlich verunglückt. Die Beschwerde des Herrn Dr. P. gegen diesen Strafbescheid wurde ohne Angabe von Gründen verworfen.

Ich zeige Ihnen dieses Beispiel nicht deswegen, weil ich der Meinung bin, dass unsere einschlägigen Arbeitsschutzbestimmungen schlecht sind, sondern, weil nahezu nichts unternommen wurde, um sie in ihrem Inhalt in entsprechen-

---

[1] Gemeint ist die Einführung eines obligatorischen Gesellschaftswissenschaftlichen Grundstudiums für Studenten aller Fachrichtungen im Zuge der zweiten Hochschulreform im Jahre 1951.

der Form bekannt zu machen bzw. unsere gesamten Werktätigen mit ihrem fortschrittlichen Inhalt vertraut zu machen und eine richtige Anwendung zu garantieren.

Aus dieser gedrängt gegebenen Übersicht sind einige Schlussfolgerungen zu ziehen. Ich bitte Dich, zu prüfen und zu entscheiden, ob folgendes möglich ist:

1) die führenden Genossen in unserer Regierung sollten öffentlich Erklärungen zu den unter § 2 gezeigten Fragen geben.

2) Unsere führenden Genossen sollten ihre Erklärungen damit verbinden, dass unsere Intelligenz von ihrem Recht auf Kritik und Beschwerde aktiver Gebrauch machen sollte, weil dies ein wesentlicher Ausdruck der in unserem Lande herrschenden realen Demokratie ist.

3) Die ideologische Arbeit unserer Regierung im ganzen Lande müsste, speziell auf diese Probleme gelenkt, verstärkt werden.

Mittel hierzu wären:

a) die geplante Umwandlung der Kulturdirektionen in politische Abteilungen,

b) die Verpflichtung für unsere Betriebsparteiorganisationen und Organisationen, ihre wichtigsten Kader aus den Reihen der technischen Intelligenz kennen zu lernen,

c) verstärkte Durchführung von geeigneten propagandistischen Maßnahmen gegen die Republikflucht (Presse, Funk, Film, Schriften),

d) sofortige Schaffung von Klubs für die Intelligenz in den verschiedensten Zentren und großen Produktionsbetrieben unseres Landes,

e) verstärkte Aufmerksamkeit.

(Quelle: SAPMO BArch, NY 4090/418, Bl. 192-195)

2. Enquête des Kulturbundes über die Lage der Intelligenz im März 1953

Der Präsidialrat legte der Erhebung folgende zehn Fragen zugrunde. Im Text der Bezirkserhebungen wird aus Gründen des Platzsparens in den Analysen nur die Ziffer angegeben. Die Bezirke Gera, Halle, Potsdam, Schwerin und Suhl entschieden sich für eine eigene Gliederung. Sie ist dem Text der genannten Bezirke zu entnehmen.

2.1. [Fragen des Präsidialrates des Kulturbundes]

1. Wie ist die materielle Lage der Intelligenz in den einzelnen Schichten?
2. Welche besonderen materiellen Wünsche gibt es bei der Intelligenz?
3. Welche anderen Ursachen der Unzufriedenheit existieren bei der Intelligenz?
4. Hat die Intelligenz besondere geistige und kulturelle Wünsche, die nicht erfüllt oder noch nicht erfüllt werden?
5. Welche Feststellungen über die Arbeit des Gegners im verschärften Klassenkampf konnten gemacht werden? Mit welchen Methoden und Argumenten arbeitet der Gegner?
6. Gibt es Erscheinungen der Republikflucht bei Intellektuellen?
7. Welche Erfolge haben wir in den Reihen der Intelligenz für den Aufbau des Sozialismus in der Republik zu verzeichnen?
8. Welche neuen Methoden haben wir erfolgreich angewandt?
9. Welches sind eure Vorschläge, um die Arbeit des Gegners innerhalb der Intelligenz besser bekämpfen zu können?
10. Welche besonderen Maßnahmen könnte unsere Regierung noch treffen und welche Arbeitsmethoden sollte der Kulturbund noch anwenden, um die Wünsche und Bedürfnisse der Intelligenz noch besser zu erfüllen?

2.2. [Lage der Intelligenz in Berlin (Ost)]

1. Die materielle Lage der Intelligenz wurde grundsätzlich durch die Kulturverordnung der Regierung der DDR in durchaus positivem Sinne festgelegt. Dazu kommt noch die Verordnung über die Erhöhung der Gehälter der tech-

nischen Intelligenz, der Meister und der Wissenschaftler. Das wird im großen Rahmen von den meisten Intellektuellen anerkannt. In 14 Ausspracheabenden, die der Kollege P. in volkseigenen Betrieben mit der technischen Intelligenz durchführte, kam es fast nur zu positiven Äußerungen. Wobei charakteristisch ist, was ein Ingenieur bei einer Aussprache im Kreis Prenzlauer Berg äußerte, dass er sich oftmals vor den Arbeitern seines hohen Gehalts wegen schäme. Nicht befriedigend ist die Lage
   a) der Tierärzte
   b) der Lehrer
   c) der Bibliothekare
Das gründet sich besonders auf Aussprachen, die unser Instrukteur N. in der Bibliothekarschule hatte, wo geäußert wurde, dass diesen Berufsgruppen, die eine große Arbeit zur Pflege unseres kulturellen Erbes leisten, nicht genügend Aufmerksamkeit gewidmet wird und ihre Gehaltsgruppen entsprechend den anderen Intellektuellen zu niedrig sind.
Eine ähnliche Meinung vertreten die Bibliothekare in den volkseigenen Betrieben, z. B. äußerte sich dahingehend der Betriebsbibliothekar von Bergmann-Borsig.
Aufgrund von zwei Ausspracheabenden für die Tierärzte des Städt(ischen) Schlacht- und Viehhofes wurde ebenfalls festgestellt, dass diese Tierärzte mit ihren Gehältern nicht einverstanden sind, da sie unter den Gehältern der Tierärzte in der praktischen Tätigkeit bei der Volkspolizei, auf volkseigenen Gütern, MAS-Stationen und der Kreistierärzte liegen. Es ergab sich, z. B. im Schlacht- und Viehhof, das Kuriosum, dass die Tierärzte der Deutschen Volkspolizei mit der gleichen Tätigkeit wie die anderen Tierärzte bedeutend mehr Gehalt erhielten. Des weiteren wurde von den Tierärzten im Schlacht- und Viehhof bemängelt, dass nur zwei ihrer Kollegen einen Einzelvertrag hätten.
Bei einer Unterhaltung mit den Dozenten und Lehrern der Berliner Lehrerbildungs-Institute wurde von diesen in völliger Unzufriedenheit geäußert, dass bis heute der neue Tarif, der für die Lehrer der DDR schon seit Februar in Kraft ist, in Berlin noch nicht angewendet wird, ja oftmals bei den Verwaltungsstellen noch gar nicht bekannt ist.

2. Für diesen Punkt gilt, besonders bei der technischen Intelligenz, das Gleiche wie in Punkt 1, dass die Kulturverordnung die wesentlichen Dinge geregelt hat. Als wichtigste materielle Forderung der Intellektuellen stehen nach wie vor die Wohnungsfragen. Eine besonders schwierige Situation ergibt sich dabei bei den Intellektuellen (besonders bei den Ingenieuren der volkseige-

nen Betriebe), die in den Randgebieten Berlins wohnen und in Berliner Betrieben arbeiten. Diese Intellektuellen versuchen immer und immer wieder einen Zugang nach Berlin zu bekommen, der ihnen infolge Wohnungsknappheit verwehrt wird. Das schafft in weiten Kreisen Unzufriedenheit.
Eine ähnlich gelagerte Beschwerde vieler Intellektueller, besonders der in den Randgebieten der DDR um Berlin herum wohnenden, ist die Frage der Kohlenversorgung. Diese Diskussion taucht immer wieder auf und wurde besonders scharf nach unserer Kenntnis im Verlag Kultur und Fortschritt geführt. Einer der wissenschaftlichen Mitarbeiter, der Kollege St., hat schon mehrere Male einen Instrukteur der Bezirksleitung dahingehend angesprochen.
Weiterhin konnte als ein sehr charakteristisches Beispiel, das auf viele Intellektuellen-Betriebe angewendet werden kann, in der Charité festgestellt werden, dass die sogenannten Klubräume für die Intellektuellen weder eine Küche noch einen Ausschank oder gar entsprechendes Bedienungspersonal zur Verfügung haben. Diese mangelnde Betreuung der Intellektuellen in ihren Klubräumen hat beispielsweise in der Charité (Prof. K.) Unzufriedenheit ausgelöst.
Von dem Meisterschüler der Deutschen Akademie der Künste, Wolfgang F., Maler, von Prof. G. von der Med[izinischen] Fakultät der Humboldt-Universität und einem Köpenicker Arzt ist uns bekannt geworden, dass diese Kollegen Intellektuelle auf sehr große Schwierigkeiten bei der Erlangung eines Wagens gestoßen sind. Prof. G. beispielsweise bemüht sich schon zwei, Wolfgang F. eineinhalb Jahre um den Kauf eines Wagens über die DHZ.

3. Immer wieder stößt man, wenn von der Unzufriedenheit der Intelligenz gesprochen wird, auf die Politik des Holzhammers. Z. B. lehnt in Bergmann-Borsig, einem Betrieb mit ungefähr 300 Intellektuellen, der Parteisekretär es ab, gesellige Zusammenkünfte der Intelligenz durchzuführen. Bergmann-Borsig hat seinen Produktionsplan nicht erfüllt und deshalb versucht der Parteisekretär, diesen Rückstand durch politisch-ideologische Vorträge vor der Intelligenz einzuholen, ohne die richtige Methode des Herangehens an die Intelligenz zu finden.
Im Schlacht- und Viehhof wurde von den Tierärzten geäußert, dass die politischen Kräfte in diesem Betrieb die Tierärzte als reaktionär ansehen und sie auch als solche bezeichnen. Die Kritik der Tierärzte an den Zusammenballungen der Schlachtviehanfuhr, im Zusammenhang mit der Unplanmäßigkeit der Anfuhr und der langen Einlagerung von Fleischreserven, wurde eben mit diesen Argumenten abgetan.

Interessant ist in diesem Zusammenhang ein Gespräch mit dem in Westberlin wohnenden ehemaligen Intendanten der Deutschen Staatsoper Ernst Legal, der uns sagte, dass die vielen „Funktionärchen" auf dem Gebiete der Kunst mehr schaden als nutzen, da sie, weil sie nichts von Kunst verstehen, die Künstler mit Phrasen abspeisen wollen. Er nannte in diesem Zusammenhang als besonders schlechte Kräfte auf dem Gebiet unserer Kunst die Genossen Holtzhauer und Bork (von) der Staatlichen Kommission für Kunstangelegenheiten.

Ein weiterer Punkt der Unzufriedenheit ist die schematische Behandlung der Fragen der Intelligenz durch verschiedene Partei- und Verwaltungsstellen. Z. B. haben wir festgestellt, dass der Leiter des Staatl. Streichquartetts der Deutschen Demokratischen Republik, Prof. Rudolf B., wohnhaft in Westberlin, die Genehmigung durch einen Passierschein hat, ohne Zollkontrolle den Kontrollpunkt an der Sektorengrenze mit einem „GB"-Wagen zu passieren. Prof. B. wurde schon einige Male von den Volkspolizisten aufgefordert, sich einer Leibesvisitation zu unterziehen. Die Proteste von Prof. B. wurden nicht ernst genommen, den Volkspolizisten interessierte dieser von den demokratischen Behörden ausgestellte Ausweis nicht. Es ist verständlich, dass ein solcher Schematismus Unzufriedenheit auslöst, vor allen Dingen in Anbetracht dessen, dass sich die Westzollbeamten in den meisten Fällen sehr korrekt und höflich benehmen.

In einer ganzen Anzahl Fälle wurden sehr starke Tendenzen gegen das Staatssekretariat für Hochschulwesen und besonders gegen die Staatliche Kommission für Kunstangelegenheiten festgestellt. Nach den angegebenen Fällen von beispielsweise den Herren Prof. B. und von L., blüht der Bürokratismus in der Kunstkommission geradezu erschreckend. Kurios ist es, dass Angestellte dieser Kommission nicht in der Lage waren, für Künstler, die in Westdeutschland ihre hervorragenden Engagements aufgegeben haben, Lebensmittelkarten und Personalausweise zu besorgen und diesen westdeutschen Künstlern gesagt wurde: „Wohnen Sie doch in Westberlin, da können Sie ohne Ausweis essen." – Weitere Fälle der Unzufriedenheit der Intellektuellen äußerten sich in den volkseigenen Betrieben Bergmann-Borsig und Stern-Radio in der Frage der getrennten Speisesäle und im volkseigenen Betrieb Energieprojektierung äußerte sich der Ingenieur W., dass es doch zwischen der alten Intelligenz und der neuen Intelligenz einen weiten Unterschied gäbe insofern, als die alte Intelligenz tatsächlich studiert habe, während es der neuen Intelligenz aus der Arbeiterklasse nun von der Regierung „sehr leicht gemacht" würde.

Das Beispiel – getrennte Speiseräume und Diskrepanz alter und neuer Intelligenz – gehört gleichfalls unter den Punkt 5 – Arbeit des Klassengegners.

Weiterhin wehren sich unsere Intellektuellen gegen eine nicht fachlich begründete und zu scharfe Kritik. Das haben wir in der Frage der Aufbauschichten einer Ärztin im Krankenhaus Herzberge und im Falle der Publikationen des französischen Prof. C. von der Humboldt-Universität, der in seinen publizistischen Arbeiten in einer falschen Form kritisiert wurde, festgestellt.

4. Im Wesentlichen wurden bei der Besprechung dieses Punktes zwei wichtige Hinweise festgestellt.
Einmal von der Intelligenz der Betriebe Bergmann-Borsig – Energieprojektierung – Geologische Kommission und Volk und Wissen Verlag, dass die Möglichkeit eines wirklich problematischen Gesprächs unter sich fehlt. Diese Intellektuellen sind nicht bereit, in Versammlungen oder Konferenzen zu sprechen, sondern wollen im möglichst geschlossenen Kreis zusammenkommen und ausführliche erschöpfende Diskussionen führen.
Zum zweiten wurde als besonderer Mangel das Fehlen von Fachliteratur und hierbei wieder besonders auf dem Gebiet der Medizin festgestellt, wobei das Ausschalten der gesamten westlichen Fachliteratur als einer der entscheidenden Mängel unserer Entwicklung festgestellt wurde.

5. Zunächst einmal ist festzustellen, dass einige Tierärzte des Schlacht- und Viehhofes in der Diskussion offen erklärten, Musiksendungen des RIAS abzuhören und auch infolge des Mangels an Gemüse, Qualitätsstoffen und Schuhen ab und zu im Westen Berlins zu kaufen.
Besonders bemerkenswert als ein Argument des Klassengegners ist die Stellung eines Intellektuellen aus dem volkseigenen Betrieb Hartfettwerk Lichtenberg, der folgendes äußerte: „Durch die Enteignung der Betriebe und die Bodenreform wurde dem Staat sehr viel Geld eingebracht, das ist jetzt verbraucht, also gehen wir dazu über, westberliner Geschäftsleute und Besitzer von Miethäusern sowie Landwirte in der DDR zu enteignen, damit unser Staat wieder Geld bekommt. Die Wirtschaft in der DDR lebt also nur von den Enteignungen und wenn das bei uns zu Ende ist, werden wir in eine Auseinandersetzung mit Westdeutschland treten, um uns für das Funktionieren unserer Wirtschaft wieder Geld zu beschaffen."
Ein anderes Argument tauchte besonders im Volk und Wissen Verlag und in der Geologischen Kommission auf, welches sinngemäß beinhaltet:
„Es gibt in der DDR keine kulturelle Blüte, sondern nur Kulturaktionen. Eine Vielfalt in der Kulturarbeit gibt es bei uns nicht, alles wird ausgerichtet auf

bestimmte Aktionen, z. B. Goethe, Bach, Gorki usw. Dabei kam immer wieder zum Ausdruck, dass uns nicht z. B. Gorki als Dichter geschildert wird, sondern als Parteifunktionär, und gegen eine solche Betrachtung muss man sich selbstverständlich wehren."
Viel Unzufriedenheit wurde durch den Klassengegner unter der Intelligenz mit dem Argument der „Herausbildung einer besonderen Kaste der Intelligenz" (siehe getrennte Speiseräume), und der 14-tägigen Kündigungsfrist, die im Gesetz der Arbeit festgelegt ist, geschaffen. Diese Kündigungsfrist wurde von verschiedenen Intellektuellen (besonders Schlacht- und Viehhof) so aufgefasst, dass man jederzeit die alte Intelligenz schnell entfernen kann und sie damit geringschätzig betrachtet.
Ein weiteres Argument, das ausschließlich vom Klassengegner verbreitet wird, und jetzt sehr häufig auftaucht, ist das Problem der Sitzungen und Konferenzen. Beispielsweise äußerte sich Prof. V., Direktor der Klinik für natürliche Heilweise (besitzt außerdem noch eine Praxis am Kurfürstendamm), dass man durch diese Sitzungen, Konferenzen, Besprechungen, Tagungen mehr kaputt macht als heilt.

6. Nach unseren Feststellungen sind die Gründe für die Republikflucht der Intellektuellen in erster Linie in der ungeheuren Arbeit des Klassengegners zu suchen. Als zweiter Grund ist festzustellen, mangelndes Verständnis für die Intelligenz, Holzhammermethoden in der Diskussion mit der Intelligenz und bürokratisches und falsches Verhalten, wenn es um die Sorgen der Intelligenz geht.
Außer den bereits bekannten Einwirkungen des Klassengegners auf unsere Nationalpreisträger und die Übersiedlung der Intellektuellen Legal – Staatsoper, Klaus-Dieter Holm – Schiffbauerdamm-Theater, Prof. Strempel – Hochschule für angewandte Kunst, Weißensee und Prof. Stengel – Märkisches Museum, sind uns in den letzten Tagen wiederum zwei Fälle bekannt geworden, in denen intellektuelle Mitarbeiter der Geologischen Kommission diesen Weg gegangen sind.
Die Gründe für die Flucht liegen in der verschärften Situation zwischen der DDR und Westdeutschland. Es ist festzustellen, dass diese Intellektuellen glaubten, dass nach einer endgültigen Trennung zwischen Ost und West sie nicht mehr zu ihren Verwandten und Freunden nach dem Westen könnten. Diese Tendenzen sind bei einigen Flüchtigen aus der Republik ja bereits festgestellt worden.

7. Es ist uns nicht möglich, über den Punkt 8 – bestimmte neue Methoden – und (bei) diesem Punkt (7) besondere Ergebnisse von der praktischen Arbeit der Intellektuellen beim Aufbau des Sozialismus zu kennzeichnen.
Zwei dieser Gesichtspunkte sind darin zu suchen, dass, wie es in der Geologischen Kommission der Fall war, sich laufend Intellektuelle zum Zirkel über den Marxismus-Leninismus melden und wirklich um die Frage, „wie kann die Intelligenz beim Aufbau des Sozialismus mithelfen?" Gedanken machen. Das zeugt davon, dass ein Teil unserer fortschrittlichen alten Intelligenz ehrlich bemüht ist, ihre eigene Zurückgebliebenheit auf politischem Gebiete zu überwinden und ihre praktische Arbeit mit den Theorien des Marxismus-Leninismus zu verbinden.
Bei diesem ehrlichen Wollen sollte von unserer Partei mehr Gewicht darauf gelegt werden, die richtige Diskussion zu entfalten und die besten Argumente zu gebrauchen, um diese Intellektuellen auf ihrem Weg zu bestärken. In diesem Zusammenhang ist es charakteristisch, dass der Professorenclub an der Humboldt-Universität in den letzten Wochen einen Aufschwung genommen hat und die Professoren aus ihrer anfänglichen Zurückhaltung herausgingen. Der Aufbau der Stalin-Allee, die bessere Warenqualität in unseren HO-Geschäften und ähnliche Fragen waren überzeugende Argumente für diese Intellektuellen, die mit ihrer Arbeit und mit ihrem Wollen ganz im Sinne unserer Politik heute auftreten.
Als besondere Beispiele für Erfolge unserer Intelligenz sind bei uns in Berlin die Tätigkeit des Ingenieurs J. in den Niles-Werken, der eine Maschine erfand, der Ärzte Dr. Sch. und Prof. Dr. K., die unter Einsatz ihrer ganzen Persönlichkeit den Aufbau der Krankenhäuser Weißensee und Friedrichshain als Chefärzte verantwortlich geleitet haben und des Rektors der Berliner Universität, Prof. Dr. Neye, der unter den Professoren der Universität eine ausgezeichnete Arbeit in gesellschaftlicher Beziehung leistet, zu nennen.

8. (siehe 7)

9. Wir haben festgestellt, dass [...] für die Arbeit unter der künstlerischen Intelligenz immer wieder betont werden muss, dass die Organisationen und Leitungen unserer Partei sich mehr mit kulturellen und kulturpolitischen Fragen beschäftigen müssen.
Die Intellektuellen wollen sich nicht von sogenannten Parteifunktionären mit (wie sie sagen ND-Leitartikeln und ideologischen Phrasen) abgespeist werden, sondern dass wirklich auf ihre fachlichen Fragen eingegangen wird. Des

Weiteren ist es ungeheuer wichtig, dass in den Produktionsbetrieben endlich das verwirklicht wird, was auf dem III. Parteitag unserer Partei bereits zum Ausdruck kam, dass die Gewerkschaften ihre Kulturarbeit in weitgehendem Masse verbessern müssen.

Ein dritter Punkt ist die schnellste Überwindung des Bürokratismus und des Schematismus von unseren Verwaltungsstellen auf dem Gebiet der Kulturpolitik (siehe Staatliche Kommission für Kunstangelegenheiten).

Ein vierter wichtiger Punkt ist – „weg vom Holzhammer und dem Leitartikelstil, hin zur individuellen, sachlichen Beschäftigung mit den Intellektuellen und die Verwendung der besten Argumentation".

Weiterhin schlagen wir vor, Maßnahmen zu ergreifen, um die Klubhäuser für die Intelligenz würdig umzugestalten, mehr als bisher gesellige Abende auf hohem Niveau für die Intelligenz durchzuführen, der Intelligenz die <u>richtige</u> Anleitung beim Studium des Marxismus-Leninismus zu geben und sich ganz energisch in die Fachliteraturbeschaffung für die Intelligenz einzuschalten.

Des Weiteren muss angestrebt werden, die Intelligenz von Verwaltungsarbeiten (Haushaltsplansorgen u. Ä.) freizumachen und in gesellschaftlicher Beziehung sie für die <u>richtige</u> gesellschaftliche Arbeit einzusetzen. Nicht wie es im Falle des Nationalpreisträgers A. der Fall war, dass dieser Nationalpreisträger zum Hausnummernzählen von der Nationalen Front eingesetzt wurde.

10. Als eine Maßnahme unserer Regierung könnte die strenge und vom Standpunkt unserer Partei getragene Überprüfung der Mitarbeiter der Staatlichen Kommission für Kunstangelegenheiten und des Sekretariats für Hochschulwesen gewertet werden, um solche Fehler dieser beiden Institutionen, die in den vorgenannten Punkten genannt sind, auszumerzen; weiterhin die Beschäftigung der Grundeinheiten und Leitungen unserer Partei mit kulturellen Problemen, um die richtigen Argumente zu gebrauchen.

Dann kämen auch solche Fälle wie die in der letzten Sitzung der Bühnengenossenschaft nicht vor, als ein Mitglied der Deutschen Staatsoper eine Entschließung gegen die Verurteilung der Rosenbergs durch Stimmenthaltung ablehnte mit der Begründung, er sei „Ausländer und darf sich in der DDR nicht politisch betätigen."

Der Kulturbund sollte in Zukunft mehr seine Kraft auf Betriebe verwenden, in denen vorwiegend Intellektuelle beschäftigt sind, weil hier das große Aufgabengebiet unserer Organisation liegt und dafür mehr und mehr auf eine allgemeine Veranstaltungstätigkeit für die Mitglieder verzichten.

Nachtrag

Nach einem Anruf von Herrn Dr. W., weitere Erkundigungen über die materielle Lage der freischaffenden Schriftsteller und bildenden Künstler in Berlin einzuziehen, ist es uns heute nach Rücksprachen mit dem Verband bildender Künstler und dem Schutzverband deutscher Autoren möglich, in folgendem unsere Analyse zu ergänzen:
Eine ausgesprochen materielle Notlage unter den Schriftstellern gibt es nicht mehr.

Besondere Talente haben sich durchgesetzt und die so genannten „Auch-Schriftsteller" haben heute vorwiegend Beschäftigung bei der Volkshochschule oder arbeiten an den Zeitungen des demokratischen Sektors mit.

Bei den bildenden Künstlern sieht es etwas schlechter aus. Dort ist die Situation so, dass keine materielle ausgesprochene Notlage besteht, aber bei den Künstlern, die für private Kunsthandlungen kopieren, abmalen oder ähnliche Arbeiten verrichten, der Lebensstandard gering ist.

2.3. [Lage der Intelligenz im Bezirk Cottbus]

1. Bei den Ärzten ist die materielle Lage im allgemeinen gut. Wenn auch bei den Ärzten der Polikliniken und Krankenhäuser das Durchschnittsgehalt bei ca. 800,-- DM liegt, so erhöht sich dieses Gehalt durch Nebeneinnahmen (gleichzeitige Tätigkeit in Poliklinik und Krankenhaus – ärztliche Betreuung der Volkspolizei usw.) auf ca. 1 200,-- DM im Durchschnitt.

Eine Verstimmung bei den Ärzten im Angestelltenverhältnis wird dadurch hervorgerufen, dass die Verdienstmöglichkeiten und die realen Einkünfte eines freipraktizierenden Arztes bedeutend höher liegen.

Die materielle Lage der Wissenschaftler und Techniker ist gut. Durch die kürzlich erfolgte neue Festsetzung der Gehälter für Pädagogen ist die materielle Lage der Lehrer ebenfalls zufriedenstellend.

Bei den festengagierten Künstlern ist die materielle Lage differenziert. Während das Stadttheater Cottbus entsprechend den gegebenen Verhältnissen über genügend Mittel verfügt, um gute Kräfte zu engagieren, ist die finanzielle Lage des Stadttheaters Senftenberg so, dass kaum die Möglichkeit besteht, gute Kräfte zu verpflichten und hier noch die Bezeichnung „Provinztheater" seine Berechtigung hat. Es ist natürlich klar, dass dadurch das künstlerische Niveau des Theaters nicht das beste ist, dass es für den Intendanten sehr schwierig ist, Kräfte für Senftenberg zu gewinnen. Hinzu kommt, dass durch die schlechte finanzielle Lage des Theaters nicht die Möglichkeit besteht, eine Trennung zwischen Schauspiel – Opern- und Operettenensemble durchzuführen. In vielen Stücken wirken fast alle Kollegen mit, so dass sehr oft nicht einmal ein spielfreier Abend für viele Kollegen möglich ist.

Eine weitere Schwierigkeit besteht für die Theater darin, dass die Forderung erhoben wird „Dramatiker zum Theater", dass aber auf der anderen Seite keine finanziellen Mittel vorhanden sind, um diese Dramatiker zu bezahlen.

Die materielle Lage der freischaffenden Künstler und Schriftsteller ist nicht als zufriedenstellend zu bezeichnen. Die Auftragserteilung durch die Verbände ist noch nicht so gut organisiert, dass für alle anerkannten freischaffenden Künstler die finanzielle Grundlage gesichert ist. Z. B. ist Prof. N., Kreis Liebenwerda – ein bekannter bildender Künstler – dessen Werke in Berlin, Dresden, und Hamburg zu finden sind, auf eine Altersrente von 98,-- DM angewiesen.

Der Autor und Komponist der Operette „Netze an Bord", Bodo K., dessen Stück in Kürze in Stralsund uraufgeführt werden soll, ist dadurch in finanzielle Schwierigkeiten geraten, dass die Uraufführung durch die Republikflucht des Tenors des Stadttheaters Stralsund weiter hinausgeschoben werden musste.

Besonders schlecht wirkt sich die mangelhafte Auftragserteilung auf die jungen Autoren, auf den künstlerischen Nachwuchs aus. Diese stehen nicht selten vor der Frage, einen praktischen Beruf zu ergreifen, um die finanzielle Grundlage zu haben zur Weiterführung ihrer künstlerischen Arbeit.

Viele freischaffende Künstler und Schriftsteller haben ein monatliches Durchschnittseinkommen von ca. 200,-- DM.

2. Die Ärzte im Angestelltenverhältnis äußerten den Wunsch, die Benzinzuteilung für Ärzte zu erhöhen, da bei der augenblicklichen Zuteilung die Beweglichkeit der Ärzte sehr gehemmt ist. Die Betriebspoliklinik in Lauchhammer erhält für neun Ärzte im Durchschnitt 350 bis 400 Ltr. Benzin.

Es wurde besonders die Forderung erhoben, mehr Ferienplätze für die Intelligenz zur Verfügung zu stellen und vor allem dann zur Verfügung zu stellen, wenn die Urlaubsmöglichkeit gegeben ist. So gibt es heute noch Fälle, dass Lehrer Ferienplätze erhalten, wenn die Schulferien längst vorüber sind.

3. Es gibt heute noch Fälle, in denen staatliche Verwaltungsstellen nicht die richtige Einstellung der Intelligenz gegenüber an den Tag leben, was zur Folge hat, dass eine Verärgerung unter der Intelligenz hervorgerufen wird. So ver-

fügte das Mitglied der Kreiswohnungskommission im Kreise Liebenwerda, Herr St., dass der Direktor der Grundschule I in Liebenwerda, Herr R., seine Wohnung unverzüglich zu räumen habe. Er begründete das damit, dass R. sowieso ein Doppelverdiener sei und sagte wörtlich: „Wir wissen schon, was wir an Euch gewonnen haben, lauter reaktionäre Kräfte. Wir räumen die Wohnung und wenn sich die ganze DDR dagegen stellt."

Unter den Ärzten wird dadurch eine Verärgerung hervorgerufen, dass der Kampf gegen das Bummelantentum oft in der Form überspitzt wird, dass man den Arzt dafür verantwortlich macht, wenn ihm trotz aller Vorsicht ein Simulant etwas vormacht.

So wurde z. B. in Lauchhammer ein Arzt, dessen Namen wir leider trotz aller Bemühungen nicht erfahren konnten, deshalb kritisiert, weil ein Patient, der im Betrieb als Bummelant bekannt war, zu ihm kam und eine Gehirnerschütterung vortäuschte.

Bei Gehirnerschütterung muss sich der Arzt auf die Angaben des Patienten verlassen. Es gibt nur sehr geringe Möglichkeiten, die Richtigkeit dieser Angaben nachzuprüfen. Deshalb musste der Arzt die Behandlung vornehmen. Der Erfolg war, dass ihm verantwortungsloses Handeln vorgeworfen wurde.

Die Künstler der Theater sind vielfach mit den Spielplänen nicht einverstanden. Besonders macht sich dieses bemerkbar bei dem Schauspiel. Die Stücke, die an den Theatern aufgeführt werden, stellen vielfach an das Können der Schauspieler zu wenig Anforderungen, so dass die künstlerische Leistung die Schauspieler nicht befriedigt.

In dem Stück „Wilhelm Tell" z. B. ist von Anfang an Tell der positive Held, der sich in keiner Beziehung im Laufe der Handlung verändert und der Geßler nur aus persönlichen Rachegefühlen erschießt. Geßler ist von Anfang an böse und verändert sich auch nicht während der Handlung.

Stücke, in denen dramatische Konflikte zu lösen sind, wie „Der Richter von Zalamea", „Menschen unserer Straße" werden von den Schauspielern gern gespielt und geben ihnen auch eine künstlerische Befriedigung.

Eine Verärgerung der Künstler der Theater wird auch dadurch hervorgerufen, dass nur sehr selten Staats- oder Parteifunktionäre Theaterveranstaltungen besuchen. Die Künstler sehen hierin eine Diskrepanz zwischen den Erklärungen des ZK und den offiziellen Verlautbarungen des Parteiapparates und der Praxis.

Dadurch, dass zu wenig persönliche Verbindung zwischen Partei- und Staatsfunktionären und den Intellektuellen und Künstlern besteht, fühlen sich die Intellektuellen und Künstler in ihrem Schaffen nicht anerkannt.

Ein weiterer Grund zur Verärgerung ist in der schlechten Arbeit der staatlichen Verwaltungsstellen zu suchen.
Die Ablehnung der beantragten Interzonenpässe erfolgt meistens erst dann, wenn der Urlaub bereits angetreten werden muss. Hinzu kommt, dass die Intellektuellen und Künstler kein Verständnis dafür aufbringen, dass in einem Betrieb, z. B. im Stadttheater Cottbus zwei Interzonenpässe genehmigt werden, die mit der gleichen Begründung beantragt wurden wie die anderen und alle übrigen abgelehnt werden. Eine schnellere Bearbeitung der Interzonenpässe wäre angebracht und gleichzeitig eine vernünftige Begründung bei der Ablehnung von Interzonenpässen.

4. In Lauchhammer wird der Wunsch von vielen Intellektuellen geäußert, einen Tennisplatz wiederherzustellen. Es würden keine erheblichen Kosten entstehen. Desgleichen ist in Lauchhammer der Wunsch vorhanden, eine gut eingerichtete HO-Gaststätte zu eröffnen, weil der augenblickliche Zustand der HO-Gaststätten in Lauchhammer als unbefriedigend zu bezeichnen ist. Diese Wünsche werden schon des öfteren geäußert, bisher aber nicht erfüllt; in bezug auf den Tennisplatz mit der Begründung, dass der Tennissport als „bürgerlicher Sport" anzusehen ist.

5. Der Wunsch nach guten künstlerischen Veranstaltungen ist unter der Intelligenz sehr groß. Desgleichen fordert die Intelligenz in den Betrieben die Einrichtung von entsprechenden Klubräumen.
Die Wissenschaftler erheben die Forderung, ihnen mehr Möglichkeiten für ihre fachliche Weiterbildung zu geben, sei es durch wissenschaftliche Tagungen oder durch sowjetische Literatur der verschiedensten Fachgebiete.

5. Eine besonders intensive Arbeit des Gegners ist z. Z. unter den Ärzten und Künstlern festzustellen.
Bei den Ärzten operiert er im allgemeinen mit dem Argument, dass es sehr gefährlich sei, einen Parteigenossen zu behandeln. Bei dem geringsten Misslingen einer Behandlungsmethode würde sofort eine gerichtliche Bestrafung einsetzen. Hierbei ist dann auf den Prozess der Ärzteverschwörung in der Sowjetunion hingewiesen worden.
Unter den jüdischen Ärzten wird bewusst das Argument verbreitet, dass im Zusammenhang mit dem Slansky-Prozess eine Judenverfolgung zu erwarten sei. Es wird vom Gegner unser Kampf gegen die feindlichen zionistischen Organisationen gleichgesetzt mit einem Kampf gegen alle Juden.

Des Weiteren wird unter den Ärzten das Argument verbreitet, dass jeder Arzt, der unsere Republik verlässt, in Westdeutschland sofort als politischer Flüchtling aufgenommen wird und bevorzugt vor allen anderen Bewerbern eine Praxis erhält. Der Gegner arbeitet hierbei mit konkreten Beispielen und führt im einzelnen an, welche Hilfe Ärzte erhalten haben, die nach Westdeutschland geflohen sind.
Die Methoden und Argumente, mit denen der Gegner unter den Künstlern arbeitet, konnten bisher noch nicht festgestellt werden.

6. Die Erscheinungen der Republikflucht bei Ärzten und Künstlern haben ihre Gründe in der Arbeit des Gegners und im sektiererischen Verhalten zur Intelligenz (Wohnungsfrage und falsche Führung des Kampfes gegen das Bummelantentum.)

7. Aus Anlass des Todes von J. W. Stalin sind nach den Berichten aus den Kreisen viele Intellektuelle aus ihrer abwartenden Haltung herausgetreten und haben in aller Öffentlichkeit ihre Stellungnahme zum Aufbau des Sozialismus gegeben. So hat z. B. Herr F. aus Tröbitz (Kreis Finsterwalde), der bisher nicht für eine Mitarbeit zu gewinnen war, sich bereit erklärt, Vorträge auf seinem Fachgebiet zu halten.

8. Die Entfaltung des Klublebens hat zur Folge, dass viele Intellektuelle, die bisher eine reservierte Haltung einnahmen, aus dieser Reserve herauskommen und ein Kampf der Meinungen unter den Intellektuellen sich durchzusetzen beginnt.

9. a) Verstärkte Bekämpfung jeder sektiererischen Haltung gegenüber der Intelligenz in engster Zusammenarbeit mit den Leitungen der Sozialistischen Einheitspartei.
b) Verstärkte Anstrengungen zur Veränderung des Bewusstseins der Intelligenz. Es müssen besondere Argumentationen herausgegeben werden, die auf die Fragen innerhalb einer Berufsgruppe der Intelligenz eingehen.

10. Der Staatsapparat müsste Sorge dafür tragen, dass die Verordnungen zur Förderung der Wissenschaft und der Intelligenz besser verwirklicht werden und eine ständige Kontrolle darüber herrscht.
Des Weiteren ist es notwendig, dass sich unsere Regierung mit der Nachwuchsfrage der Künstler, besonders der freischaffenden Künstler befasst.

Die staatliche Verwaltungen müssten über die Tätigkeit des Förderungsausschusses eine genaue Untersuchung durchführen. Der Kulturbund muss in verstärktem Maße sowjetische Literatur beschaffen, um den Wissenschaftlern die Möglichkeit ihrer Weiterbildung zu geben.
Des weiteren ist es notwendig, das Klubleben in bedeutendem Masse zu verstärken.

2.4. [Lage der Intelligenz im Bezirk Dresden]

1. Unsere Erfahrungen und unsere Untersuchungen haben folgendes erkennen lassen:
Die materielle Lage der im festen Arbeitsverhältnis stehenden Intelligenz ist gesichert. Vielfach sind die anerkannten Angehörigen der Intelligenz Einzelvertrags-Inhaber. Der Betrieb unterstützt sie bei der Beschaffung von Wohnungen, und die materiellen Wünsche werden in weitestem Umfang berücksichtigt.
Bei Schwierigkeiten in der Wohnraumbeschaffung, die im einzelnen noch vorliegen, handelt es sich um Schwierigkeiten, die im Augenblick nicht lösbar sind, und die Intelligenz bringt in jedem Falle Verständnis für die augenblickliche Lage auf.
Bei Unterhaltungen mit Angehörigen der wissenschaftlichen, besonders aber der technischen Intelligenz tritt ein Merkmal in Erscheinung: Die Fürsorge, die für die Schauspieler und Schauspielerinnen aufgewandt wird, wird als nicht gerechtfertigt betrachtet. Während Angehörigen der technischen Intelligenz nicht in jedem Falle vom Betrieb sofort eine Wohnung vermittelt werden kann, so dass sie oft monatelang von ihrer Familie getrennt im neuen Wirkungsort möbliert wohnen, werden Schauspielern bei Vertragsabschluss sofort Wohnungen zugewiesen. Der Grund wird darin gesehen, dass die Theater ausschließlich Stadttheater sind und die Gemeindeverwaltung für ihre Angestellten – in diesem Falle die Schauspieler – sich wesentlich stärker einsetzt. Auch wird die Zuweisung von IN-Karten an die schauspielerische Intelligenz in der Anzahl als zu groß betrachtet.
Die Lage der freien wissenschaftlichen Intelligenz ist teilweise nicht mit gut zu bezeichnen. So lebt beispielsweise der Naturwissenschaftler Dr. K. in Meißen in schlechten materiellen Verhältnissen. Wie uns unser Kreissekretariat unterrichtet, hat er keine Anstellung und lebt von den Einnahmen seiner

Gattin, die als Dozentin in Rostock tätig ist. Der Bundesleitung sei in dieser Angelegenheit schon einmal Mitteilung zugegangen, bisher sei aber noch nichts geschehen.

Herr Dr. K. ist durch einen Unfall durch Brandmale an einer Gesichtshälfte verunstaltet und kann daher kaum öffentlich arbeiten, etwa durch Vorträge zur Verbreitung wissenschaftlicher Kenntnisse o. Ä., da er sich durch Verunstaltungen gehemmt fühlt. Allgemein wird erklärt, dass Herr Dr. K. ein hervorragender Wissenschaftler sei, der durchaus Forschungsaufträge erfüllen könnte.

Herr Dr. E. H. B., Dresden, ist ein ausgezeichneter Naturwissenschaftler, der nach Aussagen von Prof. Sch., Jena, schon längst eine Professur in Jena hätte, wenn Herr B. nicht gelähmt wäre. Er hat in Dresden-Reick 1945 eine öffentliche Pilzberatungsstelle eingerichtet, die ihm den notwendigsten Lebensunterhalt garantierte. Er steht im ununterbrochenen Kampf seit 1945 gegen den Leiter der Pilzberatungsstelle Dresden, Herrn E., der eine wissenschaftliche Kritik an sich als persönlichen Angriff auffasste und Herrn Dr. B. in jeder Weise das Leben erschwerte. Herr E. nutzt scheinbar seine Mitgliedschaft in der SED dazu aus, um gegen Herrn Dr. B. auch von der politischen Seite her den Kampf zu führen. Dieser unleidige und unnötige Streit, weil er nicht von Seiten des Herrn E. auf sachlicher und wissenschaftlicher Grundlage geführt wurde, hat dazu geführt, dass Herr Dr. B. fast das Vertrauen zu unserer Verwaltung verloren hat, wie in dem Schreiben an das Ministerium für Gesundheitswesen und an den Förderungsausschuss für deutsche Intelligenz zum Ausdruck kommt.

Herr Dr. B. hat sich in eine Stimmung hineinführen lassen, die ihn sofort in Abwehrstellung gegen jede staatliche Dienststelle setzt.

Diese Dinge werden auch in Fachkreisen weiter bekannt und geben Anlass, diese Ausnahmefälle als typische Fälle darzustellen.

Die Lage der freischaffenden bildenden Künstler und Schriftsteller kann auch im großen Ganzen nicht als zufriedenstellend bezeichnet werden. Die bildenden Künstler in Riesa haben beispielsweise zum Teil seit Monaten ihre Mieten nicht bezahlen können.

Bei einer im I. Quartal 1952 in den Kreisen Riesa und Großenhain durchgeführten Wanderausstellung des Verbandes Bildender Künstler, die in insgesamt 16 Betrieben gezeigt wurde, konnte nicht ein einziges Bild verkauft werden. Die Mittel des Kultur- und Direktorenfonds dürften angeblich nicht für diese Zwecke verwandt werden, und die Werktätigen dieser Betriebe, darunter Stahlwerk Riesa und Gummiwerk Riesa, zeigten kein Interesse für einen Ankauf.

Wie uns der Vorsitzende des Verbandes Bildender Künstler in Riesa, Herr K., erklärte, haben sich die bildenden Künstler wirklich bemüht, Probleme der heutigen Zeit darzustellen. Gerade die waren es, die von unseren Werktätigen abgelehnt wurden, während die belanglose Landschaft oder das Stilleben ihre Anerkennung fanden. Diese Anerkennung drückte sich aber auch nicht in Verkäufen aus. Weiter gab Herr K. bekannt, dass Investmittel in Höhe von 30 000,-- DM, die für künstlerische Zwecke im Kreise Riesa/Großenhain zur Verfügung standen, ohne Angabe von Gründen gestrichen worden seien.
Klage wird darüber geführt, dass die Auftragskommission des Bezirks immer nur auf einige wenige bekannte bildende Künstler zurückgreift und die jungen bildenden Künstler oder die in den kleineren Ortschaften wirkenden nicht berücksichtigt werden.
Ähnlich liegen die Verhältnisse in Görlitz, indem bei Neubauten nur Skrafito-Aufträge vergeben werden. Der Maler führt alle Aufträge aus, während die anderen bildenden Künstler von Zufallsarbeiten, Sichtwerbung, Plakaten u. Ä. leben müssen. Es besteht eine Tendenz – und die ist nicht nur in Görlitz zu verzeichnen – als sei das Tafelbild durch die neue gesellschaftliche Entwicklung überholt.
Der Schriftsteller Q. in Görlitz hat vier Verlagsaufträge, darunter ein Werk über die Entwicklung der Glasindustrie. Herr Q. hat beim Förderungsausschuss einen Kredit aufnehmen müssen, dessen Rückzahlung am 1. Januar 1953 beginnen sollte. Die Verlage sind nur sehr zögernd bereit, Vorschüsse zu geben, so dass Herr Q. in materielle Notlage geraten ist. Zur Erfüllung seines Auftrages ist es aber notwendig, umfangreiche Archivalien durchzuarbeiten, Untersuchungen in den Produktionsstätten durchzuführen, beispielsweise in Weißwasser. Er kam zu dem völlig falschen Schluss, erst einmal die Kinderbuch – „Konjunktur" auszunutzen und schreibt zwischendurch zugleich an einem Kinderbuch.
Es besteht die Gefahr, dass beide Arbeiten nicht gelingen, weil Herr Q. sich nicht auf seine eigentliche Aufgabe konzentrieren kann.

2. Aus dem unter P[un]kt 1 Angeführten ist einiges schon ersichtlich geworden. Klage wird fast einstimmig darüber geführt, dass nicht genügend Ferienplätze für die Angehörigen der Intelligenz zur Verfügung stehen. Bei der Ferienplatzverteilung durch die BGL werden die Wünsche der Intelligenz selten berücksichtigt, sondern die dem Betrieb zugewiesenen Plätze werden formal verteilt. Die Anzahl der Ferienheime für die Angehörigen der Intelligenz wird

als ungenügend bezeichnet oder aber es wird der Vermutung Ausdruck gegeben, dass die Kapazität dieser Heime durch schlechte Organisation nicht gut genug ausgenutzt wird. Auch hier steht die Wohnungsfrage im Vordergrund. Der Dirigent und einige Angehörige des Kreiskulturorchesters in Riesa sind zum Teil sehr schlecht untergebracht. Dem Staatsanwalt K. in Görlitz wurde die Dringlichkeitsstufe zur Beschaffung von Wohnraum mit der Begründung verweigert, dass er unter die Gehaltsstufe IV B falle und demzufolge nicht als ein Vertreter der Intelligenz anzusprechen sei.
Eine Interpellation des Kulturbundes führte hier zur Revidierung dieser Ansicht.
Freischaffende Künstler und Schriftsteller beklagen sich darüber, dass ihnen bei Krankheit nicht das volle Krankengeld gewährt würde, dass beispielsweise ein Schriftsteller im Krankheitsfalle immer die Möglichkeit habe zu arbeiten. Aus diesem Grunde würden nur Arzt und Medikamente von der SVK übernommen.
Die gleichen Wünsche haben unsere freipraktizierenden Ärzte. Sie wären durchaus bereit, auf freiwilliger Grundlage Beiträge beizusteuern, die ihnen einen Krankengeldanspruch im Falle ihrer Erkrankung sichern würden.
Ein besonderer Wunsch, vor allem der Landärzte besteht darin, dass sie eine höhere Benzinzuteilung für Krankenbesuche erbitten.
Die bis heute bewilligten Benzinmengen würden in keinem Falle ausreichen. Auch eine Zuteilung von Autos wäre eine wesentliche Hilfe für sie bei der Betreuung ihrer Kranken. Erschwerend ist jetzt hinzugekommen, dass Bereifungen usw. nur noch über die HO verkauft werden können. Oftmals ist die materielle Lage noch nicht so, dass die notwendigen Ankäufe getätigt werden können.
Der Arzt, Dr. T. in Görlitz erklärte gesprächsweise, dass er als angestellter Arzt des Krankenhauses keinerlei Benzinzuteilung erhielte, sondern voll auf HO-Benzin angewiesen ist.

3. Spricht man mit Angehörigen der Intelligenz über ihre Sorgen und Nöte, so kann man feststellen, dass es nicht so sehr die materiellen Dinge sind, die sie drücken, sondern oft falsche Behandlung und Bürokratismus als die Grundlagen ihrer Unzufriedenheit erkennbar werden.
Der Architekt, Herr W. in Görlitz, arbeitet seit zwei Jahren im Projektierungsbüro und erzählte, dass er in dieser Zeit die Berechnungsmethoden siebenmal verändert habe, jedes Mal auf Anweisung der Hauptabteilung im Ministerium für Aufbau.

Sei eine Rechnungsmethode einigermaßen in der Praxis anwendbar gewesen, so wäre sie geändert worden. Er sprach direkt von einem Gefühl der Unsicherheit, die sich unter den Architekten und Bauingenieuren breit macht – was heute schwarz ist, sei morgen weiß.
Bei vielen Intellektuellen konnte man die Meinung finden, dass „oben" unfähige Leute säßen. Bei den Menschen mit schwachem gesellschaftlichen Bewusstsein würde unausgesprochen die Tendenz vertreten, es handele sich sicherlich um einen SED-Funktionär, der untergebracht worden sei und nun von keiner Sachkenntnis getrübt seine Daseinsberechtigung unter Beweis stellen wolle.
Das Unsicherheitsgefühl findet man sehr häufig vertreten. So erklärte der Dipl.-Ingenieur L. aus dem Gummiwerk Riesa aus seinem eigenen Erlebnis: Eine Schwerpunktmaschine sei ausgefallen und die Instandsetzung erforderte ca. acht Wochen. Hierdurch entstanden große Produktionsverluste, und auch Qualitätsverluste waren zu verzeichnen, da Erzeugnisse anderweitig beschafft werden mussten. Die Werkzeitung schrieb einen Artikel über den Fall, in dem erklärt wurde, dass es sich möglicherweise um Sabotage handeln könne. Der Artikel war sehr scharf gehalten.
Dem Ingenieur L. gelang es, die Maschine in drei Wochen wieder instand zusetzen, da er für den Kalander ein Ersatzteil in umgearbeiteter Form verwandte. Er fuhr anschließend in Urlaub und lebte während der ganzen Urlaubszeit in Sorge, dass er wegen Sabotage verhaftet werden könne. Dieses Gefühl wäre bei ihm so stark gewesen, dass die anderen Urlaubsgäste sich bei ihm erkundigten, ob er ernstlich krank sei oder ob er schwere Sorgen habe. Er befürchtete, dass das von ihm umgearbeitete Ersatzteil nicht den Ansprüchen genügen würde, die Maschine erneut ausfiele und man ihm als verantwortlichen Ingenieur den Vorwurf machen würde, dass er dieses umgearbeitete Stück einbauen ließ und daraus eine Anklage wegen Sabotage konstruierte, ohne dass ihn ein Verschulden am Ausfall der Maschine betroffen hätte. Durch diesen Unsicherheitsfaktor wäre nicht nur er beeindruckt, sondern die verantwortlichen Betriebsleiter und Ingenieure hätten immer ein Gefühl der Unruhe und Unsicherheit, durch das ihre Arbeitsfreudigkeit und ihre Leistung beeinträchtigt würde.
Im gleichen Werk besteht ein Zirkel zum Studium des wissenschaftlichen Sozialismus für die Angehörigen der Intelligenz. In diesem Zirkel kommen keinerlei Diskussionen zustande, weil jeder der Teilnehmer befürchtet, dass eine falsche Formulierung oder eine Ausdrucksweise in ihrer persönlichen Sprache von den bei dem Zirkel anwesenden Funktionären, wie dem Werk-

direktor, dem Sekretär der Betriebsparteiorganisation, dem Personalchef und dem BGL- Vorsitzenden als reaktionäre Einstellung ausgelegt würde. Bezeichnend ist, dass der Zirkel durchschnittlich regelmäßig von 35 Ingenieuren besucht wird; als jedoch einmal die oben mit „Funktionäre" bezeichneten Teilnehmer einem Zirkelabend nicht beiwohnen konnten, weil eine wichtige Sitzung sie davon abhielt, erschienen nur sechs zur Teilnahme an dem Zirkel. Der Zirkel wird als Zwang empfunden und die Form der Lektionen wird abgelehnt. Die Intelligenz im Werk ist durchaus interessiert an den Problemen des wissenschaftlichen Sozialismus. Das beweisen die Diskussionen und Unterhaltungen im Speisesaal und am Arbeitsplatz. Sie lehnt aber die mechanische Wiedergabe von Leitartikeln, Auszügen usw. ab und wünscht die Möglichkeit, die Klärung dieser Fragen in einer freien offenen Diskussion, ohne befürchten zu müssen, dass ungenügendes Wissen oder eine falsche Anschauung ihrerseits dazu führt, dass man an ihrer Ehrlichkeit, beim Aufbau helfen zu wollen, zweifelt.

Im Zirkel zum Studium des wissenschaftlichen Sozialismus in Görlitz musste bei Funktionären unserer Partei ebenfalls das Vorurteil beiseite geräumt werden, dass der Zirkel im Sinne des Parteilehrjahres der SED aufgebaut werden müsse. Eine Diskussion über das Thema „Ist die Ausbeutung ein ökonomisches oder ein ethisches Problem?", das durch die Diskussion eines Zirkelabends zum Thema des folgenden ernannt wurde, fand Widerspruch beim Leiter des Parteikabinetts und wurde mit „Spinnerei" bezeichnet. Der Abend wurde trotzdem durchgeführt und brachte ein außerordentlich positives Resultat.

Der Zirkel in Görlitz liefert den weiteren Beweis, dass die Form, die in Görlitz angewandt wird im Gegensatz zu dem Riesaer Beispiel durchaus dazu führt, dass sich die Angehörigen der Intelligenz mit den Problemen des Sozialismus beschäftigen. Die Diskussionen dehnen sich oft über vier Stunden aus, und die Leiter dieser Zirkel, Dozenten für Gesellschaftswissenschaften, erklärten übereinstimmend, dass eine wirkliche Bereitschaft zum Lernen bei der Intelligenz vorhanden sei. Der Zirkel begann mit ca. 30 Teilnehmern und hat jetzt nach einem halben Jahr ständig 55 Teilnehmer.

Auf einer Kreisdelegiertenkonferenz der Gewerkschaft Gesundheitswesen in Pirna, die am 14.3. stattfand, wurden die von Herrn Dr. H. gemachten Ausführungen, die nicht immer klar waren, durch den Vertreter der Kreisleitung der SED, dem Genossen E., in sehr scharfer Entgegnung gerügt.

Es ging um die Verantwortung der Ärzte gegenüber ihren Patienten. Jede Diskussion war damit unmöglich gemacht. Die Ärzte haben in dieser Versammlung an dieser Form des Angriffs keine Kritik geübt, sondern haben sich nach-

träglich an den Zahnarzt Dr. T. gewandt und darüber Klage geführt, dass die Ausführungen des Herrn E. über das Verhalten der Ärzteschaft gegenüber den Patienten unberechtigt sei. Bei keinem der in Pirna wohnhaften Ärzte seien noch alte Allüren gegenüber ihren Kranken festzustellen. Vor allen Dingen aber war es nicht zu sehr der Inhalt der Kritik, sondern der Ton, den Genosse E. gegenüber den Ärzten anschlug, der zu dieser Verärgerung führte. Die Ärzte Pirnas haben die Absicht, sich beschwerdeführend an das Ministerium für Gesundheitswesen zu wenden.
Zu Unzufriedenheiten unter der Intelligenz führen auch ihrer Meinung nach nicht genügend organisierte Verlegungen von Instituten und Schulen in andere Städte. Die Fachschule für Bauwesen in Görlitz eröffnete im Herbst vorigen Jahres ihre Pforten, und es hat fast ein halbes Jahr gedauert, bis die Dozenten und Studierenden einigermaßen annehmbar unterzubringen waren. Noch ist nicht allen Dozenten möglich gewesen, ihre Familie nachkommen zu lassen, weil die Stadtverwaltung auch bei eifrigstem Bemühen bisher nicht in der Lage war, zufriedenstellenden Wohnraum zur Verfügung zu stellen.
Die Zahnärzte klagen über den 20-prozentigen Abzug bei der Prothetik, der unter dem Begriff Verlagerung getarnt würde. Bemühungen der Gewerkschaft Gesundheitswesen haben hier zu keiner Verbesserung geführt. Als Anlage (Nr. 1) ein Abrechnungsformular.
Weiter wird darüber Klage geführt, dass beispielsweise die studierten wissenschaftlichen Sachbearbeiter des Institutes für Technologie der Faser im Kreise Pirna nicht mehr verdienen als ein qualifizierter Arbeiter (ca. 400,-- DM monatlich), obwohl sie mit schwierigen Analysen beschäftigt sind. Auch die formale Auszeichnung durch Prämien, die nur die Kollegen bekommen, welche das Resultat der Erfindung bzw. Verbesserung herausbringen, wird bemängelt. Die hypothetisches Arbeit der anderen Chemiker und Techniker, die die Erfolge erst ermöglicht, fand bisher keinerlei Anerkennung.

4. Hier steht noch immer im Vordergrund, dass in nicht genügender Menge sowjetische Fachliteratur in Übersetzungen verfügbar ist. Das trifft auf die naturwissenschaftlichen, medizinischen, physikalischen und technischen Wissenschaften zu. Unsere Wissenschaftler sind bemüht, sich mit den Forschungsergebnissen in der Sowjetunion bekannt zu machen. Eine ernsthafte Auseinandersetzung ist ihrer Meinung nach solange nicht gewährleistet, als die grundlegenden Werke der Fachliteratur ihnen noch nicht zugänglich sind.

Wünsche zum Bezug entsprechender Fachliteratur westeuropäischer Völker werden nach übereinstimmenden Erklärungen der Angehörigen der Intelligenz ebenfalls nicht in genügender Weise berücksichtigt. Die Intelligenz erklärt uns gegenüber immer wieder, dass sie das Gefühl des Zurückbleibens gegenüber ihren Kollegen in Westdeutschland habe. Hierin sei ein Grund zum Abwandern einiger Intellektueller nach Westdeutschland zu suchen.

Weiterhin wird Klage geführt, dass die berufliche Überlastung besonders bei der medizinischen Intelligenz ihr keine Zeit mehr lässt, kulturelle oder geistige Wünsche zu erfüllen.

Im Krankenhaus Riesa sind beispielsweise von zwölf Planstellen nur vier besetzt. Diese Ärzte kennen seit längerer Zeit keinen Feierabend und keinen Sonntag mehr.

Die Ärzte des Lungen-Sanatoriums Lindenhof in Coswig bemühen sich seit längerer Zeit, in Erfahrungsaustausch mit Kollegen aus der Sowjetunion zu treten. Sie sprechen die Bitte aus, dass sowjetische Kollegen ihr Sanatorium einmal besuchen und eine Delegation von Ärzten ihres Institutes Gelegenheit bekommen, die sowjetischen Einrichtungen zu studieren. Bislang war dieses Bemühen erfolglos.

Vielfach ist der Wunsch nach Klubhäusern laut geworden. Will der Angehörige der Intelligenz einmal bei einer Tasse Kaffee eine kurze Pause einlegen, so findet er in den überfüllten HO-Restaurants kaum einen Platz.

Durch die berufliche Überlastung und die gesellschaftliche Beanspruchung wäre kaum noch die Zeit zu einer Unterhaltung oder einem zwanglosen fachlichen Gespräch zu finden.

Die Malerin, Prof. Lea Grundig, sagte einmal, wenn sie eine Stunde plaudere oder im Restaurant eine Tasse Kaffee trinke, so bekäme sie sofort ein schlechtes Gewissen, weil zu Hause die Zeitungen und Zeitschriften auf sie warteten, die studiert werden wollten.

Für Vorträge vor Kulturschaffenden werden nicht in genügender Weise hervorragende Kapazitäten eingesetzt. Die Unterstützung durch zentrale Stellen wird allgemein als ungenügend bezeichnet. Fachvorträge vor Ingenieuren, Architekten, Ärzten oder anderen Berufsgruppen werden zu 90 Prozent mit Referenten aus der engeren oder weiteren Umgebung durchgeführt. Die Intelligenz erklärt uns dann: „Dessen Meinung kennen wir aus vielen Gesprächen mit ihm selbst, der kann uns kaum Neues bieten", oder aber es wird ein Artikel oder ein wissenschaftliches Werk im vollen Wortlaut wiedergegeben, das sie selbst gelesen hat. Eine fruchtbare Diskussion, die der Intelligenz weiterhelfen würde, wäre auf dieser Basis nicht möglich.

Vielen Kulturschaffenden ist auch ein Theaterbesuch unmöglich. Sie können sich nicht einem Theaterring der Volksbühne oder der Gewerkschaft anschließen, weil sie sich nicht auf bestimmte Tage festlegen können. Theaterkarten im freien Verkauf sind kaum zu haben oder man müsse sich stundenlang anstellen.

5. Hierüber können kaum konkrete Angaben gemacht werden. Festzustellen ist, dass die Intelligenz, wenn sie Sender Westdeutschlands abhört, sich fast ausschließlich auf die für sie interessanten Fachvorträge einstellt oder aber Übertragungen der Berliner Philharmonie unter Furtwängler oder einen anderen großen Dirigenten bevorzugt.

Ist auf dem Gebiete des politischen Lebens ein Zurückgehen des Objektivismus als allgemein feststellbar zu verzeichnen, so liegen diese Dinge auf den Gebieten der Wissenschaft keinesfalls so günstig.

Der Gegner arbeitet außerordentlich differenziert bei den Angehörigen der Intelligenz und nutzt Unzufriedenheiten aus, um Stimmungen und Meinungen zu verbreiten oder aber er infiltriert über die Wissenschaft unsere Intelligenz noch mit idealistischen Anschauungen.

In der vorher erwähnten Unterhaltung mit Herrn W. kam etwas zum Ausdruck, das als Arbeit des Gegners bezeichnet werden könnte. Er erklärte, dass allgemein die Intelligenz davon überzeugt sei – und diese Feststellung haben wir auch an anderen Stellen treffen können – dass die Organe der Staatssicherheit Intellektuelle schon wegen einer unbedachten Äußerung oder eines technischen Versagens verhaften würden. Der Betreffende verschwände, nie würde ein Prozess gegen ihn bekannt, die Familie würde lediglich aus der Wohnung gesetzt und irgendwo untergebracht, ohne dass auch sie von dem Verbleib ihres Angehörigen unterrichtet würden.

Hier scheint systematisch das Vertrauen zur Politik der DDR untergraben zu werden.

Auch in der Anknüpfung an unmittelbare materielle Interessen findet der Gegner Möglichkeiten. Ein Schriftsteller aus Pirna, ein Lappologe und Mitglied der Gesellschaft für Arktisforschung, hat nach schriftstellerischer Auswertung seiner früheren Reise im Norden Europas das Bedürfnis nach neuem Material und neuem Erleben. Drei westdeutsche Verlage haben ihm glänzende Angebote betreffs Finanzierung großer Reisen in beliebige Erdteile gemacht. Als Gegenleistung fordert man nur das Recht der Veröffentlichung seiner Berichte. Der Schriftsteller, der es bislang abgelehnt hat, den Angeboten nachzukommen, klagt, dass er bei uns derartige Möglichkeiten nicht fände. Es besteht die Vermutung, dass er den Lockungen unterliegt.

6. Aus Riesa sind in den letzten Wochen ein Arzt, ein Zahnarzt und ein Rechtsanwalt republikflüchtig geworden. Gründe dafür sind bekannt. Ähnlich liegen die Verhältnisse in anderen Kreisen.
Festzustellen ist, dass es sich bei der Republikflucht in wesentlich größerer Anzahl um die sogenannte mittlere Bürgerschaft und Geschäftsleute handelt, die oft sehr enge Beziehungen zur Intelligenz haben.
Der Schriftverkehr mit diesen Menschen, die meist von glänzenden Möglichkeiten in Westdeutschland schreiben, verführt Angehörige der Intelligenz, die sich hier schlecht behandelt glauben, ebenfalls zum Verlassen der DDR.
Das bereits erwähnte Gefühl der Unsicherheit scheint, auch ein Anlass für Republikflucht zu sein. Der technische Direktor und ein Ingenieur der KEMA in Görlitz verließen das Gebiet der Republik. Als Grund wird vermutet, dass einige Zubringerbetriebe des Werkes ihr Produktionssoll nicht erfüllten. Dadurch kam auch der Betrieb KEMA in Planverzug. Organe der Staatssicherheit überprüften aus anderem Anlass Betriebe, darunter auch Zubringerbetriebe und verhafteten zwei Direktoren. Der Direktor der KEMA vermutete, dass ihn gleiches treffen würde, ohne dass er an der Nichterfüllung seines Planes schuldig war, und er zog mit seinem Ingenieur diese falschen Schlüsse.

7. Der Enthusiasmus unserer Werktätigen in Betrieben, die unbestreitbare Verbesserung des materiellen Lebens, das Fehlen der Sorge um den Arbeitsplatz, hat in immer stärker erkennbarer Weise dazu geführt, dass der größte Teil der Intelligenz positiv und aufgeschlossen zur Politik der DDR steht. Dagegen sprechen nicht die Vorbehalte, die in einigen Fällen vorhanden sind und die in den früher erwähnten Punkten klar herausgestellt wurden.
Wenn z. B. der Maler G. aus Dresden erklärte, dass ihm das Herz aufgehe, wenn er die Hunderttausende von Werktätigen in der III. Deutschen Kunstausstellung sehe und dazu Vergleiche zu früher zöge, so weiß er, dass es sich heute lohnt zu arbeiten, so gibt er nur den Ausdruck dessen wieder, was andere Kulturschaffende und auf anderen Gebieten tätige Intellektuelle empfinden.
Der grandiose Aufbau in der Stalinallee, die wirklich sachlich geführte Diskussion unter den Architekten über die neuen Inhalte im Bauwerk haben die Bereitschaft zur Mitarbeit wesentlich gefördert.

Nicht zuletzt haben die Kulturverordnungen und das Gesetz zur Hebung der materiellen Lage der Intelligenz und die anderen Verordnungen dazu beigetragen, dass die Intelligenz sich als geachtet fühlen kann.

War bei den bildenden Künstlern bis vor einem Jahr noch eine Unsicherheit im Begriff des sozialistischen Realismus durch oftmals falsch geführte Diskussionen zu verzeichnen, so kann auch diese Phase als überwunden betrachtet werden. Die Diskussionen, die heute geführt werden, gehen um die Anwendungen.

Die wissenschaftliche Intelligenz weiß, dass sich durch ihre Arbeit entscheidend dazu beiträgt, ein besseres Leben in der DDR aufzubauen und spürt, dass ihre Bemühungen Anerkennung finden.

Geht es ihnen vorläufig noch gar nicht so sehr um den Aufbau des Sozialismus, dem besonders die ältere Intelligenz noch zurückhaltend gegenübersteht, sondern mehr um allgemein humanistische Ideale, so trägt doch ihre loyale Haltung objektiv zum Aufbau des Sozialismus bei. Die Aufklärungsarbeit, die die demokratische Presse, der Rundfunk und nicht zuletzt der Kulturbund in diesen Schichten geleistet haben, wirkt sich in immer stärkerem Maße aus, zu mindestens auf dem Gebiete, dass man den wirtschaftlichen Möglichkeiten in Westdeutschland skeptisch gegenübersteht.

Standen sie früher der sowjetischen Wissenschaft desinteressiert, oftmals sogar ablehnend gegenüber, so werden heute die Ergebnisse der sowjetischen Wissenschaft anerkannt, wenn es oftmals auch nicht ausgesprochen wird. Daher resultiert auch der Wunsch nach dem sowjetischen Fachbuch.

8. Unser Bemühen, der Intelligenz wieder das Vertrauen zur freien Meinungsäußerung zu geben, hat Wirkungen gezeigt. Unsere Zirkel zum Studium des wissenschaftlichen Sozialismus, die Konsultationen, die wir einführten, zeigen uns, dass sich der Kulturschaffende gern mit Fragen an jemanden wendet, zu dem er Vertrauen hat. Die Kenntnis der Person und ihre Eigenart ist Voraussetzung.

Der Intellektuelle will ebenso wenig wie der werktätige Mensch schematisch behandelt werden. Wir haben in Görlitz beispielsweise eine Aussprache zwischen dem Oberbürgermeister und einigen Funktionären der Stadtverwaltung mit Intellektuellen durchgeführt unter dem Thema „Unterstützt die Stadtverwaltung die Arbeit der Intelligenz?" Nach anfänglicher Zurückhaltung gab es eine außerordentlich angeregte Aussprache, in der sehr viele Fragen geklärt werden konnten.

Die Kulturschaffenden gingen mit dem Bewusstsein aus dieser Aussprache, dass ihre Sorgen und Wünsche von der Verwaltung ernst genommen werden, und ihre Bereitschaft zur Mitarbeit drückte sich in Vorschlägen zur Realisierung des nationalen Aufbauwerkes Görlitz aus, zu dem einige Intellektuelle Selbstverpflichtungen übernahmen.
Ein weiteres Ergebnis war, dass das wissenschaftliche Kabinett im Kulturbund in Görlitz vom Rat der Stadt am 18. März empfangen wurde. Die in diesem Kabinett vereinigten Wissenschaftler für den Aufbau zur Verfügung stellen wollen.

9. Es muss uns noch mehr gelingen, das volle Vertrauen unserer Kulturschaffenden zu erringen, dass sie sich mit jeder Unklarheit, mit jeder Sorge auch an die Verwaltung oder an die Partei oder eine Organisation wenden können. Unser Kreissekretär aus Pirna erklärte: „Voransteht nach meiner Meinung die Herstellung persönlicher Beziehungen zu Funktionären, Werktätigen und der Intelligenz. Ein Kulturfunktionär, der unter den Angehörigen der Intelligenz keine Freunde hat, sollte eine andere Arbeit beginnen."
Dr. R. aus Riesa: „Die intensive Betreuung des einzelnen Angehörigen der Intelligenz wird den Gegnern den Boden für ihre Arbeit entziehen." Immer wieder erklärten uns Intellektuelle: „Warum sagt man uns nicht, welche Schwierigkeiten bestehen, welche Sorgen unsere Wirtschaft hat? Wir sind keine kleinen Kinder, dass man uns etwas verheimlichen müsste", und sie meinen damit, die Funktionäre, die in „Optimismus" machen, für die es keine Schwierigkeiten gibt, die oftmals über die Köpfe der Intellektuellen hinwegreden, die durch Intellektuelle vorgebrachte Unzulänglichkeiten als Meckerei und Mangel an Bewusstsein auslegen.

10. Die Intelligenz erkennt die Maßnahmen der Regierung voll an, das wurde eben schon einmal ausgesprochen. Besondere Wünsche außer den genannten sind uns nicht bekannt geworden. Die Arbeitsmethoden, die der Kulturbund anwenden sollte, ergeben sich aus den Punkten 1-9.

Zur Information fügen wir in den Anlagen Nr. 1-3 einen Bericht der Kreisleitung des Kulturbundes, einen Bericht des Verbandes Bildender Künstler im Kreise Dresden und einen Brief des Herrn H. aus Dresden bei.

Bericht [der Kreisleitung des Kulturbundes Dresden]

Zu 1:

Dresdner Staatstheater:	Durch Anstellungsvertrag gesichert
Lehrer (Kreuzschule):	Materielle Lage durch Anstellung gesichert und durch Gehaltserhöhung wesentlich verbessert.

Zu 2:

Dresdner Staatstheater:	Ca. 60 Einzelverträge sind abgeschlossen – ca. 50 Prozent der Zuteilung an Kohle und Treibstoff (soweit im Vertrag enthalten) wurden erst erfüllt. Das gleiche trifft für die Dresdner Staatstheater als Institut zu.
Freischaffende (Architekten):	Die Freischaffenden sollten in der Gesamtheit mehr in die Arbeit eingeschalten werden. Den Freischaffenden muss die Gelegenheit gegeben werden, die Planung ihrer Arbeitszeit, also die Ausführung der Tätigkeit in einem gewissen Zeitraum selbst zu planen.

Zu 3:

Dresdner Staatstheater:	35 Prozent Steuermäßigung sollen ab 1.9.[19]53 gestrichen werden. Sämtliche Kleidung gehört ab diesem Zeitpunkt zu den Requisiten des Theaters. Der Künstler ist somit nicht mehr verpflichtet, seine Kleidung für die Bühne selbst aufzubringen. Bisher stand die Frage der Bekleidung für die Bühne nicht im Vordergrund. Durch Aussprache wurde bekannt, dass bei den Lehrern 20 Prozent Steuervergünstigung weiterhin gewährt werden, das löst bei den Künstlern Diskussionen aus.
Freischaffende:	Es besteht die Meinung, dass man von Seiten Berlins Diskussionen aufgeschlossener gegenübersteht als in einzelnen Städten.

Dr. B.:	Herr Dr. B., der sich als Biologe, insbesondere als Pilzforscher, einen Namen gemacht hat und in der Fachliteratur auch in Westdeutschland eine Reihe wertvoller Veröffentlichungen brachte, führt seit Jahren einen Kampf gegen bürokratische Entscheidungen, die ihn als Wissenschaftler in der Tätigkeit als Pilzberater unter der Bevölkerung behindern. Berichte über diese Angelegenheit gingen an den Rat der Stadt Dresden, an den Förderungsausschuss und zuletzt auch an das Ministerium für Gesundheitswesen, Berlin. Trotzdem ist bisher an der Tatsache nichts geändert worden, dass der Wissenschaftler in seiner Tätigkeit behindert wird und Laien die amtlichen Pilzberatungsstellen der Stadt Dresden leiten, wobei z. B. Dr. B. zugemutet wurde, sich bei diesen Laien einer Prüfung zu unterziehen.
Zu 4: Dresdner Staatstheater:	Die Auflagen bestimmter Bücher sind zu gering, z. B. „Zauberberg" von Thomas Mann ist vergriffen. Die „Geschichte der sowjetischen Literatur" ist sehr gefragt. Band 1 wurde bereits ausgeliefert. Vom Band 3 erhielt die Buchhandlung statt 30 Exemplare nur sieben, es kann deshalb den Wünschen und Anforderungen der Künstler auf diesem Gebiet nicht Rechnung getragen werden. Ebenso ist zu verzeichnen, dass zur Zeit Bücher von Maxim Gorki, z. B. „Sommergäste" und „Feinde" für die kommenden Veranstaltungen zum Gedenken Gorkis nicht vorhanden sind. Der Wunsch der Künstler, Gastspiele in den volksdemokratischen Ländern zu geben und Teilnahme an Delegationen in die Volksdemokratien zum Erfahrungsaustausch, ist sehr groß.

Dies wurde bisher zu wenig berücksichtigt. Bei evtl. Gastspielen in die Volksdemokratien dürfen Reisetermine nicht drei bis vier Tage betragen. Eine längere Vorbereitung für Abreise muss gesichert sein.

Lehrer (Kreuzschule): Die Lehrer klagen über die mangelnde Möglichkeit der fachlichen Fortbildung und begrüßten deshalb die Zusammenarbeit mit dem Kulturbund Dresden, der literarische Vortragsreihen durchführte. Die fachliche Weiterbildung wird von den Lehrern sehr gesucht und es wird gewünscht, diese auch in der Ferien durchzuführen. Den Jugendlichen, Nachwuchs der Intelligenz, sollte die Möglichkeit in größerem Masse gegeben werden, kulturpolitische Veranstaltungen zu verbilligten Preisen zu besuchen. Es wird vorgeschlagen, z. B. bei Hauptproben in Theatern den Jugendlichen verbilligte Eintrittskarten dazu zur Verfügung zu stellen.

Zu 5: Siehe Punkt 9!

Zu 6: Republikflucht bei den Lehrern nicht bekannt. Ebenso bei Theatern und freischaffenden Architekten nicht bekannt.

Zu 7: Nach der Bekanntgabe des Aufbauplanes für Dresden haben sich die Architekten durch Diskussionen und Vorschläge für den Neuaufbau Dresdens ausgezeichnet.

Zu 8: Der Kulturbund – Kreis Dresden – hat literarische Vorträge durchgeführt und den Schülern die Möglichkeit gegeben, zu verbilligten Eintrittspreisen daran teilzunehmen. Von den Lehrern wird es sehr begrüßt, und der Wunsch geäußert, weiterhin Vorträge literarischer Art zu veranstalten.

Zu 9:
Dresdner Staatstheater: Das Programm des Demokratischen Rundfunks wird als mangelhaft bezeichnet. Die Künstler hören dadurch Westsender. In Diskussionen kommt zum Ausdruck, dass sie das Gefühl haben, dass nicht mehr gelacht werden darf.

Zu 10:
Dresdner Staatstheater: Die Deutsche Konzert- und Gastspieldirektion müsste sich mehr um die engagementlosen Künstler kümmern, inwieweit diese einsatzfähig sind.
Bei Gastspielreisen der Opernkünstler ist die Zustellung der Pässe mit großen Schwierigkeiten verbunden. Es tritt die Meinung auf, dass mit Vertragsabschluss innerhalb der DDR der Künstler allein auf die DDR angewiesen ist.

Nachsatz zu 2:
Freischaffende Künstler: Mit der Auflösung der Deutschen Volksbühne fühlen sich die freischaffenden Künstler bei der Erwerbung von Theaterkarten zurückgesetzt. Sie stellen die Frage, durch wen sie in Zukunft die Möglichkeit erhalten, Theater und Konzerte zu verbilligten Preisen zu besuchen.
Eine weitere Frage ist die Zuteilung von Bohnenkaffee und der Erhalt von Ferienplätzen.

Bericht [des Verbandes Bildender Künstler Dresden]

Zu 1: Es gibt bei uns zwei Schichten der Intelligenz auf dem Gebiete der bildenden Kunst. Einmal die besoldeten Künstler der Hochschule für Bildende Künste, denen es relativ sehr gut geht, teilweise Einzelverträge. Der überwiegende Teil der Künstlerschaft im VBKD hat zu wenig Verdienstmöglichkeiten, da die Auftragsvergebung durch die Kreisauftragskommission im vergangenen Jahr auf insgesamt 400 Künstler sehr gering war.
Ein Teil der Künstlerschaft erhält Altersrente und Fürsorge.

Zu 2: Antrag wurde generell für anerkannte Mitglieder des VBKD auf Einstufung der Künstler in die Lebensmittelkarte C gestellt und an das Ministerium für Handel und Versorgung um eine grundsätzliche Klärung weitergeleitet.

Zu 3: Einplanung von Ateliers.
Die Nachfrage nach Ferienplätzen ist sehr dringend, bisher konnten sie nicht erfüllt werden, da der VBDK keine Ferienheime besitzt und über den FDGB keine Ferienplätze zugewiesen werden konnten.

Zu 6: In den letzten Jahren (1951 und 1952) sind in der Fachgruppe <u>Architekten</u> 20 namhafte Kollegen illegal nach dem Westen abgegangen. Davon bekleideten einige ein Lehramt an der Technischen Hochschule und hatten zahlreiche Aufträge (Innenarchitekten). Insgesamt aus der Fachgruppe <u>Bildhauer</u> zwei, Fachgruppe <u>Gebrauchsgrafik</u> 15. Darunter die bekannte Modegrafikerin St., die außerdem in Dresden ein erstklassiges Schneider-Atelier hatte, das gutgehend war. Fachgruppe <u>Werkkunst</u> 11. Erich Sch., der aktiv im kulturpolitischen Leben stand, ist wegen Materialschwierigkeiten illegal nach dem Westen abgegangen.
Fachgruppe <u>Malerei</u> 17. Insgesamt 65.

Zu 7: Beschickung der 3. Deutschen Kunstausstellung von 800 Werken von insgesamt 275 westdeutschen Künstlern.

Zu 8: Bildung einer sozialistischen Künstlerbrigade zur Entwicklung und Durchführung des Sozialistischen Realismus.

Karl H., Dresden, [an den Bezirksvorstand des Kulturbundes, 20.3.1953]

Betr.: Anerkennung der akademischen Qualifikation von Grundschullehrern mit abgeschlossenem Hochschulstudium

Auf Vorschlag der Sozialistischen Einheitspartei sind die Lehrergehälter neu geregelt worden, und zwar durch die Verordnung des Ministeriums für Volksbildung vom 19.12.1952. In dieser VO wurde unter anderem festgelegt, dass die Lehrer der Mittelstufe (5. bis 8. Schuljahr) mit abgeschlossenem Hochschulstudium höher besoldet werden als Lehrer ohne Hochschulqualifikation. Lehrer der Mittelstufe mit abgeschlossener Hochschulausbildung sind nach dieser VO einzustufen in die Gehaltsstufe 5, Lehrer ohne Qualifikation in die Gehaltsstufe 4.
Eine ergänzende Richtlinie des Ministeriums für Volksbildung bringt einschränkende Bestimmungen für solche Lehrer mit abgeschlossenem Hochschulstudium, die ihr Staatsexamen an einer Hochschule oder Universität vor 1945 abgelegt haben. Die ergänzende Richtlinie lässt die Einstufung dieser Lehrer in Gruppe 5 (Lehrer mit abgeschlossenem Hochschulstudium) nur zu, wenn diese Lehrer eine besondere Qualifikation für ein bestimmtes Fach in ihrem Prüfungszeugnis nachweisen können, und wenn sie in diesem Fach mindestens zwölf Stunden Unterricht pro Woche erteilen.
Diese ergänzende Richtlinie hat unter den betroffenen Lehrern Bestürzung ausgelöst. Einige, die mir persönlich bekannt sind, haben sich an mich gewendet mit der Bitte, den Kulturbund für diese Frage zu interessieren. Da es sich zweifellos um eine bestimmte Gruppe der Intelligenz handelt, habe ich dieser Bitte entsprochen und berichte nachfolgend informatorisch über diese Angelegenheit:
Etwa in den Jahren 1926 bis 1928 wurde in wenigen deutschen Ländern, u. a. in Sachsen, Thüringen und Hamburg ein volles akademisches Studium für Volksschullehrer eingeführt. Die Mindestdauer des Studiums betrug sechs Semester. Die Absolventen dieser Ausbildungsrichtung besaßen das Recht, in allen Fächern der Volksschule Unterricht zu erteilen. Da in den meisten Ländern der Volksschule sogenannte „Höhere Abteilungen" angeschlossen wa-

ren, die die mittlere Reife vermittelten, besaßen diese Lehrer eine Lehrbefähigung vom 1. Schuljahr bis zur „Mittleren Reife". Die wichtigsten Ausbildungsstätten waren die Universitäten Leipzig, Jena, Hamburg und die Technische Hochschule Dresden, die durch eine kulturwissenschaftliche Abteilung erweitert worden war und die für diese Fachrichtung auch das Promotionsrecht besaß.

Es sei klar betont: Für die Lehrer, die sich an mich gewandt haben, geht es in der vorliegenden Frage nicht primär um eine Gehaltsangelegenheit, sondern um die Anerkennung ihrer akademischen Qualifikation. Die akademisch gebildeten Volksschullehrer sind vor und erst recht nach 1933 gehässigsten Angriffen ausgesetzt gewesen, weil sie überwiegend aus wenig bemittelten Bevölkerungskreisen stammten und sehr viele sich ihr Geld zum Studium mit Hacke und Schaufel auf dem Bau verdienen mussten. Diese Menschen fühlen sich in ihrer Ehre getroffen, weil sie de facto auf Grund der ergänzenden Richtlinien als Nichtakademiker behandelt werden. So kann z. B. dieser Lehrer kein Spezialfach nachweisen, das Unterrichtsfach in der Grundschule wäre. Das gilt z. B. für die Fächer Philosophie, Psychologie und theoretische Pädagogik. Diese Lehrer besitzen nach der ergänzenden Richtlinie nur noch die Qualifikation für das 1. bis 4. Schuljahr.

Ich weise in diesem Zusammenhang darauf hin, dass in den gleichen Richtlinien seminaristisch gebildete Lehrer, die in der Tschechoslowakei ihre Qualifikation für Bürger- und Hauptschulen erhalten haben, als „voll qualifiziert" für die Mittelstufe anerkannt werden. Diese Regelung fand volles Verständnis und volle Zustimmung. Allerdings wurde mir auch die Frage gestellt, wieso z. B. ein abgeschlossenes Hochschulstudium vom Jahre 1931 in Deutschland ungünstiger zu bewerten wäre als eine zur gleichen Zeit erworbene seminaristische Ausbildung in der Tschechoslowakei. M. E. lässt sich auf diese Frage keine befriedigende Antwort finden.

Das meist erörterte Problem war folgendes:

Werden in unserer DDR Unterschiede gemacht zwischen Akademikern von vor 1945 und solchen von nach 1945. Gibt es Besoldungsordnungen, Tarifverträge usw., die Beispiele zeigen, das Akademiker von vor 1945 schlechter behandelt werden als solche nach 1945? Niemand vermochte ein solches Beispiel zu geben. Allerdings wurde mir die Meinung eines Ingenieurs mitgeteilt, der gesagt hatte, dass solche Unterschiede auch in anderen Akademikergruppen denkbar wären, sofern genügend Nachwuchs vorhanden wäre. Ich bin dieser Meinung entgegengetreten ohne, wie ich fürchte, ein überzeugendes Ergebnis zu erzielen.

Es wurde ohne weiteres eingesehen, dass eine Diskrepanz besteht zwischen den heutigen Berufsanforderungen und den Bedingungen, unter denen das Studium erfolgte. Es muss aber auch zugegeben werden, dass das Vorhandensein einer solchen Diskrepanz keine Spezialangelegenheit des akademisch gebildeten Volksschullehrers ist. Ich halte es für unbillig und auch für kulturpolitisch falsch, dem akademisch gebildeten Volksschullehrer im Gegensatz zu allen übrigen Akademikergruppen, eine Sonderbehandlung zuteil werden zu lassen. Wäre es nicht richtiger, dem akademisch gebildeten Volksschullehrer die volle, uneingeschränkte Mittelstufenqualifikation zuzuerkennen und ihn zu verpflichten, an Weiterbildungskursen teilzunehmen.
Ich weise zum Schluss noch darauf hin, dass die akademisch gebildeten Volksschullehrer nur in wenigen Jahrgängen in unseren Schulen vertreten sind. In der Nazizeit ist dieses Studium wieder beseitigt worden. Die heute in unseren Schulen tätigen akademisch gebildeten Volksschullehrer dürften ein Durchschnittsalter haben von etwa 45 Jahren.

2.5. [Lage der Intelligenz im Bezirk Erfurt]

1. Bei Durchsicht der aus den Kreisen eingegangenen Berichte fällt immer wieder besonders auf, dass gerade bei den bildenden Künstlern und bei den freischaffenden Architekten die materielle Lage nicht zufriedenstellend ist. Ebenfalls treten Schwierigkeiten auf in der Gehaltsregelung der Ärzte, die sehr unterschiedlich zu sein scheint.
Folgende Berichte und Beispiele aus den Kreisen liegen hier vor:

Arnstadt	Die materielle Lage der Intelligenz, insbesondere die der freischaffenden Intelligenz, wie Musiklehrer, Maler und Schriftsteller ist im Kreis Arnstadt nicht zufriedenstellend. Einige Musikerzieherinnen (private) leben in äußerst dürftigen Verhältnissen trotz guter Leistungen.
Bei den Mitgliedern des Kreiskulturorchesters ist uns nicht be-	

kannt, dass irgendwelche Härtefälle materieller Art eingetreten sind. Das gleiche ist von der Lehrerschaft, von den Ärzten und der technischen Intelligenz zu sagen.

Hingegen ist die Lage der Rentner (Intelligenz) schwierig. Z. B. erhält ein Dr. jur. Amtsrichter a. D. nur mtl. 132,-- DM, ein anderer Professor und hervorragender Wissenschaftler auf dem Gebiet der Architektur erhält eine so geringe Rente, dass er um Unterstützung beim Förderungsausschuss nachsuchen musste. Es wäre anzuregen, dass die Regierung eine neue gesetzliche Rentenregulierung für die Empfänger o. a. Art ins Auge fasst.

Auch müsste vonseiten des Staatsapparates den bildenden Künstlern eine bessere Unterstützung durch Auftragserteilung gewährt werden.

Eisenach
Die materielle Lage der Schriftsteller und Schauspieler ist durch Verträge mit Instituten, Betrieben und Verlagen gesichert.

Die Lage der bildenden Künstler ist z. T. immer noch katastrophal. In Eisenach haben wir eine Konzentration von bildenden Künstlern (ca. 35), von denen ein Teil (ca. 5), gerade, weil sie sich besonders Mühe geben, im Auftrage und im Sinne unserer neuen Gesellschaftsordnung zu malen, mit durchschnittlich DM 150,-- mtl. nicht einmal das Existenzminimum erreichen. Sie müssen den Lebensunterhalt durch Waggonausladen u. Ä. verdienen, um ihre

Unter den Angehörigen der techn[ischen] Intelligenz ist die materielle Lage nach unseren bisherigen Aussprachen bis auf einzelne Unklarheiten persönlicher und betrieblicher Art gesichert. Das gilt besonders in unseren Schwerpunktbetrieben EMW-Eisenach, Uhren- und Maschinenfabrik Ruhla, Sodawerke Buchenau, Kammgarnspinnerei Eisenach sowie EAW Ruhla und IKA-Betriebe in Eisenach und Ruhla.

Familien zu ernähren und dabei noch malen zu können. (E., G., Anhalt, K.). Damit leidet aber auch die Qualität ihrer Arbeiten.

Unter den freischaffenden Architekten macht sich ebenfalls ein großer Auftragsmangel bemerkbar. Im Kreise E[isenach] wird, da im Verhältnis wenig Zerstörungen durch Einwirkungen des letzten Krieges zu verzeichnen sind, wenig gebaut. Betriebe u[nd] andere Institutionen arbeiten unter Ausnutzung aller ihnen selbst zur Verfügung stehenden Reserven, um damit die Voraussetzungen für eine größere Arbeitsproduktivität mit zu schaffen. Kulturhausbauten u. a. sind außer dem des Kulturbundes im gesamten Kreis im Jahre 1953 keine weiteren vorgesehen. Als Investbau das Ambulatorium in Creuzburg, das ebenfalls mit viel ehrenamtlicher Arbeit geschafft werden muss. Wir haben aber ca. 10 freischaffende Architekten.

Erfurt:
Die finanzielle Versorgung der technischen Intelligenz kann im allgemeinen als geklärt und befriedigend angesehen werden. Das gleiche trifft zu bei angestellten Ärzten. Einer Reihe von Vertretern dieser Berufsgruppe ist das verhältnismäßig hohe Einkommen „peinlich" im Hinblick auf die Einkommenslage d[er] Arbeiterschaft.

Die Lage der bildenden Künstler ist im allgemeinen als äußerst schlecht zu bezeichnen. Nur ein geringer Prozentsatz ist an der Auftragserteil[un]g durch Investmittel und öffentl[iche] Hand beteiligt. Die Auftragserteil[un]g erfolgte im letzten Jahr so spät, dass sich die Frage erhebt, von welchen Mitteln die bild[enden] Künstler zwischen zwei Auftragserteilungen existieren [sollen]. Die Behandlung der freien Juristen bei der Lebensmittelkarteneinstuf[un]g hält eine ständige Empörung in Gang. Die Einstufung in die Lebensmittelkartengruppe D wird als diskreditierend empfunden.

Gotha:
Es sind uns in den Kreisen der Intelligenz keinerlei wirtschaftliche Notstände bekannt.

Weimar:
Nach unserem Wissen ist die materielle Lage der Wissenschaftler im allgemeinen als gut zu bezeichnen. Die materielle Lage der Schriftsteller,

welche sich durch Herausgabe von
Werken hauptberuflich betätigen,
ist gut,

nebenberufliche Schriftsteller können
von uns noch nicht analysiert werden, da uns hier keine Angaben
vorliegen.
Die materielle Lage der Bildenden
Künstler kann nicht als gut angesprochen werde. Es besteht zum großen
Teil Auftragsmangel.

Die materielle Lage der Schauspieler
ist als gut zu werten.
Für Architekten, soweit sie in VE-
Betrieben beschäftigt sind, ist die
materielle Lage gut.

Über freischaffende Architekten ist
uns hier nichts b ekannt.

Bei den Ärzten scheint die materielle
Lage im allgemeinen, gut zu sein,

teilweise werden noch ungerechte
Einstufungen in die Gehaltsgruppen
bekannt (Ärzte).

Die materielle Lage der Angehörigen
der technischen Intelligenz ist als gut
zu bezeichnen,

teilweise herrschen Klagen über
ungerechte Einstufung in die I-
Gruppen (techn[ische] In[telligenz]).

Die materielle Lage der Intelligenz an
den Hochschulen ist gut.

Sondershausen:
Musiker = durchschnittlich tech-
n[ische] In[telligenz] gut, auch Versorgung mit IN-Karten,
Juristen zufriedenstellend

Lehrer auf dem Land: Hier herrscht
noch in verschiedenen Fällen Unzufriedenheit

Nordhausen:
Techn[ische] In[telligenz]

Bildende Künstler ungenügend,
Mangel an Aufträgen!

Heiligenstadt:
Die Lage der Musiker in unserem <u>Kreiskultur-Orchester</u> ist durchweg gut, dagegen ist die Lage der <u>freischaffenden Musiker</u> schlecht. Sie haben Schwierigkeiten mit der Ausstellung der Grenzscheine, zum anderen gibt es in der 500-m-Zone gar keine Tanzmusik mehr und in der 5-km-Zone nur noch bis 22.00 Uhr, das ist ein erheblicher Ausfall für unsere <u>freischaffenden Musiker</u> und sie geben offen ihren Unmut darüber Ausdruck.

In unserem Kreisgebiet haben wir nur einen freischaffenden <u>Architekten</u>, alle anderen sind <u>in fester Anstellung</u>. Ihre finanzielle Lage ist gut. Bedingt durch die letzte Gehaltserhöhung haben die <u>Lehrer</u> an den <u>weniggegliederten Schulen</u> keine finanziellen Sorgen.

Jedoch hört man von den <u>Lehrern</u> an den <u>voll ausgebauten Schulen</u> Klagen. Manche Kollegen glauben, wenn sie aus dem Schuldienst ausscheiden, [hätten sie] bessere finanzielle Möglichkeiten ~~haben~~.

Die finanzielle Lage unserer Ärzte ist durchweg gut.

Doch erscheint hier ein ganz besonders krasser Fall. Drei der Kollegen Ärzte der Poliklinik Heiligenstadt wurde ihre bisherige Gehaltsgruppe in Höhe von 1800 DM zum 15.3.[19]53 gekündigt. Sie erhalten von diesem Zeitpunkt ab pro Monat 700 DM. Kollege Dr. B. sagt hierzu, dass ihm nach Abzug der Miete, Schulgeld usw. zum Leben pro Kopf und Tag noch DM 1,30 bleiben. Über diesen Vorfall ist nicht nur unsere Ärzteschaft, sondern unsere ganze Intelligenz empört.

<u>Worbis:</u>
Nach der letzten Gehaltsregelung sind die Lehrergehälter zum Teil gestiegen. Besonders [für] die <u>Lehrer</u> an den weniggegliederten <u>Schulen</u> [trifft das zu].

Für die Lehrer an den großen Systemen und auch an den Oberschulen, soweit sie nicht Schulleiter sind und die Schulleiterzulage erhalten, war die Steigerung ganz minimal. Hier hört man Klagen, die soweit führen, aus dem Dienst ausscheiden zu wollen. Je nach Vorbildung oder den Voraussetzungen entsprechend ihrem alten Beruf, glauben sie, ganz andere finanzielle Möglichkeiten zu haben.

2. Hier häufen sich, gemessen an den unter 1. genannten Punkten, die Wünsche nach Verbesserung der Lebenslage durch Beschaffung von Wohnraum, zusätzlicher Verpflegung und besserer Bezugscheinverteilung.
Im Einzelnen sind folgende Wünsche von den Kreisen geäußert worden:

<u>Arnstadt:</u>
Es wird angeregt, die Lebenslage der <u>Rentner (Angehörige der Intelligenz)</u> und sonstigen Grundkartenempfänger, die sich als ehrenamtliche Mitarbeiter des Kulturbundes bewährt haben, durch Gewährung von entsprechenden Zusatzkarten zu verbessern.

<u>Eisenach:</u>
Einhaltung der durch die Kulturverordnung vorgesehenen Ausgaben bei Investbauten von ein bis zwei Prozent für künstlerische Ausstattung durch Aufträge möglichst an <u>Künstler</u> unseres Kreises.

Gleiche Belieferung mit Bezugsscheinen für freischaffende Intelligenz in Schuhen, Arbeitskleidung u. Ä.
Schaffung einer Neuregelung im Krankheitsfalle für freischaffende Intelligenz. Ein Schriftsteller, der regelmäßig seine SVK-Beiträge bezahlt, erhält im Krankheitsfalle z. B. kein Krankengeld, weil man der Meinung ist, dass ihm da immer noch etwas einfallen könnte, das er in einem Buche verwenden könnte. Es sei denn er bezahlt sechs Prozent mehr Beiträge, dann erhält er das Krankengeld wie ein Unternehmen (Handwerker). In die gleiche Sparte sind auch alle freischaffenden Angehörigen der Intelligenz eingestuft.
Zahlung materieller Prämien bei Auszeichnung für besondere Leistungen z. B. als Aktivist.
> Beispiel: das Musikerehepaar H. (Arbeitsgemeinschaft für alte Musik, weltliche Bachpflege in Eisenach) wurde am 1. Mai 1952 als Aktivist ausgezeichnet. Es erhielt keine materielle Anerkennung.

Erfurt:
Die Wohnraumfrage ist noch nicht bei allen Angehörigen der Intelligenz in einigermaßen befriedigender Weise geregelt. Im RFT-Funkwerk leben noch einige Familien getrennt, sogar innerhalb der Stadt Erfurt.
> Ein besonders grotesker Fall zeigt sich bei dem Verdienten Erfinder des Volkes Georg N. In seiner Wohnung befindet sich keine Kanalisation, so dass er z. B. gezwungen ist, das Badewasser eimerweise zum nächstliegenden Ausguss außerhalb seiner Wohnung zu befördern.

Gotha:
Es tritt häufig der Wunsch nach angemessenem Wohnraum an uns heran.

Weimar:
Bildende Künstler: Mehr Aufträge, möglichst Betriebsverträge! techn[ische] Intelligenz wünscht gerechtere Einstufung in die I-Gruppen und gerechtere Behandlung der Einzelverträge.

Sondershausen:
Musiker: Besonders dringend wäre die Besorgung von weißem Stoff für Frackhemden.
Lehrer: Die Lehrer und Landlehrer äußern fast immer den Wunsch, auch in den Besitz der IN-Karten zu gelangen!

Heiligenstadt:
Lehrer: Allgemein hört man Klagen über das Nichtbekommen von Bezugsscheinen jeder Art: Für Schuhe überhaupt, für Fahrräder für Wanderlehrer, für Schutzkittel für Chemie-Lehrer.
Architekten: Sorgen bestehen um Bezugsscheine für Schuhe, Arbeitskittel und um Heizmaterial.

Worbis:
In der Stadt Worbis fehlt es an Wohnungen. Angefangen beim Schulrat warten die zu Beginn des laufenden Schuljahres neu nach dort versetzten Lehrer auf Zuweisung von Wohnungen. Die Wanderlehrer klagen, dass ihnen die Fahrräder fehlen. Trotz der wiederholten Beantragung von Bezugsscheinen erhielten sie diese nicht. Somit müssen sie bei Wind und Wetter oft größere Strecken zu Fuß zurücklegen. Andere Lehrer klagen darüber (und das sind sehr viele), dass sie seit Jahren keinen Bezugsschein für Schuhe erhalten haben.
Nicht alle Dinge gibt es immer zu kaufen. So klagen die Lehrer darüber, dass sie keine Zuteilung an Bohnenkaffee erhalten. Oder aber, dass es z. Z. unmöglich ist, beim Einkauf von Anzugsstoffen Futterstoff zu bekommen.
Wohl alle Lehrer haben große Sorgen über das Fehlen von Heizmaterial.
Weiter herrscht Unzufriedenheit über die Überlastung von Funktionären im gesellschaftlichen Leben. Man hört sie unmutig sich darüber äußern, dass sie keinen Abend Zeit für ihre Familie haben.

3. Es werden vielfach Beschwerden darüber geführt, dass unsere Behörden noch zu bürokratisch vorgehen, insbesondere bei der Ausstellung von Pässen für Reisen in die Sowjetunion, in die Volksdemokratien sowie nach Westdeutschland. Auf der gleichen Ebene liegt die oftmals zu verzeichnende Verkennung der Rolle der Intelligenz durch unsere Behörden und Organe der Verwaltung. Ebenfalls spielt eine bedeutsame Rolle bei der Unzufriedenheit der Angehörigen der Intelligenz eine falsche politische Arbeit, indem sie sich „beobachtet" fühlen usw.
Arbeitsmäßige und gesellschaftliche Überlastung sind ebenfalls vertreten.
Im Einzelnen berichten unsere Kreise:

Arnstadt:
In der Ärzteschaft herrscht Unzufriedenheit darüber, dass eine kontinuierliche Krankenbehandlung nicht erfolgen kann, weil durch Verlegung der

Krankenhäuser innerhalb Arnstadts die Krankenbehandlung sehr erschwert wird.

Eisenach:
Unzufriedenheiten entstehen z. B. durch die zögernde und oft nicht mögliche Gewährung von Passierscheinen in die 5-km-Sperrzone, Aufenthaltsgenehmigungen und Interzonenpässen. Vielfach erkennen aber auch die Angehörigen der Intelligenz nicht die Notwendigkeit strenger Maßnahmen, um ihre eigene und unseres Volkes Schutz zu gewährleisten.
Das Vorgehen der Wohnungskommissionen in Eisenach zeugt oft von einem Verkennen der Aufgabe und Rolle der Intelligenz.
> (Schriftsteller Dr. M. B.)

Dies erschwert die ganze Arbeit, die durch Monate geleistet wurde, sie wird an einem Tage zunichte gemacht.

Erfurt:
Als besonders beengend wird empfunden, dass es bisher keine Möglichkeiten gibt, ohne große Formalitäten die Sowjetunion, die Volksdemokratien und Westdeutschland aufzusuchen. Selbst bei Einladungen aus den Volksdemokratien ist eine reibungslose und unbürokratische Behandlungsweise bisher nicht spürbar gewesen.
Besonders wird kritisiert, dass offenbar beim interzonalen Sportverkehr und bei Besuchen deutscher Sportgruppen in den Volksdemokratien bisher wenig oder kaum Hemmnisse bestehen, während der Austausch der Wissenschaftler praktisch bis zu Unmöglichkeit erschwert wird.
> z. B. kamen die Ausreisegenehmigungen bereits am Tage eines Kongressbeginns usw.

Außerdem wird kritisiert, dass die Größe des Personenkreises, der Westdeutschland und das Ausland besuchen kann, außerordentlich gering ist.
Bekommt ein Intellektueller für eine Erfindung u. Ä. eine Prämie, so empfindet er dies nur teilweise als Belohnung, weil er die von ihm benötigten Artikel zu HO-Preisen und nicht mehr über den Förderungsausschuss und die DHZ zu normalen Preisen erwerben kann. Auch bei der Intelligenz besteht Unzufriedenheit über die unzureichende Versorgung mit festem Brennstoff.
Die Versorgung mit technischer Literatur aus den Volksdemokratien wird als unzureichend, dagegen aus Westdeutschland und dem westlichen Ausland als unbefriedigend empfunden.

z.B. wird beabsichtigt, aus der Zentralstelle in Berlin von bestimmten Artikeln Fotokopien anfertigen zu lassen, so beträgt deren Herstellungsdauer unverständlicherweise [ein] ¾ Jahr und noch länger. Häufig ist dann der Artikel wertlos geworden.
Anlässlich der Intelligenzaussprache wurde der Intelligenz insofern ein Misstrauen ausgesprochen, als sie bestechlich und unsicher genannt wurde.
Als Beispiel wurden Prozesse angeführt und Fälle, bei denen angeblich namhafte Persönlichkeiten anlässlich einer Reise nach Westdeutschland dort bestochen worden seien. Diese Bemerkung rief den schärfsten Widerspruch der anwesenden Intellektuellen hervor und gipfelte in der Forderung, wenn die Intelligenz Vertrauen zur DDR und ihrer Regierung habe, so dürfe sie erwarten, dass die Regierung und alle ihr nachgeordneten Stellen auch der Intelligenz vertraue!
Ein Gegenstand ständiger Kritik ist der Begriff der „Wissenschaftlichkeit". Die Angehörigen der Intelligenz fassen den Begriff „wissenschaftlich" enger, als es im gegenwärtigen Sprachgebrauch üblich ist. Sie verstehen darunter ein Vertrautsein mit wissenschaftlichen Arbeitsmethoden, objektive Urteils- und Abstraktionsfähigkeit. Sie bemängeln, dass der Begriff „wissenschaftlich" zu einem Schlagwort geworden ist und damit sich selbst ad absurdum führt.

Gotha:
Es werden Klagen geführt über die zu große gesellschaftliche Beanspruchung. Oft wird der Wunsch laut, Schulbildung und Beruf des eigenen Kindes mehr mitbestimmen zu können.

Weimar:
Wissenschaftler: teilweise arbeitsmäßige Überlastung.
bildende Künstler: Teilweise schlechte Versorgung mit Brennmaterial, Ateliers konnten nicht geheizt werden.
Ärzte: Teilweise arbeitsmäßige Überlastung.
techn[ische] Intelligenz: Falsche politische Arbeit mit den Technikern im Waggonbau Weimar. Sie glauben sich beobachtet in ihrer politischen Einstellung. Das gab Anlass zur Unterdrückung der freien Meinungsäußerung.
Dozenten/Hochschulwesen: Unzufriedenheit herrscht hinsichtlich der Ferienplätze. Die Angehörigen des Lehrkörpers können nur in den Semesterferien, also im Juli und August, ihren Urlaub nehmen. Die Zuteilung an FGDB-Ferienplätzen ist für diese Zeit aber nur sehr gering.

Die Hochschule für Architektur hat z. B. für diesen Zeitraum überhaupt keinen Ferienplatz an der See. Ahrenshoop ist l[au]t Mitteilung der Bundesleitung für diese Monate bereits überfüllt, so dass auch hier keine Möglichkeit besteht. Über besondere Ferienheime für die Intelligenz weiß die Förderungsstelle beim Rat des Bezirkes erst Ende April Näheres.

Die durch den Mangel an Fachkräften sehr stark eingespannte Intelligenz an den Hochschulen möchte natürlich Erholungsmöglichkeiten haben.

Die Hochschule für Architektur untersteht dem Staatssekretariat für Hochschulwesen, dem Ministerium für Aufbau und der Deutschen Bauakademie. Aus dieser Dreiteilung der Zuständigkeiten in verschiedenen Fragen ergeben sich große Schwierigkeiten.

So ziehen sich z. B. personalpolitische Fragen (Ernennungen) ewig hin, weil einer die Sache auf den anderen schiebt.

Heiligenstadt:

Unser Kreiskulturorchester ist seit Dezember 1952 nicht in der Lage ins Kreisgebiet zu fahren, weil es seit diesem Zeitpunkt keine Benzinzuteilung erhalten hat.

Weiter sind hier Klagen über den äußerst schlechten Proberaum und die großen Schwierigkeiten bei der Beschaffung von geeignetem Notenmaterial.

Lehrer: Nicht alle Kollegen haben gute, anständige Wohnungen. So wohnt z. B. in unserem Kreisgebiet ein Berufsschullehrer mit zwei Kindern in zwei Räumen.

Nordhausen:
Bildende Künstler: Ungenügende Organisierung zur Qualifizierung der gesamten Künstlerschaft. Kulturverordnung wird zu wenig berücksichtigt. Keine Zuteilung von Krankengeld an Freischaffende.
techn[ische] Intelligenz: Nicht genügend IN-Karten. Mangel an Wohnungen.

4. Der Wunsch nach qualifizierten Wissenschaftlern als Referenten, besonders in kleineren Orten, und vor allen Dingen auf dem Gebiet des Marxismus-Leninismus sowie die Nachfrage nach Fachliteratur und Lehrbüchern aller wissenschaftlichen Gebiete ist besonders stark. Hierbei tritt besonders

die Frage auf nach Austausch von Fachliteratur mit dem Ausland. Und Westdeutschland.
Ebenso wird der Mangel an geeigneten Klubhäusern oder -räumen laut.

Berichte aus den Kreisen:

Arnstadt:
Die Intelligenz beklagt sich oft darüber, dass noch zu wenig neue Lehrbücher aus allen Wissensgebieten vorhanden sind.
Auch bittet die Intelligenz kleinerer Städte um die Berücksichtigung in der Referentengestaltung für das wissenschaftliche Vortragswesen. Es muss auch hier erreicht werden, dass qualifizierte Wissenschaftler in den kleineren Städten vor der Intelligenz sprechen.

Eisenach:
Es war uns z. B. bis heute noch nicht möglich, einen Gesellschaftswissenschaftler oder guten Propagandisten für zwei Zirkel
    a) EMW – technische Intelligenz –
    b) VBKD
des Marxismus-Leninismus freizubekommen. Auch die Kreisleitung der SED konnte uns bis heute in dieser Angelegenheit nicht helfen. Sowohl die Konstrukteure, Ingenieure und Künstler haben den Wunsch geäußert, den dialektischen und historischen Materialismus zu studieren.

Erfurt:
Es besteht seit langer Zeit der dringende Wunsch nach einem Klub der Intelligenz. Bisher ist es in Erfurt nicht möglich gewesen, Räumlichkeiten dafür zu beschaffen. Der Grund ist zu suchen bei der Unterschätzung der Arbeit unter der Intelligenz seitens der Verwaltungen.

Gotha:
Häufig wird gewünscht, sich auch in westlichen Fachzeitschriften orientieren zu können.
Außerdem wird immer wieder der Wunsch nach eigener und nicht organisierter Freizeitgestaltung betont.

Weimar:
Wissenschaftler: Es besteht der Wunsch nach verbesserter Versorgung mit Fachzeitschriften und Büchern.

Bildende Künstler: Resultierend aus der schlechten materiellen Lage z. B. Besuch der 3. Deutschen Kunstausstellung. 90 Prozent sind nicht in der Lage, die Kosten aus eigenen Mitteln aufzubringen.
Architekten: mangelnde Versorgung mit Fachzeitschriften, vor allem sowjetischer Übersetzungen.
technische Intelligenz: Mangel an Fachzeitschriften und Büchern.
Für alle Gruppen der Intelligenz wird als Mangel empfunden, dass es bisher nicht möglich war, einen Klub der Intelligenz zu schaffen. Es besteht nur der Klub des Deutschen Nationaltheaters, der jedoch nur den Künstlern zur Verfügung steht. Ein Klub für die Zusammenführung aller Intellektuellen konnte bisher aus Mangel an entsprechenden Mitteln noch nicht geschaffen werden.

Nordhausen:
Bildende Künstler: Ermöglichung von Besichtigung der großen Kunstausstellungen durch verbilligte Fahrten.
technische Intelligenz: Schaffung eines Referentenblattes über die techn[ische] Weltliteratur. – Beschaffung von Interzonenpässen.

Sondershausen:
Musiker: Schwierigkeiten in Bezug auf Beschaffung von Notenmaterial, besonders im Austauschverfahren mit Verlagen im Westen.

5. Die Kreise berichten hierzu im Einzelnen Folgendes:

Arnstadt:
Eine direkte Gegnerschaft konnte bisher in unserem Kreisverband nicht festgestellt werden, wenn auch eine gewisse Zurückhaltung unter der Intelligenz gegenüber dem Kulturbund festgestellt werden muss. Die Intelligenz hat es noch nicht vergessen,
> dass unter der früheren Leitung in mehreren Fällen gegen Mitglieder der Intelligenz und des Kulturbundes mit recht drastischen Mitteln vorgegangen wurde.

Ferner wird oft als störend empfunden, dass
> führende Intellektuelle von allen möglichen Organisationen als Aushängeschild benutzt werden und somit ihren ureigensten Aufgaben entfremdet werden.

Eisenach:
Die Nähe der D-Linie erschwert selbstverständlich unsere gesamte Arbeit in Eisenach und im Kreis (Eisenach – 12 km). Außerdem war Eisenach nach 1945 mehr nach Kassel und Westdeutschland als nach Erfurt und Thüringen ausgerichtet, so dass eine Menge Beziehungen schon rein verwandtschaftlicher Art bestehen. Außerdem wird z. B. in der Westpresse im Augenblick gegen die Erneuerung der Wartburg gehetzt. Die Person von Dr. A. wird ebenfalls angegriffen. Es erscheinen Artikel in Westzeitungen, die Dr. A. anonym zugeschickt werden. Dies kann nach unserer Ansicht nur über die Vermittlung von Eisenacher Intelligenz-Kreisen geschehen.

Erfurt:
Präzise Feststellungen in dieser Richtung sind durch uns nicht gemacht worden. Die Arbeit in dieser Richtung wird außerordentlich erschwert durch ein Dickicht von Gerüchten, deren Herkunft unkontrollierbar ist. Dadurch entsteht eine allgemeine Unsicherheit und Unruhe, die der Arbeit täglich begegnet, ohne dass man sie wirksam bekämpfen kann. Ein Argument schält sich allerdings heraus, das ist
    der ständige Vergleich der Qualität der Verbrauchsgüter Westdeutschlands und der DDR (besonders Margarine, Textilien, Schuhwerk usw.)

Weimar:
Techn[ische] Intelligenz, Waggonbau, Weimar:
    Einschleusung eines westdeutschen Ingenieurs in den Waggonbau als Spitzel, der versuchte, leitende Betriebsangehörige mit Westberliner Dienststellen in Verbindung zu bringen.

Gotha:
Konkrete Fälle sind uns nicht bekannt.

Sondershausen:
Verbreitung von RIAStendenzen unter der technischen Intelligenz.

6. Erscheinungen der Republikflucht werden gemeldet besonders bei <u>Ärzten, Lehrern, Schauspielern und Musikern.</u> Die Gründe sind zu suchen in gesell-

schaftspolitischer Überlastung oder Ablehnung der sich neu entwickelnden Gesellschaftsordnung sowie in Schwierigkeiten bei der Ausstellung von Interzonenpässen.
Folgende Berichte und Beispiele dazu aus den Kreisen:

Arnstadt:
Wesentliche Auseinandersetzungen unter den Intelligenz sind nicht zu verzeichnen.

Eisenach:
Eine starke Republikflucht ist im letzten Jahr unter den Ärzten zu verzeichnen.
    Z. B. der Gehirnspezialist Prof. Dr. B., Chefarzt vom Städtischen Krankenhaus in Eisenach, Dr. K., Dr. St., Apotheker W. u. a. – Nach unseren Ermittlungen liegen die Gründe hierfür meist in Versprechungen, die vom Westen gemacht werden. Bei Prof. B., der aus dem Westen gebürtig ist, soll folgender Grund vorliegen:
Prof. B. bekam alljährlich seinen Interzonenpass, damit er seine Mutter besuchen konnte. Im Herbst vorigen Jahres reichte er ebenfalls ein, um seine Mutter selbst behandeln zu können, die krank geworden war. Aufgrund der Maßnahmen nach dem 26.5.[19]52 bekam er den Pass nicht sofort und soll deshalb illegal die DDR verlassen haben.

Erfurt:
Ja. Einwandfreie Begründungen für Republikflucht sind kaum zu erhalten. Undurchsichtige Gerüchte, Vermutungen u. a. umgeben die einzelnen Fälle. Besonders deutlich ist dieser Zustand bei den Angehörigen der Städtischen Bühnen, die republikflüchtig geworden sind.

Gotha:
Ja, besonders unter der techn[ischen] Intelligenz und unter den Ärzten. Neben beruflicher Überinanspruchnahme (vor allem Landärzte) zu viele gesellschaftliche Nebenbelastungen. Vermutlich in einigen Fällen die Tatsache, dass die Betreffenden
    durch Pass- und Einreisebeschränkungen absolut von ihren Angehörigen in Westdeutschland getrennt sind.

Weimar:
Ja, Republikflucht gibt es. Jedoch ist eine Flucht uns bekannter Intellektueller während längerer Zeit schon nicht mehr bekannt geworden.
Bei den Studenten
    handelt es sich dabei meistens um Pazifismus.
Über die republikflüchtigen ehemaligen Angehörigen des Lehrkörpers an den Hochschulen wissen wir zu wenig Bescheid, da wir (Hochschulgruppensekretärin) erst jetzt unsere Arbeit wieder aufgenommen haben. Die Parteileitungen haben die Gründe meist auch nicht analysiert.

Sondershausen:
Erscheinungen der Republikflucht bei zwei Landlehrern.

Heiligenstadt:
Bei den Lehrern ist die Republikflucht besonders stark. Dies ist eine Erscheinung, die durch all die letzten Jahre geht.
    Sie wollten sich nicht am gesellschaftlichen Leben beteiligen und wehrten sich mit aller Macht gegen das Neue, das sich hier entwickelt.
Bei den Architekten können wir durch all die Jahre keine Republikflucht feststellen.
Allerdings haben aus dem Kreise der Musiker einige Kollegen den Raum der DDR verlassen. Bei Überprüfung konnte festgestellt werden,
    dass sie sich strafbar gemacht hatten und sich so dem Zugriff der Behörden entzogen.

Worbis:
Diese Erscheinung ist hier hart an der Zonengrenze sehr stark. Doch nicht nur in der letzten Zeit, sondern es geht schon durch all die letzten Jahre hindurch. Ich kann aus eigener Erfahrung berichten, dass viele Schulräte nach Westdeutschland gingen und die Lehrer aus ihren Kreisen nach sich zogen.
    Der Grund hierzu dürfte sein, dass sie sich auf keinen Fall am gesellschaftlichen Leben beteiligen wollten und sich gegen das neu sich hier Entwickelnde stellten!

7. Die Aktivität konzentriert sich bei den Angehörigen der technischen Intelligenz.

Besonders tritt dabei hervor die Bereitschaft der Angehörigen der Intelligenz, bei der Verbreitung wissenschaftlicher Kenntnisse mitzuarbeiten sowie den Marxismus-Leninismus zu studieren.
Verpflichtungen sind hierbei keine Seltenheit.
Folgende Bespiele und Berichte liegen aus den Kreisen vor:

Arnstadt:
Wesentliche und überdurchschnittliche Ingenieurtätigkeit wird im RFT-Fernmeldewerk geleistet!

Eisenach:
Unsere Erfolge liegen in der
    steigenden Zahl der Mitarbeiter bei der Verbreitung wissenschaftlicher Kenntnisse (Nicht nur durch die Honorierung!) –
    Die Bereitwilligkeit ist im letzten halben Jahr gestiegen.
Der Einsatz der Angehörigen der Intelligenz zum Aufbau einer sozialistischen Kultur, zur Pflege des fortschrittlichen Nationalen Kulturerbes und die Bereitschaft zur Erfüllung des Nationalen Aufbauwerkes des Kreises Eisenach wurde durch Verpflichtungen u. a. festgestellt.

Erfurt:
Besonders deutlich macht sich in den letzten Monaten eine
    Bewusstseinsänderung unter der technischen Intelligenz
bemerkbar. Neben der Bereitschaft, den Ablauf der Produktion durch Erfindungen u. Ä. zu verbessern, mehren sich die Fälle, in denen Angehörige der technischen Intelligenz
    eine Anwaltschaft über einen Nachwuchstechniker, Meister, Aktivisten usw.
übernehmen. Die Bereitschaft zur
    Mitarbeit in den Kommissionen des Kulturbundes und zur Verbreitung wissenschaftlicher Kenntnisse
wächst an.
In der Poliklinik Mitte macht sich das
    Prinzip der kollektiven Leitung der Klinik
bemerkbar.
Bei qualifizierten Vorträgen
    auf politischem Gebiet nimmt die technische Intelligenz mit Interesse an diesen Veranstaltungen teil.

Weimar:
Besondere Erfolge können uns nicht berichtet werden. Jedoch muss betont werden, dass sich die Intellektuellen im Rahmen ihrer Arbeitsgebiete aktiv für die Erfüllung der Pläne einsetzen.
Auch in der Arbeit unserer Organisation bei der Verbreitung wissenschaftlicher Kenntnisse sind die Intellektuellen bereit, ihr Wissen an die Werktätigen zu vermitteln.
Aus den Hochschulen wird berichtet:
Studium des Marxismus-Leninismus in den Intelligenz-Zirkeln, z. T. monatliche wissenschaftliche Dozentensitzungen.
Resultate: Verbesserung der Lehrtätigkeit, zahlreiche gewonnene Wettbewerbe bei den Architekten!

Sondershausen:
Musiker: Abschluss von Freundschaftsverträgen mit Grossbetrieben.
techn[ische] Intelligenz: Regelmäßige Teilnahme an den Lenin-Zirkeln. Zahlreiche Verpflichtungen aus den Reihen der Intelligenz, höhere Produktionserfolge! Das Kaliwerk Glückauf gewann im 4. Quartal den 1. sozialistischen Wettbewerb!

8. Aus den Kreisen hierzu:

Arnstadt:
Da die Intelligenz noch nicht genügend zu unseren Veranstaltungen erscheint, haben wir es unternommen, die Betriebe einzeln aufzusuchen und mit der technischen Intelligenz in Verbindung mit den Kulturdirektionen Vortragsreihen abzuschließen.
So ist es uns gelungen, im RFT-Fernmeldewerk für das ganze Jahr für jeden Monat einen hochwertigen Vortrag für die technische Intelligenz zu vermitteln. Die Honorierung geschieht durch das Werk.

Eisenach:
Neben der politischen Aufklärungsarbeit hat unsere Kommission zur Förderung der Intelligenz, Vorsitz Kreisrätin Sch., alle die unter Punkt 2 genannten Schwächen und Mängel aufgegriffen,
ein Vertrauensverhältnis geschaffen und einige besondere Fälle bereits erfolgreich erledigt.

(Maler Anhalt, Aufträge durch Betriebe, Verhandlungen mit der Abt[eilung] Handel u[nd] Versorgung wegen Bezugsscheinen usw.

Erfurt:
Zur Verbreitung des Marxismus-Leninismus hat sich als glücklich erwiesen, Vortragsreihen aus einzelnen Spezialgebieten, z. B. Philosophie, Polit-Ökonomie usw. in Betrieben vor dem immer gleichen Personenkreis von Intellektuellen zu bringen.
Wenn wirklich qualifizierte Vorträge gehalten werden, erlahmt das Interesse seitens der Intellektuellen nicht u[nd] ihre Mitarbeit ist rege.
    Nach Vorträgen des Kulturbundes z. B. im RFT-Funkwerk hat sich die Teilnehmerzahl parteiloser Intellektueller am Parteilehrjahr der SED auffallend verstärkt. Z. B. sind von 26 Teilnehmern in einem Zirkel drei Genossen, einem weiteren Zirkel von 28 Teilnehmern ebenfalls drei Genossen und von einem dritten Zirkel mit 36 Teilnehmern 14 Genossen der SED.

Gotha:
Es wird z. Z. versucht, die Intelligenz
    über ihr Fachgebiet anzusprechen und Diskussionen anzuregen.
Ein Resultat liegt noch nicht vor.

Weimar:
Wir haben jetzt begonnen, die Arbeit unter der In[elligenz] planmäßig zu gestalten. Aufgrund des Perspektivplanes ist der vor kurzem gebildeten Kreiskommission zur Förderung u[nd] Sammlung der Intelligenz die Möglichkeit gegeben, systematisch diese Aufgaben in Angriff zu nehmen, so dass
    regelmäßig Aussprachen stattfinden, aber auch Vorträge und Veranstaltungen heiterer Art sowie Diskussionen über wissenschaftl[iche] Probleme.

9. Hierzu die Vorschläge der Kreise:

Arnstadt:
Verstärkte Werbetätigkeit unter Herausstellung der Ziele des Kulturbundes und Gewinnung wirklich erstklassiger Vortragskräfte.

Eisenach:
Unser Vorschlag geht dahin, dass die Bedeutung des Kulturbundes als Organisation der Intelligenz noch mehr von zentraler Stelle aus hervorgehoben wird, seine Arbeit und der Einsatz seiner Mitarbeiter ebenfalls gewürdigt wird. (z. B. Monat der Deutsch- Sowjetischen Freundschaft, Ferienlagerarbeit usw.) Das soll bedeuten, dass jeder Angehörige der Intelligenz, der Mitglied des Kulturbundes einer demokratischen Massenorganisation ist, von seiner Organisation auch Hilfe und Anerkennung erwarten kann.
Viele Stellen, auch unsere sozialistische Einheitspartei Deutschlands, umgehen sehr oft die Fragen der Intelligenz. Es hat z. B. seit der 2. Parteikonferenz noch keine Besprechung und Anleitung stattgefunden, in der das Sekretariat und die Kulturabteilung Anleitung und Hilfe gegeben hätten. Die Bedeutung des Bündnisses und die Rolle und Aufgabe, die der Kulturbund dabei zu übernehmen hat, ist von einer Reihe von Funktionären noch längst nicht erkannt worden. Die Aufklärung unserer vielfach rein bürgerlich erzogenen Intelligenz muss auch von Mitarbeitern und Funktionären anderer Organisationen und Institutionen unterstützt werden. (So aber gibt es Beispiele, dass unsere Arbeit durch radikale Einstellungen noch äußerst erschwert wird, ja wir oft selbst in den Verdacht des Versöhnlertums, des Zurückweichens kommen.)
Die Bildung des sozialistischen Bewusstseins in unseren Angehörigen der Intelligenz ist nicht nur eine Aufgabe des Kulturbundes.

Erfurt:
a) Beseitigung der üblichen Beschwerden, Verbesserung der Versorgung mit Lebensmitteln, besonders Fett, Verbesserung der Verbrauchsgüter und ihre regelmäßige und ausreichende Belieferung, Verbilligung der Verbrauchsgüter.
b) Beseitigung der Bürokratie, Durchsetzung des Prinzips der Höflichkeit in der Verwaltung, Hebung der Verkaufskultur.
c) Politische Aufklärung durch Überzeugung und nicht mit dem Holzhammer, wirkliche Garantie eines Meinungsaustausches.

Gotha:
Man darf auf keinen Fall die uns zur Verfügung stehende fortschrittliche Intelligenz mit zu vielen gesellschaftlichen Funktionen belasten. Auch steht die Intelligenz der Forderung nach Stellungnahme etc. sehr kritisch gegenüber und man sollte hier nur sehr vorsichtig vorgehen.

Weimar:
Es ist notwendig, um vor allem die Arbeit des Gegners unter der Intelligenz erkennen zu können, mit den Intellektuellen soviel wie möglich Aussprachen zu führen, um sie zur Diskussion zu bringen. Zum anderen muss es eine unserer Hauptaufgaben sein, den Intellektuellen durch Behandlung gesellschaftswissenschaftlicher Probleme selbst das Rüstzeug in die Hand zu geben, die Arbeit des Gegners zu erkennen und zu bekämpfen.

Sondershausen:
Heranführung der Intelligenz an den wissenschaftlichen Sozialismus - Systematische Überzeugungsarbeit auf Grund der Beispiele in der Sowjetunion z. B. in Bezug auf Neurermethoden.

Nordhausen:
Beschaffung von fachlicher Weltliteratur – Hochwertige Fachvorträge!

10.
Arnstadt:
Dem Staatsapparat wird vorgeschlagen, dafür zu sorgen, dass endlich Überschneidungen von Versammlungen und Veranstaltungen aufhören. Der Grund schwach besuchter Veranstaltungen des Kulturbundes ist in der Regel auf gleichzeitige Veranstaltungen der Parteien und Massenorganisationen zurückzuführen. Es muss von den verantwortlichen Dienststellen in den Kreisämtern auf das Energischste die Versammlungsmüdigkeit bekämpft werden.
Es muss ferner erreicht werden, dass die aus Volksmitteln eingerichteten Kulturräume, auch der volkseigenen Betriebe, für Veranstaltungen kultureller Art der örtlichen Allgemeinheit zur Verfügung stehen. Die Gefahr der Sabotage und Spionage lässt sich bei gutem Willen fast immer ausschalten.

Eisenach:
Trotz des Widerspruchs, den mein Vorschlag erregen wird, ist es erforderlich zu sagen, dass der Kulturbund sich grundsätzlich als Organisation der Intelligenz auf diese wichtige Aufgabe und Arbeit konzentrieren soll. Eine Zersplitterung geschieht bereits durch die Natur- und Heimatfreundebewegung. Als Organisation der

Intelligenz können wir für die Natur- und Heimatfreunde nicht mehr die Verantwortung haben. Sie müssen sie selbst übernehmen. Bei der Verbreitung wissenschaftlicher Kenntnisse werden wir mit ihnen zusammenarbeiten.

Gotha:
Da die Intelligenz allen Erscheinungen des öffentlichen Lebens sehr kritisch gegenübersteht, sollte man versuchen, sie
nur mit wissenschaftlich einwandfreiem Beweismaterial zu überzeugen. Der Kulturbund als solcher muss sich zuerst einmal das Vertrauen der Intelligenz erwerben, da diese bis jetzt ihm gegenüber immer noch die alte Reserviertheit bewahrt, siehe das alte Argument „Der K[ultur]B[und] sei zu politisch"!

Weimar:
Wir vertreten die Ansicht, dass unsere Organisation sich verstärkt
um die Intelligenz kümmern muss und ihre Arbeit auf diese Aufgabe konzentrieren muss.
Das heißt, dass uns die im Rahmen der wichtigsten Aufgaben des Kulturbundes liegende Sammlung der Intelligenz und Verbreitung wissenschaftlicher Kenntnisse nicht mehr in die Lage versetzt, uns weiterhin um die Natur- und Heimatfreunde zu kümmern. Mann sollte in der Bundesleitung darüber diskutieren, inwieweit es möglich ist, zu Gunsten der Hauptaufgabe des Kulturbundes
die Natur- und Heimatfreunde selbständig zu machen.

Heiligenstadt:
Da der Stadt Heiligenstadt ein geeigneter Raum für Kulturveranstaltungen überhaupt fehlt, könnte unseren Musikern, unserer gesamten Intelligenz und darüber hinaus allen Menschen geholfen werden,
wenn unsere Regierung Mittel für ein Kulturhaus zur Verfügung stellen würde.

Unsere Lehrer sind sehr mit Funktionen überlastet. Für die eigene Familie bleibt kaum Zeit. Es wäre gut, wenn die Regierung
die Pflichtstunden herabsetzen würde, damit die Lehrer auch einmal Zeit für ihre Familien haben. Gerade durch die Frauen kommt hier die meiste Unzufriedenheit, denn sie kennen ihren Mann nur

über Bücher sitzend oder in Versammlungen, Konferenzen und Sitzungen.

Worbis:
Unsere Regierung müsste dafür sorgen, dass unseren Lehrern mehr freie Zeit bleibt
    (Herabsetzung des Solls an Pflichtstunden),
damit neben den Funktionen, dem Fernstudium, der Vor- und Nachbereitung für den Unterricht, dem Nachsehen der Hefte usw. noch Zeit für die Familie bleibt.

2.6. [Lage der Intelligenz im Bezirk Frankfurt/Oder]

1. Im allgemeinen ist die materielle Lage der Intelligenz zufriedenstellend. In der Forstwirtschaftlichen Fakultät der Humboldt-Universität werden Gehälter bis zu DM 6 000,-- gezahlt. Die Arbeitsbedingungen sind hier denkbar günstig. Dasselbe trifft für das Zentrale Forschungsinstitut in Müncheberg, für das Eisenhüttenkombinat Ost in Fürstenberg-Oder, für das DEKA-Reifenwerk in Fürstenwalde und für das Kalk- und Zementwerk in Rüdersdorf zu. Im krassen Gegensatz dazu befinden sich die Gehälter im Observatorium Lindenberg. So wird der Dipl.-Meteorologe H. mit DM 480,-- entlohnt, obgleich er nach seinen Aussagen selbständige Forschungsarbeiten durchführt. Herr Dr. R. bekommt DM 600,--.
Im allgemeinen ist die Intelligenz in den Instituten in guten Wohnungen untergebracht. Schwierigkeiten ergeben sich bei der technischen Intelligenz, wo es trotz äußersten Bemühens der Wohnraumlenkung in den Kreisen und Städten noch nicht gelungen ist, die Frage des Wohnraumes zufriedenstellend zu lösen. Hier muss allerdings bemerkt werden, dass unsere Städte stark unter den Kriegseinwirkungen gelitten haben.
Ein besonders krasser Fall schlechter Wohnraumversorgung ist allerdings die Wohnung von Prof. Dr. A., Leiter des Kartoffelforschungsinstituts Nuhnen. Prof. Dr. A. wohnt in einer ausgebauten Gutsarbeiterwohnung, ohne ausreichende sanitäre Räume. Trotz aller Bemühungen unsererseits ist es nicht gelungen, den Ausbau dieser Wohnung durchzusetzen. Es wurden uns Ende vorigen Jahres einige Materialien bewilligt, jedoch in der Kostenfrage erklärte sich keine Abteilung der Verwaltung für zuständig. Wir wandten uns darauf

an die Akademie der Landwirtschaftswissenschaften zu Berlin. Auch diese erklärte sich für nicht zuständig und teilte uns mit, dass sie unser Schreiben an das Ministerium für Land- und Forstwirtschaft weitergereicht hat. Wir wollten nur noch die Antwort des Ministeriums abwarten und wenn auch dieser Bescheid negativ ausfallen sollte, in der Presse dazu Stellung nehmen.

Zu der Lage der bildenden Künstler ist zu sagen, dass sie stark unter dem Mangel an Auftragstätigkeit leiden. Es kommt vor – wie z. B. in Frankfurt/Oder – dass man die Illustration des Kreiskulturplanes nicht unseren bildenden Künstlern überträgt, sondern sie von Laienkünstlern ausführen lässt, weil angeblich keine Gelder für die Entlohnung eines anerkannten Künstlers vorhanden sind. Diese Tatsache führt dazu, dass sich der anerkannte Künstler, Bildhauer N., um sein Leben fristen zu können, mit dem Ausmalen von Stuben und Küchen beschäftigen muss. Ein weiterer Mangel ist das Fehlen von geeigneten Arbeitsräumen.

Zu der Lage der Ärzte wäre zu sagen, dass sie arbeitsmäßig äußerst überlastet sind. So kommen z. B. laut Angaben des Kreissekretariats Angermünde auf 6 000 Einwohner zwei Ärzte, wobei noch zu bemerken ist, dass 50 Prozent der Ärzte überaltert und daher nicht voll einsetzbar sind. Die Frage der Überalterung trifft auch auf die anderen Kreise und insbesondere auf die Stadt Frankfurt/Oder zu. Die Tatsache führt zum Teil dazu, dass die Ärzte an der gesellschaftlichen Tätigkeit nicht teilnehmen.

2. Eine besondere Klage erheben die Juristen in Frankfurt/Oder sowie eine Reihe freipraktizierender Ärzte, nämlich warum sie keine Intelligenzkarte erhalten. Weitere Beschwerden ergeben sich aus der manchmal äußerst geringen VK- Zuteilung. So erhielt z. B. Dr. S., Held der Arbeit, im ganzen 50 Ltr. Zuteilung. Aus ABUS-Kranbau in Eberswalde wird uns berichtet, dass bei der technischen Intelligenz Mangel an Arbeitsmaterialien, Arbeitsgeräten, Zeichentischen etc. vorhanden sind, was sich besonders in den Konstruktionsbüros bemerkbar macht.

3. Prof. Dr. A. bemängelte, dass die praktische wissenschaftliche Tätigkeit häufig durch kleinliche verwaltungstechnische Arbeiten gehemmt wird. So ergibt sich für ihn persönlich sehr häufig, dass die Verwaltungsarbeit der primäre und die eigentlich wissenschaftliche Arbeit der sekundäre Faktor wird. Genauso beklagten er sich sowie eine Reihe anderer Wissenschaftler über die mangelnde Möglichkeit der Beschaffung von Fachliteratur aus Westdeutsch-

land und dem nicht genügenden Vorhandensein von guten Übersetzungen sowjetischer Fachbücher.
Ein weiterer Punkt der Unzufriedenheit der Intelligenz ist die zum Teil noch nicht ganz überwundene sektiererische Einstellung gegenüber der Intelligenz. So erklärte z. B. die neugewählte Betriebsgewerkschaftsleitung des Moorbades Freienwalde dem Chefarzt Dr. L., dass sie auf dem Standpunkt stünde, dass jeder, der einen Schlips trägt, reaktionär wäre. Auf die Beschwerde des Kulturbundes bei der Bezirksleitung der Sozialistischen Einheitspartei Deutschlands wurde diese Frage sofort untersucht, mit dem Ergebnis, dass die Betriebsgewerkschaftsleitung ihres Amtes enthoben wurde.

4. Das geistige Leben der Intelligenz spielt sich bisher ausschließlich unter den Kollegen der einzelnen Fachgruppen ab. Der Versuch, die Intelligenz über die Grenzen der Fachgebiete hinaus zusammenzuführen, scheiterte bisher immer daran, dass keine Räume vorhanden sind, die den kulturellen Ansprüchen eines geistig arbeitenden Menschen auch nur entfernt genügen. Alle Versuche, solche Klubräume auszugestalten, sind bisher an der Finanzfrage gescheitert.
Ein wesentlicher Faktor ist die Tatsache, dass der Bezirk Frankfurt/Oder ein einziges Theater besitzt, das in der Sparte „Oper" und „Operette" nicht immer mit besten Kräften besetzt ist und als einziges Theater nicht alle kulturellen Bedürfnisse befriedigen kann.
Der Versuch, in der Bezirksleitung das Wissenschaftliche Kabinett als zentralen geistigen Sammelpunkt der Intelligenz zu gestalten, scheiterte bisher an den äußerst schwierigen Verkehrsbedingungen im Bezirk Frankfurt/Oder. Dabei spielt auch die Raumfrage eine nicht unwesentliche Rolle.

5. Zur Feindpropaganda müssen wir feststellen, dass in dieser Frage das Zentrale Forschungsinstitut in Müncheberg und das Observatorium in Lindenberg betroffen sind. Im ersteren Institut befinden sich noch eine Reihe reaktionär eingestellter Wissenschaftler, die dort versuchen, ihren Einfluss geltend zu machen. So ist Dr. Z. mit verschiedenen Assistenten bestrebt, einen Keil zwischen die Wissenschaftler zu treiben.
Im Observatorium Lindenberg musste ein wissenschaftlicher Mitarbeiter von den Organen der Staatssicherheit in Haft genommen werden. Weiterhin ist für Lindenberg bezeichnend, dass sich der Leiter des Observatoriums, Dr. D., gegen die Absendung von Protestschreiben gegen die Unterzeichnung des Generalvertrages aussprach.

6. Auch im Bezirk Frankfurt/Oder gab es eine Reihe von Fällen der Republikflucht. In fast allen Fällen konnte einwandfrei festgestellt werden, dass das Verlassen der Republik auf Grund geheimnisvoller „Warnungen" und „Drohungen" vor sich ging, die systematisch vom Klassengegner ausgestreut wurden.

Der Augenarzt Dr. W., Eberswalde, bat nach einigen Tagen, nachdem er die Republik verlassen hatte, telegrafisch um die Wiederaufnahme in das Kreisgebiet. Er hatte erkannt, dass er der Feindpropaganda zum Opfer gefallen ist und hält heute Vorträge über seine Erlebnisse im „Lande der Freiheit".

7. Gute Erfolge beim Aufbau des Sozialismus hatte die technische Intelligenz im Walzwerk Finow und im Eisenhüttenkombinat Ost. Eine Reihe von ihnen konnte zu „Helden der Arbeit" erklärt werden. Andere wurden mit dem Nationalpreis ausgezeichnet, wie Ingenieur K. und Ingenieur Z. Besondere Erwähnung verdient Dr. med. W. im Eisenhüttenkombinat Ost, der für seine hervorragenden Leistungen beim Aufbau der Betriebspoliklinik mit dem Titel „Verdienter Arzt des Volkes" ausgezeichnet wurde. Die gleiche Anerkennung verdient auch die Arbeit des „Verdienten Arztes des Volkes" Dr. Sch. beim Aufbau des Deutschen Roten Kreuzes. Bei beiden Ärzten ist hinzuzufügen, dass sie trotz ihrer großen beruflichen Belastung noch aktiv gesellschaftlich tätig sind.

Eine weitere besondere Erwähnung verdient die Intelligenz des Kalk- und Zementwerkes Rüdersdorf, in dem der zweifache Nationalpreisträger Dr. Sch. tätig ist.

Der Forstwissenschaftler Dipl. Ing. Werner G. und Dipl.-Forstwirt J. entwickelten ein neues Holzschutz- und Konservierungsverfahren und wurden dafür zu „Verdienten Erfindern des Volkes" ernannt. Ebenso Dr. T. vom Zentralen Forschungsinstitut Müncheberg für seine Arbeiten auf dem Gebiet der Lupinenzüchtung.

8. Die einzige bisher erfolgreiche Methode war die persönliche Unterhaltung mit den Vertretern der Intelligenz. Alle anderen Bemühungen, wie die Gründung des Wissenschaftlichen Kabinetts, der wissenschaftlichen Foren oder wissenschaftlichen Kommissionen blieben in den Anfangserfolgen stecken. Zum Teil lag es daran, dass es uns bisher nicht gelang, hervorragende Wissenschaftler aus Berlin bzw. Potsdam heranzuziehen. Als erschwerend für diese Arbeit ist nochmals die bereits erwähnte ungünstige Verkehrslage der Stadt Frankfurt/Oder sowie die zum großen Teil mangelhafte Zuteilung von

Vergaserkraftstoff zu nennen. Wir hoffen aber trotzdem, diese Schwierigkeiten überwinden zu können.

9. Ein sehr wesentlicher Faktor dieser Frage ist die Lösung der äußerst mangelhaften Kader in unserem Kreis- und Bezirksorgan. Es ist praktisch so, dass von den angeforderten Berichten aus zehn Kreisen in der Regel nur zwei bis drei verwertet werden können, während alle anderen trotz mehrfacher Unterweisungen und Anregungen immer wieder als unbrauchbar zu bezeichnen sind. Die mangelnde Kaderfrage ist bisher auch nicht mit Hilfe der Bundesleitung und mit Hilfe der Partei zu lösen gewesen. So fehlt bisher immer noch der hauptamtliche Sekretär für das Eisenhüttenkombinat Ost sowie der Referent für Natur- und Heimat in der Bezirksleitung Frankfurt/Oder. Dabei ist zu bemerken, dass jetzt auch die Referentin für die Verbreitung populärwissenschaftlicher Kenntnisse zum 30. April 1953 gekündigt hat, so dass die kulturpolitische Abteilung wieder nur mit dem 2. Sekretär besetzt ist. Es wird also darauf ankommen, durch systematische Schulungsarbeit neue Kader zu entwickeln, um die Kreissekretäre und andere Stellen mit qualifizierten Kulturfunktionären besetzen zu können. Dieser Kadermangel bewirkte auch, dass man in den Kreisen zu einem großen Teil keinen guten Kontakt zu den Vertretern der Intelligenz fand und so meistens formal verhandelte und nicht auf ihre Eigenarten, die sie auf Grund ihrer Herkunft, ihrer Erziehung und ihrer geistigen Entwicklung zum Teil noch besitzen, einging. Auch darum ist es äußerst wichtig, unsere Funktionäre mehr als bisher zu schulen, denn zu einer erfolgreichen Arbeit mit den Angehörigen der Intelligenz gehören auch eine Allgemeinbildung und die entsprechenden Umgangsformen.
Unzweifelhaft wird es einem gut geschulten Funktionär leichter sein, in einer persönlichen Aussprache Unklarheiten zu beseitigen und gegnerische Argumente zu zerschlagen oder zu widerlegen, als dies vom Vortragspodium aus möglich ist.

10. Wir sind der Meinung, dass seitens der Regierung der Deutschen Demokratischen Republik wohl alles getan worden ist, um der Intelligenz zu helfen, dass aber die bestehenden Schwierigkeiten nicht allein auf dem Wege der Verwaltungsmaßnahmen gelöst werden können, sondern in erster Linie auf ideologischem Gebiet. Dazu ist es notwendig, dass die einzelnen Organe des Kulturbundes zur demokratischen Erneuerung Deutschlands und der Sozialistischen Einheitspartei Deutschlands in dieser Hinsicht enger als bisher zusammenarbeiten, um diese Schwierigkeiten zu überwinden.

2.7. [Lage der Intelligenz im Bezirk Gera]

1. Die Arbeit des Kulturbundes nach der Bezirksaufteilung zur Realisierung aller Förderungsmöglichkeiten für die Intelligenz
Nach der Aufteilung des Landesverbandes in die drei Bezirke ergab sich zuerst eine Stagnation in der kontinuierlichen Arbeit unter der Intelligenz. Diese Durchbrechung unserer Tätigkeit war deshalb besonders spürbar, weil zu gleicher Zeit auch der Staatsapparat keine geregelte Arbeit durch einen Förderungsausschuss durchführte, so dass eine ganze Reihe von Wochen weder eine Kontrolle noch eine Anleitung der Kreisverwaltungen, der Verwaltungen in den Städten und Gemeinden, sowie eine ungenügende Beachtung der Schwierigkeiten in den Betrieben bemerkt werden konnte. Nachdem der Kulturbund und die Verwaltung die ersten Maßnahmen zur Neuformierung entsprechend der Kommissionen getroffen hatten, setzte fast gleichzeitig durch den neugebildeten Förderungsausschuss beim Rat des Bezirkes und durch eine konkrete Anleitung der Kreisverbandes des Kulturbundes durch die Bezirksleitung die konkrete Bearbeitung der Fragen zur Förderung der Intelligenz ein.

a) Neue Methoden der Arbeit unter der Intelligenz im letzten halben Jahr
Die Bezirksleitung des Kulturbundes beschloss, in den Kreisen Kommissionen zur Sammlung der Intelligenz zu bilden, die aus Geistesschaffenden und Abgeordneten des Kulturbundes zusammengestellt werden sollten. In den Kreisen: Jena, Pößneck, Gera, Saalfeld und Greiz sind diese Kommissionen gebildet. Sie arbeiten in engem Kontakt mit den Kreistagen und beschäftigen sich vor allen Dingen mit den geistigen Nöten, mit der Weiterbildung der Intelligenz, sowie der Organisierung eines wissenschaftlichen Meinungsstreits unter Heranziehung der bestehenden Klubs und bestehenden geistigen Foren in den Kreisen.
Zur selben Zeit führte der Förderungsausschuss des Bezirks eine Aussprachereihe in 20-30 größeren Betrieben unseres Bezirkes durch. Zu diesen Aussprachen wurden unsere Kreissekretäre und Vorsitzenden zugezogen. Im Verlaufe der Tätigkeit wurde mit bestimmten Berufsgruppen der Intelligenz Verbindung aufgenommen. Exponierte Vertreter einzelner Berufsgruppen z. B. führende Angehörige der technischen Intelligenz wurden gebeten, sich in unseren Sekretariatssitzungen zu bestimmten persönlichen und allgemeinen Fragen auszusprechen, um daraus eine Anleitung für unsere Kreisverbände auszuarbeiten.

Eine weitere Methode, an neue Schichten der Intelligenz heranzukommen, war die Werbung eines festen Mitgliederbestandes für die Klubs und die Organisierung eines geselligen Klublebens überhaupt. Dabei wurde die Erfahrung gemacht, dass die Gewinnung von Klubmitgliedern auf Schwierigkeiten stößt, wenn bei den Geistesschaffenden nicht eine konkrete Vorstellung von der Funktion und Aufgabe des Klubs besteht. Ihre Angst vor radikalistischen Tendenzen lässt sich in dieser Frage leicht bemerken. Sie haben eine Scheu, als Auserwählte des Klubs vor die Öffentlichkeit zu treten und fühlen sich zumeist, vor allen Dingen die technische Intelligenz, durch radikalistische Tendenzen in ihrem Parteiorganisationen der Betriebe gehemmt.

Ein weiterer Weg der Gewinnung der Intelligenz ist die Einbeziehung noch abseitsstehender Intellektueller in das System der Durchführung von populärwissenschaftlichen Vorträgen. Es ist in den letzten vier Monaten gelungen, vor allen Dingen den Kreis der Agrarwissenschaftler, Agronomen, Diplomlandwirte, weiter zahlreiche Pädagogen, aber auch bisher nur für die Kammer der Technik sprechende Angehörige der technischen Intelligenz für unsere Vortragsarbeit zu gewinnen.

Trotz der zahlreichen technischen Intelligenz ist unsere Arbeit unter den Ingenieuren und Technikern am wenigsten erfolgreich. Das hat folgende Ursachen: Die Ingenieure und Techniker sind in ihren Betrieben zum Teil überbeansprucht, haben eine ganze Reihe gesellschaftlicher Funktionen im Betrieb übernommen und klagen im allgemeinen über weitgehende Überbelastung. (Patenschaften über Berufsschulen, Vorträge in den technischen Kabinetten, Mitarbeit in bestimmten Brigaden zur Verbesserung der Arbeitsorganisation und der Technik, engstirnige abstrakt fachliche Tätigkeit der Betriebssektionen der Kammer der Technik)

Eine weitere Ursache für ihre Zurückhaltung ist die bei vielen hervorragenden Ingenieuren und Technikern, die noch der alten Schule angehören, vorhandene Indifferenz.

In ihrer fachlichen Tätigkeit sind sie hervorragende Persönlichkeiten. In ihrer gesellschaftlichen Arbeit stehen sie den Fragen völlig ablehnend gegenüber. Das trifft vor allen Dingen auch für ausgezeichnete Intellektuelle zu, wie z. B. Prof. Dr. Hans K., der sich weigert, den Appell des Weltfriedensrates zu unterschreiben; Ingenieur L. von der Maxhütte, der, obwohl Mitglied der SED, nur nach längeren Diskussionen aus ganz prinzipiellen Erwägungen heraus ein Beileidschreiben an die SKK aus Anlass des Ablebens J. W. Stalins gab.

Eine weitere Methode der Einflussnahme des Kulturbundes unter der Intelligenz ist die Bildung von Fachgruppen zur besseren Information der Bezirks-

leitung über die Stimmung und Forderungen der Intelligenz. So wurden z. B. für die Angehörigen der technischen Intelligenz, für freischaffende, künstlerische Berufe solche Fachgruppen gebildet.
Die Bildung weiterer Fachgruppen für Ärzte und andere steht bevor.
Neben diesen prinzipiellen organisatorischen Maßnahmen sind eine Reihe vielfältiger Methoden zur Gewinnung der Intelligenz angewandt worden. Die Erfahrungen werden weiter ausgewertet. Es handelt sich hier besonders um Vorträge, Organisierung kleiner Streitgespräche mit 12 bis 15 Personen, um Aussprachen in größeren Personenkreisen sowie um Einzeldiskussionen.

b) Erreichte Erfolge (allgemein)
Der Erfolg der bisherigen Tätigkeit zeigt sich besonders in folgenden Erscheinungen:
In allen Kreisverbänden, die gut gearbeitet haben, verstärkt sich das Vertrauen der Intelligenz zum Kulturbund. Das äußert sich besonders im Wunsch der Geistesschaffenden, unter der Regie des Kulturbundes zur regelmäßigen Einrichtung eines Klubs zu kommen.
Das äußert sich weiter in zahlreichen persönlichen Anfragen von Ärzten, Angehörigen der technischen Intelligenz und Wissenschaftlern. Dieser Personenkreis wünscht von unseren Sekretären und Leitungsvorsitzenden Auskunft über Probleme, mit denen sie in ihren Betrieben, Verwaltungen und Gewerkschaftsgruppen nicht klar kommen.
Vor einigen Tagen erbat der in verschiedenen Betrieben als Betriebsarzt tätige Dr. H. aus Gera Auskunft über Fragen des Auslandsaustausches von wissenschaftlichen Ergebnissen sowie über den Besuch ausländischer Kongresse.
Er brachte diese Fragen mit der ungenügenden Freiheit in Zusammenhang, die in der Deutschen Demokratischen Republik den Akademikern gewährt würde.
Ein weiterer Erfolg unserer Arbeit ist die wirklich sehr aufgeschlossene Mitarbeit von stark bürgerlichen Ingenieuren an der Arbeit unseres Sekretariats, ihre Bereitwilligkeit zu allen Fragen offen im Kreis der Funktionäre zu sprechen und fest formulierten Forderungen an die Arbeit des Kulturbundes zu stellen.
Nachdem im neuen Bezirk Gera nach der Teilung eine schlechte Verbindung zu den Geistesschaffenden bestand, (das ostthüringische Gebiet war durch die ehemalige Landesleitung stark vernachlässigt worden) demonstrierte sich die Aufgeschlossenheit der Geistesschaffenden weiter darin, dass sie ohne größere Anstrengung zahlreich zum Ableben J. W. Stalins Stellung nahmen und

in diesen Stellungnahmen konkrete Verpflichtungen besonders in wissenschaftlicher Hinsicht übernahmen.

Der Personenkreis der Referenten wurde wesentlich erweitert (innerhalb der letzten drei Monate von 120 auf 250). Die meisten sind bereit, auch Dispositionen zu prüfen und selbst welche auszuarbeiten.

Unter den Architekten und Künstlern gewinnt der Kulturbund ebenfalls laufend neue Mitstreiter. Das zeigte sich besonders als nach dem Beschluss der SED, eine Stalin-Gedenkstätte in Gera zu errichten, der Kulturbund die Architekten zur Mitarbeit aufrief. Fast alle Architekten und Künstler (27) haben sich bereit erklärt, in gesellschaftlicher Arbeit die Renovierung eines verfallenen Barockgebäudes, sowie den Bau eines Pavillons zur Aufstellung einer Stalinbüste in die Hand zu nehmen.

c) Erfahrungen und Konsequenzen für die weitere Tätigkeit

Die bisherigen Ergebnisse in dieser Arbeit zeigen, dass das Aufgabengebiet der Sammlung der Intelligenz in unserer Organisation noch keinen der Wichtigkeit der Aufgabe entsprechenden Widerhall gefunden hat und an einigen Stellen direkt gegnerische Meinungen auftreten. So arbeiten z. B. unsere Abgeordneten in ihren Parlamenten in allen möglichen Aufgaben nur nicht für die Unterstützung der Geistesschaffenden.

Trotz Anregungen und Hinweisen, die Arbeit in den Klubs durch unsere Abgeordneten den Parlamenten vorzulegen, erschöpft sich nach wie vor die Tätigkeit unserer Abgeordneten in praktizistischer Arbeit der Kommissionen. Als Beispiel kann hier die Arbeit des Bezirkstagsabgeordneten Herbert H. gelten, der durch Analysen für die ständige Kommission Volksbildung stark in Anspruch genommen ist. Es dreht sich dabei besonders um die Verbesserung der Arbeit in den Schulen, der Werbung von Arbeiter- und Bauernkindern für die Oberschulen, aber nie um die oft schwierige Lage der Lehrer.

Sehr stark gegen die Arbeit unter der Intelligenz stehen die meisten Arbeitsgemeinschaften der Natur- und Heimatfreundebewegung. Durch deren Leiter werden oft sektiererische Stimmungen in Mitgliederversammlungen hineingetragen, die sich zum Schaden der gesamten Arbeit unter der Intelligenz auswirken.

Der Kontakt mit der Verwaltung ist schlecht. Der Förderungsausschuss arbeitet isoliert, engstirnig und zumeist mit falschen, die Intelligenz vor den Kopf stoßenden Methoden. So hat z. B. die Kollegin G. vom Rat des Bezirks in verschiedenen Betrieben Jenas Versprechungen gemacht, die nicht eingehalten wurden.

Es muss erreicht werden:
Die Aufgabe des Kulturbundes, die Intelligenz zu sammeln, [ist] bis in die kleinste Ortsgruppe wirksam zu gestalten. Die Tätigkeit des Kulturbundes über unsere Abgeordneten als Motor für die Verwaltung und die anderen Massenorganisationen zu verwerten und unsere Erfahrungen und Anregungen so weiter zu geben. Die Kommissionen zur Sammlung der Intelligenz, eng mit unseren Abgeordneten verbunden, in allen Kreisen zur vollen Entfaltung zu bringen.
Im Bezirksmaßstab mit den früheren Kräften aller Berufsgruppen enge Verbindung zu halten und die neuesten Forderungen kennen zu lernen, um auf feindliche Argumente und bestimmte Stimmungsschwankungen schnell zu reagieren.
Für die Programmgestaltung der Klubs der Intellektuellen selbst stark heranziehen und nach gewisser Einordnung ihrer Anregungen und Wünsche in einen systematischen Aufbau solcher Programme mit der Hilfe der Intelligenz selbst die Tätigkeit der Klubs, der wissenschaftlichen Foren und anderer ähnlicher Einrichtungen zu beleben.
Die Kulturbundleitungen bzw. Sekretariate müssen über die wichtigsten Vorgänge (ihre Schwierigkeiten in fachlicher Beziehung und ihre Reaktion auf politische Fragen) schnellstens informiert sein.

2. Einzelergebnisse mit Beispielen
a) Die materielle Lage (technische Intelligenz, Wissenschaftler, Ärzte, sonstige)
Die Entlohnung der technischen Intelligenz ist im allgemeinen zufriedenstellend. Das trifft besonders für die großen Betriebe VEB Zeiss, Schott, Jenapharm, Maxhütte, Kunstfaserwerk Wilhelm Pieck zu.
Größere Schwierigkeiten brachten die vor etwa [einem] ¾ Jahr versprochenen Einzelverträge, die aufgrund einer Anweisung der Regierung wieder rückgängig gemacht wurden. So wurden z. B. im VEB WMW Union Gera zahlreiche Einzelverträge rückgängig gemacht, da zuerst von der Betriebsleitung und der Parteiorganisation den Regierungsbeschlüssen nicht entsprechende Vorschläge gemacht wurden.
Eine nochmalige klare Verfügung zeigte die Fehler offen. Das gab eine heute stark spürbare Aversion der technischen Intelligenz in diesem Betrieb gegen Betriebsleitung und zuständige Ministerien.
Ein namhafter Maschinenbauer äußerte ganz offen, dass er unter diesen Bedingungen in die Industrie nach dem Westen gehen könne und bessere Möglichkeiten der Entlohnung und des Fortkommens hätte.

Die gleiche Meinung vertrat der Chefkonstrukteur Fritz M. vom VEB Werk in Königsee, der nach dem Westen gegangen ist, weil seinem berechtigten Verlangen nach einem Einzelvertrag nicht entsprochen wurde. In einem Brief an ehemalige Hausbewohner bringt er zum Ausdruck, dass er nach dem Westen gegangen ist, weil ihm selbst durch höchste Regierungsstellen keine Unterstützung zuteil wurde. Er ist plan- und ziellos nach Westdeutschland gegangen. Er rechtfertigt seinen Schritt mit der Äußerung „bei einer solchen Behandlung, die Stirn zeigen zu müssen."
Eine weitere Schwierigkeit ist die stark unterschiedliche Entlohnung der technischen Intelligenz in den Betrieben und Verwaltungen (das trifft auch zu für die in den Berufsschulen arbeitenden Angehörigen der technischen Intelligenz). Große Gruppen von Bauingenieuren, Spezialisten in Hoch- und Tiefbau sowie Spezialisten in der Wasserwirtschaft werden als Angestellte in den Verwaltungen oft dermaßen niedrig bezahlt, so dass sie mit einer kinderreichen Familie gerade ein Lebensminimum besitzen. So verdient z. B. der Bauingenieur Sch. beim Rat der Stadt Gera DM 480,— netto, das ist ein um mehr als DM 200,— differierender Betrag gegenüber einem Bauingenieur, der in einer volkseigenen Bauunion tätig ist.
Die Lage der Wissenschaftler ist weitaus besser. Sie haben zum Teil hohe Spareinlagen auf den Banken und stellen zu jeder Zeit fest, dass sie finanziell völlig sichergestellt sind.
Schwierigkeiten ergeben sich nur bei bestimmten Wissenschaftlern, die als Mitarbeiter in Instituten tätig sind. Allerdings wird von ihnen laufend darüber Klage geführt, dass keine ausreichenden Qualitätswaren da sind, vor allen Dingen keine qualitätsmäßig guten Textilien.
In Jena ist z. B. das Sortiment und die Warenqualität in der HO und im Konsum in Lebensmitteln und Gebrauchsgütern ungenügend.
Weiter wird darüber Klage geführt, dass sie keine Fotoapparate, Schreibmaschinen u. Ä. auf Zuweisung zum normalen Preis erhalten. Sie wehren sich fast durchweg dagegen, in der HO zu kaufen. Besonders fehlt geschmackvolles und gutes Schuhwerk sowie qualitätsmäßige Radioapparate. Zur Verbesserung der materiellen Lage hat die Verwaltung ungenügendes getan.
Prof. M. beantragte für sein Arbeitszimmer Koks, weil seine Zentralheizung nur damit zu heizen ist und konnte nichts erreichen. Er hat deshalb nur teilweise während des Winterhalbjahres seine Wohnung heizen können und zwar nach seiner Meinung in seiner Arbeit außerordentlich eingeschränkt.
Unter den Ärzten ist die Lage der freischaffenden Ärzte besonders schwierig. Hohe Steuerabzüge verbunden mit der Diskussion, alle freischaffenden Ärzte

zu liquidieren, hat eine starke Unruhe ausgelöst. Durchweg fühlen sie sich stark zurückgesetzt, weil sie zum größten Teil nicht in den Genuss der Förderungsmaßnahmen gelangen.

Die Lage der Künstler wird zum großen Teil durch ihre eigene Leistung bestimmt, obwohl auch hier bürokratische Hemmnisse die Leistungsfähigkeit einschränken. Wegen der Engstirnigkeit der drei größten Betriebe in Jena nahm der Maler Hans L. die Trennung von seiner Familie in Kauf [und] arbeitet im Werksvertragsverhältnis im Kunstfaserwerk Wilhelm Pieck, Rudolstadt.

Ungeklärt sind nach wie vor die Verhältnisse bei den Juristen, weil die Förderungsmaßnahmen auf diesen Personenkreis keine Anwendung finden.

b) Die Stimmung der Intelligenz über die politische Entwicklung, ihre weltanschaulichen Ansichten

Obwohl breite Schichten der Intelligenz auch schon gesellschaftlich tätig sind, ist vor allen Dingen die Mitarbeit der Akademiker ungenügend. Ihre Meinung ist, dass in der Deutschen Demokratischen Republik keine Freiheit herrsche und dass sie durch engstirnige Radioprogramme, Veranstaltungen u. Ä. Dinge nur nach einer uniformierten Richtung gedrängt würden. Die weltanschaulichen Ansichten dieser Kreise bewegen sich in rein idealistischer Richtung und die Organisierung von großen Demonstrationen, Veranstaltungen usw. u. a. auch Sichtwerbung wird von ihnen abgelehnt. Dr. Ing. T., VEB Zeiss, sagte, dass sich die Intelligenz ungern bindet, in den bestehenden Organisationen nicht organisiert werden möchte, und der Ansicht sei, dass man solche Zirkel u. Ä. Dinge auch privat machen könne. Er sagte weiter, dass große Furcht bestehe, sich öffentlich von Funktionären abkanzeln zu lassen, wenn man einmal einen Fehler gemacht hat. Das trifft leider sehr oft zu.

c) Fragen der persönlichen Freiheit, wissenschaftlicher Austausch mit Westdeutschland und dem Ausland sowie ihre Forderung nach Weiterbildung

Wiederholt fragen Ärzte, Wissenschaftler und Angehörige der technischen Intelligenz an, ob die Möglichkeit besteht, zu wissenschaftlichen Tagungen ins Ausland zu fahren und ob weiter die Möglichkeit besteht, den Urlaub in Westdeutschland oder im Ausland zu verbringen.

Der Arzt Dr. G. empfindet es als eine Beschneidung seiner Rechte, wenn ihm die Möglichkeit genommen wird, an wichtigen wissenschaftlichen Kongressen in Westdeutschland teilzunehmen.

Prof. K. ging vor etwa fünf Tagen nach dem Westen, weil ihm zum wiederholten Male der Besuch einer Tagung in Westdeutschland abgelehnt worden ist.

Er erwies bei seinem letzten Antrag auf den wiederholten Besuch Westdeutschlands durch Prof. Dr. Sch., Jena, und sieht darin eine ungerechtfertigte Übervorteilung.

Prof. K. war Direktor des Physikalisch-Chemischen Instituts und ein namhafter Wissenschaftler.

Die Intelligenz in den kleineren Städten unseres Bezirks empfindet es als großen Nachteil, dass sie ungenügend durch gute Fachreferenten Weiterbildungsmöglichkeiten haben. Bei einem Teil der Geistesschaffenden wird diese Weiterbildung auch nur durch missliche Wohnverhältnisse gestört. So wohnt z.B. Dr. T. mit seiner Frau, die ein Kind erwartet, in einer Mansarde ohne Gas und Wasser. Er wird außerdem in seinem Krankenhaus, in dem er tätig ist, durch den Chefarzt stark unterdrückt und der Einzelvertrag [wird] ihm verweigert.

Besonders die technische Intelligenz fordert den Austausch mit dem Ausland, besonders auch mit der Sowjetunion und den Volksdemokratien.

Prof. Dr. Hans K., Jena, gibt an, dass er z. T. neueste Forschungen aus der Sowjetunion aus seinem Privatbezug an westlicher Literatur nimmt. In diesen westlichen wissenschaftlichen Zeitschriften sind nach seiner Aussage bessere und konkretere und umfassendere Übersetzungen neuester sowjetischer Forschungen.

Die jungen Angehörigen der technischen Intelligenz beklagen sich vor allen Dingen darüber, dass ausländische Publikationen nur den Spitzen der Intelligenz zustehen. Über die ungerechte Verteilung sind in Jena und Gera wiederholt Klagen geführt worden.

d) Die Arbeit des Gegners und unsere Maßnahmen zur Überwindung gegnerischer Argumentationen und Maßnahmen

Die gegnerische Arbeit beginnt mit systematischen RIAS-Sendungen. Eine ganze Reihe solcher Sendungen werden regelmäßig von Intellektuellen gehört.

Aufgrund der Parolen, die [der] RIAS herausgibt, werden in Versammlungen und Veranstaltungen gewisse Meinungen ungläubig belächelt. So brachten nach Äußerung von Intellektuellen die westlichen Sender die Erkrankung und den Tod Stalins wesentlich früher, das nach ihrer Meinung wiederum ein Beweis dafür ist, dass unsere Nachrichten streng zensiert nur solche Meldungen bringen, die nach Meinung der Regierungsstellen dem Volk zuträglich seien. Das RIAS-Hören ist nach unserer Meinung weit verbreitet. Das trifft nicht nur für Nachrichten-Sendungen zu, sondern auch bestimmte Wirtschaftskommentare und Musiksendungen. Eine weitere gegnerische Arbeit ist die

Denunziation für die führenden Geistesschaffenden über Fragebogenfälschungen u. Ä. Dingen. Beispiel: Prof. B., der aufgrund einer solchen Mitteilung vom Staatssicherheitsdienst verhaftet wurde. Seine Schuldlosigkeit stellte sich heraus und wurde wieder freigelassen.
Ein weiteres Beispiel ist der Tuberkulosearzt Dr. K. aus Gera-Ernsee, der ebenfalls denunziert wurde. Bei ihm wurden Haussuchungen durchgeführt, die ihn veranlassten, vor ca. acht Wochen nach dem Westen zu gehen. Es hat sich herausgestellt, dass der Denunziant ein mit kriminellen Delikten vorbelasteter Mensch war.
In Jena begann die gegnerische Arbeit vor etwa einem Vierteljahr unter den Ärzten, was zahlreiche Abgänge zur Folge hatte. Sie verschob sich dann auf die technische Intelligenz und findet im Augenblick unter den Wissenschaftlern der Universität starke Anwendung.
Den Stellen des Staatssicherheitsdienstes und der Kriminalpolizei ist nur in ganz geringen Fällen die genaue Arbeitsmethode des Gegners bekannt. In einigen Fällen wie z. B. Dr. S. Sch., scheinen Angebote mit höheren Funktionen und wirtschaftlich besserer Lage vorgelegen zu haben.
In Jena gehen außerdem, und das steht damit im Zusammenhang, führende Parteifunktionäre der LDP und der CDU nach dem Westen, deren Abgänge scheinbar mit der Dertinger-Affäre u. a. Berliner Affären im Zusammenhang stehen.
So verschwand vor einigen Tagen der Oberbürgermeister Kühn (LDP) aus Jena, einschließlich der CDU-Stadträte H. und M.
Die Arbeit unserer Ortsgruppen konnte sich bisher nur darauf beschränken, den Geistesschaffenden in materieller und ideeller Hinsicht zu unterstützen und vor allen Dingen in den größeren Städten durch eine gute Klubarbeit den Geistesschaffenden sowohl eine gewisse Heimat zu schaffen als auch sie mit progressiven Ideen vertraut zu machen.
Trotz dieser Arbeit gelingt es immer wieder wichtige Berufszweige mit falschen Ideen zu zersetzen wie das des Arztes Dr. K. aus Bad Blankenburg zeigt. Durch briefliche Mitteilung wurde er davon in Kenntnis gesetzt, eine Praxis in Westdeutschland zu übernehmen, bevor die völlige Liquidation der Privat-Ärzte in der Republik erfolge. Seine anfänglich widerstrebende Stellung dazu wurde durch eine feste Terminsetzung und durch den Hinweis, ob er der kommunistischen Propaganda schon erlegen sei, erschüttert. Dr. K. ging daraufhin zum festgesetzten Termin nach dem Westen, obwohl er hier als Vertragsarzt von AG Kautschuk und Wismut und freipraktizierend vollauf beschäftigt war.

3. Die Tätigkeit der Parteileitungen, der anderen Organisationen und die gemeinsame Arbeit, sowie Anleitung der Kulturbundleitungen durch die Parteileitungen

Die Tätigkeit der Parteileitungen in den Betreiben und Orten ist unterschiedlich. Die Kreisleitung der Partei in Jena hat eine Kommission zur Verhinderung der Republikflucht gebildet. Diese Kommission tagt regelmäßig in den Klubräumen des Kulturbundes und hat noch keinerlei konkrete Maßnahmen ergriffen.

Zur Verbesserung der Arbeit des Kulturbundes besonders in dieser Richtung erfolgte bisher in der Bezirksebene nichts. In den anderen Kreisen sind die Kreissekretäre zwischenzeitlich zur Berichterstattung und Aussprachen darüber zu Sekretariatssitzungen geladen worden. Direkte Aufträge erfolgten ebenfalls nicht.

Der Ingenieur von R. erhielt im Kunstfaserwerk „Wilhelm Pieck" keinen Einzelvertrag. Auf seine konkrete Anfrage beim Parteisekretär des Betriebes erklärte dieser: „Du musst froh sein, überhaupt bei uns arbeiten zu können." Ing[enieur] von R. – sehr ehrgeizig veranlagt – fühlte sich in seinem Vorwärtskommen unterdrückt und ging ziel- und planlos den Weg nach Westdeutschland.

Die Parteileitung bemüht sich gegenwärtig um seine Zurückholung.

4. Die Tätigkeit der Verwaltung

Die Tätigkeit der Verwaltung in dieser Richtung beschränkt sich lediglich auf die Arbeit des Förderungsausschusses. Diese ist unzureichend, manchmal sogar schädlich. (Konkrete Angaben siehe oben)

Die Aufgeschlossenheit der entsprechenden Räte des Bezirks ist vorhanden, wenn wir durch die Bezirksleitung konkrete Forderungen stellen.

Die Maßnahmen der Verwaltung werden allerdings stark gehemmt durch engstirnige Anweisungen Berliner Regierungsstellen. Beispiel: Finanzierung der Klubs.

5. Unsere Erfahrungen und Vorschläge zur Verbesserung der Arbeit unter der Intelligenz, zur Verbesserung der Arbeits- und Lebensbedingungen der Intelligenz

a) Vorschläge zu Maßnahmen für den Staatsapparat

Neben bestimmten Einzelfragen wie z. B. die Verbesserung der Ferienplatzorganisation auch mit Hilfe des Staatsapparates, Verbesserung des Warensortiments der Handelsorganisation in Zentren der Intelligenz, Verbesserung der

Heizungsfrage, bessere Einrichtung von Instituten mit bei uns nicht erhältlichen wissenschaftlichen Instrumenten, bessere Organisierung des Versands ausländischer besonders auch sowjetischer und volksdemokratischer Publikationen sollte die Verwaltung entsprechende Beschlüsse fassen, um die im Moment sehr schwierige Arbeit des Kulturbundes bei der Einrichtung von Klubs zu unterstützen. Die mangelhafte gesellschaftliche Bindung der Geistesschaffenden, besonders ihrer Frauen, verleiht ihnen das Gefühl der Isoliertheit. In den Klubs kann man die Isolation der Intelligenz überwinden wie die Beispiele und Erfahrungen zeigen.

b. Wie kann der Kulturbund seine Tätigkeit unter Intelligenz verbessern?

Die Zentralleitung des Kulturbundes sollte eine sorgfältig vorbereitete Aussprache mit den anderen Organisationen durchführen, die Teile der Intelligenz organisiert haben.

Die Koordinierung der Arbeit des Kulturbundes mit diesen Fach- und Berufsorganisationen ist besonders wichtig, weil mit einer Arbeit, die auseinandergeht, Missstimmung und Unsicherheit unter der Intelligenz hervorgerufen wird.

Das trifft besonders für die geradezu lächerlich anmutende Engstirnigkeit der Kammer der Technik zu, die ihren Standpunkt bei uns im Bezirk wiederholt damit begründet, dass ihre Anweisungen von Berlin so lauten.

Im Übrigen sind die unter 1c) bereits genannten Maßnahmen wichtig. Wir schlagen vor, eine Aussprache mit erfahrenen Funktionären in dieser Arbeit in Berlin durchzuführen, um die im Moment fast völlig der Eigenverantwortlichkeit der Bezirkssekretariate überlassene wichtige Aufgabe erneut zu besprechen und eine für die ganze Republik in den prinzipiellen Dingen klare Richtung zu schaffen.

Weiter ist wichtig, bei der Arbeit mit der Intelligenz, sie nicht nur zu betreuen, sondern sofort in Form von Übernehmen kleinerer Aufgaben ihre Mitarbeit zu erwirken.

Es hat sich als richtig herausgestellt, dass die meisten Geistesschaffenden ihre eigene Meinung und Ansicht in Form kleiner Aufgaben, die sie übernehmen, vertreten wollen und im Kulturbund nicht die Organisation sehen, an deren Veranstaltungen sie als Konsumenten teilnehmen.

Das trifft auch für den Personenkreis zu, der sich zuerst einmal scheut, Mitglied zu werden, der aber eher bereit ist, eine kleine, vielleicht nur beratende Tätigkeit zu übernehmen.

2.8. [Lage der Intelligenz im Bezirk Halle]

Im Bezirk Halle ist die materielle Lage der Vertreter der Intelligenz durchschnittlich gut.
In letzter Zeit zeigt sich eine gewisse Unzufriedenheit bei den Lehrern, weil die Steuerermäßigungen weggefallen sind, und so die letzte Erhöhung der Gehälter durchschnittlich aufgehoben wurde. Durch die Veröffentlichungen in den Zeitungen über die Gehaltserhöhungen der Lehrer fühlen sie sich nunmehr verhöhnt.
Das schwierigste Problem ist die Wohnraumfrage. Die lokalen Stellen, die über den Wohnraum verfügen, lehnen meistenteils die Durchführung der Kulturverordnung ab.
So wurde z. B. dem wissenschaftlichen Aspiranten an der Juristischen Fakultät der Martin Luther Universität Halle, Bundesfreund K., Halle, ein Arbeitszimmer von der Wohnungskommission abgelehnt, obgleich er sich auf die Kulturverordnung berief, und außerdem nachweisen konnte, dass er als 3. Bezirksvorsitzender des Kulturbundes und Vorsitzender der Hochschulgruppe des Kulturbundes viele schriftliche Arbeiten zu Hause erledigen muss.
Es scheint überhaupt an manchen Stellen der Verwaltungen die Ansicht zu bestehen, dass die Kulturverordnung gar nicht verbindlich sei. Aus Dessau wird uns gemeldet, dass die freipraktizierenden Ärzte unzufrieden sind, weil sie keine IN-Karten erhalten und nur die Karte C. Außerdem klagen sie über Stromabschaltungen und Kohlemangel. Die Ärzte sind auch darüber unzufrieden, dass es ihnen nicht möglich ist, Fachliteratur aus dem Westen regelmäßig zu erhalten. Deshalb sind sie leicht empfänglich für Versprechungen, die ihnen aus dem Westen gemacht werden.
Im Kreis Dessau ist es für die Ärzte schwierig, sich niederzulassen, da keine Möglichkeit besteht, die Patienten zu stationieren.
Im Monat Februar sind aus Dessau ca. 100 Personen abgewandert; davon sind ca. 60 Angestellte und Kleingewerbetreibende, fünf Arbeiter und fünf Vertreter der Intelligenz. Bei dem größten Teil hat sich die feindliche Propaganda ausgewirkt.
Bei ca. 10 Prozent sind es familiäre Gründe, die sie zum Abwandern veranlassten.
Aus Dessau wurden folgende Tatsachen gemeldet:
Architekt B. wegen krimineller Delikte, Frauenarzt Dr. H. – feindliche Einstellung zur DDR und familiäre Gründe, Chemiker L. ging wegen familiärer Bindungen nach dem Westen. Kaufmann R. wegen feindlicher Einstellung

zur DDR, Schulleiterin R. wegen körperlicher und seelischer Zerrüttungen, Augenarzt Dr. T., weil er keinen Interzonenpass bekam. Rechtsanwalt Dr. M., 1. Vorsitzender der NDPD, ging zu Freunden nach dem Westen. Es liegen angeblich auch kriminelle Delikte vor. Dr. K., Chefarzt der Krankenanstalt in Dessau, ist schon seit einigen Monaten weg. Er war gegen die DDR eingestellt.

Aus Weißenfels wäre zu berichten:
Rechtsanwalt Dr. H. – vermutlich in Wirtschaftsvergehen verwickelt. Augenarzt Dr. D. – Gründe unbekannt. Apotheker A., Lehrerin B., Lehrer N. – Gründe unbekannt.

Ebenfalls sind wahrscheinlich aufgrund feindlicher Propaganda aus Naumburg Archivar V., Kinderarzt Dr. von N., Domkantor Dr. H. nach dem Westen abgewandert.

In Zeitz setzten sich die Schauspieler B., P., Sch., F. und von D. nach dem Westen ab. Die Gründe sollen in einer übermäßigen Beanspruchung der Künstler liegen. Das Theater hat angeblich im Monat Dezember 90 Aufführungen herausgebracht, wobei den Künstlern nicht genügend Zeit für Proben zur Verfügung gestellt werden konnte.

Spielleiter B. soll geäußert haben, dass er die von ihm verlangte Arbeit künstlerisch nicht mehr länger verantworten könne. Hinzu kommen die vielen Abstecherbetriebe. Das Schauspiel des Theaters ist zur Zeit durch die oben genannten Ausfälle nicht einsatzfähig. Besonders schlimm wirkt sich auch aus, dass von den verschiedenen Organisationen verlangt wird, dass die Theaterkräfte sich zusätzlich und bei allen möglichen Angelegenheiten zur Verfügung stellen sollen. Dabei soll von den verschiedensten Funktionären mit dem Holzhammer gearbeitet worden sein.

Ein besonders krasser Fall ist die Behandlung des Verdienten Wissenschaftlers aus dem Hydrierwerk Zeitz, Chemiker Dr. G., der in der DDR geblieben ist, dessen Fall aber große Unruhe unter der Intelligenz hervorgerufen hat. Dr. G. ist nach einer kammermusikalischen Veranstaltung im Kulturhaus des Werkes um eine Stellungnahme in der Werkszeitung gebeten worden. Er gab diese auch und betonte dabei, dass es erfreulich sei, sauber gekleidete Menschen und festlich geschmückte Räume vorzufinden sowie keine unnötigen Spruchbänder, die nichts mit der Veranstaltung zu tun haben, zu sehen.

Am Tage nach dem Erscheinen dieses Artikels forderte der Werkfunk in offensichtlich taktloser und grober Form zu einer Entgegnung auf, die dann von Dr. G. unter gewissem Druck gegeben wurde.

Dr. V., Naumburg, soll nach Angaben unseres B[undes]fr[eun]d[es] G. seine Flucht schon bereut haben und möchte wieder zurückkehren. Inzwischen ist er im Westen an Leukämie verstorben.

In Quedlinburg wurde besonders der Mangel an guten Medikamenten hervorgehoben. Die Lehrerschaft ist mit der neuen Gehaltsgruppierung nicht einverstanden.

Es wurden zwei Agenten verhaftet, die bei Ärzten versuchten, Versprechungen zu machen, wenn sie nach dem Westen gingen. Wahrscheinlich drohten sie ihnen auch.

Im vergangenen Jahr wurde noch in Intelligenzkreisen über die Kulturverordnung gesprochen, heute scheint man sie nicht mehr zu beachten.

Von Kollegen des FDGB soll in Versammlungen den Ärzten gesagt worden sein, dass Privatpraxen unerwünscht wären. Deshalb scheinen die freipraktizierenden Ärzte auf Versprechungen aus dem Westen hereinzufallen.

Aus Aschersleben wäre besonders der Fall des Augenarztes Dr. V. zu berichten. Er war einige Zeit im Urlaub im Harz und hatte sein schulpflichtiges Kind mit der Hausgehilfin daheim gelassen. Während dieser Zeit wurde das Haus zweimal von der Kriminalpolizei durchsucht. Der Hinweis der Haushälterin, dass doch das Kind noch da sei, wurde mit einer scharfen Antwort abgetan, dass schon oft Kinder von Westflüchtigen zurückgelassen worden wären.

Als ihm nach seiner Rückkehr die Vorfälle berichtet wurden, setzte er sich mit seiner ganzen Familie nach dem Westen ab.

Einige Ärzte in Aschersleben berichteten, dass ihre Häuser von der Kriminalpolizei beobachtet wurden. Sie haben sich bei der Kreisleitung der SED beschwert.

Von Halle wird über den Augenarzt Dr. S. berichtet:
Er war verantwortlicher Mitarbeiter in der Friedenfront.

Vor einigen Wochen erhielt er ein Telegramm, dass sein Vater schwer erkrankt sei. Er beantragte einen Interzonenpass. Nach Ausfüllung vieler Formulare und verschiedener Laufereien sagte ihm ein Volkspolizist bei der Passstelle, er solle warten, bis sein Vater tot sei.

Daraufhin erklärte Dr. S., dass er unter einer Regierung, deren Vertreter keine menschlichen Gefühle habe, nicht mehr leben könne, und setzte sich nach dem Westen ab.

Die alte Intelligenz bemängelt oft, dass sie sich nicht als Berufsgruppe zusammen finden könne. Möglichst auf überlokaler Grundlage. So möchten die Ärzte z. B. einen Ärztekongress und Besprechungen in der DDR durchgeführt wissen.

Zur Arbeit des Gegners sei festgestellt, dass viele Intelligenzler nachts angerufen werden und vor einer angeblich naheliegenden Verhaftung gewarnt werden.
Bei der Ehefrau des Prof. B., 2. Vorsitzender des K[ultur-]B[undes], der sich zur Zeit auf Schule in Berlin befindet, erschien in der Wohnung ein angeblich Beauftragter der Kriminalpolizei und wollte sie zu ihrem angeblich erkrankten Mann mitnehmen.
Von der Mutter von Frau B. aufgefordert, seinen Ausweis zu zeigen, lehnte er dies ab und erklärte, am nächsten Tag wieder vorsprechen zu wollen.
Durch Anruf bei der Polizei und spätere Ermittlungen wurde festgestellt, dass Prof. B. nicht erkrankt [ist], und dass auch von der Volkspolizei niemand beauftragt war, zu seiner Frau zu gehen.
Prof. H. war mehrere Wochen lang nachts angerufen und beleidigt worden.
Die selbständigen Ärzte werden angerufen und ihnen [wird] gesagt, dass in nächster Zeit jede freie Praxis unterbunden würde. Auch wird das Gerücht verbreitet, dass die Bewohner der DDR demnächst nur noch mit polizeilicher Genehmigung ihren Kreis verlassen dürfen.

In Halle wird von den freien Apothekern geklagt, dass sie keine ausgebildeten Provisoren haben. Auch über die schlechte Arzneiversorgung wird Klage geführt.
Neben den negativen Erscheinungen sich auch als erfreuliche Tatsachen zu melden, dass republikflüchtige Angehörige der Intelligenz wieder zurückkehren möchten.
Z. B. war Prof. Dr. R. aus Halle durch Versprechungen nach dem Westen gelockt worden. Er sollte dort die Leitung eines großen Krankenhauses übertragen bekommen. Mehrere Wochen blieb er ohne jegliche Arbeit und man verweigerte ihm die Übergabe eines Krankenhauses. Er soll an bekannte Professoren geschrieben haben, dass er seinen Schritt bereut und gern wieder zurückkehren würde. Inzwischen hat man ihm dort die Leitung eines kleinen Krankenhauses übertragen.
Nach unserer Meinung lässt sich die Republikflucht folgendermaßen erklären:
Starke Einwirkung westlicher Agenten und westlicher Sender, Ungeschicklichkeiten und intelligenzfeindliche Einstellung staatlicher Stellen, besonders bei der Volkspolizei. Politische Borniertheit breiter Kreise unserer Intelligenz, die auf Gräuelmärchen kritiklos hereinfallen.

2.9. [Lage der Intelligenz im Bezirk Leipzig]

1. Die materielle Lage der Intelligenz in den einzelnen Schichten ist unterschiedlich. Verhältnismäßig gut steht die technische Intelligenz da, ebenso wie die Wissenschaftler an den Hochschulen. Verhältnismäßig schlecht stehen die freischaffenden Künstler. Im Kreise Altenburg gibt es beispielsweise bildende Künstler, die eine gute Arbeit leisten, aber über ein Jahreseinkommen von nur DM 1 600,-- verfügen. Es konnte weiter die Beobachtung gemacht werden, dass fast alle freiberuflichen Schriftsteller und besonders Komponisten diese Tätigkeit eingeschränkt haben und sich nach einer weiteren Funktion, die ihnen ein regelmäßiges Gehalt sichert, umgesehen haben. Die Verbindung zwischen unseren Betrieben und unseren Künstlern in bezug auf die Auftragserteilung ist noch ungenügend, meistens kaufen die Betriebe Reproduktionen.

Ebenso ergibt sich eine Diskrepanz zwischen der wirtschaftlichen Lage der Assistenzärzte und der angestellten Ärzte, soweit sie nicht Einzelverträge haben. Z. B. erhält ein Beratungsarzt in einer Poliklinik ein Monatsgehalt von DM 1 000,--, gegenüber DM 600,-- für einen Assistenzarzt. Es wäre zu überlegen, inwieweit die Gehälter der Gruppen angepasst werden könnten, damit einerseits wirklich nur die besten Ärzte Einzelverträge erhalten würden und andererseits die fachlich oft nur geringen Unterschiede verringert werden könnten. Für die Polikliniken Altenburg wurde an Gehältern bisher eine Summe von DM 481 000,-- gezahlt. Der vom Bezirk Leipzig neu geregelte Haushaltsplan sieht dafür eine Summe von DM 409 000,-- vor. Ähnliche Streichungen, die nach Ansicht der Ärzte ungeheure Schwierigkeiten mit sich bringen, hatten die Polikliniken in Schmölln sowie die Krankenhäuser in Altenburg und Schmölln betroffen. Nach Angaben von Bundesfreund J. hat man schematisch die Kosten für ein Bett von DM 2 500,-- berechnet, während nach Ansicht der Ärzte und vor allem der Erfahrungen ein Bett mindestens DM 4 000,-- bis DM 5 000,-- kosten würde.

2. Große Unzufriedenheit herrscht besonders über den Abschluss der Einzelverträge. Wenn einerseits das Prinzip der Einzelverträge grundsätzlich von den meisten Intellektuellen bejaht wird, so beschweren sie sich andererseits doch über die Methode der Durchführung. Die Verteilung der Einzelverträge erfolgt sehr oft schematisch, „um das Soll zu erfüllen". So waren der TBC-Hauptstelle Leipzig sechs Einzelverträge zugebilligt worden, und die ersten sechs Ärzte erhielten sie. Kurz darauf kam ein weiterer Arzt, der fachlich min-

destens den sechs Ärzten ebenbürtig ist, aber Tarifgehalt erhält, da das Kontingent der Einzelverträge erschöpft ist.
Die Einzelverträge der TBC-Hauptstelle, die im Januar eingereicht [wurden], waren im Dezember 1952 noch nicht registriert, sodass sie im Januar [19]53 neu abgeschlossen werden mussten. Auch diese neu abgeschlossenen Verträge sind noch nicht bestätigt.
Die neu ergriffenen Maßnahmen zur Regelung der TBC-Verpflegung für gefährdete Angestellte in den Krankenhäusern, den Pathologischen Instituten, den gerichtsmedizinischen Instituten und der Zentralstelle für Hygiene haben große Erregung, zum Teil sogar Arbeitsverweigerungen, hervorgerufen. Man hätte vor Erlass der Änderungsbestimmungen mit den unteren Stellen sich darüber aussprechen sollen.
Ebenso hat unter der Intelligenz der Universität Leipzig die Streichung des 35-prozentigen Steuererlasses Ärgernis hervorgerufen.

3. An der Universität Leipzig können ca. 200 Wissenschaftler z. Z. nicht mit der IN-Karte verpflegt werden oder nur in unzureichender Höhe, da ein entsprechender Planfehler vorliegt. Ärzte von Polikliniken klagen über unregelmäßige, schleppende und z. T. falsche Verteilung von Medikamenten. In der Einstufung der Theater wurden z.t. sehr verschiedene Maßstäbe angewandt. Zwar ist die Bezahlung gegenüber früher im Durchschnitt besser geworden, doch bestehen noch sehr große Unterschiede. So z. B. kann das Theater Altenburg längst nicht die Gehälter für die gleichen Leistungen bezahlen, wie sie Gera, Dessau und verschiedene andere Theater, die in ihrer Qualität auf dem selben Stand stehen, bezahlen. Dadurch ergibt sich ein fortgesetzter Wechsel. Prof. Dr. Felix M. von der Veterinärmedizinischen Fakultät der Universität Leipzig steht seit vielen Jahren mit einem befreundeten Ehepaar aus Wien in Verbindung. Jedes Jahr zu Weihnachten bekommt seine Familie ein Pfund Pralinen als Geschenk geschickt. Im letzten Jahr wurde das Paket auf dem Zollamt beschlagnahmt und ihm ein halbes Pfund davon freigegeben. Wochenlang wurde an der Veterinärmedizinischen Fakultät und darüber hinaus in dem Lehrkörper der gesamten Universität darüber gesprochen und die Frage gestellt, „ob das Förderung der Intelligenz" sei?
Prof. Robert Sch., Prorektor der Universität Leipzig, wollte mit seiner Familie Verwandte in Westdeutschland besuchen. Daraufhin kam ein Angehöriger der Volkspolizei zu ihm und fragte: „Kommen Sie denn auch wieder?"
Im Kreise Schmölln arbeiten zwei Ärzte, die vor einiger Zeit erst aus Westdeutschland in die Deutsche Demokratische Republik gekommen sind, und

zwar Dr. W. und Dr. B. Dr. W. berief sich auf eine Vereinbarung zwischen Gesundheitsministerium und Innenministerium, nachdem Westärzte jedes Jahr eine Reise in ihre Heimat unternehmen können. Er stellte den Antrag auf einen Interzonenpass. Vom Kreispolizeiamt wurde Dr. W. erklärt, nachdem er vergeblich vier Wochen auf den Pass gewartet hatte, die Sache liegt zur Erledigung in Leipzig, von wo aus noch keine Stellung dazu genommen worden wäre. In Leipzig war zu gleicher Zeit von dem Antrag nicht das Geringste bekannt.
Die Professoren der Universität beschweren sich darüber, dass durch eine bürokratische Planung es ihnen z. Z. nicht ermöglicht wurde, in den Monaten Juli und August [19]52, in denen bekanntlich die Semesterferien stattfinden, ihren Urlaub in Erholungsheimen nehmen zu können.
Prof. Dr. M., Dekan an der Philosophischen Fakultät, erhielt eine Ablehnung seines Kurgesuches für Karlsbad ohne irgendwelche Begründung.
Die Zuweisung an Wohnraum für die Intelligenz ist oft noch schlecht. Der wissenschaftliche Assistent Horst F. vom Planökonomischen Institut hat bereits längere Zeit keine Wohnung. Er kann deshalb mit seiner Frau nicht zusammen wohnen, die bei ihren Eltern bleiben muss. Ein Ingenieur des Dölzener Kohlenkombinats (Leiter eines Tagebaus) befindet sich mit Frau und Kindern ebenfalls in denkbar schlechten Wohnverhältnissen. Diese Aufzählungen könnten noch verlängert werden. In allen Fällen wurde immer seitens der Verwaltung fortwährend Hilfe versprochen, ohne dass auch nur das Geringste geschah.
Mehr und mehr stellen sich führende Wissenschaftler für die populärwissenschaftliche Arbeit zur Verfügung. Es ist deshalb oft beschämenswert, wie wenig die Massenorganisationen, besonders die Gewerkschaften, sowie die Verwaltung, die die Organisierung der Veranstaltungen, in denen unsere Intellektuellen sprechen sollen, in der Hand haben, schematisch und gleichgültig arbeiten. Aufgrund einer Vereinbarung mit dem Abteilungsleiter für die Produktionsgenossenschaften im Kreise Altenburg sollte Dr. T. über „Die Transpiration der Pflanze" in einer Produktionsgenossenschaft sprechen. Er wurde nicht, wie vereinbart, abgeholt, wartete stundenlang und musste ergebnislos wieder wegfahren.
Prof. Dr. K. hatte für einen Vortrag in Nobitz am 3.3.1953 zugesagt, dadurch, dass er in eine Volksdemokratie fuhr, sandte er seinen Vertreter Dr. D. Der Referent traf ein, der Leiter der Produktionsgenossenschaft aber hatte die Veranstaltung vergessen, sodass der Mitarbeiter von Prof. Dr. K. unverrichteterdinge wieder zurück fahren musste.

Dr. E. von der Landwirtschaftlichen Fakultät der Universität Leipzig hatte sich bereit erklärt, einen Vortrag über die Anwendung richtiger Düngemittel zu halten. Bei einer Kontrolle wenige Stunden vor Beginn stellte sich heraus, dass der verantwortliche Bearbeiter beim Rat des Kreises noch keine Vorbereitungen für die Versammlung getroffen hatte, sodass nur ein ganz kleiner Teil von Zuhörern anwesend waren.

4. Trotz verschiedenartiger Bestrebungen konnte das Bedürfnis unserer Intelligenz nach qualifizierten Übersetzungen sowjetischer Fachliteratur noch nicht zufrieden gestellt werden. So erklärten verschiedene Ärzte im Anschluss an die Leipziger Pawlowtagung, dass es bedauerlich sei, dass man bisher nur über, aber nicht von Pawlow lesen konnte. Das wenige, was von Pawlow zu haben war, hätte man meistenfalls noch aus dem Westen beschaffen müssen. Es ist festzustellen, dass bei dem größten Teil unserer Intelligenz ein ehrliches Bestreben, sich mit den Erkenntnissen der sowjetischen Wissenschaft und Kunst vertraut zu machen, besteht.
Abgelehnt werden jedoch alle wissenschaftlichen Besprechungen von Werken im Feuilletonstil, aus denen man nichts entnehmen kann.
Gleichzeitig werden von allen Seiten Klagen erhoben gegen eine Agitation, die durch Häufigkeit und Heftigkeit alles zerschlägt und nicht zu überzeugen versucht. Alle Artikel voller Phrasen sowie Losungen, die von Fehlern strotzen, werden abgelehnt. Das gilt auch für Schulungen seitens unserer Intelligenz. Die Referenten gehen meistens nicht auf die Verbindung des zu behandelnden Themas mit der wissenschaftlichen Arbeit ein. Wer an einer Schulung einmal fehlt, „wird zur Verantwortung gezogen!", was nicht immer in der entsprechenden Weise geschieht.
Von rund 500 Angehörigen der technischen Intelligenz im Kombinat Böhlen nehmen rund 100 an dem Parteilehrjahr der SED in den allgemeinen Zirkeln teil, die oft auf einem so niedrigen Niveau abgehalten werden, dass sie nicht den Bedürfnissen der Intelligenz entsprechen. Gleichfalls klagen fortschrittliche Angehörige der Intelligenz über eine Überlastung an gesellschaftlichen Funktionen.
Wissenschaftler der Universität beschweren sich, dass es kaum möglich sei, bei der Herausgabe eines wissenschaftlichen Buches eine Lizenz zu erhalten, dass dieses Buch auch in Westdeutschland erscheinen könne.

5. In allen Kreisen sind Einflüsse des Gegners auf die Intelligenz zu spüren. An der Universität Leipzig bestehen noch starke pazifistische Tendenzen. So

soll nach einem Bericht des Dozenten R. Nationalpreisträger Prof. Dr. Dr. Frings die Republikflucht verschiedener Wissenschaftler damit erklärt haben, „dass dies die Angst der Eltern für ihre Kinder" sei. „Eine schlechte Schulausbildung bekommen die Kinder, das ist ja bekannt, dass ihre Mädels aber später ein Gewehr in die Hände nehmen sollen, das ist zu viel."
Weiter tauchen an der Universität in letzter Zeit Gerüchte auf, dass in nächster Zeit mit weiteren Einschränkungen hinsichtlich der Bewegungsfreiheit zu rechnen sei. Es würden neue Personalausweise herausgegeben, die es der Bevölkerung und auch dem größten Teil unserer Intelligenz unmöglich machen würde, sich über 100 km von ihrem Wohnort zu entfernen.
In den letzten Monaten sind vier Professoren mit Familie (drei bis vier Kinder), ein Dozent und ein Oberassistent der Universität sowie sechs Ärzte aus dem Leipziger Norden nach Westdeutschland gegangen. Bei den Ärzten spielt dabei die feindliche Argumentation eine Rolle, dass sie ihre Praxis ja so und so bald verlieren würden. Auch in anderen Kreisen besteht eine ganze Reihe von Republikflucht(en) unter der Intelligenz. Hauptsächlich werden davon betroffen Wissenschaftler der Hochschulen, freischaffende Ärzte und technische Intelligenz. Nach einem Bericht der Bundesfreundin S., Borna, soll Nationalpreisträger Dr. Ing. G. die Deutsche Demokratische Republik verlassen haben. Im Zusammenhang mit seiner Flucht würden sich im Kreise Borna unter der Intelligenz alle möglichen unsinnigen Gerüchte verbreiten wie z. B. Dr. G. sei an seiner Flucht gehindert worden und arbeite unter der strengsten Bewachung unserer Staatsorgane oder Dr. G. habe seinen Nationalpreis an den Westen verkauft.
Weiterhin ist unter einem Teil der bürgerlichen Wissenschaftler noch eine gewisse Überheblichkeit gegenüber der sowjetischen Wissenschaft vorhanden. So erklärte beispielsweise Prof. Dr. Bloch in einer Sitzung der Bezirksleitung Leipzig des Kulturbundes, dass die Großbauten des Kommunismus nichts absolut Neues wären, sondern dass es solche riesigen Staudämme in Amerika bereits seit langem gäbe. Das Neue könne man in den Großbauten nur in ihrem ethischen Wert sehen.
Alles in allem erscheinen uns also zweierlei Methoden des Gegners am gebräuchlichsten. Einerseits versucht er unter Hinweis auf ev[en]t[uel]l zeitbeschränkte Schwierigkeiten, die durch eine Falschmeldung oder gar Sabotage eingetreten sind, Unsicherheit unter die Intelligenz zu streuen und sie gleichzeitig mit Versprechungen nach dem Westen zu locken; andererseits versucht er durch ständige Drohungen bezüglich Enteignung oder Verhaftung der Intelligenz zu schrecken und zu ihrer Flucht zu veranlassen.

6. In allen Fällen, wo eine individuelle Aussprache mit Intellektuellen geschieht, waren sie von Erfolg gekrönt. So führte z. B. die Hochschulgruppe Leipzig des Kulturbundes nach persönlicher Fühlungnahme mit den einzelnen Professoren der Universität anlässlich des Antrages der FDJ-Hochschulgruppe, die Universität in „Karl-Marx-Universität" umzubenennen, einen Professorenabend durch. Es waren nicht weniger als 70 (!) erschienen und dabei [ergriff] nacheinander fast jeder Professor das Wort und erklärte nicht nur, dass er eine solche Namensgebung begrüße, sondern verlangte auch Schlussfolgerungen für die weitere Arbeit. So beschlossen beispielsweise die Mediziner, dem Staatssekretariat vorzuschlagen, aufgrund der Lehren Pawlows einen Lehrstuhl für die Gesunderhaltung des Menschen einzurichten.

Gleichfalls ist der Aufbau eines Klublebens von breiten Schichten unserer Intelligenz begrüßt worden, und es besteht eine gewisse Nachfrage bezüglich Teilnahmebedingungen usw. Besonders im Zusammenhang mit der geplanten Ratifizierung der Kriegsverträge im Bonner Parlament sprachen sich mehr und mehr Wissenschaftler und Künstler gegen die Kriegsverträge aus. So erklärten mehrere Angehörige der Theologischen Fakultät, dass sie die Erklärung der gesamtdeutschen Delegation auf dem Völkerkongress für den Frieden in Wien tatsächlich den einzig gangbaren Weg für die Wiedervereinigung Deutschlands sehen.

Immer größer wird die Zahl unserer Intellektuellen, die sich für die Vortragstätigkeit in den Betrieben und Produktionsgenossenschaften zur Verfügung stellen. So hat im letzten Quartal beispielsweise Prof. Dr. Dr. A. von der Veterinärmedizinischen Fakultät der Universität Leipzig in nicht weniger als 25 Fällen in Produktionsgenossenschaften des Bezirkes gesprochen. Die Landwirtschaftlich-Gärtnerische Fakultät der Universität beschloss, einen ständigen Erfahrungsaustausch mit der MTS und Produktionsgenossenschaft Großzschocher.

Bei der technischen Intelligenz finden wir in den Kreisen Altenburg, Borna und Leipzig eine besonders hohe Beteiligung beim Abschluss von Sparverträgen für das Nationale Aufbauprogramm Berlin.

Die Professoren, Dozenten und Assistenten vom Wirtschaftswissenschaftlichen Institut der Universität Leipzig führen laufend in den wichtigsten Schwerpunktbetrieben Beratungen mit den Meistern und Arbeitern der Produktion durch zur Aufstellung der technisch begründeten Arbeitsnormen und einer wirtschaftlichen Rechnungsführung.

Die Kreisleitung Borna des Kulturbundes führt zur Zeit mit der technischen Intelligenz des Kombinates „Otto Grotewohl", Böhlen, eine durchaus fruchtbare Aussprache über Fragen der Sparsamkeit im Kombinat Böhlen durch. Die Professoren der Universität stehen dabei mit ihrem Rat zur Verfügung. Die Theater sowie die Kunsthochschulen haben im letzten Quartal zahlreiche Einsätze in Form von Vorträgen, Aussprachen und Vorstellungen in den Schwerpunktbetrieben gegeben.

7. Für die weitere verbesserte Arbeit unter der Intelligenz erscheint uns folgendes wichtig:
   a) Die Entfaltung des Klublebens in allen Kreisstädten. Dieses Klubleben sollten der Sammlung und Gewinnung der Intelligenz für die Arbeit in fachlicher und populärwissenschaftlicher Hinsicht dienen. Auf Initiative des Kulturbundes sollte der Träger des Klublebens alle Verbände und Institutionen der Intelligenz sowie unsere demokratische Verwaltung sein. Dafür sollten in den Haushaltsplänen der Städte im kommenden Jahr Mittel zur Verfügung gestellt werden. Es ist unmöglich, ein gutes Klubleben aufrechtzuerhalten allein mit Organisationsgeldern des Kulturbundes.

   b) Die Argumentation in unserem Rundfunk und unserer Presse bezüglich der Notlage der Intelligenz in Westdeutschland und Entfaltungsmöglichkeit der Intelligenz in der Republik muss verbessert werden. Das kann geschehen, dass mehr als bisher Wissenschaftler und Künstler, die aus dem Westen in die Deutsche Demokratische Republik gekommen sind, in der Presse und im Rundfunk zu den Gründen ihres Übertritts Stellung nehmen und gleichzeitig die Notlage der westdeutschen Intelligenz schildern. Das kann weiterhin dadurch geschehen, dass in der Presse mehr über die Tätigkeit unserer demokratischen Parlamente zur Förderung der Intelligenz berichtet wird. Das kann ebenfalls dadurch geschehen, dass mehr als bisher bürokratische Missstände, die das Arbeiten unserer Intelligenz hemmen, öffentlich angeprangert werden. Die Unterschätzung der Hilfe für unsere Intelligenz in der Presse ist in den Bezirksorganen noch weitaus stärker als in den zentralen Presseorganen.

   c) Fast von allen Kreisorganisationen in unserem Bezirk wird als ein Mangel die Auflösung der Förderungsstellen für die Intelligenz im Kreismaßstab angesehen. In einigen Kreisen wurden bei der Kreisleitung des Kulturbundes Kommissionen gebildet, die Missstände in der Lage unserer Intelligenz zur Kenntnis nehmen und für eine rasche Erledigung in der demokratischen Verwaltung durch unsere Abgeordneten sorgen. Auf alle Fälle muss unsere Intelligenz in den Kreisen eine Stelle haben, an die sie sich vertrauensvoll wenden kann. Überall dort, wo durch den Kulturbund unserer Intelligenz geholfen werden konnte, fanden wir gute Mitstreiter für unsere Organisation. Bei der jetzigen Besetzung der Kreisorganisationen wird es unerlässlich sein, dass einige Mitglieder der Kreisleitung sich dieser Aufgabe speziell widmen. Alle kulturpolitisch und theoretisch richtigen Proklamationen nützen nichts, wenn es unserer Organisation nicht gelingt, eine tatsächliche Hilfe für unsere Intelligenz zu schaffen.

e) In Zusammenarbeit mit allen Parteien und Massenorganisationen sowie mit dem Ministerium sollte im zentralen Rahmen die Frage der Schulung für unsere Intelligenz dahingehend geklärt werden, dass Zirkel gebildet werden, die eine qualifizierte Schulungsarbeit erwarten lassen.

g) Die Zahl und die Qualität der wissenschaftlichen Konferenzen sollte erhöht werden. Dasselbe gilt für die wissenschaftlichen Fachzeitschriften. Man sollte nicht versäumen, bei wissenschaftlichen Tagungen aufgrund der Vorschläge unserer Wissenschaftler westdeutsche Wissenschaftler einzuladen. Gleichfalls sollten alle Organisationen und Institutionen, die mit der Intelligenz arbeiten, rechtzeitig von solchen geplanten Konferenzen in Kenntnis gesetzt werden. Es ist schlecht, wenn beispielsweise die Mitarbeiter des Kulturbundes erst aus der Presse erfahren, dass wieder eine bedeutende wissenschaftliche Tagung durch das Staatssekretariat für Hochschulwesen einberufen und durchgeführt wurde.

h) Das Sektierertum, dass bei manchen Funktionären noch vorhanden ist, muss schnellstens beseitigt werden, da es zumindest indirekt die Feindarbeit unterstützt.

Von allen Kreisen wird betont, dass die Intelligenz am besten zu gewinnen ist durch ein ständiges Bemühen, ihr zu helfen, zu Verbesserungen ihrer Arbeit beizutragen, so dass ein gegenseitiges Vertrauensverhältnis sich herausstellt.

2.10. [Lage der Intelligenz im Bezirk Magdeburg]

1. Klagen über die materielle Lage sind uns von der technischen Intelligenz, den Wissenschaftlern, Pädagogen und Künstlern nicht bekannt geworden. Lediglich der jetzt republikflüchtige Museumsleiter M. aus Halberstadt – Mitglied unserer Bezirksleitung, Kreisleitung Halberstadt, Angehöriger der

LDPD – klagte lange Zeit darüber, dass er keinen Einzelvertrag erhielt sowie die IN-Karte nicht empfing. Nachdem er seine Forderungen erfüllt bekam, wurde er republikflüchtig. Er stand mit seinem Freund, welcher vier Wochen vorher ging, in enger Verbindung.

2. Sämtliche Schichten der Intelligenz – insbesondere die Ärzte – klagen über schlechte Fettversorgung und über den Kohlemangel. Vor allem wird darüber geklagt, dass die jetzige Margarinezuteilung von schlechter Qualität sei.
3. Ärzte in Haldensleben und Salzwedel sind unzufrieden, weil ihre Kinder nicht zum Besuch der Oberschule bzw. zum Studium in der DDR zugelassen wurden.

    Vor allem sind freipraktizierende Ärzte unzufrieden darüber, dass sie zu großen westdeutschen Ärztetagungen keine Interzonenpässe erhalten.
4. Die technische Intelligenz vermisst gute Übersetzungen von sowjetischen Wissenschaftlern, gute Übersetzungen über neue Erfindungen der Technik.

    In der letzten Arbeitsausschuss-Sitzung der Bezirksleitung wurde die Frage der Heranziehung der Ärzte zu gesellligen Veranstaltungen der Intelligenz besprochen. Es kam zum Ausdruck, dass viele freipraktizierende Ärzte und auch Chirurgen, die angestellte Ärzte sind, kein Interesse an geistigen Gütern haben, da sie in der Arbeit ersticken. Dieses berichtete die Malerin K., die mit Ärzten verwandt und bekannt ist und besonders diese Feststellung in ihrem Winterurlaub im Harz machte.

    Die bildenden Künstler stellen Anforderungen auf grundlegende wissenschaftlich klare Referate. Im Bezirk Magdeburg werden die geistigen Foren laufend besser besucht, wenn Diskussionen über rein wissenschaftliche Probleme geführt werden.

    Der VBK in Zusammenarbeit mit dem Kulturbund und dem Rat des Bezirkes hat den Anforderungen der bildenden Künstler Rechnung getragen und die 2. theoretische Konferenz, welche durchgeführt wurde, hatte guten Erfolg.
5. Im Bezirk Magdeburg wurde das Gerücht verbreitet, am 1.3.[19]53 werden die Sektorengrenzen in Berlin gesperrt – es bestünde danach keine Möglichkeit mehr, Verwandte und Bekannte in Westberlin zu besuchen.

    Weiter soll der Gegner mit folgendem Argument arbeiten: Westdeutsche kirchliche Kreise richten Briefe an Strenggläubige in der DDR des Inhalts, „dass ihre Seele und ihr Leib in Gefahr sei." Bezüglich der materiellen Lage soll in diesem Schreiben zum Ausdruck gekommen sein, dass sich die Ver-

sorgungslage in der DDR in etwa zwei Monaten fettmäßig katastrophal verschlechtern würde.
6. Im Bezirk Magdeburg sind sehr viele Angehörige der Intelligenz republikflüchtig – vor allem Ärzte, Schauspieler und Lehrer.
Schwerpunkt in Bezug auf Ärzte ist der Kreis Salzwedel (Grenzkreis). Hier wurde der Spezialist für Hals-, Nasen- und Ohrenkrankheiten – Dr. M. – republikflüchtig. Er ließ schon länger durchblicken, dass es ihn nach Westdeutschland zieht, da er im Westen sämtliche Kollegen hat, mit denen er einen regen fachlichen Gedankenaustausch entwickelt. Weiter war er empört darüber, dass seine beiden Söhne seinerzeit in der DDR nicht zum Studium zugelassen wurden – beide studieren in Westberlin. Er betonte, dass die größten Fortschritte in seinem Fach im Westen erzielt würden und war empört darüber, dass er keinen Interzonenpass zu einer westdeutschen Ärztetagung erhielt. Aufklärende Diskussionen mit ihm führten zu keinem Erfolg. Seine Übersiedlung kam nicht überraschend.
Bei einem anderen republikflüchtigen Arzt – Dr. D. – Chirurg – besaß eine eigene Klinik – wurde festgestellt, dass er starke Verbindungen mit Grossbauern hatte, welche ebenfalls republikflüchtig sind. Bei ihm wurde eine Reihe von gepackten Koffern nach seiner Flucht gefunden.
Ein weiterer Fall, der uns bekannt wurde, Dr. M. – Chefarzt des Kreiskrankenhauses Salzwedel – war stark kirchlich gebunden. Seine Frau bewog ihn, mit nach dem Westen zu gehen.
Zu der Frage der Schauspieler ist zu sagen, dass in Stendal bis jetzt sieben Schauspieler nach dem Westen gegangen sind und vom Theater Magdeburg sechs.
Zwei Schauspieler von Stendal haben nach der Flucht ans Theater geschrieben – und zwar der bisherige Oberspielleiter Karl-Heinz N. und die Schauspielerin Ursula P. Sie schrieben, dass sie sich mit der gegebenen politischen Situation in der DDR nicht mehr einverstanden erklären. Sie hätten in einiger Zeit nicht mehr die Möglichkeit, zu ihren Eltern und Bekannten nach Westdeutschland zu kommen und bitten deshalb um Lösung des Vertrages. Diese Information haben wir vom Verwaltungsdirektor des Theaters.
Zu den Lehrern ist zu sagen, dass von jedem Kreis jeweils drei bis vier Lehrer republikflüchtig geworden sind.
In Halberstadt wurde das Kulturbundmitglied – Schulinspektor L. – vor zirka acht Tagen ebenfalls republikflüchtig. Der Grund bei den Lehrern ist nicht bekannt.

7. Im Bezirk Magdeburg wurden in der letzten Zeit bisher noch nicht im gesellschaftlichen Leben in der Öffentlichkeit aufgetretene Angehörige der Intelligenz für populärwissenschaftliche Vorträge gewonnen. Zum Beispiel Wissenschaftler von der Lehr- und Versuchsanstalt für Viehhaltung Barby (Elbe). Bei den Ärzten war der Erfolg noch nicht so groß, doch haben die Bemühungen einige Erfolge gezei[ti]gt. Einige Ärzte Magdeburgs stellen sich jetzt ebenfalls für populärwissenschaftliche Vorträge zur Verfügung. Bei den Pädagogen waren die Erfolge größer.
8. In den geistigen Foren ist eine bessere Thematik gewählt worden. Vom Bezirk Magdeburg werden die Veranstaltungen gelenkt, unter Berücksichtigung der Anforderungen der Intelligenz.
9. Systematische Erfassung der Angehörigen der Intelligenz, welche zu gesamtdeutschen Tagungen waren, die dann in öffentlichen Vorträgen und vor allen Dingen in den geistigen Foren ihre Eindrücke über diese Tagungen vermitteln.
10. Die Regierung müsste den Angehörigen der Intelligenz noch mehr Gelegenheit geben, an Delegationen in befreundete Länder teilzunehmen, gesamtdeutsche Tagungen und Konferenzen im Westen unserer Heimat zu besuchen – in Zusammenarbeit mit dem Kulturbund. Weiter soll der Kulturbund die Aufgabe stellen, für die Angehörigen der Intelligenz [ein] geselligeres Leben zu entwickeln – neben den geistigen Foren.

Wie wir soeben erfahren, erhalten die Kollegen Lehrer von der Ingenieur-Schule Magdeburg, Am Krökentor, laufend Briefe aus Westdeutschland mit Angeboten nach drüben.

2.11. [Lage der Intelligenz im Bezirk Neubrandenburg]

In dieser Angelegenheit haben wir in unauffälliger Form Rücksprachen mit den Angehörigen der Intelligenz in Teterow, Neubrandenburg, Ückermünde und Torgelow mit folgendem Ergebnis gehabt:
1. In keiner dieser Rücksprachen wurde über die materielle Lage der Intelligenz geklagt. Es wurde offiziell anerkannt, dass alle Schichten der Intelligenz mit ihrer derzeitigen materiellen Lage durchaus zufrieden sind.
2. Demgemäss gab es auch keine besonderen materiellen Wünsche.

3. In einer Rücksprache mit dem Leiter der Oberschule Neubrandenburg, Herrn Reinhard R., kam zum Ausdruck, dass eine besondere Unzufriedenheit in der Lehrerschaft der Oberschule dadurch vorhanden ist, als dass in Neubrandenburg die Wohnungsverhältnisse dieser Schicht der Intelligenz völlig unzureichend sind und diese Lehrer auf Eingaben an die Abteilung Wohnraumlenkung der Stadt, des Kreises oder auch des Bezirkes meist noch nicht einmal eine Antwort erhalten.

Der Ortsgruppenvorsitzende, Lehrer, Bundesfreund W. in Ückermünde, erzählte uns, dass man dort in einem Falle einem Architekten das Arbeitszimmer ablehnte, mit dem Bemerken, er gehöre nicht zur Intelligenz.

Bei einer Unterhaltung nach einer Intelligenzzusammenkunft in Teterow mit dem Rechtsanwalt Dr. W., dem Rechtsbeistand E. und dem Architekten T., kam zum Ausdruck, dass in Teterow besondere Bestürzung in der Lehrerschaft der Oberschule und der anderen Schulen herrscht. Diese Schicht der Intelligenz wagt in den Zusammenkünften sich nicht offen auszusprechen, so dass nur sehr schwer eine Diskussion zustande kommt.

Die Ursache dieser Erscheinung ist darin zu sehen, dass die Lehrerin Grete R., die sich bereits 37 Jahre im Schuldienst befand, plötzlich fristlos entlassen wurde. Anlass zu dieser Entlassung soll ein Programmpunkt bei einem Schulfest gewesen sein, indem die Oberschüler in der Art einer mittelalterlichen Feme einige Lehrer auf einige Schwächen hinwiesen. Derartige Schulfeste haben in jedem Jahr stattgefunden, trotzdem sich das Lehrerkollegium und auch der Schulrat, der allerdings später seine Ansicht änderte, für die Lehrerin Fräulein R. einsetzte, ist die fristlose Entlassung zwei Jahre vor ihrer Pensionierung erfolgt. Es wurde uns ganz offen gesagt, dass die damit verbundenen Umstände eine Anzahl von Lehrern bewogen hat, aus Angst vor Haussuchungen, ihre Wohnungen zu revidieren.

Von Seiten der Rechtsanwälte wird darüber geklagt, dass sie in der Ausübung ihres Berufes oftmals einem gewissen Druck ausgesetzt werden, der für sie unangenehme Folgen hat, trotzdem diese Menschen, wie aus ihrer gesellschaftlichen Tätigkeit hervorgeht, eine durchaus positive Einstellung zur DDR haben.

Bei dieser Unterhaltung kam zum Ausdruck, dass in verschiedenen Schichten der Intelligenz ein mangelhaftes Vertrauen zu unserer Regierung und Partei der Arbeiterklasse vorhanden ist. Der Kreisreferent für Lehrerbildung in Malchin machte darauf aufmerksam, das die Lehrer, besonders in den Landgemeinden, darüber Klage führen, dass sie mit gesellschaftlichen

Funktionen überlastet werden. Wenn sie manche Funktionen ablehnen wollen, haben sie angst vor Unannehmlichkeiten.
4. Klagen über besondere geistige und kulturelle Schwierigkeiten wurden bei allen Unterredungen nicht geäußert. Die fraglichen Angehörigen der Intelligenz wohnen zumeist seit mehreren Jahren in den Landstädtchen und auf dem Lande und haben sich an die Möglichkeiten in geistiger und kultureller Hinsicht gewöhnt.
5. Über die Arbeit des Gegners im verschärften Klassenkampf konnten hier keine besonderen Feststellungen gemacht werden. Ein besonders negativer Einfluss in dieser Hinsicht geht nach einigen Feststellungen von der Kirche aus, namentlich von der katholischen Kirche.
6. Erscheinungen der Republikflucht sind im Bezirk im hohen Masse sowohl bei Ärzten, als auch bei Lehrern und anderen Intellektuellen zu verzeichnen. Die eigentlichen Gründe sind in fast keinem Falle zu ermitteln. Im allgemeinen werden nach vorsichtigen Äußerungen die Gründe in der Arbeit feindlicher Agenten gesucht.
7. In Torgelow ging der Produktionsleiter, Walter F., plötzlich nach dem Westen. F. hat die Eisengießerei Torgelow 1945 wieder mit aufbauen helfen und Schutt und Steine geschleppt. Er hat nach übereinstimmenden Angaben auch jetzt vorbildlich gearbeitet und es war nichts Nachteiliges über ihn in Torgelow festzustellen. Sein Entschluss, nach dem Westen zu gehen, muss ganz plötzlich erfolgt sein, weil er sich 14 Tage vorher noch eine vollständig neue Wohnungseinrichtung gekauft hat, die er zurückließ.

Wir hatten Gelegenheit, ein Schreiben des Betreffenden einzusehen, in dem er seine Flucht begründete und angab, dass ein politisches Ereignis sein Leben und seine Sicherheit bedrohe und er deshalb nach dem Westen gehen muss. Da dieses politische Ereignis sich am 22.1. ereignet haben soll, ist es möglich, dass seine Flucht mit den Vorgängen im Wirtschaftsministerium in Berlin zusammenhängt.

In Teterow verließ ein Apotheker die DDR, trotzdem er einen Warenbestand im Werte von 70 000,-- DM hatte. Ursache soll sein, dass der Apotheker, der hier zwei Jahre als Angehöriger der NSDAP interniert gewesen ist, auf Grund von Einflüsterungen die Nerven verloren hat.

Große Teile aus allen Schichten der Intelligenz beteiligen sich mehr und mehr an unseren Zusammenkünften und Klubabenden. Viele von ihnen beginnen, sich lebhaft an den Aussprachen zu beteiligen und machen von sich aus Vorschläge zur Verbesserung der Arbeitsmethoden, Maschinen

und anderen Arbeitsmitteln. Nach und nach beginnen sie auch sich als Referenten zur Verfügung zu stellen.
8. Zusammenkünfte und Klubabende der Intelligenz, Diskussionen über gesellschaftswissenschaftliche und fachliche Fragen und Fragen der besonderen Mitarbeit der Intelligenz bei der Erfüllung unserer Wirtschaftspläne.
9. Ein starkes Entgegentreten sektiererischer Auffassungen über die Rolle der Intelligenz im Staatsapparat und bei manchen Funktionären der Arbeiterklasse.
10. Hierzu können wir keine besonderen Vorschläge machen.

[Anlage: Kündigung der Wohnung eines Arztes durch den Rat der Stadt Malchin, Abteilung Wohnraumlenkung]

Herrn Dr. K.
Malchin
Breitestr. 37   Malchin, den 11. März 1953

Betr.: Freimachung Ihrer Wohnung

Nachdem Sie Ihre Tätigkeit in eine andere Stadt verlegt haben, sind Sie nicht mehr ortsgebunden und erlischt Ihr Anspruch auf Ihre bisherige Wohnung. Der Mangel an Ärzten macht sich durch den Abgang von zwei Ärzten besonders stark fühlbar, weshalb wir für die Unterbringung von anderen von auswärts kommenden Ärzten Sorge tragen müssen.
Wir ersuchen Sie aus diesem Grunde, Ihre Wohnung bis spätestens
<u>29. März 1953</u>
zu räumen, da wir diese Ihrem Nachfolger zur Verfügung stellen müssen.
Wir erwarten Ihrerseits vollstes Verständnis für unsere Maßnahme und hoffen, dass Sie es für Ihre vornehmste Pflicht ansehen werden, nicht nur Ihrem Kollegen gegenüber, sondern auch der Bevölkerung gegenüber die Unterbringung des neu zuziehenden Arztes zu beschleunigen.

Der Rat der Stadt Malchin
[Unterschrift] Stadtrat

2.12 [Lage der Intelligenz im Bezirk Potsdam]

I. Allgemeine Bemerkungen

Nachstehende Hinweise über die Lage der Intelligenz beruhen auf Gesprächen mit Wissenschaftlern, Ingenieuren, Pädagogen, Ärzten usw. in folgenden wissenschaftlichen Instituten, Betrieben, usw.:

IFA-Werk Brandenburg,
Institut für Ernährungsforschung Rehbrücke,
Abus Schwermaschinenbau „Heinrich Rau", Wildau,
Karl-Marx-Werk Potsdam-Babelsberg,
Biologische Zentralanstalt Kleinmachnow,
RFT Dralowid Teltow,
Pädagogische Hochschule Potsdam,
Arbeiter- und Bauern-Fakultät Potsdam,
Stahl- und Walzwerk Brandenburg,
DEFA Potsdam-Babelsberg,
Bauunion Potsdam, usw.

Daneben wurde eine Reihe von Einzelgesprächen mit Persönlichkeiten, aus dem geistig – gesellschaftlichen und politisch – öffentlichen Leben geführt.

II. Zur geistig-kulturellen Lage

Ergebnis dieser Unterhaltungen ist die allgemeine Feststellung, dass die Äußerungen der Intelligenz über ihre Lage, ihre Wünsche und ihre Beschwerden nur in geringem, teilweise sehr geringem Umfang auf dem Gebiet ihrer materiellen Versorgung liegen.

Im Gegensatz dazu treten bei allen Gesprächen die Beschwerden, und Wünsche auf dem Gebiet ihres geistig-gesellschaftlichen kulturellen Lebens, vor allem auch der gesellschaftlichen Beziehungen der Intelligenz untereinander unmittelbar in den Vordergrund.

In einer Sitzung von Mitgliedern der Bezirksleitung, Vorsitzenden der Kreisleitungen und Sekretären der Kreissekretariate wurde richtig hervorgehoben, dass auch diese in verhältnismäßig geringfügigem Umfang geäußerten materiellen Wünsche und Sorgen der Intelligenz letzten Endes nur eine Folge der noch immer weitaus ungenügenden geistig-kulturellen Hilfe für sie darstellt. So wurde mit Recht darauf hingewiesen, dass nunmehr im Maße der Berücksichtigung der geistig-kulturellen Wünsche der Intelligenz die noch vorhan-

denen materiellen Beschwerden von selber abklingen werden. Denn die Berücksichtigung dieser geistig-kulturellen Wünsche durch Betriebsleitungen, Leitungen von Massenorganisationen, Räte der Kreise, [Rat des] Bezirks, usw. hat bei letzterem stets auch analog volle Klarheit über die Notwendigkeit der Berücksichtigung der materiellen Wünsche der Intelligenz zur Folge.
Aus allen Gesprächen ergab sich, dass auf dem Gebiete der Förderung des geistig-gesellschaftlichen Lebens der Intelligenz auch trotz aller Erfolge des Kulturbundes oder der Bemühungen einiger Kulturleiter teilweise noch in erschreckend geringfügigem Umfang gearbeitet wird. Aus diesem Grunde war in allen von uns aufgesuchten Instituten und Großbetrieben ein hörbares Aufatmen über unsere ernsthaften Bemühungen die Folge.

Beispiel:
Ein Besuch im IFA-Werk Brandenburg ergab z. B., dass dort von einer geistig-kulturellen Tätigkeit für die Intelligenz überhaupt nicht gesprochen werden konnte. Auf unsere einfache Frage, wie sich die Intelligenz den Sonntag gestaltet, hieß es: „Wir hocken im Hause, wenn wir nicht in Bierkneipen gehen wollen und Bierkneipen sind nicht unsere Unterhaltungsstätten."
Der stellvertretende Leiter des Konstruktionsbüros antwortete auf die Frage nach der Möglichkeit zur Zufriedenstellung der kulturellen Wünsche der technischen Intelligenz: „Wir möchten ins Theater gehen, haben aber nur ein schlechtes. Wir möchten uns in einem anständigen Lokal aufhalten, haben aber nur mehr oder weniger Tanz- oder Radaulokale. Eine Unterhaltung auf unserem Niveau, nach unseren Wünschen, wurde uns bisher nicht ermöglicht oder erleichtert. Hierzu haben wir nicht einmal einen Versammlungsraum, der das Gefühl des Feierabends mit dem eines geistig-gesellschaftlichen Labens verbindet." Die Kammer der Technik arbeitet nur sehr formal. Sie führt nur sehr engbegrenzte Fachvorträge durch. Es wurde bedauert, dass durch die Beseitigung der Kreisstellen der Kammer der Technik die Möglichkeit des Austausches der Erfahrungen über andere Betriebe in hohem Maße beseitigt sei. Die Förderung der gesellschaftlichen Bindung wird hierdurch gehemmt.

Beispiel:
Prof. Dr. T. vom Ernährungsforschungsinstitute Rehbrücke begrüßte unsere Bemühungen, ein wissenschaftliches Gespräch über den engeren Fachrahmen hinaus zu organisieren. Er machte gleich eine ganze Reihe von Vorschlägen über Fragen, die in der nächsten Zeit in seinem Institut zur Behandlung kommen müssten.

Es handelt sich darunter um Vorschläge wie:
1.) Oparin, A. I.: Die Entstehung des Lebens auf der Erde.
2.) Lepeschinskaja, O. B. : Über die Entstehung von Zellen.
5.) Lyssenko, T. D.: Agrobiologie.
4.) Pawlow, L. P.: Arbeiten auf dem Gebiete der Verdauungskrankheiten
5.) Moderne Probleme auf dem Gebiete der Astronomie.
6.) Aufgaben, Ziele und Möglichkeiten der modernen Meteorologie.
7.) Staat und Recht in Gegenwart und Zukunft.
8.) Die tragenden Gedanken des wissenschaftlichen Marxismus.

Dies zeigt, dass ein geistig-gesellschaftliches kulturelles Leben nicht nur sehr gewünscht wird, sondern dass es auch nicht etwa nur als Befriedigung eng begrenzter Feierabendgenüsse aufgefasst wird, sondern weitgehend als Qualifizierung des allgemeinen bzw. des besonderen Fachwissens der Intelligenz.

Beispiel:
Ein Gespräch mit 15 Chemikern und leitenden Technikern der Pharma-Werke Oranienburg zeigte – wie in vielen weiteren Instituten und Betrieben – die gleiche Lage. Die Intelligenz dieses Betriebes, – wie leider im Kreis Oranienburg überhaupt – war bisher noch gar nicht aufmerksam gemacht, ein geistig- kulturelles Leben auf Ihrem Niveau zu entwickeln.
Die Kreisleitung des Kulturbundes hat erst in den letzten Wochen unter direktem Eingreifen der Bezirksleitung des Kulturbundes hiermit ernsthaft begonnen. Bei dem ersten Besuch in diesem Betrieb durch Vertreter der Bezirksleitung des Kulturbundes wurde unseren Vorschlägen zunächst große Skepsis entgegengebracht. Hieraus ist unzweifelhaft zu ersehen, dass die Intelligenz dieses Betriebes, die wie die Intelligenz in der DDR überhaupt, täglich und stündlich ihre Pflicht tut, neben ihrer materiellen Entlohnung keinerlei Berücksichtigung ihrer geistig-kulturellen Nöte fand. Sie war erstaunt, dass der Kulturbund sich solche Aufgaben stellt. Im Gespräch mit ihnen ergab sich jedoch sehr rasch volle Übereinstimmung mit den von uns vorgeschlagenen Schritten zur Entfaltung eines ihrem Niveau entsprechenden geistigen Lebens.
Das geistige Leben der Intelligenz mit Erfolg zu entfalten, ist an die Bedingung geknüpft, die richtige Methode mit der richtigen Form für den richtigen Inhalt solcher Gespräche zu verbinden. Es ist in diesem Zusammenhang festgestellt worden, dass die Durchführung einer „systematischen Zirkelarbeit", d. h. eines „systematischen Studiums", das bekanntlich bereits hohes politisches Staatsbewusstsein und hohe Bereitwilligkeit voraussetzt, wegen Nicht-

beteiligung wieder eingegangen ist. Die Erfahrungen lehren also, dass das politische Staatsbewusstsein in diesem hohen Maße noch keineswegs immer vorausgesetzt werden darf.

Beispiel:
So ist in dem Werk RFT-Dralowid, Kreis Teltow, durch unsere Anleitung und Hilfe vor einigen Monaten ein Zirkel zum Studium des Marxismus-Leninismus gebildet worden, der teilweise von verantwortlichen Mitarbeitern der Karl-Marx-Hochschule geleitet wurde. Dieser Zirkel ist eingegangen (zum geringeren Teil aus Gründen der hohen anderweitigen Beanspruchung der Mitarbeiter der Karl-Marx-Hochschule).

Beispiel:
Eine Unterhaltung mit zwölf Wissenschaftlern des Kunstseidenwerkes Premnitz über die Entwicklung eines geistig-kulturellen Lebens der Intelligenz dieses Betriebs ergab den Wunsch der Intelligenz, „nicht geschult zu werden", sondern in freier Aussprache selbst zu allen Fragen des geistig-kulturellen Lebens Stellung zu nehmen oder hervorragende Vortragende zu hören.

Beispiel:
Im Pharma-Werk Oranienburg äußerten die Chemiker: „Wenn wir jedoch geschult werden sollen oder uns Leitartikel vorgelesen werden sollen, dann kommen wir nicht. Aber wir sind sehr bereit, uns über alle Dinge des geistigen Lebens zu unterhalten."
Dass diese Bemerkung keine Abneigung gegen eine wissenschaftliche Qualifizierung ausdrückt, kommt darin zum Ausdruck, dass eine große Menge Vorschläge gemacht wurden über Themen, über die sie wünschten, eine Unterhaltung zu fuhren, wie: „Entstehung des Lebens auf der Erde", „Dialektik der Natur", „Erkennbarkeit der Welt", u. a., wobei das letzte Thema die allgemeinste Zustimmung fand und auch als Grundlage für die erste Zusammenkunft festgelegt wurde.

Beispiel:
Im Karl-Marx-Werk Potsdam-Babelsberg, in dem die Parteileitung sich bisher kaum für die Angelegenheit der Intelligenz interessiert hatte, hat sie ihre bisherigen Versäumnisse dadurch ersetzen wollen, dass sie

nunmehr eine Reihe von Vortragsthemen ausarbeiten ließ, die dann vor der Intelligenz gehalten werden sollten. Für die Ausarbeitung des Planes wurde die technische Intelligenz nicht, vor allem auch nicht die parteilose, herangezogen. Dem Kreissekretär des Kulturbundes wurde der Auftrag erteilt, diesen Themenplan aufzustellen (innerhalb drei Tagen), der dann sozusagen als obligatorisch für die Intelligenz bestimmt werden sollte. Er sollte dann „in einer allgemeinen Belegschaftsversammlung beschlossen" werden.

Hieran zeigt sich das völlig unrichtige Verhalten unserer Genossen in den Betrieben in Fragen der Arbeit unter der Intelligenz. Es zeigt sich zugleich die hohe Verantwortung erfahrener Mitarbeiter des Kulturbundes sowie der in ihm aktiv tätigen Intelligenz, bei dieser Arbeit Anleitung zu geben. Ein solcher Themenplan, aufgestellt ohne die Intelligenz, muss notwendigerweise bei dieser wenig Neigung zur Teilnahme an den Diskussionen herbeiführen.

Unsere Erfahrung lehrt erstens, dass der richtigen Methode in der Einleitung unserer Arbeit zur Förderung des geistig-gesellschaftlichen Lebens der Intelligenz weit höhere Beachtung geschenkt werden muss.
Die Bezirksleitung des Kulturbundes hat deshalb in vielen Fällen (in Schwerpunktbetrieben oder Instituten) die Arbeit auch organisatorisch in ihre Hand genommen, um Fehlschläge hierbei zu vermeiden, die stets den Neubeginn unerhört erschweren.

Beispiel:
Z. B. sagt die Intelligenz des Schwermaschinenbaus „Heinrich Rau" Wildau, der LOWA Wildau, dass der Kulturbund alles tun müsse, um die hervorragenden Vorträge und Veranstaltungen, die er in diesen beiden Werken organisieren half, in bezug auf ihr Niveau auf der gleichen Höhe zu halten.

Beispiel:
Auch die Chemiker und Techniker des Pharma-Werkes Oranienburg, des IFA-Werkes in Brandenburg, des Kunstseidenwerkes Premnitz, der Biologischen Zentralanstalt Kleinmachnow sowie auch die Intelligenz, die wir nicht betrieblich, sondern ortsmäßig zu einer ernsthaften geistig-kulturellen Tätigkeit zusammenführen wollen, wiesen stets darauf hin, dass es ihnen nicht nur darauf ankomme, sich zu unterhalten,

– denn das könnten sie auch in ihrem Hause –, sondern sich auf hohem Niveau zu unterhalten.

Hieraus ergibt sich die zweite Lehre, dass Vortragende von hoher Qualität gewonnen werden müssen, die neben ihrer starken beruflichen Beanspruchung eine solche gesellschaftliche Arbeit entwickeln können. Dies erfordert jedoch, ihrer zusätzlichen Tätigkeit ein entsprechendes Honorar als Beachtung ihrer Leistung entgegenzusetzen. Nicht immer haben angeblich leider die Betriebe oder Institute aber diese entsprechenden Mittel zu ihrer Verfügung.

Da es jedoch auch oft sein kann, dass diese Betriebe uns falsch unterrichten, ist ein ernsthafter Kampf gegen die Unterschätzung der Arbeit unter der Intelligenz (in diesem Falle auch im Hinblick auf die Verwendung von Finanzmitteln) zu führen.

Eine dritte Lehre ist, dass die Bemühungen um die Beschaffung entsprechender Kulturräume – wenn nicht anders, dann unter Ausnutzung der materiellen Reserven des Kreises – viel energischer weitergeführt werden müssen, denn es ist der Intelligenz nicht zuzumuten, wie sie selber sagt, „auf Schulbänken oder in Gasthäusern derartige Zusammenkünfte durchzuführen".

Beispiel:

Z. B. gibt es weder in der Stadt noch in einem der Betriebe Oranienburgs einen Raum, der geeignet wäre, die Intelligenz der Stadt zu Gesprächen über wissenschaftliche Probleme zu vereinen. Die Räume in den Betrieben sind leider aus Gründen der Wachsamkeit nicht für Zusammenkünfte der Intelligenz eines Ortes oder kleinen Stadt frei zu bekommen.

Was für Oranienburg gilt, gilt für den größten Teil der Orte im Bezirk, in denen von einer großen Anzahl von Intelligenz gesprochen werden kann.

Z. B. die in Borgsdorf wohnende Intelligenz wünscht sich solche Zusammenkünfte sehr, führt sie teilweise in Privatwohnungen durch und ist sich zu gleicher Zeit darüber im klaren, dass aus solchem Notbehelf unter Umständen die Zusammenkunft der Intelligenz kleinbürgerlich entarten könnte.

Raum zu beschaffen ist also keine Frage der materiellen Versorgung der Intelligenz mit Plüsch-Sesseln, sondern beste geistige Versorgung.

Aber auch Fälle völligen Unverständnisses öffentlicher Stellen lassen diese Schwierigkeiten in den Vordergrund treten.

Beispiel:
In Kleinmachnow (Randgebiet Berlin) befindet sich z. B. ein so genanntes Kulturhaus, in dem auch, ein geeigneter Raum für Zusammenkünfte ist, der jedoch fast ausschließlich für Zwecke aller möglichen Organisationen Verwendung findet und trotz aller Bemühungen des Kulturbundes für seine Arbeit unter der Intelligenz nicht freigemacht wird.
Einige bildende Künstler hatten die Bereitschaft geäußert, einen der Räume für die Zwecke von Zusammenkünften der Intelligenz kostenlos herzurichten. Die derzeitige Gemeindeverwaltung lehnte dies ab mit der Begründung, dass ein Abstellraum für Garderobehaken, schlechtgemalte Transparente, zerbrochene Stühle und ähnliche „nützliche" Sachen benötigt würde.

Eine vierte Lehre ist, dass Veranstaltungen für die Intelligenz nicht als allgemeine Veranstaltungen irgendwelcher Art organisiert werden dürfen, sondern nur als Veranstaltungen unter der Berücksichtigung der besonderen ideologischen Lage und der kulturellen Wünsche der Intelligenz.

Beispiel:
Z. B. wurde früher im Schwermaschinenbau „Heinrich Rau", Wildau, nur zu solchen allgemeinen Zusammenkünften der Intelligenz aufgerufen. Die Einladungskarten wurden am Vormittag verteilt und es wurde der guten Dinge gewartet, die da kommen sollten. Dies sah dann meist so aus, dass niemand Zeit noch Freude hatte, an solchen Veranstaltungen, an denen er innerlich nicht beteiligt oder auf die er nicht vorbereitet war, teilzunehmen.
Nachdem in diesem Betrieb die Veranstaltungen nunmehr nach reiflicher Überlegung über die wirklichen Wünsche der Intelligenz und die politisch-geistigen Erfordernisse vorbereitet und durchgeführt werden, ist der Erfolg unzweifelhaft.

Diese Lehren haben ihre Bedeutung vor allem für die Gewinnung der Intelligenz der alten Schule. Sie geht von der Einsicht aus, dass diese immer noch in weitestem Maße die Fachlehrer der neu heranwachsenden jungen Intelligenz ist, ohne dass hiermit die Tatsache verkannt wird, dass die junge Intelligenz oft der Intelligenz der alten Schule, die beste Einsicht in das Vorherrschen der Gesetzmäßigkeit in Natur und Gesellschaft voraus hat.

III. Zur materiellen Lage

Zu den Wünschen und Beschwerden der Intelligenz über ihre materielle Lage wurden im wesentlichen Fragen der IN-Karten-Versorgung, der Ferienplatzverteilung der Intelligenz, der Kohlenversorgung für die Nachtarbeit im Hause, der Wohnverhältnisse und andere Fragen geäußert.

IN-Karten:

Die technische Intelligenz des IFA-Werkes Brandenburg sowie des Schwermaschinenbaus „Heinrich Rau" Wildau, als auch bei den Ärzten z. B. in Neuruppin sowie an anderen Stellen wurde Beschwerde geführt darüber, dass, wenn sie den Betrieb oder das Institut wechseln, ihnen in den meisten Fällen die IN-Karten nicht mehr gegeben werden. In dem neuen Wirkungskreis erhalten sie meistens keine Karte wieder, da sie „noch nicht dran sind" und kein zusätzliches Kontingent zu verlangen ist.

Diese anonyme Verteilung der IN-Karten macht sich als hemmend für die Zustimmung der Intelligenz zur Erhöhung ihrer Arbeitsfreudigkeit und Arbeitsanteilnahme bemerkbar. Den Vogel schoss bisher in der Frage der Verteilung der IN-Karten die Verwaltung des Schwermaschinenbaus „Heinrich Rau", Wildau, ab, die die IN-Karten zur Verlosung brachte.

Unserer Meinung nach müsste erwogen werden, wieder zu einer Übertragung der IN-Karten an die entsprechende Persönlichkeit (aufgrund ihrer nachweisbaren Befähigung und Leistung) zurückzukehren.

Ferienplätze:

Bei einer Beratung mit den Mitarbeitern der Sektion Naturwissenschaften des Wissenschaftlichen Kabinetts Potsdam wurde ernsthaft Beschwerde geführt darüber, dass den Wissenschaftlern, insbesondere auch den freischaffenden, die Möglichkeit zur Erlangung eines Ferienplatzes durch den FDGB weitgehend versperrt ist.

Es wurde die Frage aufgeworfen, ob nicht der Kulturbund noch weitere Erholungsheime für die Intelligenz in Regie nehmen solle, um die Ferienplatzverteilung für diese zu regeln.

Kohleversorgung:
Wissenschaftler das Ernährungsforschungsinstituts Rehbrücke, Techniker und künstlerische Mitarbeiter der DEFA, insbesondere auch Autoren, sowie andere Kreise der Intelligenz, deren Tätigkeit mit ihrer Arbeitszeit in ihrem Institut nicht beendet ist, sondern die noch weiter zu Hause nach Feierabend arbeiten müssen, leiden besonders stark unter dem Mangel an Brennmaterial.

Wohnraumfragen:
Ein Beispiel der ungenügenden Beachtung der Wünsche der Intelligenz, ihre Wohnung ihren Lebensbedingungen entsprechend einzurichten, wird aus dem Bericht über die Lage der Intelligenz in der biologischen Zentralanstalt Kleinmachnow ersichtlich. (siehe Bericht)

Weitere Schwierigkeiten der Intelligenz bestehen auch in einzelnen Fällen darin, dass für offenbare Mängel in der Versorgung der Betriebe mit Materialien und die daraus resultierenden Produktionsschwierigkeiten die technische Intelligenz verantwortlich gemacht wird.
Solche Schwierigkeiten zeigen sich im IFA-Werk Brandenburg und im Karl Marx Werk Potsdam-Babelsberg. Die Folge musste sein, dass die Arbeitsfreudigkeit der Intelligenz beeinträchtigt wird.

Republikflucht:
Zu den Fragen der Republikflucht bitten wir die Instrukteurberichte über die Lage der Intelligenz einzusehen.

In diesem Bericht sind wir nicht auf die allgemeinen Erfolge der Intelligenz beim Aufbau des Sozialismus eingegangen, weil sie hinreichend bekannt sind.

IV. Instrukteur-Berichte

Karl-Marx-Werk – Potsdam:
Im Karl-Marx-Werk wurde geäußert, dass von einer Unzufriedenheit der technischen Intelligenz über die materielle Lage nicht gesprochen werden kann.

Die Techniker, die keinen Einzelvertrag haben, werden entsprechend ihren Leistungen verhältnismäßig gut bezahlt. Unzufriedenheit äußern lediglich die älteren Techniker, die zum großen Teil über umfangreiche Sachkenntnisse verfügen und bezüglich der Entlohnung mit den jüngeren Technikern, die noch nicht über diese praktischen Kenntnisse verfügen, gleichgestellt werden. Das führt mitunter zu Überheblichkeiten der jüngeren Techniker.
Größere Unzufriedenheit löste der Artikel eines betriebsfremden Korrespondenten aus, der in der „Märkischen Volksstimme" über Mängel in der Produktion schrieb und dabei die Tatsachen – nach Meinung des Kollegen E. – vollkommen entstellte. Er äußerte, dass der Produktionsplan im Jahre 1952 nicht erfüllt wurde und dass es z. T. an Materialschwierigkeiten lag. Die Schuld wurde in diesem Zeitungsartikel der technischen Intelligenz gegeben.
Die geistige und kulturelle Förderung der Intelligenz des Karl-Marx-Werkes lässt noch viel zu wünschen übrig. Die Kammer der Technik trat nicht sehr aktiv in Erscheinung. Die Parteileitung hatte sich bisher kaum für die Angelegenheiten der Intelligenz interessiert. Diesem Mangel will die Parteileitung nun entgegentreten, indem sie Vortragsthemen vorschreibt, ohne diese vorher mit der technischen Intelligenz diskutiert zu haben.

Beispiel: Ich wurde von der Kreisleitung durch einen Beschluss aufgefordert, einen Themenplan für das Karl Marx Werk auszuarbeiten. Dieser Themenplan musste von vornherein als ungenügend betrachtet werden, da ich keine Kenntnisse über die Lage des Betriebes und die gesellschaftlichen Bedürfnisse der Techniker besitze. Die Parteileitung betrachtete diesen Plan als endgültig und wollte ihn in einer Belegschaftsversammlung beschließen lassen.

Vor einigen Wochen verließen sieben junge Techniker, die vor kurzem von der Technischen Hochschule Meißen in das Karl-Marx Werk kamen, die Deutsche Demokratische Republik. Es besteht begründeter Verdacht, dass diese Leute bereits in Meißen Verbindung mit Agenten westdeutscher Konzerne hatten und für diese Betriebe angeworben wurden. Hier trat nach meiner Meinung der ungenügende Kontakt der Parteileitung und Betriebsleitung zutage.
Der Genosse Parteisekretär wurde durch mich darauf aufmerksam gemacht, dass wir die parteilosen Ingenieure und Techniker nur durch beharrliche Aufklärung gewinnen können. Gerade diese Leute blieben bisher unseren Klubabenden und Veranstaltungen fern.
Instrukteur

Werk Dralowid in Teltow
Die Unterhaltung wurde geführt mit dem Arbeitsdirektor R.
In diesem Betrieb sind Unzufriedenheiten über die materielle Lage bzw. über die geistige Förderung der Intelligenz nicht zu verzeichnen.
Die Zusammenarbeit mit der Intelligenz kann in diesem Werk als vorbildlich bezeichnet werden.
Eine zunehmende Unzufriedenheit macht sich dahingehend bemerkbar, dass für die kulturelle Betreuung der Intelligenz im Werk sowie außerhalb des Betriebes im Bereich Teltow-Klein Machnow, nichts oder zu wenig getan wird. Es verkehren keine Autobusse, die ihnen, die Möglichkeit schaffen, Theater oder hochwertige kulturelle Veranstaltungen in Potsdam zu besuchen (Garantierung der Hin- und Rückfahrt).
Republikflucht lag nur in einem Falle von einer Person vor, die ohne nachweisbare Gründe die DDR verlassen hat.
Instrukteur

Pharma-Werk Oranienburg
(Werk zur Herstellung pharmazeutischer Erzeugnisse)
Die Unterhaltung im Werk wurde in Anwesenheit von 15 Ingenieuren, Technikern und Wissenschaftlern (Chemikern) durchgeführt. Hierbei stellte sich heraus, dass für sie persönlich weder von Seiten des Werkes und auch von keiner anderen Stelle im Kreise in kultureller Hinsicht etwas getan wurde. Sie begrüßten den Schritt des Kulturbundes, die kulturelle Unterstützung der Intelligenz in die Hände zu nehmen. Die Vorschläge von den Anwesenden waren, dass man zunächst einen allgemeinen Vortrag philosophischer oder biologischer Art durchführen sollte, um auch die Kollegen der anderen Betriebe, wie auch die freischaffende Intelligenz zu gewinnen. Sie betonten alle, dass es sehr wichtig wäre, sich (mindestens einmal im Monat) über wissenschaftliche Probleme auszusprechen.
Sie fühlen sich sehr vernachlässigt.
Sie schlugen das Thema: „Gibt es Grenzen in der wissenschaftlichen Erkenntnis" (z. B. „Ist die Welt erkennbar") vor, um daraus eine weitere Folge von Veranstaltungen festzulegen.
Alle Anwesenden sind der Meinung, dass dieser Beginn dazu beitragen würde, sich systematisch über wissenschaftliche Probleme auszusprechen und ein geistig-gesellschaftliches Leben der Intelligenz in Oranienburg herbeizuführen.

Es wurden Terminfestlegungen besprochen.

Eine gleiche Unterhaltung um 18, 00 Uhr mit Technikern aus den Russ-Werken Oranienburg verlief in dem gleichen Sinne wie in den Pharma- Werken.

In dem Ort Borgsdorf fand in der Wohnung von Herrn B. eine Unterhaltung mit einigen Ärzten statt, an der u. a. auch Herr Dr. A. und Herr Dr. K. teilnahmen.

Herr B. ist Mitarbeiter in der Präsidialkanzlei des Ministerpräsidenten Otto Grotewohl.

Dr. K. stand unserem Versuch zunächst sehr skeptisch gegenüber, wurde jedoch durch eine Bemerkung (die in den Pharma-Werken gefallen war), dass Chemiker und Ärzte sich doch sicher mit Nutzen über die Herstellung von wertvollen Medikamenten unterhalten könnten, zur Zustimmung für einen wissenschaftlichen Meinungsaustausch veranlasst.

Die Unterhaltung, die nahezu vier Stunden mit gleichbleibendem Interesse geführt wurde, endete mit gutem Erfolg. Auch hier war zunächst festzustellen, dass von keiner Seite Möglichkeiten geschaffen worden waren, der Intelligenz in dieser Richtung zu helfen.

Es ergaben sich folgende Einzelheiten:

Bo r g s d o r f:

Herr B. erzählte, dass in diesem Ort systematisch Westpropaganda getrieben wird und dass der geringste Anlass von verschiedenen Intellektuellen zum letzten Anstoß genommen wird, die DDR zu verlassen.

Beispiel:

Frau Dr. E., Birkenwerder, verfügte über eine sehr gute Praxis und gilt als eine hervorragende Ärztin. Die Gründe ihrer Republikflucht sind nicht bekannt und es kann auch keiner erklären, worauf sie zurückzuführen ist.

Herr R., Leiter des Kreiskulturarchivs, ein hervorragender Musiker, verließ unsere Republik mit seiner blinden Frau. Er klagte recht oft über die arbeitsmäßige Überlastung und das Unverständnis, welches ihm einige Stellen entgegenbrachten.

Dr. H., verantwortlicher Mitarbeiter der Charité Berlin, zog durch Vermittlung von Herrn B. nach Borgsdorf. Herr B. and Dr. H. waren in sowjetischer Kriegsgefangenschaft und besuchten gemeinsam die Zentralschule in Moskau. Von Seiten der DDR wurden Herrn Dr. H. sämtliche Vergünstigungen eingeräumt, wie u. a. vor kurzem ein vom Förderungsausschuss gewährtes Darlehn von DM 10 000,--. Dadurch, dass recht oft in Borgsdorf Westzeitungen in den Briefkästen verschiedener Intellektueller steckten und Drohbriefe von bereits aus der DDR geflohenen Angehörigen der Intelligenz ver-

schickt wurden, konnte in Erfahrung gebracht werden, dass l[au]t einer Meldung des Westberliner „Telegraf" Herr Dr. H. (er war vorher schon teilbeschäftigt in Westberlin) eine Anstellung als leitender Arzt im Krankenhaus Moabit angenommen hat. Als Grund wurde angegeben, Herr Dr. H. hätte sich gegen die Berufung eines Arztes an die Charité gewandt, der sich gegen den Bakterienkrieg in Korea ausgesprochen hat. Außerdem liegt die Vermutung nahe, dass Dr. H. während des 2. Weltkrieges an Giftgas-Forschungen beteiligt war (ähnlich wie bei Dr. Sch.).
Instrukteur

Bau-Union Potsdam
In der Bau-Union kann die materielle Lage der technischen Intelligenz durchaus als gesichert betrachtet werden. Die Techniker der Bau-Union arbeiten unter besonders schwierigen Bedingungen. Sie sind ständig auf Baustellen außerhalb Potsdams beschäftigt und müssen infolgedessen auf viele Bequemlichkeiten des normalen Lebens verzichten. Die Kulturdirektion und die Parteileitung sind ständig bemüht, die Lage dieser Mitarbeiter zu erleichtern.
Ich persönlich war vor geraumer Zeit auf einer Baustelle in Berlin mit dem Kollegen G., um an Ort und Stelle über die Möglichkeit einer Betreuung der technischen Intelligenz und der Belegschaft zu beraten.
Ich kann darüber berichten, dass auf dieser Baustelle eine Bibliothek, ein Gemeinschaftsraum und ein Speiseraum für die technische Intelligenz zur Verfügung stehen.
Der Kollege G. berichtet, dass die Bau-Union mit der Volksbühne Berlin einen Vertrag abgeschlossen hat und der technischen Intelligenz ständig monatlich 20 Theaterkarten für die Aufführungen in Berlin zur Verfügung stellt. Mir ist seit der Zeit der Zusammenarbeit mit der Bau-Union keine Unterschätzung der Intelligenz von Seiten der Betriebsleitung oder der Parteileitung bekannt geworden. Das enge Arbeitsverhältnis mit der Bau-Union kam eigentlich erst durch Initiative der Kulturdirektion zustande. Der ehemalige Kulturdirektor des Betriebes war durch sein diktatorisches Auftreten bei den Kollegen unbeliebt. Er wurde jedoch schon vor vier Monaten durch einen anderen Kollegen ersetzt.
Die Intelligenz hat durch vorbildliche geistige und kulturelle Förderung das Vertrauen zur Betriebsleitung gewonnen.
Instrukteur

Arbeiter-und-Bauern-Fakultät Potsdam
Unterhaltung mit dem Direktor der ABF, Frau P.
Von der ABF verließen zwei Dozenten die Deutsche Demokratische Republik:
: Herr U., Dozent für Physik,
: Herr R., Dozent für Physik
Herr U. war Mitglied der Sozialistischen Einheitspartei Deutschlands. Im Grunde genommen ein nach allen Seiten aalglatter Charakter. Er hatte überdurchschnittliche Kenntnisse und galt als ein sehr guter Physiker. Ihm genügte das Gehalt, wie aus mehreren Unterhaltungen zu schließen war, an der ABF nicht. Er ist den Verlockungen bzw. den Angeboten aus dem Westen erlegen. Eine Verbindung zu Herrn R. ist wahrscheinlich.
Herr R. war Mitglied der Sozialistischen Einheitspartei Deutschlands. Aufgrund der Überprüfung wurde er ausgeschlossen. (Mitgl[ied] der CDU). Er versuchte durch Vortragstätigkeit im Kulturbund, Gelder für seine Lebenshaltung zu verdienen. Bis 1945 war er Physiker bei Siemens (jetzt Westsektor) und galt während dieser Jahre von seiner Tätigkeit aus als unabkömmlich. Eine Verbindung zu seiner Firma liegt sehr nahe. Herr R. klagte oft über materielle Schwierigkeiten.
Er wurde von der Direktion der ABF aufgrund schlechter Leistungen im Unterricht von Leistungsgeldern ausgeschlossen.
In beiden Fällen lag eine wohl vorbereitete Flucht unter vorheriger Krankmeldung vor.
In diesem Zusammenhang ist die Feststellung sehr interessant, dass nach Äußerung von Prof. Dr. Sch. auch von der ABF Dresden fünf Physiker die DDR verlassen haben. Es kann daher mit Sicherheit angenommen werden, dass es sich in diesem Falle um eine systematische Arbeit des Gegners handelt, der den Stab seiner wissenschaftlichen Mitarbeiter zur Kriegsvorbereitung zu vergrößern sucht.
Instrukteur

Kreisgebiet Neuruppin
In den Kreisen unserer Intelligenz gibt es noch Anzeichen von Unzufriedenheit, die teilweise auf bürokratische Arbeitsweise verschiedener Verwaltungsorgane zurückzuführen ist. So tritt z. B. Unzufriedenheit darüber auf, dass in Neuruppin ca. 14 Ärzte keine IN-Karten erhalten. Durch Versetzung von Ärzten, die in anderen Kreisen ihre IN-Karten erhielten, ist hier festzustellen,

dass trotz Anforderung durch das Gesundheitsamt beim Rat des Kreises Neuruppin weitere Zuteilungen vom Rat des Bezirkes nicht erfolgen.
Ein weiterer Missstand betrifft die Einzelverträge. So besitzt z. B. Frau Dr. K. (Chefarzt im Diabetikerheim, Schloss Rheinsberg) bis heute noch keinen Einzelvertrag.
Es wäre angebracht, die vor zwei Jahren abgeschlossenen Einzelverträge nach jetziger Tätigkeit und Fähigkeit zu überprüfen und ebenfalls diesen Eigenschaften entsprechend zu ändern.
Unter der pädagogischen Intelligenz tritt Unzufriedenheit darüber auf, dass die Einstufung nach den neuen Richtlinien sowie die Differenzierung der Schulleiterstellen als nicht gerecht empfunden wird. Besondere Schwierigkeiten treten bei der ungenügenden Nachweisung von Wohnraum auf.
In kulturpolitischer Förderung wird von diesen Kreisen immer wieder der Wunsch nach kulturellen Veranstaltungen mit wirklich hohem Niveau geäußert. Diese Veranstaltungen durch den Kulturbund als Organisation der Intelligenz zu bringen, ist ohne finanzielle Unterstützung der staatlichen Organe nicht möglich. Bisher waren diese Veranstaltungen nur auf Zuschüsse angewiesen. Die Bereitwilligkeit zur aktiven Teilnahme an der Vortragstätigkeit bei der Verbreitung wissenschaftlicher Kenntnisse wird teilweise noch durch die Höhe der Honorare beeinflusst.
Von Seiten der Intelligenz wird Kritik an Unzulänglichkeiten in der Verwaltung und im öffentlichen Leben geübt. So wurde z. B. in einer öffentlichen Aussprache in Rheinsberg von Seiten der Ärzteschaft auf die bürokratische Arbeitsweise der Verwaltung hingewiesen, die es bis heute immer noch nicht verstanden hat, die Poliklinik einzurichten.
Ein ganz besonderes Problem sind in unserem Kreis die bildenden Künstler. Die materielle Lage dieser Menschen ist derart schlecht, dass es fast allen an dem notwendigsten Lebensunterhalt fehlt. Da in unserem ausgesprochenen landwirtschaftlichen Kreisgebiet so gut wie gar keine Investbauten in Auftrag kommen, ist mit Auftragserteilungen an die bildenden Künstler nicht zu rechnen.
Zum Punkt der Republikflucht wäre zu berichten, dass mit Ausnahme von Herrn Dr. H. und einigen Pädagogen in nicht leitender Stellung weitere Fälle nicht vorliegen. Durch Gerüchte, die eine planmäßige Arbeit des Klassengegners erkennen lassen, wurde in den letzten Wochen und Tagen versucht, Unruhe in die Reihen unserer Intelligenz, besonders aber in die Ärzteschaft, zu tragen. Dies kann auch in dem besonderen Fall Dr. B. angenommen werden. Er war Leiter der Schule der Produktionsgenossenschaftsvorsitzenden.

Durch seine Initiative wurden im Kreisgebiet Neuruppin Produktionsgenossenschaften gegründet. Seine Flucht aus der DDR lässt auf keinen anderen Grund als den o. g. schließen.
Nach Rücksprache mit den Ärzten, die, nach Gerüchten zu urteilen, bereits den Kreis verlassen haben sollten, ist festzustellen, dass diese in Loyalität zur Regierung der DDR stehen.
Die Agenten des Klassengegners versuchen allerdings weiter, unsere Intelligenz, besonders aber die Ärzte, in ihrer Arbeit zu stören. So wurden Herr Dr. R., Herr Dr. B. u. a. angerufen und mit den Worten: „Was, Sie sind immer noch hier? Wir raten Ihnen, schnellstens die Stadt zu verlassen" belästigt. Positiv hierbei ist, dass unsere Intelligenz solche Belästigungen sofort zuständigen Stellen meldet.
Zur Unterschätzung der Intelligenz wäre zu berichten, dass nach wie vor in unseren größeren Betrieben, Verwaltungen und Institutionen, sektiererhafte[ische] Anschauungen, von Seiten der Arbeiterklasse bestehen. Man hat es in noch nicht genügendem Umfange verstanden, die Bedeutung der Arbeit unserer Intelligenz in Aussprachen zwischen diesen und Betriebsangehörigen zu klären.
Von Seiten der Kreisleitung der SED wird den Fragen der Intelligenz große Aufmerksamkeit gewidmet.
Instrukteur

Institut für Ernährungsforschung Potsdam-Rehbrücke
Eine Unterredung mit wissenschaftlichen Mitarbeitern des Institutes, darunter Herrn Dr. R. und Herrn Prof. Dr. T. und der Leiterin der Verwaltung ergab folgende Hinweise:
Zur materiellen Lage wurde mir erklärt, dass 18 von 50 wissenschaftlichen Mitarbeitern Einzelverträge haben. Obwohl ihres Erachtens finanzielle Sorgen nicht vorhanden sind, äußern einige Intelligenzler ihre Unzufriedenheit, dass sie nicht gleichfalls durch Einzelverträge Berücksichtigung finden. Besonders wurde von den Wissenschaftlern über die schlechte Versorgung mit Kohle geklagt. Sie könnten zu Hause ihre Arbeit nicht fortsetzen, da sie für ihre Zentralheizungen keine Feuerung besitzen.
Bei den Gewerkschaftswahlen wurden die von der Partei aufgestellten Kandidaten ausnahmslos abgelehnt. (Der Partei gehören nur zwei Wissenschaftler an.)
Mit Recht unzufrieden sei ihres Erachtens der Leiter der kochwissenschaftlichen Abteilung, Herr Sch. (hat bereits ein Buch über Gemeinschaftsküchen

geschrieben). Sch. hat bisher hervorragende wissenschaftliche Arbeit geleistet, ist zur Zeit beauftragt, ein Feldküchenbuch zu schreiben und im Stellenplan gilt seine Abteilung als Schwerpunktabteilung. Herr Sch. hat aber keinen Platz zur Unterbringung seiner Mitarbeiter. Der Aufbau der für ihn bestimmten Räume sei eingestellt worden, und es wird von der Genossin K. als Sabotage empfunden, dass hier 15 bis 20 Mitarbeiter in einem Raum schaffen müssen.
In der Getreideabteilung sitzt Herr Dr. Th. aus Westberlin, der aus einem gleichartigen Institut Berlin, Seestrasse, kommt. Herr Dr. Th. sei gar nicht für uns eingestellt, hat auch nicht die Absicht, hierher zu ziehen, da er nicht darauf verzichten möchte, bei einer Verschärfung der Situation die Verbindung mit seinen Verwandten in Westberlin aufrecht zu erhalten. Er soll geäußert haben, dass er sobald wie möglich im Kaiser-Wilhelm-Institut anfangen möchte.
Leiter der Getreideabteilung ist Herr Dr. U., kommt aus Westberlin, hat hier aber ein Grundstück, auf dem er einen Wohnbau errichten möchte. Zeichnungen sind bereits genehmigt, jedoch fehlt das Material. Förderungsausschuss kann angeblich zur Zeit keine Mittel verschaffen. Unter diesen Umständen bleibt Herr Dr. U. noch in Westberlin. U. wird im Betrieb als Mephisto bezeichnet, ist gehasst, soll falsch sein, kommt aus dem Baltikum, beherrscht die russische Sprache.
Republikflüchtig wurde bereits vor längerer Zeit eine technische Assistentin, Fräulein F. (über 50 Jahre alt); sie hatte in Westdeutschland den Haushalt ihres Bruders versehen wollen, wollte wieder gern zurückkommen. Ihrer Wiedereinstellung wurde nicht zugestimmt, so dass sie noch in Westdeutschland bleibt.

Die Stellung der Arbeiter zur Intelligenz wird durch den Irrtum gekennzeichnet, dass die Intelligenz nicht zu Recht hohe Gehälter bezieht. Dies wird darauf zurückgeführt, dass gerade zu jenem Zeitpunkt bei der Intelligenz wesentlich höhere Gehälter bewilligt wurden, als eine Überprüfung der Planstellen der Arbeiter vorgenommen wurde, der einige Lohnkürzungen (0.11 pro Stunde) folgten.
Dies zeigt, dass die Fragen der Beziehungen der Intelligenz zur Arbeiterklasse und ihre Stellung in der Gesellschaft nicht prinzipiell geklärt wurden.

<u>Unterredung mit Herrn Dr. R.</u>
(der einzige Wissenschaftler, der am Parteilehrjahr teilnimmt.)

Herr Dr. R. hat den Wunsch, dass im Betrieb ein Russisch-Kursus durchgeführt wird. Er glaubt, dass zehn bis zwölf weitere Wissenschaftler daran teilnehmen würden.
Materielle Sorgen: keine Kohle.
Der Schulunterricht für die Kinder der Intelligenzler sollte das Niveau unserer „städtischen Schulen" haben. Im Unterricht fehlte längere Zeit der Sprachlehrer für Russisch. Auch sonst haben die Wissenschaftler nicht das Gefühl, dass genügend qualifizierte Kräfte dort wirken. Sie sind der Auffassung, dass in einem Ort, in welchem ein wissenschaftliches Institut mit vielen Wissenschaftlern ist, auch die Schule und der Unterricht dem „städtischen Niveau" entsprechen sollten.
Im Institut werden regelmäßig Colloquien über Nachfragen der einzelnen Abteilungen durchgeführt, die großes Interesse finden. Jedoch müssen schlechte Fahrverbindungen, schlechte Straßenbeleuchtung, usw. beseitigt werden, damit die Wissenschaftler in der Lage sind, kulturelle Veranstaltungen in Potsdam zu besuchen. (Herr Dr. R. hat seit Weihnachten lediglich einmal ein Kino besuchen können.)
Herr Prof. Dr. T. sagte im wesentlichen das Gleiche wie Herr Dr. R. Er ist erfreut, dass wir qualifizierte Vorträge in den Betrieb bringen wollen. (Siehe sein diesbezügliches Schreiben).
Es bestehen über die fachliche Beanspruchung der Wissenschaftler dieses Institutes stark differenzierte Auffassungen zwischen einigen Personen aus der Verwaltung und den Wissenschaftlern selbst. Z. B. behauptet Frau K., dass einige Wissenschaftler nicht ausgelastet seien, während Prof. Dr. T. und Prof. Dr. Sch. sowie Prof. Dr. R. von einer außerordentlichen Überbeanspruchung der Wissenschaftler des Institutes sprechen. Aus diesem Widerspruch in den Aussagen ist abzuleiten, dass zwischen leitenden Verwaltungsangestellten und den Wissenschaftlern nicht der notwendige enge Kontakt besteht. Hieraus erklärt sich auch sicherlich zum Teil das o. g. Ergebnis der Gewerkschaftswahlen.
Instrukteur

<u>Populärwissenschaftliches Studio der DEFA Potsdam-Babelsberg</u>
Die Unterredung über die Prägen der künstlerischen und technischen Intelligenz wurde mit dem Leiter des Studios, Genossen Dr. Heino B., geführt.
Das DEFA-Studio für populärwissenschaftliche Filme ist seit Beginn des Jahres 1953 selbständig.

Seit dieser Zeit wurden grundlegende Regelungen über die Besoldung der Künstler und Techniker und über die Verteilung der IN-Karten getroffen. Die ungerechte Verteilung der IN-Karten gab bis dahin immer wieder Anlass zu Unzufriedenheiten und berechtigten Einwänden der Benachteiligten.
Die materielle Lage der Intelligenz des Studios kann als durchaus gesichert betrachtet werden.
Der Förderungsausschuss gewährt den Künstlern und Technikern großzügige Unterstützungen. Es werden in besonderen Fällen kurz- und langfristige Darlehn gewährt. Die Betriebsleitung ist in einigen Fällen gegen eine ungerechtfertigte Beantragung solcher Darlehn eingeschritten. Sie war der Meinung, dass die Antragsteller mit ihrem Gehalt von DM 1.200,- und darüber, nicht für kleine Anschaffungen von Möbeln große langfristige Kredite beantragen könnten. Diese Maßnahmen führten jedoch zu keinen ernstlichen Komplikationen.
Den Mitarbeitern fehlt jedoch geistige und kulturelle Förderung. Genosse Dr. B. berichtet, dass den Künstlern und Technikern eine gründliche Allgemeinbildung fehlt. Für die Tätigkeit in diesem Studio werden vor allem Spezialkenntnisse auf dem Gebiet der Kulturpolitik und der Technik gefordert. Den meisten Künstlern und Technikern fehlt die Kenntnis des historischen und dialektischen Materialismus, eine Grundlage, ohne die das Studio praktisch nicht arbeiten kann.
Das populärwissenschaftliche Studio hat für Ende März eine Drehpause vorgesehen und wird die Künstler und Techniker des Studios zu einem innerbetrieblichen Lehrgang zusammenfassen.
Es sollen dort in den ersten Stunden Grundfragen des dialektischen Materialismus gelehrt werden, danach soll über innerbetriebliche Fragen gesprochen werden; insbesondere über Einsparungen durch Anwendung neuer technischer Methoden, Auswertung von Dreherfahrungen usw.
Genosse Dr. B. äußerte mir gegenüber den Wunsch, einen engen Kontakt mit dem wissenschaftlichen Kabinett zu bekommen. Er selbst wird nicht immer an unseren Sitzungen teilnehmen können, würde aber auch zu gegebener Zeit seine engen Mitarbeiter dafür interessieren.
Darüber hinaus bittet er dringend darum, der Kulturbund möge seine Vortragstätigkeit für die technische und künstlerische Intelligenz des Betriebes aufnehmen. (Bericht und Vorschläge folgen).
Zum Ende des Jahres 1952 verließen vier Mitarbeiter des Studios die DDR. Es handelt sich hierbei um junge Regie-Assistenten, die aufgrund ihrer Begabung und der Möglichkeiten, die es in diesem Studio gibt, große Entwicklungs-

möglichkeiten hatten. Sie standen wahrscheinlich mit einer Wiesbadener Filmfirma in Verbindung. Man kann mit Bestimmtheit sagen, dass sie angeworben wurden. Sie verließen die Deutsche Demokratische Republik, ohne die Gewissheit au haben, sich dort entwickeln zu können. Es reizt angeblich die moderne Technik, Flüge in andere Länder und die Möglichkeit, nach Hollywood zu kommen.
Es ist zu bedenken, dass zahlreiche Mitarbeiter in Westberlin wohnen. Das Spielfilmstudio kann – nach Meinung des Genossen Dr. B. – zur Zeit ohne diese Mitarbeiter aus Westberlin kaum arbeiten.
Folgendes Argument ist im Umlauf: Nach Ratifizierung des Generalkriegsvertrages wird Westberlin vollkommen abgeschlossen. Es kommt zu kriegerischen Auseinandersetzungen zwischen der Sowjetunion und den imperialistischen Staaten. Jetzt gibt es noch die beste Gelegenheit, sich der Einziehung zu den Nationalen Streitkräften durch Republikflucht zu entziehen.
Instrukteur

Beratung
in der biologischen Zentralanstalt Kleinmachnow Akademie der Landwirtschaftswissenschaften zu Berlin

Die Beratung ergab:
Der Umstand, dass in Kleinmachnow eine allgemeine Unzufriedenheit herrscht, erfasste auch die Biologische Zentralanstalt. Durch die Maßnahmen der Regierung entstand – herbeigeführt durch feindliche Elemente – zunächst eine DDR-feindliche Psychose, die sich auch auf die Arbeit im dortigen Institut auswirkte. Obwohl alle materiellen Wünsche beachtet wurden, insbesondere auch die wissenschaftliche Förderung durch die Akademie, verließen folgende Hitarbeiter das Institut:

l.) Dr. M.,
den offensichtlich eine Freundschaft mit dem früheren Außenminister Dertinger verband. (er protzte mit persönlichen Einladungen) Er fühlte sich in seinem Aufgabenbereich und auch in seinem Wohnort Kleinmachnow, von den Organen der DDR „bedroht". Er galt als sehr „fromm". Fachlich war Dr. M. kein hervorragender Mitarbeiter. Er ging nach Westberlin und fand dort Anstellung als wissenschaftlicher Assistent bei dem gleichen Institut in Berlin-Dahlem.

2.) Dr. S.,
einer der hervorragendsten Mitarbeiter des Instituts und ein sehr wichtiger Mann in der Beurteilung von chemischen Stoffen zur Vernichtung von Ungeziefer. Sein Weggang aus der DDR ist auf folgenden Vorfall zurückzuführen: Dr. S. kaufte vor einigen Jahren von einer befreundeten Familie ein Schlafzimmer. Diese Familie wohnt an der Ostsee und unterhält dort eine Pension. Die jetzt einsetzende Überprüfung dieses Hauses ergab eine laufende Geldsendung aus Kleinmachnow bei Berlin. Eine Überprüfung durch die VP Rostock forderte von der VP Kleinmachnow genaue Angaben über die Herkunft des Geldes. Durch eine unglückliche Art und Weise der VP wurde erst die Wohnung Dr. S.'s und er selbst von einem Aufgebot von drei VP-Angehörigen aufgesucht und über die Geldsendung befragt. Diese Unterhaltung erfolgte so unzusammenhängend und kompliziert, dass Dr. S. in Nervosität [geriet] und auf Drängen seiner Frau am gleichen Abend die DDR verließ; insbesondere nachdem die VP noch eine „Haussuchung angekündigt" hatte.

Dr. S. begab sich nach Westberlin und suchte dort den Leiter des Instituts, Prof. Dr. H., auf. Er erzählte ihm den Vorfall und bedauerte – ruhiger geworden – diesen Schritt bereits.

Prof. Dr. H. unterrichtete am nächsten Tage die Akademie und leitete persönlich alle Maßnahmen ein, die erforderlich sind, um Herrn Dr. S., da es sich hier tatsächlich um einen hervorragenden Wissenschaftler handelt, wieder in die DDR zurückzuholen. Es wurden Unterlagen von der VP, von der Akademie, vom ZK der SED usw. beschafft.

Ein Zeichen der ungenügenden Beachtung der Wünsche hervorragender Intelligenz liegt in der Unterlassung der Fürsorge für Prof. Dr. H. Er hat seinen Wohnsitz in Westberlin, bemüht sich seit vier Monaten, in die DDR und zwar nach Köpenick, Karl-Spindler-Str. [...], zu ziehen. Da er seine Wohnung in Westberlin zum 1.4.[19]53 bereits aufgekündigt hat, muss überprüft werden, ob der Förderungsausschuss Berlin alle Maßnahmen eingeleitet hat, um die Wohnung in Köpenick fertig zu stellen.

Herr Prof. Dr. H. äußerte sich Mitarbeitern des Instituts gegenüber, dass bis Ende Februar 1953 an seinem Haus in Köpenick noch nichts geschehen ist.

Zur Zeit sind die Wissenschaftler in der biologischen Zentralanstalt sehr stark darüber ungehalten, dass eine Reduzierung der Pflanzenschutzämter bzw. deren Auflösung angeordnet ist. Sie sind der Meinung, dass die DDR es sich nicht leisten kann, derartige Ämter aufzulösen, – denn wer sollte das Ungeziefer, z. B. Kartoffelkäfer – richtig und erfolgreich bekämpfen? Eine Klärung in dieser Frage muss rasch herbeigeführt werden.

Ursachen ev[en]t[uel]l[er] Unzufriedenheit sind in diesem Institut nicht zu verzeichnen.
Instrukteur

2.13. [Lage der Intelligenz im Bezirk Schwerin]

Nach dem uns vorliegenden Material, das zum Teil aus unserer allgemeinen Tätigkeit der letzten Zeit stammt und z. T. von Instrukteuren zusammengetragen wurde, die einen Einsatz zu dem Zwecke durchführten, Klarheit über die Lage der Intelligenz in unserem Bezirk zu erhalten, ergibt sich folgendes Bild:
Die Einstellung der Angehörigen der verschiedenen Intelligenzberufe zur Politik in der DDR ist aufs Ganze gesehen positiv. Das kommt nicht nur in den Stellungnahmen zu besonderen Ereignissen und in Diskussionen zum Ausdruck, wie z. B. gegenwärtig zum Generalkriegsvertrag, der aus den verschiedensten Gründen abgelehnt wird (Generalkriegsvertrag bedeutet Krieg, durch seine Ratifizierung wird die Spaltung Deutschlands vertieft und die Verbindung mit Westdeutschland völlig unterbunden usw.) Die positive Einstellung zur Politik der SED und der Regierung der Sowjetunion und vor allem zum Genossen Stalin wurde u. a. bestätigt durch die Teilnahme einer sehr großen Anzahl von Angehörigen der Intelligenz an den Feierlichkeiten anlässlich des Ablebens vom Genossen Stalin. Sie wird auch durch die Beteiligung an den Konsultationen und Zirkeln, die zum Studium des Marxismus-Leninismus durchgeführt werden, zum Ausdruck gebracht.
Es gibt natürlich auch Beweise von negativen Einstellungen der Angehörigen der Intelligenz. So wurde z. B. der Werkleiter und zugleich technische Direktor des VEB Zellstoff und Zellwolle in Wittenberge aufgefordert, eine offene Stellungnahme zu dem Terrorurteil gegen das Ehepaar Rosenberg abzugeben. Er lehnte dieses mit folgender Begründung ab: „1945 sind in der Ostzone auch eine Reihe von Menschen verschwunden, von denen man heute teilweise noch nichts weiß und die vielleicht auch unschuldig waren. Das kann ich nicht vergessen, wer weiß auch, ob die Rosenbergs wirklich unschuldig sind!"

Neben den angeführten Beweisen der positiven Einstellung der Intelligenz zur Politik der DDR, die sich in Stellungnahmen und Meinungsäußerungen zeigt, findet die positive Einstellung von Angehörigen der Intelligenz auch ihren Ausdruck in ihrer fachlichen Arbeit.
Der Lungenspezialist Dr. W. in Schwerin führt Untersuchungen in den Abendstunden nach den Spitzenzeiten im Elektrizitätsverbrauch durch und verhindert dadurch auch zugleich einen Produktionsausfall seiner Patienten.
Die Mitarbeiter des Hygiene-Institutes in Schwerin, Dr. K., erklärte sich bereit, neben seiner amtlichen Tätigkeit eine Zweigstelle der Poliklinik für Abendsprechstunden einzurichten. Leider hat er dieses Vorhaben bisher noch nicht verwirklichen können, da das Wohnungsamt ihm die Wohnung des nach dem Westen gegangenen Dr. G., [...], die sich für diese Zwecke ausgezeichnet eignet, versagte.
Der Tierarzt Dr. M. in Perleberg beschäftigt sich schon seit Jahren mit der wirksamen Bekämpfung von Tierseuchen, wodurch die Schweinesterblichkeit unter Anwendung seiner Methode im Kreis Perleberg erheblich nachgelassen hat. Dr. M. empfindet es auch als besondere Anerkennung, dass ihm unsere Regierung das Vertrauen schenkte, in der Volksrepublik China Fleischimporte für die DDR zu untersuchen und wertete seine Reiseeindrücke, die er in der Sowjetunion und in der Volksrepublik China erhalten hat, durch Vorträge aus.
Auch bei den Angehörigen der technischen Intelligenz unseres Bezirkes sind Beweise ihrer positiven Einstellung vorhanden. So wurde in der VEB Zellstoff und Zellwolle in Wittenberge ein neues Verfahren eingeführt, das zur Herstellung von Zellwolle statt Holz Roggenstroh als Grundstoff vorsieht.
In den Abus-Klement-Gottwald-Werken in Schwerin wurde ein technischer Rat, dem Ingenieure und Konstrukteure des Betriebes angehören, gebildet. Dieser hat in freiwilliger Arbeit einen Rekonstruktionsplan für den Betrieb ausgearbeitet. Am 8. März 1953 verpflichteten sich die Ingenieure dieses Betriebes, im Kollektiv in freiwilliger Arbeit den Entwurf einer Kindertagesstätte für den Betrieb auszuarbeiten, um die Projektierungskosten zu sparen. Unter Leitung von Ingenieuren wurde ein Stahlbauerlehrgang, ein Meisterlehrgang und ein Lehrgang für TAN-Mitarbeiter durchgeführt. Außerdem zeigte sich in der Unterhaltung unserer Instrukteure mit einigen der Ingenieure der Abus-Klement-Gottwald-Werke, dass die sich wirklich ernste Gedanken über die Rentabilität und die Entwicklung ihres Betriebes machen. Sie halten es vor allem für notwendig, dass ein Zweigbetrieb ihres Werkes in Neustadt-Glewe nach Schwerin verlegt wird, um die Rentabilität des gesamten Werkes zu si-

chern. Wenig Verständnis haben sie dafür, dass keine Maßnahmen ergriffen werden, diesen Vorschlag, der dem Rat des Bezirkes bekannt ist und der dessen Zust[imm]ung gefunden hat, zu realisieren. Zum mindesten hat man sie, die sich sehr damit beschäftigen, hierüber nicht informiert, was bisher unternommen worden ist.

Neben den Beweisen für die positive Einstellung der Intelligenz und ihrer Leistungen können ernste Mängel beobachtet werden, die die Schaffensfreudigkeit hemmen.

Unter den Ärzten des Bezirks werden gegenwärtig vor allem folgende Punkte diskutiert:

1.) Die Kündigung der Verträge mit den freischaffenden Ärzten und der neue Vertragsabschluss mit der Sozialversicherung, bei dem eine erhebliche Herabsetzung der Entschädigung für ärztliche Leistungen vermutet wird. Die vorhandene Ungewissheit, die noch kurz vor dem Ablauf der Kündigungsfrist (31.3.[19]53) besteht, hat eine Unsicherheit bei Teilen der Ärzteschaft hervorgerufen und ist der Anlass zu den verschiedensten Gerüchten (ungewöhnliche Herabsetzung der Bezüge für ärztliche Leistungen, Zeit der Vertragslosigkeit usw.)

2.) Die Angriffe der Sozialversicherung gegen die Ärzteschaft sind nach Ansicht verschiedener Ärzte nur zum kleinsten Teil berechtigt. Völlig unberücksichtigt bleibt in den Stellungnahmen der Gewerkschaften und der Sozialversicherung z. B. die Notwendigkeit der vorbeugenden Maßnahmen. Die Ärzte diskutieren dahingehend, dass das Ansteigen des Krankheitsstandes im I. Quartal eines jeden Jahres auf Erschöpfungszustände zurückzuführen ist. Das schieben die Ärzte auf einen Vitaminmangel, dem durch prophylaktische Maßnahmen abgeholfen werden könnte – durch Ausgabe von Vitamintabletten –. Da die SV keine Mittel dafür zur Verfügung stellt, können diese notwendigen Vorbeugungsmaßnahmen nicht ergriffen und eine der Ursachen für einen hohen Krankenstand nicht beseitigt werden. Die Ärzte halten vor allen Dingen die Angriffe der SV auf die gesamte Ärzteschaft für unberechtigt. Wenn so genannte Freundschafts-Diagnosen von einigen Ärzten gestellt werden, so sollten diese öffentlich gebrandmarkt, aber es sollten nicht diejenigen Ärzte kritisiert werden, die ehrlich ihre Pflicht tun. Wenn man schlechte Beispiele herausstellt, dann sollte man demgegenüber auch gute Beispiele öffentlich bekannt geben, damit nicht die Bevölkerung den Eindruck bekommt, als gäbe es nur solche Ärzte, die das Interesse unserer allgemeinen Entwicklung nicht berücksichtigen.

Ursache für die Unzufriedenheit der Ärzte in dieser Beziehung ist sicher auch das Verhalten der Beauftragten der Sozialversicherung. In Ludwigslust z. B. wurden von einem Vertreter der SV Angriffe gegen die Ärzteschaft mit allgemeinen Redewendungen gestartet. Die Aufforderung der Ärzte, einen konkreten Fall für das negative Verhalten eines Arztes im Kreise Ludwigslust zu nennen, konnte er nicht nachkommen. So etwas trägt natürlich nicht zu einem guten Verhältnis zwischen Ärzten und SV bei.
3.) Die Versorgung der Ärzte, auch Tierärzte, mit Autobereifung ist ein weiterer vieldiskutierter Punkt.
Nachstehender Auszug aus einem Bericht vom Sprechtag des Bundesfreundes Kleinschmidt am 11.2.[19]53 mit den freipraktizierenden Ärzten in Güstrow kann verallgemeinert werden. Dieser Standpunkt wurde auch von verschiedenen Ärzten in anderen Orten des Bezirkes eingenommen: „Ärzte kritisierten, dass durch eine neue Best[imm]ung Autoreifen nicht mehr auf Freigabe zum alten Preis von DM 70,-- pro Decke zu erhalten sind. Eine Autodecke kostet jetzt ca. DM 360,-- bis 370,--. Bei den katastrophalen Wegeverhältnissen im Kreise Güstrow brauchte ein Arzt jährlich etwa eine neue Bereifung. Er muss also bestenfalls DM 1 500,-- allein für die Bereifung ausgeben, wozu noch weitere Reparatur- und Ersatzteilkosten kommen. Die Ärzte stellen dazu fest, dass sie diese Kosten nicht tragen können."

Zur weiteren Orientierung über die von den Ärzten diskutierten Fragen fügen wir die Abschriften zweier Berichte vom Sprechtag des Bundesfreundes Kleinschmidt in Güstrow diesem Bericht bei.
In den Aussprachen mit freipraktizierenden Ärzten beklagen sich diese darüber, dass sie nur die Lebensmittelgrundkarte bzw. die Lebensmittelkarte D erhalten. Diese Tatsache wird von ihnen als Nichtanerkennung ihrer Leistungen gewertet.
Über Fragen, die unter der technischen Intelligenz diskutiert werden bzw. von Sorgen, mit denen sie sich beschäftigen, geben folgende Auszüge aus Berichten über Unterhaltungen mit Angehörigen dieser Kreise, der Abus-Klement-Gottwald-Werke in Schwerin, der Elbewerft und dem Fliesenwerk „Kurt Bürger" in Boizenburg Auskunft:
„Auf Grund einer Verfügung der VVB Abus Merseburg ist der Abschluss von Einzelverträgen erst ab Gehaltsstufe I 4 und I 5 statthaft. So wurden in diesem Betrieb bestehende Einzelverträge mit Angehörigen der technischen Intelligenz gelöst. Diese Maßnahme fand durchaus Verständnis bei den Betroffe-

nen; doch die damit verbundene nicht gesicherte Altersversorgung ist Anlass von Diskussionen.

Ursache der Unzufriedenheit:
Der Ing[enieur] und Werkleiter N. ist seit über einem Jahr in den Abus-Werken tätig; seine Familie aber wohnt noch heute in Bitterfeld, da das Wohnungsamt dem Ing. N. bisher keine Wohnung zugewiesen hat.
Für den technischen Leiter, Ing. Sch., treffen die gleichen Verhältnisse zu. Seit über einem Jahr in diesem Betrieb beschäftigt, muss seine Familie in Leipzig verbleiben, da das Wohnungsamt auch in diesem Falle keinen entsprechenden Wohnraum nachgewiesen hat. Diese Tatsache war der Grund der Kündigung seitens des Ing. Sch., und nur durch das Eingreifen der Regierung konnte sein Fortgang nach Leipzig verhindert werden. Eine Regelung bezüglich der Wohnraumbeschaffung wurde aber nicht in die Wege geleitet.
Für die Ing. Nowak und Schmidthaus werden jährlich DM 2 880,-- Trennungsentschädigung gezahlt. Diese Mittel könnten bei Klärung der Wohnraumfrage für die Durchführung wichtiger Aufgaben verwendet werden.
Der Ing. St. bewohnt mit seiner vierköpfigen Familie zwei kleine Zimmer. Ein beantragter Wohnungstausch vor einem Jahr hatte bisher keinen Erfolg.
Der Hauptbuchhalter J. wohnt seit zwei Jahren mit seiner Frau in seiner Dachkammer.
Auf der einen Seite sind die Abus-Werke Schwerpunktbetrieb mit Exportaufträgen im Kreis Schwerin, auf der anderen Seite unterstützt die Verwaltung die in diesem Betrieb beschäftigte Intelligenz hinsichtlich der Wohnraumbeschaffung überhaupt nicht. Diese Tatsache wird von der ganzen technischen und kaufmännischen Intelligenz des Betriebes nicht verstanden und gebilligt.

Weitere Gründe der Unzufriedenheit:
Keine Möglichkeiten des notwendigen persönlichen Erfahrungsaustausches. Hierzu sind Besuche ähnlich gelagerter Betriebe in Sachsen erforderlich, Mittel aber dafür nicht vorhanden.
Berufliche Überlastung, Arbeitszeit täglich 10 bis 11 Stunden. Mangelnde Einrichtung der Arbeitsräume, es fehlen z. B. Kleiderschränke.
Keine Anerkennung der geleisteten Arbeit. Der Ing. Sch. war für den Aufbau eines großen Kranes für die letzte Leipziger Messe verantwortlich. Während Angestellte der VVB Abus Merseburg dafür ausgezeichnet wurden, erhielt der eigentlich Verantwortliche in keiner Form eine Anerkennung.

Übertragung von Arbeiten, die nicht mit der fachlichen Tätigkeit der Ingenieure und Konstrukteure zu tun haben. So beauftragte z. B. die BGL des Betriebes Angehörige der technischen Intelligenz mit der Durchführung von Aufgaben, die eigentlich von der BGL zu lösen sind. Die Ingenieure wagen nicht, diese Arbeiten abzulehnen, da sie fürchten, von der Belegschaft sonst angeprangert zu werden. Das bedeutet, dass die technische Intelligenz grundsätzlichen Auseinandersetzungen aus dem Wege geht.

Die technische Intelligenz des Betriebes hat das Gefühl, dass ihr Misstrauen entgegengebracht wird, macht aber keine konkreten Angaben. Sie begrüßt durchaus eine gesunde Wachsamkeit, lehnt aber jegliche Bespitzelung ab.

Die Ingenieure haben eine gewisse Angst, verantwortliche Funktionen zu übernehmen, da sie fürchten, für entstandene Fehler, die nicht durch ihr Verschulden entstehen, zur Verantwortung gezogen zu werden. Das bedeutet, dass die technische Intelligenz des Betriebes, die fachlich durchaus geeignet ist, die verantwortlichen Funktionen zu übernehmen, kein volles Vertrauen zu unseren staatlichen Einrichtungen hat. Ein Ingenieur sagte wörtlich: „Ich habe das Gefühl, verfolgt zu werden."

Aus dem Bericht über die Aussprache mit der Intelligenz in Boizenburg: „Bisher besteht in Boizenburg nicht die Möglichkeit, im Sommer zu baden. Auch ein guter Sportplatz ist nicht vorhanden."

Sehr gewünscht werden Theateraufführungen, insbesondere Opern und auch Konzerte aus Schwerin. Es wurde gesagt, dass die Parchimer Bühne, die Boizenburg bespielt, kein hohes Niveau erreicht. (Leider wurde nicht konkret genug gesagt, welche Stücke nicht gefallen haben.)

Sehr gewünscht ist die Organisierung von Theaterzügen, die die Möglichkeit bieten, Schweriner Aufführungen zu sehen.

Über die neuen Intelligenzwohnungen in der Ernst-Thälmann-Strasse 1 wurde berichtet, dass diese undicht seien. Es wurde der Wunsch geäußert, dass bei künftigen Neubauten wirkliche Qualitätsarbeit geleistet wird. Offen hat man gesagt: „Hier hat man das Geld vertan!"

Der Kollege Erich Sch., Produktionsbereichsleiter bei der Elbewerft, Ernst-Thälmann-Strasse 1, bittet um folgende Unterstützung: Er ist Fernstudent an der Humboldt-Universität, Wirtschaftswissenschaftliche Fakultät, und muss die Studiengebühren in Höhe von DM 200,-- selbst tragen. Außerdem bezahlt er das Fahrgeld zu den Konsultationen in Rostock. Er fragt, ob er den Betrag für die Studiengebühren vom Werk oder von einer anderen Institution ersetzt bekommen kann.

Der Kollege Ernst H., Konstrukteur auf der Elbewerft, […], bittet um Unterstützung in seiner Wohnungsangelegenheit. Er ist Fernstudent und bittet um eine weitere kleine Kammer, die zu seiner Wohnung gehört (vier Personen). Es ist ihm so nicht möglich, sein Studium zu betreiben.

Unter der Lehrerschaft wurde allgemein über die mangelhafte Versorgung mit pädagogischen Fachbüchern durch den Verlag „Volk und Wissen" geklagt.

Die Gehaltserhöhung auf Grund der Verordnung vom 29.12.[19]52 wird sehr unterschiedlich beurteilt. Es gibt St[udent]en, die ihre volle Anerkennung hierzu aussprechen, das sind aber nach unseren Beobachtungen nur wenige. Andere sagen, dass die Regierung mit der Gehaltserhöhung nur ein schon vor längerer Zeit gegebenes Versprechen einlöste. Darum sei an der ganzen Sache nichts Besonderes, sie sei vielmehr eine Selbstverständlichkeit. Eine dritte Meinung ist die, dass bei der ganzen Sache überhaupt keine Gehaltserhöhung herauskäme. Es gibt Verlautbarungen, wonach der bisher gewährte steuerfreie Betrag von 20 Prozent in Fortfall kommt. Das würde bedeuten, dass trotz der verordneten Gehaltserhöhung eine geringere Bezahlung bei fast allen Lehrern erfolgt als bisher.

Von einigen Lehrern in Schwerin wurde bedauert, dass die Verfügung des Ministeriums für Volksbildung keine Versetzung von Lehrkräften innerhalb eines Schuljahres vorzunehmen, wiederholt nicht beachtet worden ist. Das bedeutet für die betroffenen Lehrer eine Erschwerung der fachlichen Arbeit und ist auch ein Grund für auftretende Disziplinschwierigkeiten.

Verschiedentlich wurde von den Lehrern eine stärkere Anwendung des Leistungsprinzips gefordert. Z. B.: zwei junge Lehrer mit zwei abgelegten Lehrerprüfungen unterrichten an der Oberschule Hagenow auf Grund ihrer fachlichen Qualifikation die 11. und 12. Klasse. Diese beiden Lehrer, die neben ihrer schulischen Tätigkeit noch Mentoren für das Fernstudium sind und gute gesellschaftliche Arbeit leisten, erhalten lediglich weil sie keine abgeschlossene Ausbildung als Fachlehrer an der Oberschule besitzen, eine geringere Bezahlung als ältere Kollegen mit abgeschlossener Ausbildung, obwohl diese in unteren Klassen Unterricht erteilen.

Ein Diskussionspunkt der Lehrer an den Oberschulen sind die umfangreichen Lehrpläne und die damit verbundenen Schwierigkeiten. Die Lehrpläne für die Oberschulen weisen einen derart umfangreichen Stoff auf, der nach Meinung der Lehrer in der Kürze der zur Verfügung stehenden Zeit nicht mit der notwendigen Gründlichkeit verarbeitet werden kann. Dieses ist auch der Grund dafür, dass das Anschauungsmaterial ungenügend ausgewertet wird.

Das trifft besonders für den Biologie-Unterricht zu. Die überaus starke Inanspruchnahme der Lehrer führt u. a. auch dazu, dass unseren Lehrkräften z. T. nicht genügend Zeit zur Befriedigung ihrer kulturellen Bedürfnisse zur Verfügung. Ein Lehrer der Oberschule in Parchim erklärte z. B., seit drei Jahren kein schöngeistiges Buch gelesen zu haben.

Während bei den bisher besprochenen Intelligenzkreisen materielle Sorgen kaum eine Rolle spielen, ist das bei den Schriftstellern und vor allen Dingen bei den bildenden Künstlern anders.

Bei allen aufgesuchten freischaffenden bildenden Künstlern wurde übereinstimmend festgestellt, dass sie materielle Sorgen haben. Sie haben keine oder nur wenig Aufträge und geringe Absatzmöglichkeiten ihrer künstlerischen Erzeugnisse. Die letzten Aufträge erhielten sie am Ende vorigen Jahres, als die im Haushalt vorhandenen Mittel verbraucht werden mussten, um sie nicht verfallen zu lassen. Dieser Zustand erzeugt eine gewisse Mutlosigkeit bei den Künstlern.

Die Künstlerin Frau J.-U., Schwerin, meint, dass sie keine Aufträge erhält, weil sie Tiere gestaltet und dafür kein Interesse besteht. Dabei gäbe es viele Verwendungsmöglichkeiten (Kinderhorte, Wettbewerbspreise, LPG usw.) Der Graphiker und Landschaftsmaler H., Schwerin – Aussteller auf der III. Deutschen Kunstausstellung – ist in materieller Not. Er hat seit Monaten keinen Auftrag und auch keine Aussicht, einen zu bekommen. Seine Rente, DM 65,-- monatlich, ist zu gering, um die Unterhaltskosten für das Leben und die Unkosten für sein künstlerisches Schaffen zu bestreiten. Er bedauert sehr, dass Landschaftsbilder im Gegensatz zur Sowjetunion bei uns noch keine große Anerkennung finden. H. bedrückt sehr, dass es keine ausreichende Altersversorgung für die freischaffenden Künstler gibt. Die Forderung nach Altersversorgung wird allerdings auch von allen anderen Künstlern erhoben. Die Unterhaltung mit dem Maler Karl H. ergab, dass auch er materielle Sorgen hat. Durch das Fehlen einer gewissen materiellen Basis fehlt ihm auch die Sicherheit zum Planen. Er hat aber nicht nur materielle Sorgen, sondern wünscht vor allem auch eine stärkere ideologische Hilfe.

Von verschiedenen bildenden Künstlern wurde kritisch darauf hingewiesen, dass die für die künstlerische Ausgestaltung von Investbauten gesetzlich vorgesehenen Mittel nicht ausgegeben werden. Es wurde wiederholt der Vorschlag gemacht, durch den VBK eine strenge Kontrolle zu organisieren und den VBK zu veranlassen, sich überhaupt mehr um diese Dinge zu kümmern.

Besondere Beachtung verdient überhaupt die Frage: Sorge um die Intelligenz von Seiten der Partei- und Staatsfunktionäre.

Dafür einige Beispiele:
Dem Zahnarzt Dr. V., Gadebusch, wurde Anfang September die Zulassung als Mitarbeiter in der Abt[eilung] Gesundheitswesen beim Rat des Kreises Gadebusch (Zahnpflege) erteilt und die Eröffnung seiner Privatpraxis als Zahnarzt in Gadebusch am 24.10.[19]52 bestätigt. Am 1.11.[19]52 erhielt er vom Rat der Stadt Gadebusch die Zuweisung einer seinen Arbeitsbedingungen entsprechenden Wohnung. Bei seinem Zuzug in Gadebusch musste er jedoch eine 2-Zimmer-Wohnung beziehen, da die versprochene Wohnung, die von jeher als Arztwohnung diente, auf Anweisung des Wohnungsamtes anderweitig vergeben war.
In der ihm zur Verfügung stehenden 2-Zimmer-Wohnung eröffnete Dr. V. am 19.12.[19]52 seine Praxis, nachdem ihm gesagt wurde, dass er unter diesen erschwerten Umständen nur kurze Zeit zu praktizieren brauche. Die Zustände sind folgende:
Sprechzimmer und Schlafzimmer in einem Raum, Wohnzimmer dient als Wartezimmer, die Laborarbeiten werden in der Küche erledigt. Dieser Raummangel führte zu einigen Unzuträglichkeiten. So musste z. B. die vierjährige Tochter wiederholt vor den Augen der Patienten gewaschen und ausgezogen werden, da die Behandlungen sich oft bis in die Abendstunden erstreckten u. a.
Von diesen Zuständen wurde uns im Januar 1953 berichtet. Wir haben uns sofort im Schreiben am 15.1. an den 2. Sekretär der Bezirksleitung der SED, Genossen B., und an den Vorsitzenden des Rates des Kreises Gadebusch gewandt. Von beiden konnte bis heute trotz wiederholter Anfragen nicht in Erfahrung gebracht werden, was in dieser Angelegenheit veranlasst wurde. Tatsache ist, dass am 12.3.[19]53 Dr. V. noch unter den unmöglichen Arbeits- und Wohnbedingungen lebte.
Die Unterhaltung mit den Ingenieuren der Abus-Klement-Gottwald-Werke in Schwerin hatte unter anderem folgendes Ergebnis:
Die Parteileitung der SED ist im Betrieb nicht die führende Kraft oder wird zum mindesten als solche nicht anerkannt. Wörtlich sagte ein Ing[enieur]: „Wohin soll ich schon gehen, lieber versuche ich alles allein zu erledigen. Die Parteileitung kennt nicht die Materie und kann auch die Ingenieure nicht immer verstehen."
Es hat bisher weder die Bezirks- noch die Kreisleitung der SED mit der technischen Intelligenz dieses Betriebes beschäftigt und mit ihnen gesprochen. Diese wünscht aber eine offene Aussprache über die Probleme und bestehenden Schwierigkeiten im Werk.

Ihre Bereitschaft zur Teilnahme am gesellschaftspolitischen Leben brachten sie durch die Bildung eines Zirkels zum Studium des Marxismus-Leninismus zum Ausdruck. Die Vermittlung des Zirkelleiters erfolgte durch die Bezirksleitung der SED. Die Teilnahme war seitens der technischen Intelligenz an dem Zirkel 100-prozentig. Der Zirkel konnte aber die letzten Male nicht durchgeführt werden, da ein Referent nicht zur Verfügung stand. Die weitere Durchführung des Zirkels wird von den Angehörigen der technischen Intelligenz dieses Werkes gefordert.

Der Kreisarzt Dr. W., Ludwigslust, beklagt sich über mangelnde Unterstützung bei seiner schwierigen Tätigkeit mit der Ärzteschaft seitens des Rates des Kreises und besonders des Vorsitzenden. Er sagt, dass es der 1. Sekretär der Kreisleitung der SED, Genosse B. sei, der ihn als einziger von den leitenden Staats- und Parteifunktionären unterstützt.

Die Abt[eilung] Gesundheitswesen beim Rat des Bezirkes, der die Missstände unter der Ärzteschaft der Poliklinik seit Monaten bekannt sind, hat es trotz Aufforderung nicht für nötig befunden, helfend einzugreifen. Offenbar haben diese Kollegen Angst vor den notwendigen Entscheidungen, die für die Beseitigung der Missstände erforderlich sind.

Eine Frage, die eine große Rolle im Bezirk, besonders aber im Kreis Schwerin spielt, ist die Republikflucht und ihre Ursachen.

Die Ursachen für das illegale Verlassen der DDR können nach unseren Beobachtungen in den wenigsten Fällen klar erkannt werden und die vermutlichen Ursachen sind sehr verschiedener Natur. Die Republikflucht ist zum großen Teil ohne Frage auf die Störungs- und Sabotage-Versuche der Feinde unseres friedlichen Aufbaus zurückzuführen. Hierbei wird aber so geschickt vorgegangen, dass die feindliche Tätigkeit selten klar als solche erkennbar ist.

Der Betriebsarzt des RAW Wittenberge wurde z. B. von einem Studienkollegen aus Westdeutschland aufgefordert, dort eine Stelle in einem Großbetrieb mit einem Gehalt von 1 500,-- DM monatlich anzunehmen. Der Arzt hat dieses Angebot abgelehnt, da er die großen Möglichkeiten seiner Weiterentwicklung unserer Regierung anerkennt. Es scheint uns aber, dass es sich bei der Aufforderung des Studienkollegen aus Westdeutschland um keine private Angelegenheit, sondern um eine feindliche Tätigkeit handelt.

In Lützow, Kreis Schwerin, verließ eine Junge Lehrerin der dortigen Zentralschule im März das Gebiet der DDR. Sie war mit dem Sohn eines Großbauern aus Lützow befreundet, dessen Vater einer christlichen Sekte angehört. Es besteht der dringende Verdacht, dass der Großbauer über die Sekte Verbin-

dung mit Westberlin und Westdeutschland unterhält. Es wurde auch festgestellt, dass der Sohn des Großbauern häufig nach Berlin fährt. Aller Wahrscheinlichkeit nach wurde die junge Lehrerin von dieser Seite beeinflusst, das Gebiet der DDR zu verlassen.
In demselben Ort Lützow sieht das Verhalten des dortigen evangelischen Pastors nach bewusster Arbeit des Klassengegners aus. Die im vorigen Jahre organisierte Ferienlageraktion wurde z. B. dadurch gestört, dass der Pastor zur gleichen Zeit Ferienwanderungen und Fahrten nach Thüringen mit finanzieller Unterstützung der Kirche organisierte. Auch bei späteren Veranstaltungen der Schule wurden durch den Pastor laufend kirchliche Veranstaltungen für die Jugend organisiert (Jugendkränzchen mit Kaffee und Kuchen usw.).
Eine äußerst beachtenswerte Ursache für das illegale Verlassen der DDR dürfte eine gewisse Angstpsychose sein, von der auch Teile der Intelligenz erfasst sind und die von den Feinden des deutschen Volkes bewusst hervorgerufen wurde und dauernd verstärkt wird. Dafür, wie das gemacht wird, einige Beispiele aus dem Kreise Ludwigslust:
Der Kreisarzt Dr. W., SED, hatte Besuch seiner im Rheinland wohnenden Mutter. Während dieser Zeit erhielt er einen Anruf. Es wurde ihm gesagt, dass es doch bei der angespannten politischen Lage höchst verdächtig sei, dass seine Mutter eine Aufenthaltsgenehmigung für die DDR erhalten habe. Das sei nur geschehen, weil man ihn in Sicherheit wiegen wolle, um ihn später zu verhaften. Er möchte nur eiligst das Gebiet der DDR verlassen. Dr. W. hat das nicht getan und hat auch nach seinen eigenen Angaben nicht die Absicht.
Dr. R., Arzt im Krankenhaus Stift Bethlehem in Ludwigslust erhält regelmäßig Anrufe mit der Aufforderung, die DDR zu verlassen, nachdem der mit ihm befreundete Augenarzt, Dr. P., die DDR verlassen hat.
Ein anderer Arzt, der in der dortigen Poliklinik arbeitet, ist wiederholt mit denselben Anrufen bedacht worden.
Es handelt sich bei diesen Anrufen offensichtlich um dieselbe Quelle und um bewusste feindliche Agententätigkeit.
Eine Möglichkeit der wirksamen Bekämpfung wäre die offene Aussprache mit der Ärzteschaft. Diese sollte am 6.3. von einem Bezirkstagsabgeordneten des Kulturbundes durchgeführt werden. Sie ist auf Ersuchen einiger Ärzte verschoben [worden], und dafür wurde eine Tagung der gesamten Ärzteschaft des Kreises für den 18.3.[19]53 festgelegt. Zu dieser Tagung, auf der u. a. der Vorsitzende vom Rat des Kreises, der 1. Kreissekretär und ein Bezirkstagsabgeordneter des Kulturbundes sprechen sollten, hatten alle Ärzte des Kreises mit zwei Ausnahmen ihr Erscheinen schriftlich zugesagt. Das ist im Hinblick

auf die angespannte ärztliche Versorgung eine Seltenheit. Nun wurde diese Tagung auf Veranlassung der Bezirksleitung der SED Schwerin, Abt[eilung] Wirtschaft, ohne unzureichende Begründung kurzfristig telefonisch abgesagt. Ein solches Verfahren dürfte nicht geeignet sein, Ruhe und Sicherheit unter der Ärzteschaft herbeizuführen, dafür fördert es aber Unruhe, Gerüchtemacherei usw. und vor allen Dingen werden in diesem Fall die Ärzte einer Einladung zu einer zweiten Tagung nicht mit derselben Bereitschaft folgen, wie sie diese bei der am 18.3.[19]53 beabsichtigten gezeigt haben.
Eine bewusste Agententätigkeit unter der ärztlichen Intelligenz ist auch in Hagenow festzustellen. Hier wird offenbar eine gewisse Unsicherheit unter der Ärzteschaft ausgenutzt, die hervorgerufen wurde durch die Vernehmung von Dr. B. nach einem Vortrag über Tuberkulose, die durch die Staatssicherheitsorgane durchgeführt worden ist. Eine andere Erklärung ist für die plötzliche Republikflucht eines praktischen Arztes und zweier Tierärzte, die sich in der letzten Zeit ereignet hat, nicht festzustellen.
Die Angstpsychose wird auch z. T. durch ein ungeschicktes Verhalten von Mitarbeitern des Staatsapparates gefördert oder zumindest nicht wirksam bekämpft.
Ein unserer Ansicht nach äußerst ungeschicktes Verhalten legte z. B. der Staatsanwalt St., Schwerin, in nachstehend geschildertem Fall an den Tag:
Das Mitglied unseres Arbeitsausschusses, Bundesfreund H. H. L., Stadtarchivar in Schwerin, war seinen 76- und 73-jährigen Tanten behilflich gewesen, einen Bruder dieser Tanten in die Nervenheilanstalt Sachsenberg zu bringen, nachdem ärztlicherseits die Notwendigkeit für dessen Unterbringung in eine Heilanstalt bestätigt worden war. Dieser Onkel L.s sollte auf Veranlassung der Staatsanwaltschaft entlassen werden. Als die beiden Schwestern davon erfuhren, setzten sie sich nach Westberlin ab, um den Schwierigkeiten mit ihrem Bruder aus dem Wege zu gehen, wie sie in einem Schreiben aus Westberlin angaben. Von dieser Flucht war L. offensichtlich nicht unterrichtet, die Tanten hatten ihm gesagt, dass sie nach Eixen bei Schwerin fahren wollten.
Nun spielte sich am 26.2.[19]53 nach der Schilderung von L. Folgendes ab:
„Gegen 2¾ Uhr erschien bei mir Staatsanwalt St. mit einem Beamten. Auf meine Bemerkung hin, ich könne mir schon denken, warum er käme, ich hätte gerade durch Dr. Sch. erfahren, dass meine Tanten fortgegangen sein sollten, fragte er mich, wieso Dr. Sch. dazu käme, mir das zu sagen.
Ich entwickelte ihm nun in kurzen Zügen den Vorgang, der zu meinem heutigen Anruf bei Dr. Sch. geführt hatte, wies auf meinen Unglauben hin in

Bezug auf Republikflucht und erzählte von dem eben aufgegebenen Telegramm nach Eixen. Darauf erklärte er mir, es bestände Verdacht, dass ich meinen Onkel absichtlich nach dem Sachsenberg geschafft habe, um meinen Tanten die Möglichkeit zu geben, in aller Ruhe nach dem Westen gehen zu können. Das wäre Freiheitsberaubung, darauf stände Zuchthaus.
Ich erklärte ihm, dass dieser Verdacht nicht zuträfe. Ich hätte meinen Onkel nicht nach dem Sachsenberg gebracht, sondern hätte meinen 76 und 73 Jahre alten Tanten auf ihre Bitte hin, in dieser Angelegenheit geholfen. Es lägen vier ärztliche Atteste aus den Jahren 1943/1948 vor und außerdem ein Einweisungsattest von Dr. M. Ich wies dann kurz auf die Vorgeschichte hin, sprach von meinen Unterrungen mit Dr. Sch. und betonte nochmals die ärztlichen Atteste. Staatsanwalt St. äußerte sich dann sinngemäß so, die keinen großen Wert hätten, Ärzte könnten bestochen sein und fragte mich, ob Dr. M. überhaupt noch praktiziere und wo und ob ich wüsste, dass er von meinen Tanten einmal eine Anleihe bekommen hätte. Ich verneinte das Letztere, bejahte das Erstere und gab seine Adresse Schlossgartenallee an."
Wir sind der Meinung, dass die Staatsanwaltschaft verpflichtet ist, sehr wachsam zu sein, dass ein wiederholter Hinweis auf Zuchthausstrafen von Seiten der Staatsanwaltschaft aber geeignet ist, einen Menschen in Angst zu versetzen und unter Umständen zu veranlassen, die Deutsche Demokratische Republik zu verlassen. Außerdem ist uns nicht verständlich, was mit diesen Hinweisen auf die Zuchthausstrafe im Interesse der Klärung der Sache erreicht werden konnte.
Es scheint uns auch ein weiterer Vorfall, der sich in der Sache L. am 2.3.[19]53 zutrug, nicht dazu angetan zu sein, das Vertrauen auf ordnungsgemäße Erledigung der Aufgaben der Staatsanwaltschaft zu fördern. L. teilt uns hierzu mit:
„Gehe in die Stalinstr. 153. Im Vorzimmer des Staatsanwaltes anwesend: er selbst, diskutierend, und der Kollege, der mit ihm bei mir war. Letzteren bitte ich, den Staatsanwalt sprechen zu können. Ich werde gebeten, draußen auf dem Flur zu warten. Nach einiger Zeit kommt der Kollege und fragt, ob ich etwas Neues brächte.
Ich zeige ihm die Briefe der Tanten und berichte von dem, was die jüngste Schwester erhalten hat. Als ich den Gartenpachtvertrag zeige, werde ich gefragt, ob ich Interesse daran hätte. Ich verneine dies und der Kollege meint, seine Frau suche schon lange einen Garten, den wolle er gleich mal behalten und den Verpächter (Fr.) feststellen. Auf meinen Einwand, dass ich alle diese Papiere dem Staatsanwalt abzuliefern wünsche, wurde mir bedeutet, das wäre

gleich, ich könnte ihm den Pachtvertrag ruhig schon geben und es dem Staatsgewalt sagen."
Ungeschicklichkeiten bei der Bearbeitung von Meldungen kommen auch bei der VP vor, wie nachfolgender Fall zeigt:
Der Volkspolizei war telefonisch mitgeteilt worden, dass der Oberrichter Dr. Franz U. (Mitglied der SED und Vorsitzender der Kreisleitung des Kulturbundes Schwerin-Stadt) mit seiner Frau die DDR verlassen hätte. Tatsächlich war Dr. U. zwei Tage dienstlich in Berlin und hatte seine Frau mitgenommen. Nachdem Dr. U. wieder nach Schwerin zurückgekehrt war, erschien ein Angestellter der VP und erkundigte sich bei einem Nachbarn von Dr. U., ob dieser noch in der Deutschen Demokratischen Republik weile. Erst nach der Bestätigung dieses Nachbarn überzeugte sich der Angestellte der VP durch einen Besuch bei Dr. U., dass dieser nicht republikflüchtig geworden sei. Dieses Verfahren ist nach unserer Meinung nicht nur ein recht umständliches, sondern ist auch ohne Frage eine Ursache für die Möglichkeiten der Verbreitung schädlicher und falscher Gerüchte.
Über die weiteren Gründe für das illegale Verlassen der DDR die Abschrift eines Schreibens des Schriftstellers F.-S. und einen Bericht über die Flucht des Berufsschullehrers Georg K., Parchim.
„Pflichtschuldigst mache ich Ihnen davon Mitteilung, dass meine Frau und ich uns entschlossen haben, für einige Monate Zippendorf zu verlassen.
Es war für meine Frau nicht mehr tragbar, seit vielen Jahren von sämtlichen Verwandten, zumal den Kindern und Freunden eines langen Lebens für immer abgeschnitten zu sein, zumal weder ein Pass von hier noch eine Genehmigung erteilt wurde, geistigen Besuch empfangen zu können, an den meine Frau nun mal gewöhnt war. Beide sehen wir aber bei unserem Gesundheitszustand, von dem nicht mehr viel zu hoffen ist, wenn man sich dem 70. Lebensjahr nähert, keinen anderen Ausweg, uns die natürliche Lebensgewohnheit noch einmal für einige Monate zu erfüllen.
Dass meine Frau einer Einladung nach Berlin zur Aufführung eines Werkes ihres Vaters nicht fahren konnte, löste in ihr plötzlich den nicht unverständlichen Wunsch aus, unser Heim für einige Monate zu verlassen, spreche aber dabei die Hoffnung aus, dass einer Rückkehr auf Antrag keine Schwierigkeiten seitens der Regierung entgegenstehen werden und stelle Ihnen anheim, die Gründe an zuständiger Stelle in diesem Sinne zur Sprache zu bringen.
Wie sehr würde ich es begrüßen, dass bescheidene freundliche Heim so erhalten bleibt …
Ihr gez. Hans F.-S."

«Republikflucht des Berufsschullehrers Georg K., Parchim.
K. war mehrere Jahre Kreissekretär des Kulturbundes. Im Jahre 1952 wurde er Berufsschullehrer. In beiden Funktionen leistete er wertvolle Arbeit, wurde von den Angehörigen der Intelligenz anerkannt und von den Kollegen geachtet.
Vor etwa zwei Jahren wurde sein jüngerer Bruder, ein Oberschüler, aus politischen Gründen verhaftet. Seit diesem Zeitpunkt waren K. und dessen ebenfalls in Parchim wohnhaften Eltern über den Verbleib des Bruders bzw. Sohnes nicht unterrichtet. Unter dieser Tatsache hat K. seelisch sehr gelitten.
Kurze Zeit vor Weihnachten 1952 mied K. seine besten Freunde und suchte seit diesem Zeitpunkt die katholischen Gottesdienste auf. Diese Tatsache ist ein Beweis für die inneren Konflikte, in die K. geraten war.
Eine am 25. Februar 1953 stattgefundene Lehrerkonferenz der Mitglieder der SED war der letzte Anstoß für den Fortgang K.s. In der Diskussion auf der Konferenz wurde allgemein das Verhalten der Genossen zur Kirche kritisiert und besonders scharfe Maßnahmen gegen die Anhänger der Jungen Gemeinde gefordert. K. war nach dieser Konferenz sehr bedrückt und meldete sich am nächsten Tage krank. Der genaue Zeitpunkt seiner Flucht konnte nicht ermittelt werden, da sein Fortgang erst wesentlich später bemerkt wurde. K. hatte seine Flucht nicht vorbereitet."

Vorschläge für Maßnahmen zur Verbesserung der Lage der Intelligenz:
1. Durchführung offener Aussprachen mit der Intelligenz durch den Kulturbund - vor allem auch der vom Kulturbund nominierten Abgeordneten - durch Bezirks- und Kreisleitung der SED und durch Funktionäre des Staatsapparates.
2. Verstärkte und systematische Kontrolle über die der Gesetze und Förderungsmaßnahmen der Regierung der DDR.
3. Stärkste Unterstützung der Intelligenz beim Studium des Marxismus-Leninismus und der Erfahrungen der Sowjetunion durch Konsultationen und Gestellung von geeigneten Zirkelleitern.
4. Verbesserung der Verbindung und Unterstützung der Künstler und Schriftsteller durch Besuche der Kulturschaffenden von Partei- und Staatsfunktionären, durch Diskussionen über die Werke der Künstler und Schriftsteller in öffentlichen Veranstaltungen und in der Presse, durch Hilfe bei der fachlichen und ideologischen Weiterbildung, durch Erteilung von Aufträgen und der Ausnutzung der für die künstlerische Ausgestaltung vorgesehenen Mittel der Investbauten.

5. Anerkennung der Leistungen der technischen Intelligenz durch Förderungsmaßnahmen, die in den Kollektivverträgen zu verankern sind.
6. Verbesserung der Methoden der staatlichen Organe bei der Erfüllung ihrer Aufgaben zur Sicherung unseres sozialistischen Aufbaus.

Mitteilung an die Bezirksleitung der SED.
Auf dem Ausspracheabend der Güstrower Ärzte mit dem Volkskammerabgeordneten des Kulturbundes, Bundesfreund Kleinschmidt, kam folgende Angelegenheit zur Sprache, die nach, dem Bericht der Ärzte große Unruhe unter den Ärzten Güstrows wie auch unter der Bevölkerung erregt hat:
Nach der Zusammenlegung von Poliklinik und Krankenhaus Güstrow wurde durch den Vorsitzenden des Kreisrates im Einvernehmen mit dem Kreisarzt Dr. M. und dem Kreissekretär der SED, Gen. M., der Arzt der Poliklinik Dr. Th. als ärztlicher Direktor der beiden zusammengelegten Institute eingesetzt, Dr. Th. ist seit 1936 in Güstrow. Er ist ehemaliges Mitglied der faschistischen SS und wird als solcher von einem Großteil der Ärzte abgelehnt. Er erhielt erst vor etwa einem Jahr wieder seine Genehmigung zur Arbeit als Arzt.
Es war dem Kreisrat bekannt, dass die Ärzte des Krankenhauses die Einsetzung Dr. Th.s ablehnen. Wie die Ärzte zum Ausdruck brachten, wäre jeder andere Arzt der Poliklinik für die Stelle des ärztlichen Direktors genehm gewesen. Bevorzugt wurde Dr. T., anerkannter Gynäkologe, Mitglied der NDPD, der seit 1947 an der Arbeit des FDGB in Güstrow tätigen Anteil nimmt.
Nach Aussagen der Ärzte wurde Dr. Th. mit der Begründung eingesetzt, er habe seine fortschrittliche Gesinnung bewiesen, „indem er sich vor einem Jahr die Geschichte der KPdSU entliehen habe, ferner am Parteilehrjahr der SED als Parteiloser teilnehme und am Deutschen Friedenskongress teilgenommen habe".
Die Güstrower angestellten Ärzte lehnen diese Begründung ab, weil sie der Ansicht sind, dass diese Tatsachen aus dem Karrieristentum Dr. Th.s entwüchsen. Sie stehen auf dem Standpunkt, die Einsetzung Dr. Th.s sei ein Versuch, nur der SED genehme Ärzte einzusetzen und z. B. Dr. T. (NDPD) auszuschalten. Dabei erwähnten sie, dass Dr. T. sich vor einem Jahr in der Trunkenheit einmal sehr habe gehen lassen und dass dies und die Beschuldigung, er halte Schweine in seinem Badezimmer (Fütterung durch Krankenhausabfälle) nur gegen ihn ins Feld geführt werde, um ihn auszuschalten.
Der Leiter der Abt[eilung] Gesundheitswesen im Rat des Bezirkes, Gen. Dr. R., hat Dr. Th. nicht bestätigt. Es wird angenommen, dass Gen. Dr. R. den Kreisarzt an den Bezirksratsvorsitzenden, Gen. B., verwiesen habe, der schließlich

(vermutlich ohne Kenntnis der Sachlage, nach Ansicht der Ärzte) Dr. Th. bestätigt hat.
Nach der Einsetzung Dr. Th.s soll diese Tatsache in seiner Wohnung in „Indischen Nächten" gefeiert worden sein.
Die Ärzte des Krankenhauses fühlen sich durch diese Vorgänge sehr verletzt und ziehen ihre Konsequenzen. Es ist damit zu rechnen, dass acht bis zehn Ärzte Güstrow verlassen, um andere Stellungen zu übernehmen. Die Bevölkerung Güstrows ist über diese Tatsache beunruhigt, zumal Dr. T. (Gynäkologe) und der bekannte Internist Dr. H. ein schwerer Verlust für Güstrow wären.
Es war in diesem Kreis nicht bekannt, welche Schritte das Kreissekretariat der SED unternommen hat, um diese Angelegenheit zu klären.
Bedrohlich erscheint, dass in diesem Zusammenhang der Name des Kreissekretärs der SED, Genossen M., mit offenem Misstrauen ausgesprochen wurde.
An dem Ausspracheabend nahmen neben etwa 15 Ärzten folgende Genossen bzw. Vertreter des Staatsapparates teil:
1. Volkskammerabgeordneter Karl Kleinschmidt
2. Instrukteur der Bez. Ltg. des Kulturbundes Hans-J. St.
3.   „   „   „   „   „   „   Rolf Th.
4. Kreisvorsitzender des Kulturbundes Bf. H.
5. Ortsvorsitzender des Kulturbundes Gen. N.
6. Vertreter der Abt. Gesundheitswesen, Frau Dr. D.
7. Leiter der Oberschule Güstrow, Genosse (Name unbekannt).

Weitere in dem Ausspracheabend besprochene Fragen werden in einem gesondert abzufassenden Bericht der Bezirksleitung bekannt gegeben.
Die Atmosphäre des Abends war getragen vom Vertrauen der Ärzte zur Hilfsbereitschaft des durch Gen. Kleinschmidt vertretenen Staates der Deutschen Demokratischen Republik. Gen. Kleinschmidt, der erst am Montag von einer Dienstreise nach dem Bezirk Neubrandenburg zurückkehrt, beauftragte mich, diesen Bericht sofort der Bezirksleitung der SED zu unterbreiten, damit die oben angeführte Angelegenheit sofort überprüft werden kann.
Mit sozialistischem Gruß!
gez. Hans-J. St.

Bericht
über den Ausspracheabend des Volkskammabgeordneten Kleinschmidt mit den freipraktizierenden Ärzten aus dem Kreis Güstrow

Am Mittwoch, dem 11. Februar 1953, fand im Kulturbund Güstrow ein Ausspracheabend des Volkskammerabgeordneten des Kulturbundes, Karl Kleinschmidt, mit den Güstrower freipraktizierenden Ärzten statt. Zu dem Ausspracheabend hatte Volkskammerabgeordneter Kleinschmidt die Ärzte persönlich eingeladen. Es waren etwa zwölf bis 15 Ärzte der Einladung gefolgt.
Bundesfreund Kleinschmidt eröffnete die Aussprache mit einer kurzen Erläuterung der Gründe, weshalb dieser Abend einberufen sei und bat die Ärzte, sich freimütig zu ihren Sorgen zu äußern. Es war erfreulich festzustellen, dass die Ärzte keine rein privaten Sorgen vorbrachten, sondern sich mit Sorgen beschäftigen, die Einfluss auf die Ausübung ihres Berufes, also auf die medizinische Betreuung der Bevölkerung haben. Zunächst beschäftigte sich die Diskussion mit der Frage der Verkehrsmöglichkeiten.
Die Ärzte kritisierten, dass durch eine neue Best[imm]ung, Autoreifen nicht mehr auf Freigabe zum alten Preis von DM 70,-- pro Decke zu erhalten sind. Eine Autodecke kostet jetzt ca. DM 360,-- bis DM 370,--. Bei den katastrophalen Wegeverhältnissen im Kreise Güstrow brachte ein Arzt jährlich etwa eine neue Bereifung. Er muss also bestenfalls DM 1 500,-- allein für die Bereifung ausgeben, wozu noch weitere Reparaturen und Ersatzteilkosten kommen. Die Ärzte stellen dazu fest, dass sie diese Kosten nicht tragen können und gezwungen sind, ihre Wagen stillzulegen, wodurch die Gefahr besteht, dass keine Hausbesuche mehr ausgeführt werden können.
Es ist dazu zu bemerken, dass mit zwei Ausnahmen sämtliche praktischen Ärzte des Kreises Güstrow in der Stadt Güstrow leben. Es erscheint dringend notwendig, diese Frage zu klären. Die Ärzte erteilten Bundesfreund Kleinschmidt den Wählerauftrag, in dieser Richtung Verhandlungen in Berlin aufzunehmen. Ferner wurden Fragen der Ersatzteilbeschaffung diskutiert. Es gibt keine Autobatterien, auch gebrauchte Wagen sind nicht zu bekommen.
Bundesfreund Kleinschmidt wies daraufhin auf die Notwendigkeit des strengsten Sparsamkeitsregimes hin. Die Ärzte erwiderten ihm, dass sich Sparsamkeit am falschen Platze als Vergeudung auswirkt.
(Durch ungenügende medizinische Versorgungen [kommt es zur] Erhöhung der Krankenziffern, Verlängerung der Krankenzeit).
Die Ärzte kritisierten, dass der ärztliche Nachwuchs nicht sichtbar wird. Frau Dr. D. von der Abteilung für Gesundheitswesen beim Bezirksrat gab die Er-

klärung, dass die planmäßige Beschickung der medizinischen Fakultäten verbessert werden soll.
Die Ärzte wiesen auf die Überbelastung der Röntgenabteilung hin, die dadurch entsteht, dass jeder Patient auf Wunsch durchleuchtet werden muss, auch wenn keine Notwendigkeit hierfür besteht.
Eine weitere Frage war die Überweisungsdauer an die Poliklinik (Röntgenabteilung), die oft durch obigen Missstand verursacht wird und ungerechtfertigte Krankengeldzahlungen bis zur Durchleuchtung nach sich zieht.
Schwer kritisiert wurde die Arbeit des DRK, das nachts nur einen Unfallwagen in Bereitschaft hat, während die anderen Fahrer nicht einmal telefonisch zu erreichen sind.
Das hatte zur Folge, dass eine Patientin schon mit der Feuerwehrspritze ins Krankenhaus gefahren werden musste. Dadurch, dass die Bezahlung von Haushaltspflegern durch die SVK nicht mehr erfolgt, wird vielfach die Krankenzeit von Bettlägerigen, die oft auf Grund der Hausarbeit ihre Bettruhe nicht einhalten, verlängert. Die Sparsamkeitsmaßnahme der SVK führt zur Vergeudung von Krankengeldern durch Verlängerung der Krankenzeit.
Nach Aussage der Ärzte erfolgt Fahrgelderstattung für auswärtige Patienten nur bei Fahrten zu Fachärzten, dadurch fordern die Patienten vom praktischen Arzt auch bei geringsten Kleinigkeiten Überweisung zum Facharzt, obwohl der praktische Arzt selbst eingreifen könnte. Ergebnis ist die Überbelastung beider Ärzte und dadurch anstatt Einsparung von Geldern erhöhte Ausgaben.
Die Kapazität der Irrenanstalten reicht nicht aus. Eine tobende Geisteskranke (allgemein gefährlich) musste vier Monate auf die Einweisung warten, dadurch wurden dem Arbeitsprozess zwei gesunde Familienangehörige entzogen, die auf die Frau acht geben mussten.
Einen besonderen Raum in der Diskussion nahm die Frage der Presseveröffentlichungen, die Ärzte betreffend, ein. Die Ärzte äußerten sich mit größter Empörung über das Vorgehen gegen den Arzt Dr. F. in Pirna, dem die SVK angeblich zwei Simulanten in die Praxis geschickt hat, um die Arbeit des Arztes zu überprüfen. Sie wiesen auch darauf hin, dass ungerechtfertigte Zeitungsnotizen noch nie widerrufen worden sind. Die Ärzte bitten um einen Schutz vor solchen Zeitungsnotizen (durch Einsatz einer Kommission bei den Redaktionen, der Ärzte angehören oder durch anderweitige Überprüfung der Kritik), da solche Kritiken schwerwiegende Folgen im Vertrauen der Bevölkerung zu den Ärzten und im Vertrauen der Ärzte zur Staatsmacht haben. Zum Falle Dr. F., Pirna, erklärte ein Arzt, dass er selbst jeden fremden

Patienten nunmehr mit Misstrauen betrachtet, da er nicht weiß, ob dieser Patient nicht auch ein angekaufter Simulant ist.

Bundesfreund Kleinschmidt wies im Zusammenhang mit all diesen Fragen darauf hin, dass keine Demokratie ohne Demokraten möglich sei, dass die Ärzte also selbst lauter und deutlicher Kritik an Missständen üben müssen, wie es an diesem Abend der Fall war. Ein anwesender Arzt des Krankenhauses brachte eine wichtige Angelegenheit, das Krankenhaus betreffend, zur Sprache, die in einem gesonderten Bericht ausführlich behandelt wurde.

Die letzte Frage der Diskussion war die Kündigung der SVK-Verträge mit den Ärzten. Die Ärzte wehren sich gegen die beabsichtigte Auflösung der kassenärztlichen Verrechnungsstellen, wobei sie darauf hinweisen, dass eine Änderung wesentlich höhere Ausgaben mit sich bringen würde und nicht so sicher und vertrauenswürdig sein würde wie die kassenärztliche Verrechnungsstelle in Rostock. Die Ärzte übten stark Kritik am Bezirksvorstand der Gewerkschaft Gesundheitswesen, der den Arzt Dr. M. aus Schwerin als Vertreter ihrer Interessen nach Berlin zu Verhandlungen über den neuen Vertrag entsandt hat, ohne die Ärzte des Bezirks auch nur davon in Kenntnis zu setzen.

Bundesfreund Kleinschmidt schloss die Diskussion mit dem Dank an die Ärzte für ihre freimütige Kritik und den Hinweis, dass es im Interesse der Deutsches Demokratischen Republik liege, alle Mängel und Fehler schnellstens zu beseitigen.

Der Gesamteindruck des Diskussionsabends war, dass nicht nur erfreulich viele Ärzte der Einladung gefolgt waren, sondern dass sie auch sehr frei und sehr offen ihre Meinung äußerten. Die Ärzte bewiesen dadurch ihr Vertrauen zu der durch Bundesfreund Kleinschmidt vertretenen Staatsmacht. Sie brachten zum Ausdruck, dass sie im nächsten Monat gern wieder zusammenkommen möchten, wozu noch eine Reihe weiterer Stellen (Presse, SVK, DRK, Gewerkschaft Gesundheitswesen und Volkssolidarität) eingeladen werden sollen.

Bundesfreund Kleinschmidt wird in der nächsten Versammlung über die bisher von ihm unternommenen Schritte Bericht erstatten. Es empfiehlt sich, zur nächsten Versammlung auch die angestellten Ärzte einzuladen. Besonders wird es notwendig sein, dass der Amtsarzt, der hier scharf kritisiert wurde, zu der nächsten Versammlung erscheint. Wenn es gelingt, den Ärzten in oben angeführten Punkten zu helfen, erscheint es sicher, dass dieser Ausspracheabend eine gewaltige Bresche in die passive Front der Ärzteschaft in Güstrow geschlagen hat und dass damit ein weit besseres Vertrauensverhältnis zwischen Ärzten und demokratischer Staatsmacht hergestellt wird.

2.14. Lage der Intelligenz im Bezirk Suhl

1. Die materielle Lage der Intelligenz
a) Künstler:
Nur wenige Künstler stehen im festen Anstellungsverhältnis, leben faktisch von der Hand in den Mund. Sind darauf angewiesen, dass ihnen in wenigen Fällen Bilder gekauft werden.
Z. B. Graphiker L. aus Ilmenau produziert üblen Kitsch – verdient dabei durch Export seinen Unterhalt.
Wirkliche Aufträge für das Gegenwartsschaffen erhält er nicht. Schlechter sieht es bei den nur bildenden Künstlern aus.
Kunstmaler S., Bad Salzungen, jetzt 65 Jahre alt. Ein ausgezeichneter Künstler, der eine hohe künstlerische Fertigkeit beherrscht und fast ausschließlich eigenhergestellte Naturfarben verwendet, liegt krank zu Hause, hat bis vor kurzem kein Stückchen Kohle kaufen können – arbeitete im eiskalten Atelier.
Im übrigen herrscht eine große Kohlenknappheit bei den Künstlern.
Viele Künstler gehen in die Produktion.
Nach den neuen Richtlinien sollen die Farben um 100 Prozent teurer werden.

Der Ausdruck aller Diskussionen:
Wir wollen gerne realistisch gestalten – nur gebt uns die Möglichkeit in richtiger ideologischer – vor allem aber in materieller Hinsicht.
Ein gutes Beispiel dafür gibt die Unterredung mit Bundesfreund K. (Bildhauer, Sonneberg), den aus dieser Fachgruppe noch allein verbliebenen freischaffenden Künstler. Die anderen haben sich aus sozialem Zwange handwerklicher Betätigung zugewandt. Auch K. hat schon versucht, einen Nachtwächterposten in einem Betriebe anzunehmen. Seine künstlerische Gestaltungskraft ist beachtlich zu nennen, er gehört als Vorsitzender dem Bezirksfachausschuss an. Das Atelier von K. wurde durch das Wohnungsamt beschlagnahmt und bis zum heutigen Tage noch nicht wieder freigegeben. Seine Arbeitsstätte hat K. unter den Dachziegeln eingerichtet. K. selbst hat, sich aus Einsicht über die Wohnungsknappheit nicht wieder um diesen Raum bemüht. Seine Worte sind: „Ich habe in meinem Leben schon alle Arbeiten verrichtet und zähle mich selbst zur Arbeiterklasse gehörig, doch heute weiß man aus den sich ergebenden Umständen nicht mehr, wo man hingehört."
(Antrag auf IN-Zusatzkarte wurde abgelehnt). Seine Vorschläge im Rahmen des Kreisplanes zur Mitgestaltung des Museums sind wertvolle Anregungen, die durch seine Begeisterung und Freude am Mitgestalten die Voraussetzung

für das Gelingen gibt. Sie wurden in den Kreisplan aufgenommen, doch dahingehend abgeändert, dass lediglich Ausstellungen von begrenzter Dauer daraus wurden, die überhaupt nicht in den Kreisplan hineingehören. Die Büste von Bock (Sozialistenführer aus Gotha), die er vom lebenden Abbild geschaffen [hat], machte er der Kreisleitung der Partei zum Geschenk. Sie befindet sich heute noch in seinem Besitz, da niemand sich dafür interessiert. Auch das ist bezeichnend für K.'s Einstellung, dass er den revolutionären Arbeiterführer als Modell verwandte und sich dadurch großen Anfechtungen in der damaligen Zeit aussetzte.

b) Wissenschaftler
Prof. Dr. K., Hildburghausen, der einzige Geologe und Botaniker von Bedeutung im Bezirk. Er lebt mit einer geringen Rente, die ihm kaum die Grundlage für seine wissenschaftliche Tätigkeit gibt. Geforderte Forschungsaufträge, z. B. über Landschaftsgestaltung nach dem sowjetischen Vorbild werden nicht erstattet, weil Kreis und Bezirk keine Mittel dafür eingeplant haben. Der Antrag auf eine höhere Rente (ev[en]t[uel]l Ehrenrente) läuft seit einem halben Jahr. Bürokratische Arbeitsmethoden im Bezirk und beim zentralen Förderungsausschuss in Berlin haben bis jetzt keine Entscheidung herbeigeführt.
Für Dr. J., Suhl, läuft ebenfalls seit einem halben Jahr beim Rat des Bezirkes der Antrag, einen Forschungsauftrag zu erteilen. Bis jetzt ist nichts erfolgt. Man gebraucht ebenfalls die Redewendung: Kein Geld vorhanden. Man hat aber auch nach Antrag durch uns nichts unternommen, diesem Mann eine entsprechende Arbeitsstelle zu verschaffen. Erst vor Tagen soll er auf Initiative des Schulrates in Suhl, nun als Lehrer eingestellt werden.
Meteorologe B., Sonneberg, beantragt seit [einem] 3/4 Jahr Berufskleidung. Weder der Rat des Bezirkes noch seine vorgesetzte Dienststelle verhalfen diesem Manne zu seinem Recht. Er wird von einer Dienststelle zur anderen verwiesen.
Auszug aus einem Bericht über die Durchführung des Ausspracheabends mit der Intelligenz der Betriebe LBH, Westglas und Injekta, Steinach im Kulturraum der Injekta.
Anwesend waren zwölf Vertreter der Intelligenz. Nach dem Referat „Die Rolle und Stellung der Intelligenz in Vergangenheit und Gegenwart" des Koll[egen] Z. setzte eine lebhafte Diskussion ein, die sich besonders mit der heute noch vorhandenen Unterstützung der Rolle der Intelligenz in der DDR auseinander setzte. Diese Unterschätzung findet besonders ihren Ausdruck in der

monatelangen Nichtbeantwortung von Anfragen aus den Kreisen der Intelligenz an die Förderungsstelle im Rat des Bezirkes Suhl. In der LBH sind vier bis fünf Fälle der IN-Karteneinstufung durch die übergeordneten Stellen abgelehnt worden, obgleich die Tätigkeitsmerkmale der Betreffenden zweifellos eine Ablehnung nicht rechtfertigen.

Der Mitarbeiter des bekannten Geologen Prof. J., Helmut K., Lauscha, führt darüber Klage, dass er in einer menschenunwürdigen Wohnung untergebracht ist. Er ist nicht in der Lage, ein zweites Bett aufzustellen und ist gezwungen, mit seiner Frau ein Bett zu teilen. Er kann auch nicht seine Frau zu ihren Eltern zurückschicken, da diese im Sperrgebiet in der Nähe von Aue wohnen. Kollege K. ist außerdem nicht in der Lage, seine Wohnung zu heizen. Wiederholte Beschwerden bei den zuständigen Ämtern blieben bisher unbeachtet.

Er trägt sich aus diesem Grunde mit dem Gedanken, die Stellung wieder aufzugeben und nach Rostock oder Berlin zu gehen. Der Antrag auf eine IN-Karte wurde abgelehnt mit dem lakonischen Bescheid der Förderungsstelle, die Karten seien bereits vergeben. Weiterhin steht ihm eine Milchkarte zu, die er aber auch nicht bekommt. Hier wurde ihm der Rat gegeben, die Milchkarte mit Prof. J. zu teilen.

Bei einer derartigen Behandlung der Intelligenz und der Nichtbeachtung der entsprechenden Gesuche durch die Förderungsstelle der Intelligenz wird es nicht Wunder nehmen, wenn Teile der Intelligenz unseren Bezirk verlassen, ja unter Umständen den Verlockungen der westlichen Agenturen unterliegen und das Gebiet der DDR verlassen.

c) technische Intelligenz:
Die materielle Lage der Betriebsintelligenz ist als gut zu bezeichnen. Wenige Härtefälle treten auf, die aber meistens örtlich geregelt werden können.
Besonders katastrophal sieht die Wohnungsfrage auch unter der technischen Intelligenz aus. Es ist vorgekommen, dass gute Ingenieure und Techniker ihre führende Funktion in einem größeren Betrieb tauschen und bei einem qualitativ geringeren Betrieb Arbeit suchten, weil in einem kleineren Ort die Wohnungsfrage nicht so angespannt ist. Die Wohnungslage ist gerade in unserem Bezirk in vielen Fällen unerträglich (techn[ische] Intell[igenz] VEB Thür[ingische] Industriewerke, Rauenstein)
In den kleineren Betrieben werden noch Härtefälle in der Verteilung von IN-Karten gemeldet (VEB Feinmechanik Sonneberg).

Kurzbericht
über die Besprechung mit der technischen Intelligenz im VEB Feinmechanik,
Sonneberg, am 27.2.1953

Anwesend aus dem Betrieb etwa 35 Personen. Außerdem Koll[ege] Z. und Koll[ege] K., Kammer der Technik.
Einer Diskussion über die Aufgaben der Intelligenz beim Aufbau des Sozialismus schlossen sich noch Gespräche über die materielle Lage der Intelligenz im Betrieb an. Dazu ein kurzer Bericht:
a) IN-Karten. Der Betrieb erhält vier Stück IN-Karten, erwünscht sind noch ein bis zwei.
b) Wohnraumbeschaffung: Keine Schwierigkeiten und Wünsche.
c) Studienmöglichkeiten für Kinder: Keine Vorgänge.
d) Gewährung von Darlehen: Kein Bedarf.
e) Einzelverträge: Es bestehen zwei Einzelverträge. Anfrage über das Bestehen der Stopanordnung vom vorigen Jahr.
   Meine Auskunft hierzu war, dass Einzelverträge durchaus möglich sind, aber eines strengeren Maßstabes bedürfen.
f) Speiseräume für die Intelligenz: Nicht vorhanden. – Rege Diskussion. Für den Betrieb keine vordringliche Aufgabe.
g) Räume für die Qualifikation der Intelligenz: Ein technisches Kabinett besteht nicht, aber in Vorbereitung.
h) Berücksichtigung von Kuranträgen: Keine Vorgänge.
i) Personalpensionen: Anträge aus dem Jahre 1952 sind bis heute nicht bearbeitet worden.
j) Gehaltsfragen: Die Eingruppierung nach den bestehenden Verordnungen ist durchgeführt. Beschwerden und Klagen liegen nicht vor.
k) Forschungs- und Entwicklungsaufträge liegen im Augenblick nicht vor.
l) Anleitung und Hilfe durch die Massenorganisationen:
   Sie lässt zu wünschen übrig. Die anwesenden Kollegen der BPO und BGL werden um eine Abänderung dieses Verhältnisses bemüht sein.
m) Qualifikation der Kollegen: Es besteht ein Klub junger Techniker.
   Die älteren Kollegen haben Patenschaften zur Qualifikation jüngerer Kollegen zur Vorbereitung für das Fachschulstudium übernommen (in drei Fällen).
   Kollege F. klagte darüber, dass die 1951 begonnenen Abendschulkurse für das technische Studium in der Volkshochschule Sonneberg plötzlich eingestellt worden sind.

Kollege K. wird im Schlusswort auf die Heranziehung und Qualifikation der Kolleginnen auf dem technischen Gebiet hinweisen.

gez. K.

Kurzbericht
über die Besprechung mit der technischen Intelligenz im VEB Thür[ingisches] Industriewerk, Rauenstein, am 19.1.1953

Anwesend aus dem Betrieb etwa 18 Personen. Außerdem Koll[ege] L., Spielwaren und Sportartikel, Sonneberg und Koll[ege] K., Kammer der Technik. Im Anschluss an eine Intelligenzaussprache schlossen sich noch Gespräche über die materielle Sicherheit der Intelligenz an.
Dazu nachfolgendes Ergebnis:
Gehaltsfragen: Es wurde einmütig zum Ausdruck gebracht, dass diese in Ordnung ist.
Lebensmittelzuteilungen und Kartensystem:
Der größte Teil der Kollegen ist in D eingestuft, zwei Kollegen erhalten C. Es besteht die Auffassung, dass alle Kollegen, zumindest aber die Abteilungsleiter die Karte C erhalten müssten.
Aufstellung einer Vergleichstabelle zweckmäßig.
Der Betrieb erhält jetzt neun bis zehn IN-Karten. Es wird empfohlen, sich um weitere IN-Karten zu bemühen.
Schuhzuteilung:
Anträge über die BGL an das Amt für Handel und Versorgung stellen.
Wohnungswesen:
Wohnungsverhältnisse verhältnismäßig schlecht, Folge: Fachleute und Spezialisten, die das Werk dringend benötigt, können nicht gewonnen und gehalten werden. In den vorhandenen Werkswohnungen Betriebsfremde untergebracht. Vorschlag: Durchführung von Neubauten.
Arbeitsberufsverkehr: Sehr ungünstig: Grosse Schwierigkeiten durch das Passierscheinwesen. Kann dem einen oder dem anderen Kollegen nicht zu einem Motorrad verholfen werden?
Fahrräder im gewünschten Umfange verteilt.
Konsum: Monatlich einen Verkaufstag. Schlecht organisiert. Sehr oft fehlt die Qualität. Wegen HO-Verkaufsstand mit der BGL in Verbindung treten.
Altersversicherung:
Ein Einzelvertrag vorhanden. Auf den Kreis der Meister bisher nicht ausgedehnt.

Quartalsprämie:
Wird an Meister und Angestellte als Leistungsprämie gezahlt. Klage über Unverständnis der Belegschaft. Grund: Schwache Stellung der BGL zu dieser Frage. Klage über die Gewerkschaft in diesem Zusammenhang.
Qualifikation:
Rege Aussprache. Interesse für die Qualifikation unter den Kollegen schon vorhanden. Volkshochschule schon drei Kurse angefangen, jedoch immer wieder eingeschlafen. Hier erwächst auch für die B[etriebs]S[ektion] der KDT eine Aufgabe.
Über die Einführung des Rechungswesens wurde eine Schulung durchgeführt. Sie hatte aber mehr den Charakter einer Unterrichtung.
gez. K.

2. Ursachen der Unzufriedenheit bei der Intelligenz
a) Sektierertum
In Ilmenau ist die Intelligenz sehr aktiv am Nationalen Aufbauwerk vertreten und schaltet sich zum Nutzen aller schöpferisch in die Entwicklung der kulturellen Arbeit ein. Die beigefügten Unterlagen geben einen Einblick in die Sektiererpolitik in Ilmenau, die im Staatsapparat und in der Partei selbst vertreten wird. Eine Ausnahme macht der 1. Kreissekretär der Partei, der konsequent die Linie der Partei vertritt und energisch gegen diese sozialdemokratischen Erscheinungen auftritt.
In dem Artikel „Lügen haben kurze Beine" sind mit „Gerüchtemachern des RIAS" die Intellektuellen gemeint.
Bürgermeister und Kreissekretär der SED sind der Meinung, dass der Vorschlag des Kulturbundes realisiert wird.
Z. ist Mitglied der SED, Instrukteur der Kreisleitung der Partei und Stadtrat von Ilmenau.

„Lügen haben kurze Beine", Artikel vom 25.2.[19]53.
Zahlreiche Verpflichtungen der gesamten Bevölkerung bekunden den einrucksvollen Willen, den im Kreisplan des Nationalen Aufbauwerkes gestellten Aufgaben zum Erfolg zu verhelfen und damit bei der Schaffung der Grundlagen des Sozialismus aktiv mitzuarbeiten. Dass dies den Feinden unserer Deutschen Demokratischen Republik ein Dorn im Auge ist, ist bei der sich gesetzmäßig immer mehr verschärfenden Form des Klassenkampfes selbstverständlich. Dafür ein praktisches Beispiel: Der Kreisplan des Kreises Ilmenau sieht unter anderem den Bau eines Sportstadions in der Kreisstadt vor.

Gewiss bestanden Schwierigkeiten in der Frage: Wo soll dieses Stadion gebaut werden? und schon setzten die Handlanger der anglo-amerikanischen Imperialisten und Gerüchtemacher des RIAS ein. So konnte es geschehen, dass Gerüchte umherkursierten, dass das Sportstadion nicht gebaut würde. Dadurch versuchte man, die Bereitwilligkeit und die Begeisterung unserer Menschen am sozialistischen Aufbau zu stören.
Dazu ist nur eines zu sagen: Die Kommissionen haben gut gearbeitet und den Standort des zu schaffenden Stadions festgelegt. Das Sportstadion wird im Hammergrund gebaut! Durch die Schaffung dieser Wettkampfstätte aber werden wir alle dazu beitragen, den Gerüchtemachern des RIAS das ungewaschene Maul zu stopfen, den Feinden unserer Errungenschaften einen weiteren Schlag zu versetzen und weiter erfolgreich den Weg zum Aufbau des Sozialismus zu beschreiten. gez. R. Z.

„Noch einmal Stadionbau", Artikel vom 28.2.[19]53
In dem Artikel „Lügen haben kurze Beine" vom 25. Februar wirft Kollege, Z. das Problem des Stadionbaus in Ilmenau auf. Alles, was in dem Artikel gesagt wird, findet meine Unterstützung. Selbstverständlich wollen wir gern dazu beitragen, dass in Kürze in Ilmenau Sportanlagen entstehen, die allen Sportfreunden Gelegenheit geben, ihrer Sportart nachzugehen. Nur mit der Hauptsache kann ich mich nicht einverstanden erklären, nämlich mit dem geplanten Standort des Stadions. Ich kann mich des Eindruckes nicht erwehren, dass die Verantwortlichen für dieses Bauunternehmen sich mit aller Gewalt an einen alten Gedanken klammern und Angst vor ihrer eigenen Courage haben. Warum kommt man nicht einmal von dem so viel gepriesenen Hammergrund ab? Überlegt euch doch einmal, Sportfreunde, ob der Hammergrund wirklich der geeignete Platz zum Bau eines neuen Stadions ist. Ich glaube nicht! Einmal sind die Bodenverhältnisse dieses Platzes schlecht, dies wird sich auch ohne größere Aufwände nicht ändern lassen. Weiter[hin] haben wir zu diesem Platz keine größeren Zufahrtstrassen, die bei einer großen Sportveranstaltung unerlässlich sind.
Ende des vorigen Jahres tagten mehrmals die Sportfunktionäre unserer Stadt, wo der Vorschlag gemacht wurde, das geplante Stadion zu erbauen. Dieser Vorschlag fand damals die Zustimmung der Mehrzahl der Anwesenden. Auch Kollege Z. stand diesem Vorschlag nicht abweisend gegenüber. Der Architekt, Kollege H., sprach sich ebenfalls positiv aus. Das war vor einem Vierteljahr. Und was tut man heute? Heute bekommt man klipp und klar vorgesetzt, dass

das Stadion, eben im Hammergrund erbaut wird und damit ist für die verantwortlichen Kollegen die Sache abgetan.
Nein, Kollege Z., so geht das nicht. Ich bin der Meinung, dass es hier um mehr geht, hier geht es um Gelder des Staates, um Gelder des Volkes. Ist das Stadion erst einmal in Angriff genommen, dann kann man schlecht die Sache rückgängig machen. Stellt euren geplanten Stadionbau unserer Bevölkerung zur öffentlichen Diskussion. Unsere Werktätigen haben ein Recht darauf mitzureden, wie die Stadt in Zukunft aussehen soll. Sollte es die zuständige Stelle nicht bald nachholen, rufe ich hiermit alle Sportbegeisterten zur Diskussion auf: Wo soll einmal euer Stadion stehen und wie soll es aussehen?

K., Sportlehrer

Erwiderung des Kulturbundes im Auftrage der Intelligenz:
Kreisleitung und Ortsgruppenleitung des Kulturbundes begrüßen das erneute Aufleben der öffentlichen Diskussion des Ilmenauer Stadionbaues. Der Artikel „Lügen haben kurze Beine" von Stadtrat Z. und die Erwiderung des Sportfreundes K. beweisen, dass in dieser Frage noch keine Klarheit der sich alle am Aufbau Teilnehmenden diszipliniert zu beugen haben, erzielt ist.
Da es der Kulturbund gewesen ist, der von hoher Verantwortung vor der künftigen Entwicklung unserer Heimatstadt getragen, im Rahmen der Kreisplan-Diskussion seine Gedanken und Vorschläge der Öffentlichkeit unterbreitet hat, erhebt er noch einmal seine Stimme, ehe eine in Form und Inhalt nicht gerade sehr gewissenhafte Meinungsäußerung eines Stadtrates Schaden am Aufbauwillen unserer Bevölkerung anrichtet.
Die seinerzeit gebildete Kommission zur Klärung der Stadionfrage, die am 15.1.1953 im HO-Hotel „Tanne" tagte und an deren Verhandlung Stadtrat Z. neben Vertretern der SED-Kreisleitung, des Amtes für Körperkultur und Sport, der BSG Lokomotive und Empor, des Kulturbundes und des Gesundheitswesens teilnahmen, setzte sich zum Ziel, eine Klärung der im Rahmen des nationalen Aufbauwerkes zur Diskussion gestellten Vorschläge, im Hammergrund ein Sportstadion oder ein Erholungszentrum für unsere Werktätigen zu schaffen, herbeizuführen.
Der Vorschlag des Kulturbundes ging dahin, das Ilmtal zwischen Festhalle und Hammergrund, aufbauend auf alten Traditionen, zu einem großen Erholungszentrum auszubauen. Diesem Vorschlag liegen folgende Gedanken zugrunde:
1) Ilmenau besitzt den Ruf einer „Kulturstadt", der auf das Wirken Goethes
   in Ilmenau zurückgeht und infolge der wertvollen Goethe-Gedenkstätten

in und um Ilmenau, die zum nationalen Kulturerbe gehören, auch internationale Bedeutung hat.
2) Ilmenau muss wieder den Namen „Bad Ilmenau" erhalten. Ilmenau war einst eine blühende Kurstadt, die seit 1838 nicht nur in Deutschland, sondern in der Welt bekannt war. Zahlreiche Kur- und Bäderanlagen dienten in früheren Jahrzehnten der Gesundung Tausender genesungssuchender Menschen. Leider wurden diese Anlagen in der Periode der Industrialisierung unserer Stadt vernachlässigt.
Der Kulturbund ist der Meinung, dass die landschaftlichen Schönheiten und die ausgezeichneten Erholungsmöglichkeiten heute unseren Werktätigen nutzbar gemacht werden müssen. Dazu hält er den Ausbau moderner Kur- und Bäderanlagen für unbedingt erforderlich.
Ilmenau besitzt alle Möglichkeiten, zu einem Prophylaxe-Bad ausgestaltet zu werden.
3. Das geeignetste Gelände für die Errichtung zeitgemäßer Erholungs- und Bäderanlagen ist das Ilmtal bis zum Hammergrund. In diesem Gelände befanden sich auch die früheren Bäderanlagen, sodass an diese Tradition nur anzuknüpfen ist. Hier wäre die Möglichkeit zur Errichtung neuer, größerer Erholungsheime gegeben.

Aus diesem Grunde kann der Kulturbund der Errichtung eines Sportstadions im Hammergrund-Gelände nicht zustimmen. Das Gelände an den Ilmenauer Teichen zwischen Neuhaus und Ehrenberg besitzt alle Voraussetzungen, den Sport zu einem wirklichen Massensport werden zu lassen. Es ist dort genügend Platz vorhanden, um neue, großzügige Sportanlagen zu errichten. Sämtliche Sportarten könnten auf diesem Gelände ihren Platz finden, einschl[ießlich] Wasser-, Reit-, Schieß-, Motor- und Flugsport, also alle Sportarten, die die Gesellschaft „Sport und Technik" umschließt. Das Gelände im Hammergrund besitzt diese Voraussetzungen nicht.
Nach erschöpfender Aussprache einigten sich die anwesenden Vertreter zu folgender Übergangslösung:
1. Z. Z. kann mit Rücksicht darauf, dass bis zum Ende des Fünfjahrplanes landwirtschaftliches Gelände nicht verloren gehen darf, die Sportanlage am Neuhaus, also das Stadion, nicht in Angriff genommen werden.
2. Um dem Massensport Gelegenheit zur Entwicklung auf breitester Grundlage zu geben, werden die Sportanlagen in Hammergrund nur soweit ausgebaut, dass sie später mit in das für Ilmenau zu schaffende Erholungszentrum einbezogen werden können. Von einer Ausführung größerer Baulichkeiten

wird bis dahin Abstand genommen. Hat der Massensport die erstrebte Entwicklungsstufe erreicht, wird sich der Ausbau großer Sportanlagen im Osten unserer Stadt, wo genügend Ausdehnungsmöglichkeit besteht, notwendig machen. Damit wäre ein sinnvoller Ausbau des Hammergrundgeländes als Erholungszentrum möglich.
Nach diesem Ergebnis der Verhandlungen ist uns die Schlussfolgerung des Stadtrates Z.: Das Stadion wird im Hammergrund gebaut, unverständlich."
Diese Erwiderung wurde von der Redaktion an Stadtrat Z. zur Auswertung gegeben. Die Zeitung setzt die öffentliche Diskussion nicht fort.
In Kohlgraben, im Kreise Bad Salzungen, lebt der einzige Batikmaler Deutschlands, D. Er hat große Aufträge für die UdSSR und für unsere Regierung. Vor einem Jahr sollte durch ein Diktat der Polizeidienststelle in Vacha D.'s Lehrling, ein Mädchen, das kurz vorher aus dem Westen kam und deren Leistungen als Musterbeispiel in allen Zeitungen popularisiert wurde, innerhalb drei Tagen das Territorium der DDR verlassen. Erst nachdem der damalige Minister, Gen[osse] G., persönlich eingriff, wurde diese Maßnahme verhindert. Das Mädchen ist heute noch da. – Neuerdings rühren sich ähnliche Elemente. Das Zollamt beschlagnahmte D. sämtliche Farben, die er aus dem Ausland, besonders aus der Schweiz erhält. D. sagte unmissverständlich, dass er nun bald genug habe.

b) bürokratisches Verhalten von Funktionären im Staatsapparat
Dafür gibt wohl ein typisches Beispiel den Brief von Dr. M., Ilmenau. Dabei ist das ein Fall unter vielen: „Zunächst danke ich Ihnen für die mir am 5.3. gewährte Unterredung und komme gern Ihrer Anregung nach, einen Teil meiner Verbesserungsvorschläge Ihnen für die Auswertung und Bearbeitung zur Verfügung zu stellen.
Betrachten wir als erstes die Daten meiner Schreiben und zweitens die Tatsache, dass alle meine Ausarbeitungen nur einen unwesentlichen, um nicht zu sagen, eigentlich gar keinen rechten Widerhall gefunden haben. Wenn ich auch niemals erwartet habe, dass meine Gedankengänge diskussionslos realisiert werden könnten, so war ich doch der festen Meinung, dass die angesprochenen Dienststellen mir wenigstens ein „Ja" oder ein „Nein" hätten zuschicken können. Darin habe ich mich also getäuscht, wie ich feststellen musste. Lediglich der Bezirksarzt Dr. Sch. ist der Einzige, der bisher geantwortet hat. So sehr ich das begrüße, ist es nach wie vor eine Angelegenheit der angeschriebenen Dienststellen, als erste zu antworten. Zu den einzelnen Schreiben wäre

Folgendes zu sagen: Ich habe aus der Zahl meiner Vorschläge diejenigen herausgenommen, die mir einer Erwähnung wichtig erscheinen.
Als ältesten der in der Anlage übersandten Vorschlags-Durchschriften nehmen wir die Ausführungen über den Sonntags- und Bereitschaftsdienst zur Hand. Betrachten wir hier aufmerksam die Daten und in diesem Zusammenhang die erstaunliche Tatsache, dass es über diesen wichtigen Punkt noch keine gesetzliche Regelung gibt. Vielleicht stellt man sich Gesundheitsministerium auf den Standpunkt, dass es mit dem Dienst der Ärzte mehr oder weniger klappt. Ich bin aber anderer Meinung. Vermutlich würde man staunen, wenn man dieses Problem in Stadt und Land studieren würde. Ab und zu finden wir ja auch in den Tageszeitungen irgendwelche diesbezüglichen Anprangerungen. Warum schiebt das Gesundheitsministerium die gesetzliche Regelung dieses Problems auf die lange Bank? Befürchtet man im Gesundheitsministerium irgendwelche Verärgerungen vonseiten der Ärzte? Ich möchte behaupten, dass das Gegenteil der Fall sein wird. Immerhin ist die Klärung des erörterten Problems doch keine Angelegenheit von schwerwiegender Bedeutung. Will das Gesundheitsministerium vielleicht so lange warten, bis eine Katastrophe die Unterlassungssünden klar zu Tage treten lässt?
Ähnlich verhält es sich mit meinem Vorschlag zur Ausgestaltung des Kurssystems. Sie sehen, dass der Bezirksrat in seinem Schreiben vom 6.1.[19]53 sich meiner Ansicht anschließt. Warum antwortet man mir nicht?
Liegen Gesichtspunkte vor, die ich von meiner Warte aus nicht erkennen konnte, so war und bin ich stets bereit, meine Vorschläge entsprechend neu zu bearbeiten. Aber eisiges Schweigen war bisher der Lohn für meine Arbeit.
Der Vorschlag an den Bundesvorstand des FDGB, Abteilung Feriendienst, ist zwar relativ unwichtig im Vergleich zu den anderen. Ich füge ihn bei, um damit zu zeigen, dass ich auch zu diesem Schreiben bisher keine Stellungnahme erhalten habe.
Das Schreiben über die Vergütung der Hausbesuche mag unwichtig, ja vielleicht sogar egoistisch erscheinen. Es ist aber alles Andere als das. Mich empört dabei einzig und allein der krasse Verstoß gegen die gewerkschaftlichen Grundbegriffe. Das Gesundheitsministerium hat zwar eine reichlich kurze, nichtssagende Antwort erteilt. Aber nach wie vor findet keine Vergütung der außerdienstlichen Hausbesuche statt. Der Bezirksarzt Dr. Sch. erläutert in seinem Schreiben den „Haken". Von unserem Standpunkt aus gesehen ist und bleibt die Lösung ungerecht und ungewerkschaftlich. Wenn ich als Facharzt acht Stunden und mehr arbeiten muss, so muss ich, ob ich will oder nicht, mich außerdem noch um meine bettlägerigen Patienten kümmern. Was das

bedeutet, nach acht Stunden angestrengter Arbeit bei Wind und Wetter und auch schlechten Wegeverhältnissen stundenlang draußen herumzulaufen, wird auch einem Laien verständlich erscheinen. Es spielt für mich z. B. keine Rolle, ob die Planstellen meiner Poliklinik über- oder unterbesetzt sind, da diese in mein Fachgebiet fallenden Fälle eben nur durch mich versorgt werden können. Ein typisches Beispiel übrigens dafür, wie leichtfertig und unvollkommen Bestimmungen vom grünen Tisch aus oft herausgegeben werden.

Zum Schluss noch der Schriftwechsel über das Thema der Infektionszulage und das Desinteresse an unserer venerologischen Arbeit höheren Orts. Auch hier – außer einem Schreiben des Bezirksarztes und einer Empfangsbestätigung des FDGB Suhl – bisher keine Reaktion der angeschriebenen Dienststellen.

Betrachten wir den immerhin doch recht kläglichen Widerhall meiner Vorschläge höheren Orts vom Standpunkt eines Angehörigen der Intelligenz, der mit Begeisterung zur Sache und Liebe zur Heimat und zu seinen Mitmenschen gern tatkräftig am Aufbau mithelfen möchte, dann muss man erkennen, dass bei einer Beibehaltung dieser Einstellung der höheren Dienststellen auf die Dauer eine Abkühlung dieses Schwunges unausbleiblich sein wird und auf die Dauer zu einer Resignation führen muss.

Wollen wir von ganzem Herzen hoffen, dass es dem Bezirksrat gelingen möge, einen neuen Geist in die Gemüter und Herzen der höheren Dienststellen einziehen zu lassen. Sicherlich werden wir bei den verantwortlichen Funktionären der höheren Dienststellen gutes fachliches Wissen und hervorragende Kenntnisse auf dem Gebiet der politisch – gesellschaftlichen Wissenschaft antreffen. Woran es mir aber noch sehr zu mangeln scheint, ist der Schwung des Geistes und das sich Herausheben aus der Nur-Befolgung bürokratisch-sklavischer Denkprozesse. Wer zutiefst von der Richtigkeit seines Weges überzeugt ist, wird deshalb auch den notwendigen Mut besitzen, sich einmal auf einen Weg zu begeben, der noch nicht beschritten wurde. Ist dieser Weg, den wir gehen wollen, von weittragender Bedeutung, so bietet unser gegenwärtiges gesellschaftliches Staatssystem genügend Möglichkeiten, den Rat anderer einzuholen. Dieses Kernproblem ist nicht neu, aber es ist heute leider von Propaganda und keineswegs Tatsache für die Realität.

Zum Schluss noch eine Bitte, die Ihnen übersandten Abschriften und Originale sind die Einzigen, die ich besitze. Ich bitte Sie daher herzlichst, mir diese wieder zurückschicken zu wollen.

    Mit herzlichem Gruß
    Ihr gez. Dr. M.

3. Geistige und materielle Wünsche der Intelligenz
In allen Kreisen fordert die Intelligenz, die für jede Stadt notwendigen Kultur- und Klubräume zu schaffen.
Da es in unserem Bezirk wenige Großbetriebe gibt, meistens Landwirtschaft betrieben wird, fehlt es an Kultur- und Klubräumen, die für eine schöpferische Kulturarbeit unerlässlich sind.
Intelligenzaussprachen werden zum Teil in betrieblichen Speiseräumen und Sitzungszimmern der Stadt- und Kreisräte durchgeführt, die in keinem Fall den für diese Zwecke notwendigen Bedürfnissen entsprechen.
In einem persönlichen Brief des Dr. B. aus Ilmenau an den Bezirkssekretär des Kulturbundes schreibt dieser: „Von dem Kulturbundfreund Walter B. und mir wurde im Laufe der Jahre der klare Klangkörper, das Euch, bekannte Collegium musicum entwickelt. Das Collegium musicum wird seit Jahr und Tag bei den Veranstaltungen, die kulturell hochwertige Darbietungen zur Pflicht machen, herangezogen, ist aber bisher noch in keiner Weise unterstützt worden. Dass der Rat des Bezirkes uns im vergangenen Jahr 150,--DM gespendet hat, klingt wie Spott, besonders dann, wenn der Bezirksrat das in Suhl freigewordene Cembalo, welches von den dortigen Orchester Finken als symphonischem Orchester nicht gebraucht werden kann, unserem einzig entwicklungsfähigem Kammermusikorchester vorenthält, obwohl die sorbischen Kulturreferenten, die vor kurzem unseren Bezirk besucht haben, forderten, dass das Cembalo dem Collegium musicum in Ilmenau übergeben wird."
Weiter schreibt er: „Genau die gleiche sektiererische Einstellung kann ich den Funktionären der Abteilung Musik in Zentralhaus für Laienkunst in Leipzig nachweisen, die, man kann noch sagen mit einer Unverschämtheit über berechtigte Anfragen von mir als Intelligenzler, der sich um die Kulturbelange kümmert, mit freundlichem Gesicht zu ihrer Tagesordnung übergehen, indem sie mir in einen überaus freundlichen Schreiben neue Aufgaben stellen und ihre Aufgabe, als Funktionäre auf meine Fragen zu antworten, unbeachtet lassen. Ja auch der Leiter der staatlichen Kommission für Kunstangelegenheiten Holtzhauer hält es nicht für notwendig, Anfragen eines Intelligenzlers au beantworten, obwohl er sich bei der Besprechung mit mir schriftliche Aufzeichnungen gemacht hat. Die Konferenz der staatlichen Kommission für Kunstangelegenheiten in Leipzig im Februar d[iese]s J[ahre]s. war ein Spiegelbild der theoretischen Einstellung der Kultur-Funktionäre gegenüber der Praxis, die dadurch zum Ausdruck kam, dass das Referat des Genossen Holtzhauer durch Lachanfälle der Konferenzteilnehmer unterbrochen wurde.

Ich kann sogar nachweisen, dass ein Brief an Walter Ulbricht von mir noch bis heute unbeantwortet ist (siehe Anlage)."

Ilmenau, den 20.6.1952

„Werter Genosse Ulbricht!
Wie ich der Presse entnehme, haben Sie das Ehrenpräsidium für die Festspiele der Volkskunst in Berlin übernommen. Ich bitte Sie deshalb, unsere Sorgen um den Beitrag des Collegium musicum, der Mustergruppe des FDGB Ilmenau zu den Festspielen der Volkskunst anzuhören und uns zu helfen.
Das von mir aufgebaute Kammerorchester des FDGB Ilmenau hatte sich bis zu den Landesausscheidungen konkurrenzlos qualifiziert und war auf Sonntag, den 15.6.1952, um 11.00 Uhr im Nationaltheater Weimar zum Vortrag im Programm angesetzt. Das bei den Vorbereitungen von der Verwaltung für Kunstangelegenheiten zum Vortrag zugesagte Cembalo und der Konzertflügel waren nicht vorhanden. Es konnte lediglich ein Konzertflügel aus einem Abstellraum des National – Theaters herbeigeschafft werden. Nachdem das Orchester auf der Bühne zum Vortrag Platz genommen hatte, teilte die Jury des National -Theaters mit, dass sie die Bewertung unseres Kammerorchesters nicht vornehmen kann, das Orchester solle sich in die Musikhochschule begeben. Dort konnte das Orchester auf Anordnung des verantwortlichen Leiters von der Verwaltung für Kunstangelegenheiten, des Genossen W., sein Programm der Jury der Musikhochschule, unter dem Vorsitz des Herrn Prof. L., erst um 14.30 Uhr vortragen. Trotzdem die Mitglieder des Orchesters – vorwiegend Jugendliche – seit morgens 7.00 Uhr keine Nahrung zu sich nehmen konnten und hungrig waren, erreichten sie doch durch ihren Vortrag das Urteil einer Qualifizierung für Berlin.
In der kurz darauf verkündeten Siegerehrung hat das Collegium musicum nicht einmal einen Preis im Landesmaßstab erhalten. Offenbar ist es durch eine Desorganisation nicht in die Gesamtwertung gekommen. Diese Vermutung liegt umso näher, als Mitglieder einer anderen Jury Klage darüber führten, dass ihnen die Bewertungsbogen vor Beendigung der Bewertung aller Gruppen abgefordert wurden mit der Begründung des verantwortlichen Genossen H.: „Sonst kriege ich eins auf den Deckel." Von dieser unverantwortlichen Benachteiligung in der Bewertung ist auch das mir bekannte ca. 40 Mann starke Blasorchester Gräfenroda-Geschwenda betroffen, dass meines Wissens, in Thüringen jedenfalls, konkurrenzlos dasteht. Deshalb ist das Urteil über die Organisation seitens des Jurymitgliedes Wilhelm M. berechtigt, wenn er sagt: „Hier wird in drei Tagen zerschlagen, was in drei Jahren

mühevoll aufgebaut wurde." Das gilt auch für unser Kammerorchester Ilmenau.
Ich übersende Ihnen in der Anlage die Vortragsfolge des Orchesters. Als Kulturfunktionär kann ich die Verantwortung dafür nicht übernehmen, das einer Desorganisation zum Opfer fallen zu lassen, was Jugendliche unter Anleitung von uns Älteren unter wissenschaftlichem Studium, besonders anhand der Entwicklung der sowjetischen Musikkultur, erarbeitet haben. Herr Prof. L. von der Musikhochschule Weimar hat geäußert, dass das Orchester an der Grenze dessen angelangt sei, was man einem Laienorchester zumuten könne.
Von zwei Mitgliedern des Orchesters hat ein 14-jähriger Junger Pionier im Einzelwettbewerb den Landessieg im Klavierspiel und ein 19-jähriger FDJler den 3. Landessieg im Violinspiel erworben.
Ich bitte Sie im Namen der 25 Mitglieder des Collegium musicum (soziale Zusammensetzung: Arbeiter, Intelligenz, Volkspolizei, Volksschüler, Oberschüler, Ingenieurschüler, Angestellte, Handwerker, Lehrlinge, Gewerbetreibende) die Verwaltung für Kunstangelegenheiten unter Berücksichtigung der vorstehenden Argumente zu veranlassen, von der Wettbewerbsbestimmung I, Ziff. 4 „In besonders begründeten Fällen ist es möglich, einen Preis geteilt zu vergeben, eine solche Entscheidung ist politisch und fachlich zu begründen", in unserem Falle Gebrauch zu machen, um dadurch die Möglichkeit zu geben, ernsthafte systematische Arbeit der Jungen Pioniere und der FDJ auf dem Gebiet der klassischen Musik der Vergangenheit und der Gegenwart in Berlin zu demonstrieren.
So betrachtet, hat das Collegium musicum keine Konkurrenz in Thüringen. Die beiden Verantwortlichen für das Collegium musicum sind:
1. Walter B., Angestellter, Ilmenau, Seminarleiter für Musik im FDGB des Landkreises Arnstadt
2. Dr. med. Heinz B., Ilmenau, Aktivist, leitender Arzt der gynäkologischen Abteilung der Kurortpoliklinik Ilmenau und Kurarzt der Stadt, Vorsitzender des Kreisvorstandes des Kulturbundes, Vorsitzender der Kommission für kulturelle Massenarbeit im Kreisvorstand des FDGB!

Zum Schluss möchte ich nicht unerwähnt lassen, dass unser international bekannter Zither-Komponist Wilhelm M., Ilmenau, der unser Kammerorchester schon langer kennt und der in der Jury im FDGB-Haus in Weimar bei den Landesausscheidungen arbeitete und die anderen Kammerorchester demnach mitbewertet hat, die Ansicht vertritt, dass unser Kammerorchester unter den Bewertungen aller Kammerorchester bei gleicher Jury den l. Preis davongetragen hätte. gez. Dr. B.

Die jetzt immer mehr planmäßig durchgeführten Intelligenz-Aussprachen werden von allen Schichten der Intelligenz sehr begrüßt. Bereits in 13 größeren Betrieben unseres Bezirkes sind Intelligenz-Zirkel zum Studium des Marxismus-Leninismus gebildet, die sich durch ein kämpferisches Niveau und einen gleichbleibenden zahlreichen Besuch auszeichnen.
Entscheidend ist hierfür in jedem Fall ein qualifizierter Referentenstab, der noch nicht in jeden Kreis vorhanden ist. Es wäre angebracht, das ist der Wunsch der Referenten selbst, über den Rahmen eines Bezirkes hinaus die dafür vorgesehenen Referenten zu einem Erfahrungsaustausch zusammenzunehmen und ihnen monatlich Referentenanleitungen (besonders methodisch) zu geben.

4. Erscheinungen der Republikflucht bei Intellektuellen!
Meinungen:
1. Dr. B., Arzt, Krankenhaus.
Er stammte aus Westdeutschland, Gründe sind nicht bekannt. Kurz bevor er die Republik verließ, stand noch ein Artikel im Neuen Deutschland über seine Arbeit in der Deutschen Demokratischen Republik. Nach Rücksprache mit den Genossen im Krankenhaus und in der Kreisleitung der Partei liegen keine sektiererischen Ursachen vor. Materiell ging es ihm gut.
2. La D., Schauspieler, Theater.
Er kam vor zwei Jahren in die Deutsche Demokratischen Republik. Seine Frau lebte noch in Braunschweig. Er ist über Westberlin nach Braunschweig zu seiner Frau gegangen. Die von ihm angegebenen Gründe sind angeblich Angst vor einer Zonensperre. Im Theater selbst liegen keine Gründe für den Weggang La D.'s vor. Er war einer der bestbezahlten Schauspielkräfte am Theater. Er hatte einen Sprachfehler, der ihn in seiner Schauspielkunst behinderte. Mit diesem Mangel wird er in Westdeutschland keine Anstellung wieder erhalten, das war ihm nach Aussagen seiner Berufskollegen auch klar. In einem Brief brachte er zum Ausdruck, dass er nichts gegen die Deutsche Demokratische Republik habe und sein Weggang rein persönlicher Art sei.
3. B., Helmut, Lehrer, Zentralschule Obermaßfeld. Ein Grund ist nicht bekannt, er war Mitglied der SED.
4. Walter U., Lehrer, Zentralschule Henneberg. Gründe sind ebenfalls nicht bekannt. Er und seine Freu waren Mitglied der Partei. Seine Frau war in der Stadtbücherei angestellt.
5. L., Johanna, Lehrerin, Pestalozzischule Meiningen
Sie war Genossin und ist mit ihren Eltern über die Grenze. Gründe sind nicht bekannt.

6. M., Portier Landestheater.
War ein aktives Mitglied der NSDAP und bis 1945 ein hoher Zollbeamter. Als Ursache ist zu anzusehen, dass seine Tochter wegen Unzulänglichkeiten als Schwester aus dem Krankenhaus entlassen wurde. Sie floh nach dem Westen und nahm ihren Vater mit.
Ilmenau:
7. St., Architekt.
War im letzten halben Jahr ohne Beschäftigung. Vorher tätig in der Hauptverwaltung im Westglas als Architekt für Investbauten. Seine Frau stammt aus Westdeutschland (Rheinland) und hatte seit 1945 bereits den Wunsch, nach Westdeutschland zu gehen.
Suhl:
8. H., Direktor der Volkshochschule.
Er ist wegen ideologischer Unklarheit und Sozialdemokratismus aus dem Dienst der Volkshochschule entlassen worden. Andere Gründe sind nicht bekannt.
9. W., Otto, Oberbuchhalter, Zella-Mehlis.
Angeblich wegen Unstimmigkeiten in der Buchhaltung des Betriebes.
10. B., Bruno, Werkzeugmachermeister, Zella-Mehlis.
Gründe sind nicht bekannt.
Schmalkalden:
11. Dr. L., Spezialarzt für Lungenkrankheiten.
Er gab als Grund an, dass er bisher keinen Pass nach Westdeutschland erhalten hat. Seine Eltern wohnen in Westdeutschland, die er offiziell angeblich seit Jahren besuchen wollte. Es ist aber festgestellt [worden], dass er fast regelmäßig schwarz die Demarkationslinie passierte und sich in Westdeutschland aufgehalten hat. Typisch ist für ihn, dass er den Stockholmer Appell nicht unterschrieb. Materiell ging es ihm sehr gut. Er war keinen Verfolgungen ausgesetzt.
Hildburghausen, Neuhaus, Sonneberg:
keine Fälle bekannt
Bad Salzungen:
keine Fälle bekannt.

In Heiligenroda ist die gesamte Betriebsleitung eingesperrt. Aus diesem Grunde ist unter der Intelligenz eine Unklarheit eingetreten, da man den Grund nicht kennt.

Als Ursachen wurden von Intellektuellen folgende genannt:
Dr. M., Ilmenau:
Er ist der Meinung, dass bis vor dem XIX. Parteitag und der II. Parteikonferenz alle Parteien und Organisationen mit einem förmlichen Schirmmantel die Intelligenz umgaben, um sie davor zu behüten, dass sie mit dieser oder jener ideologisch-politischen Frage in Berührung kam. Jetzt stürzen die politischen Ereignisse auf manchen bisher abseits stehenden Intellektuellen derart ein, dass er sich nicht mehr zurechtfindet und durch die dazukommenden RIAS-Parolen verwirrt gemacht wird. Er sucht sich einen Ausweg aus dieser Situation, indem er die Republik verlässt, obwohl er weiß, dass ihm in Westdeutschland keine gebratene Taube in den Mund fliegt und seine materielle Lage ins Unbegrenzte sinkt.
Prof. Dr. K.:
Er ist verzweifelt über die bürokratischen Arbeitsmethoden im Staatsapparat (Beispiel: Rente – Drucklegung seiner wissenschaftlichen Werke). Ihm erscheint es fast so, dass sich alles im Kreise dreht und dass dadurch vieles nicht weitergeht, was ohne Mühe erledigt werden könnte. Die gleiche Ansicht teilen: Dr. B., Ilmenau
Meteorologe B., Sonneberg u. v. a.
Schauspielerin Martha D.-B.:
Sie sucht einen Grund in der ideologischen Unklarheit der Intellektuellen, die jetzt oft in der nicht richtigen Form angesprochen und mit einem Wust von Schlagworten geistig „geprügelt" werden. Z. B. Theater: Viele Funktionäre des Staatsapparates und der Partei, die oft keine Ahnung von der Arbeit im Theater haben, wollen Vorschriften machen und „Holzhammeranleitung" geben.
Bei der Lehrerschaft kommt folgende Tendenz auf:
Die Anleitung des Ministeriums für Volksbildung Berlin ist formal, entspricht nach der Meinung der Lehrer nicht der Praxis. Die Neuregelung der Gehälter der Lehrer wird von einer überwiegend großen Anzahl skeptisch oder ablehnend aufgenommen. Die bürokratische Arbeitsweise in den Schulämtern stößt die Lehrer ab.
Es ist auffallend, dass die Intelligenzflucht bei den Lehrern im Augenblick sehr angewachsen ist.
Bei Ärzten und Künstlern ist die Meinung verbreitet, dass sie keine geistige Freiheit hätten. Sie begründen ihre Ansicht damit, dass Funktionäre der Partei und des Staatsapparates in leichtfertiger Weise davon sprechen, dass die

Intellektuellen reaktionär seien, weil sie diese und jene ideologische und politische Frage von ihrem z. T. idealistischen Standpunkt aus diskutierten.
Selbst Genossen Staatsfunktionäre sind heute noch der Meinung, dass man die Intellektuellen mit einem besonderen Maß messen müsse. Sie sehn nicht die Leistungen, sondern einzig und allein ihre ideologischen Diskussionen und machen diese ihre Einstellung zur Grundlage einer Einschätzung.
Bezeichnender Weise ist auch die Tatsache, dass nur wenige Genossen Intellektuelle operativ unter der Intelligenz selbst arbeiten. Sie sind mit allen möglichen Aufgaben betraut, nur nicht mit ihren ureigensten. Das drückt auch die Unterschätzung seitens der Partei aus. Dadurch werden die Klassengegner innerhalb der Intelligenz nur schwerlich. rechtzeitig erkannt. Deshalb führt auch die Partei den Klassenkampf unter der Intelligenz nicht!
Eine weitere Ursache ist darin zu suchen, dass die Betriebe und die Förderungsstellen nicht sofort auf die Wünsche der Intelligenz reagieren und oft aus Unkenntnis der Rolle der Intelligenz beim Aufbau des Sozialismus Antworten und Auskünfte geben, ja sogar Maßnahmen beschließen, die genau das Gegenteil von dem erreichen, was das Ziel unserer Partei ist.
So war bis vor vier Wochen die Förderungsstelle beim Rat des Bezirkes von einer Genossin besetzt, die keine Ahnung von der historischen Rolle der Intelligenz, geschweige denn von der Bündnispolitik unserer Partei, hatte. Erst nach langem Drängen und heftigen Kritiken sah sich der Rat des Bezirkes veranlasst, die Funktion umzubesetzen.
Typisch ist auch folgendes: Weder der Rat des Bezirkes, noch die Räte der Kreise, noch die Kreisleitungen der Partei haben einen Überblick über die Lage der Intelligenz. Erst jetzt, als der Vorsitzende des Rates des Bezirkes einen Bericht über die Lage der Intelligenz im Bezirk vor dem Sekretariat der Bezirksleitung der Partei geben musste, versuchen die einzelnen Abteilungen und der Förderungsausschuss Material vom Kulturbund für ihre Vorlagen zu erhalten!
Damit sind m. E. nicht alle Ursachen aufgezeigt, die hauptsächlichsten fanden aber ihre Berücksichtigung.
1) Im Bezirk wurden bereits 13 Zirkel der Intelligenz zum Studium des Marxismus-Leninismus gebildet. Weitere 15 sollen bis Mitte April gebildet werden. Die Diskussionen zeigen ein beachtliches Niveau. Es hat sich bei vielen Intellektuellen die Erkenntnis gebildet, dass sie nur durch das Studium des Marxismus-Leninismus in der Lage sind, sich selbst und ihre schöpferischen Fähigkeiten weiter zu entwickeln.
Von Zirkelabend zu Zirkelabend erhöht sich die Beteiligung.

2) In der Vortragstätigkeit zur Verbreitung wissenschaftlicher Kenntnisse ist festzustellen, dass sich die Qualität von Monat zu Monat steigert. Die Parteilichkeit für das Neue und die Gegenwartsbetonung in den Vorträgen nehmen ständig zu.

Im Monat März werden 225 Vorträge auf dem Lande, in den Betrieben und der Stadt gehalten. Das ist der Ausdruck einer sich immer mehr entwickelnden Einsatzbereitschaft der Intelligenz für die Sache der Arbeiterklasse. Darin drückt sich auch die sich festigende Freundschaft der Intelligenz zur Arbeiterklasse aus.

Die Thematik zeigt die Richtigkeit der gezogenen Behauptung:
- 56 Vorträge beschäftigen sich mit den Neuerermethoden in der Landwirtschaft
- 72 Vortrage beinhalten gesellschaftswissenschaftliche Themen, zum größten Teil Themen des XIX. Parteitages, ökonomische Probleme des Sozialismus in der UdSSR und Thesen über die Lehren von Marx.
- 11 Feierveranstaltungen über Karl Marx
- 86 Kunstthemen.

3. Täglich mehr nehmen die Intellektuellen aller Schichten offener und parteilicher Stellung zu den Ereignissen des politischen Tagesgeschehens und bekunden ihre Einstellung mit der offiziellen Beitrittserklärung zu unserer Organisation. Bis jetzt dem gesellschaftlichen Leben fernstehende Geistesschaffende kommen von selbst und beteiligen sich an der Arbeit unserer Organisation in den Grundeinheiten.

Die Forderung, die marxistische Theorie in Form von Zirkeln und Vorträgen vermittelt zu bekommen, wird in allen Intelligenzschichten konkreter. Dabei konnte im Kalikombinat Merkers ein gutes Beispiel entwickelt werden.

In diesem Betrieb nehmen durchschnittlich 35 Intellektuelle an den 14-tägl[ich] stattfindenden Zirkelnachmittagen teil. Sie arbeiten nach einem festliegenden Plan. Die Grundlage bildet das Studium der ökonomischen Probleme des Sozialismus in der UdSSR. Daneben werden kunsttheoretische, literarische und andere Vorträge gehalten. Die gleichen Intellektuellen haben sich verpflichtet, den gesellschaftlichen Funktionären fachwissenschaftliche Erkenntnisse zu vermitteln und entwickeln damit neue Kader heran.

Abschrift eines Briefes der SED Kreisleitung Ilmenau an unsere Bezirksleitung:
Wunschgemäß übermittle ich Dir einen kurzen Bericht über die Schaffung unseres Intelligenzzirkels. Bereits in unserem Arbeitsplan im Monat Novem-

ber hatten wir vorgesehen, einen Intelligenzzirkel zu schaffen. Leider wurde vonseiten unserer Abteilung in dieser Frage nicht die nötige Initiative entwickelt. Die Genossen haben zu wenig Erfahrungen in der Arbeit mit unserer Intelligenz. Anfang Januar gelang es uns dann, den ersten Abend mit der Intelligenz durchzuführen. Von ca. 20 eingeladenen waren sechs Genossen und Kollegen anwesend. Wir haben mit diesen beraten, wie wir unseren Kreis vergrößern können. Der Vorschlag, sofort einen Lehrplan zu entwickeln und über bestimmte Themen des Marxismus-Leninismus an den Abenden zu referieren, wurde von den Kollegen und Genossen vorläufig nicht als die Methode empfunden, die dazu verhilft, unseren Kreis zu vergrößern. Die Kollegen und Genossen waren der Meinung, von fachwissenschaftlicher Seite die Kollegen und Genossen an unsere marxistische Wissenschaft heranzuführen. Ich sehe diese Methode als eine gute Möglichkeit an, unsere Intelligenz davon zu überzeugen, wie notwendig die Kenntnisse über den Marxismus-Leninismus für die Anwendung auf allen Wissensgebieten sind.

Am zweiten Abend, welcher vor einigen Tagen stattfand, waren bereits zehn Kollegen und Genossen anwesend. Wir hoffen bestimmt, dass sich dieser Kreis laufend vergrößern wird. Beide Abende haben bei den Anwesenden guten Anklang gefunden.

Während wir am ersten Abend mehr über organisatorische Fragen diskutierten, sprachen wir am letzten Abend über Musik wissenschaftliche Probleme. Hier wurden die Probleme Form und Inhalt der Musik von mir aufgeworfen. Die anwesenden Kollegen und Genossen geben mir in ihren wissenschaftlichen Diskussionen gute Anknüpfungspunkte, auf die gesellschaftspolitische Grundlage auch auf dem Gebiet der Musikwissenschaft hinzuweisen. Man kann daraus sehen, dass es keine trockene Fachsimpelei war, sondern dass die gesellschaftliche Stellung der Musik sehr gut behandelt werden konnte. Wir kamen auf die Probleme der Jazz-Musik zu sprechen. Gerade in der Entwicklung dieser Musik konnte man gut erarbeiten, dass der Kapitalismus unter Ausnutzung der Psychologie und besonders der Erotik mit Hilfe dieser Musik versucht, den Weltkapitalismus zu erreichen.

An unserem nächsten Abend wollen wir über Pawlow sprechen, ausgehend von der vor Wochen stattgefundenen Pawlow-Tagung in Leipzig. Auch hierbei werden wir wieder Möglichkeiten haben, auf dem Fachgebiet der Medizin sowie überhaupt auf dem Gebiet der Naturwissenschaften die Bedeutung des Marxismus-Leninismus für diese Wissenschaft zu erarbeiten und die Notwendigkeit der Kenntnisse über den Marxismus-Leninismus für unsere Wissenschaftler und insbesondere für unsere Mediziner zu beweisen. Die

Anfänge auf dem Gebiet der Arbeit mit unserer Intelligenz vonseiten unserer Partei sind durchaus zufriedenstellend.

Vorschläge zur Stärkung des Kampfes gegen die Arbeit des Klassengegners innerhalb der Intelligenz

1. Es ist unbedingt wichtig, dass sich die Leistungen der Partei auf der Grundlage der Beschlüsse der Parteikonferenz regelmäßig mit der ideologisch-politischen und ideologisch-organisatorischen Arbeit unter der Intelligenz befassen und operative Beschlüsse zur Verbesserung fassen.
Das setzt voraus, dass sie die Lage unter der Intelligenz bald studieren müssen!
2. Genossen Intellektuelle müssen von ihren anderweitigen Funktionen weitgehendst entbunden werden, um konkrete Parteiaufträge innerhalb der „Intelligenzarbeit" übernehmen zu können.
3. Einrichtung eines Inform[ations]-Dienstes in den Sekretariaten des Kulturbundes zur schnelleren Auswertung informatorischer Mitteilungen über Auswirkungen des Klassenkampfes innerhalb der Intelligenz.
4. Koordinierung der „Intelligenzarbeit" in den Bezirken und Kreisen unter Federführung der Partei.
5. Bewusstere Entwicklung des Streitgespräches unter der Intelligenz über ideologisch-politische Fragen und Probleme.

2.15. [Zusammenfassung durch die Bundesleitung des Kulturbundes]

Untersuchungen über die Lage der Intelligenz durch die Bezirkssekretariate des Kulturbundes – Entwurf

Folgende Fragen wurden gestellt:

1. Wie ist die materielle Lage der Intelligenz in den einzelnen Schichten?
Die freischaffenden bildenden Künstler sind schlecht gestellt. Die Kulturverordnung über die Bereitstellung von ein bis zwei Prozent der Bausummen bei öffentlichen Bauten wird zum Teil immer noch nicht durchgeführt.
In Kreisen ohne Investitionsbauten ist die Lage am schlechtesten, da die dort wohnenden bildenden Künstler aus anderen Kreisen keine Aufträge bekommen.

Die meisten freischaffenden bildenden Künstler müssen entweder berufsfremde Arbeiten ausführen oder aber in Altersversorgung gehen, wenn sie leben wollen.
Komponisten und Schriftsteller befinden sich zumeist in festen Arbeitsverträgen oder bemühen sich um solche.
Techniker und Ingenieure mit Lehrauftrag in Lehr- und Fachschulen sind viel schlechter gestellt als ihre Kollegen in der Produktion. Deshalb Abwanderung in die Produktion.
Sehr schlecht bezahlt sind die Assistenten in Forschungsinstituten. Der Unterschied zwischen dem Einkommen von Assistenten und den führenden Wissenschaftlern ist zu groß.
Der neue Lehrertarif gilt noch nicht für Berlin.
Einzelne Gruppen von Lehrern beklagen sich, dass sie infolge des Wegfalls der Steuerermäßigung jetzt weniger Nettogehalt haben als früher.
Die Lehrer mit Hochschulbildung aus den Jahren vor 1933 beklagen sich, dass sie nicht den Lehrern mit Hochschulbildung nach 1945 gleichgestellt sind.
Bibliothekare und Archivare sind relativ unter ihrem Bildungsniveau bezahlt.
Durch Etatkürzung bei Polikliniken wurden die Gehälter der Ärzte gekürzt.
Die Privatärzte haben Angst, infolge der Kündigung der Verträge durch die SVK, ohne dass mit ihnen über die Neuregelung verhandelt worden ist. Außerdem protestieren sie durchweg gegen die pauschalen Angriffe durch die SVK auf den Ärzteberuf in Hinsicht des hohen Krankenstandes.
Die Ärzte begründen im allgemeinen den hohen Krankenstand durch Erschöpfungszustände infolge Vitaminmangel.
Kohlen wurden im allgemeinen nur etwa 50 Prozent der vertragsmäßigen Menge geliefert.
Es gibt viele Fälle, dass Wohnungsämter der Intelligenz nicht Wohnungen zuweisen bzw. zuteilen, die sie in die Lage setzen, ihrem Berufe nachzukommen. Ärzte haben ihre Praxis in ihrem Schlafzimmer, da sie überhaupt nur über zwei Zimmer verfügen usw.
Die allgemeine Klage der Intelligenz ist die zu geringe Zuteilung von Ferienplätzen durch den FDGB. Es gibt nur wenig für die Intelligenz vorgesorgte Ferienplätze.
Verdiente überalterte Künstler, Gelehrte, aus freischaffenden Berufen erhalten so niedrige Altersversorgung, dass sie davon nicht leben können.
Eine zusätzliche Altersversorgung wurde ihnen nicht gewährt. Zusätzliche Arbeitsmöglichkeiten, denen sie noch gewachsen wären, wurden ihnen nicht geboten.

Die Ärzte beklagen sich über die teure Autobereifung. Ein Satz kostet 1 500,- DM, wovon sie ein Jahr Gebrauch machen.
Die weitere Klage ist der Mangel an Benzin.

2. *Welche besonderen Wünsche gibt es bei der Intelligenz?*
Der erste und dringendste Wunsch ist eine ausreichende Versorgung mit Fachliteratur eigener Produktion und von Übersetzungen aus dem Ausland.
Ärzte müssen sich Literatur über Pawlow aus Westberlin besorgen.
Die technische Intelligenz leidet unter Mangel an Arbeitsgeräten und an geeigneten Arbeitsräumen- und Plätzen.
Bedeutende Wissenschaftler beklagen sich, dass sie keine Möglichkeit erhalten, ausländische und Fachkongresse in Westdeutschland zu besuchen.
Bühnenkünstler fürchten sich vor Engagement in der Deutschen Demokratischen Republik, weil sie dann keine Bewilligung für Gastspiele im Ausland erhalten.
Freischaffende Künstler erhalten im Krankheitsfalle nur Arzt- und Medikamente frei, jedoch kein Krankengeld, obwohl sie vierzehn Prozent ihres Einkommens an Sozialversicherungsbeitrag zahlen.
Intellektuelle mit überwiegender Außenarbeit wie Geologen erhalten keine Berufsbekleidung, keine wetterfesten Schuhe usw.

3. *Welche anderen Ursachen der Unzufriedenheit existieren bei der Intelligenz?*
Angst. Sie haben das Gefühl, verfolgt zu werden.
Bei Verhaftung werden oft die Angehörigen nicht verständigt, weshalb und wohin.
Vielfach arbeitet unser Verwaltungsapparat bürokratisch, ohne Verständnis für die Lage der Intelligenz und für ihre Bedürfnisse. Teilweise ist noch Intelligenzfeindlichkeit im Staats- und Parteiapparat.
Sammelbegriff(e): „Die Intelligenz wird abgekanzelt", „Mit Phrasen niedergeschmettert."
Bei allen Zusammenkünften der Intelligenz zeigte sich zuerst Zurückhaltung, abtasten, keine freie Meinungsäußerung, nur nach und nach kommt es bei direkten Fragen zu direkten Antworten. Die Intelligenz fürchtet sich vor dem Wort „Schulung", sie will aber alles Wissenswerte für Beruf und Gesellschaft erfahren. Das kommt davon, dass die Schulung der Intelligenz mechanisch, abstrakt, bürokratisch begonnen wird.
Die meisten Berufsgruppen, auch technische Intelligenz, beklagen sich über Arbeitsüberlastung, mehr als zehn bis 16 Stunden täglich, es wird ihnen da-

durch die Möglichkeit genommen, sich weiterzubilden und am kulturellen Leben teilzunehmen.

Wissenschaftler behaupten, dass der Papierkrieg primär ist, die wissenschaftliche Leistung sekundär.

In einzelnen Berufen sind leitende Wissenschaftler bis zu 60 Prozent mit Ausfüllen von Fragebogen beschäftigt.

Theaterleute beklagen sich, dass Angestellte des Staats- und Parteiapparates zwar nicht ins Theater kommen, ihnen aber gute Ratschläge geben, wie man Theater spielt.

Museen, wissenschaftliche Institute, Fachhochschulen, Bibliotheken haben oftmals zwei bis drei vorgesetzte zentrale Behörden, von denen sie verschiedene Aufträge bekommen, aber keine Dotierung des Haushaltes.

4. Hat die Intelligenz besondere geistige und kulturelle Wünsche, die nicht erfüllt oder noch nicht erfüllt werden?

In den Schwerpunkten unseres industriellen Aufbaus beklagt sich die Intelligenz über Mangel an kultureller Betreuung.

Wenig Möglichkeiten der Intelligenz in diesen Schwerpunkten und auf dem Lande, einmal in ein führendes Theater zu kommen oder ein bedeutendes Konzert zu hören.

Der Wunsch nach dem Studium des Marxismus-Leninismus ist stark, die Klage über unqualifizierte Lehrer und Referenten ist ebenso so stark.

In Lauchhammer wurde die Schaffung eines Tennisplatzes für die Intelligenz abgelehnt, weil das ein „bürgerlicher" Sport ist.

In den Zentren unseres Aufbaus ist der Wunsch nach sauberen HO-Gaststätten und Hotels vorhanden.

Außerdem besteht in Zentren der Wunsch nach Klubhäusern oder Klubräumen für die Intelligenz.

5. Welche Feststellungen über die Arbeit des Gegners im verschärften Klassenkampf konnten gemacht werden? Mit welchen Methoden und Argumenten arbeitet der Gegner? Auf welche Gruppen konzentriert er sich?

Objekte der feindlichen Propaganda sind vor allem
Ärzte,
Wissenschaftler,
technische Intelligenz,
Schauspieler und
Lehrer.

Propaganda für das Abhören des RIAS.
Arbeit mit Ausschnitten aus Westzeitungen.
Verbreitung von Gerüchten über:
jüdische Ärzte und Schauspieler werden verfolgt werden.
Ärzte sollen keine SED-Funktionäre behandeln, da bei schlechtem Ausgang Verfolgung einsetzt.
Mit Abschluss des Generalkriegsvertrages stehe der Krieg unmittelbar bevor, deshalb müssen sich alle vor der Einbeziehung in die Nationalen Streitkräfte durch Republikflucht entziehen.
Innerhalb der Deutschen Demokratischen Republik werden Pässe ausgestellt, die nur bezirksweise Gültigkeit haben und andere ähnliche Versionen.
Ärzten, Juristen usw. wird die Privatpraxis weggenommen.
Fachschullehrer, besonders Physiker, werden durch Agentenbriefe aus dem Westen für den Westen angeworben.
Einschüchterungsversuche durch nächtliche Telefonanrufe sind allgemein zu verzeichnen, gewöhnlich mit der Warnung vor der noch in dieser Nacht erfolgenden Verhaftung.

6. Gibt es Erscheinungen der Republikflucht bei Intellektuellen? Welches sind die Gründe nach Euren Feststellungen?
Motive des illegalen Verlassens der Republik sind zum größten Teil unbekannt. Dort, wo sie durch Briefe oder andere Aussagen bekannt wurden, bewegen sie sich zumeist in der Richtung des Unterliegens der feindlichen Propaganda. Weniger in den unter 1-4 angeführten Klagen.
Qualifizierte Intellektuelle mit heranwachsenden Söhnen und Töchtern verließen die Republik mit der Begründung, dass ihre Kinder nicht zum Hochschulstudium zugelassen werden.
Intellektuelle, besonders Schauspieler, die ihre Familien im Westen haben, befürchten, ihre Familien nicht wiedersehen zu können durch restloses Schließen der Demarkationsgrenze.
Manchmal wird als Grund sektiererisches Verhalten der unteren Staats- und Parteiorgane angegeben.
Einige Fälle sind angeführt, wo sich die Volkspolizei unkorrekt und nicht human verhalten hat, z. B. der bekannte Glasfachmann Dr. R. vom VEB Schott wurde nicht zu seiner Mutter in die Demarkationszone mit der Begründung gelassen, dass er fliehen könnte.

7. Welche Erfolge haben wir in den Reihen der Intelligenz für den Aufbau des Sozialismus in der Republik zu verzeichnen?
Die Erfolge sind ungleich höher als nach den angeführten Klagen, Beschwerden und dem illegalen Verlassen der Republik geschlossen werden könnte. Der überwiegend große Teil der Intelligenz ist bereit, an der Erfüllung und Übererfüllung des Fünfjahrplanes auf ihrem Fachgebiet mitzuarbeiten, begreift immer mehr den Inhalt des Bündnisses der Arbeiterklasse mit der Intelligenz,
stellt sich den Vorträgen zur Verbreitung wissenschaftlicher Erkenntnisse unter Arbeitern und Bauern zur Verfügung, übernimmt Patenschaften zur persönlichen Ausbildung von Nachwuchskräften, fordert Auseinandersetzungen und Diskussionen über Entwicklungsgesetze in Natur und Gesellschaft, fordert Zusammenkünfte in Klubs der Kulturschaffenden und der Intelligenz. Aus vielen Berichten geht hervor, dass unmittelbar nach dem Tode des Genossen Stalin große Teile der Intelligenz sich fester um die Deutsche Demokratische Republik und ihre Regierung scharen, was in vielen Erklärungen und Selbstverpflichtungen zum Ausdruck kommt.

8. Welche neuen Methoden haben wir erfolgreich angewandt?
Heranziehung zur populärwissenschaftlichen Arbeit,
Jahresverträge mit industriellen und land- und forstwirtschaftlichen Betrieben über Vortragsreihen.
Diskussionen über gesellschaftswissenschaftliche und fachwissenschaftliche Fragen in neu zu errichtenden Klubs der Intelligenz, Sorge um das persönliche Wohl einzelner Intellektueller, z. B. Besorgung von Wohnungen, Theaterkarten, Büchern usw.
Es sind Ansätze vorhanden, bei den Kreisleitungen des Kulturbundes Kommissionen zur Förderung [der Intelligenz] zu bilden. Die Leitung übernimmt ein Abgeordneter, der sich mehr als bisher mit der Lage der Intelligenz und mit der Kontrolle unserer Gesetze und Verordnungen befasst.

9. Welches sind Eure Vorschläge, um die Arbeit des Gegners innerhalb der Intelligenz besser bekämpfen zu können.

10. Welche besonderen Maßnahmen könnte unsere Regierung noch treffen und welche Arbeitsmethoden sollte der Kulturbund noch anwenden, um die Wünsche und Bedürfnisse der Intelligenz noch besser zu erfüllen?

Gründliche und regelmäßige Analysen über die Lage der Intelligenz durch die Parteileitungen.
Genossen Intellektuelle mit der operativen Arbeit unter der Intelligenz beauftragen.
Propagandistische Arbeit verstärken, um das Sektierertum zu überwinden.
Schaffung eines Informationsdienstes zur schnelleren Bekämpfung der Argumentation des Gegners.
Berichte über Westdeutschland durch Intellektuelle, die in Westdeutschland waren.
Verbesserung der Argumentation in Rundfunk und Presse über die Lage der Intelligenz in Westdeutschland und über die Entfaltungsmöglichkeiten in der Deutschen Demokratischen Republik.
Verbesserung der Schulungsarbeit in wissenschaftlichen Instituten, Polikliniken usw.
Mehr wissenschaftliche Konferenzen und Fachzeitschriften.
Entfaltung eines Klublebens in allen Kreisstädten bei Initiative des Kulturbundes unter Beteiligung aller Verbände, Organisationen und Institutionen der Intelligenz.
Ansatz dafür in die Haushaltspläne der Städte mit aufnehmen.
Bildung von Förderungskommissionen bei den Kreisleitungen des Kulturbundes, die unter Leitung eines Abgeordneten Missstände entfernen und die Durchführung der Gesetze und Verordnungen unserer Regierung kontrollieren.
Die Förderungskommissionen sollen sich zum überwiegenden Teil aus Intellektuelle selbst zusammensetzen.
Überprüfung der Arbeit des Förderungsausschusses, der Staatlichen Kommission für Kunstangelegenheiten und des Staatssekretariates für Hochschulwesen, über deren bürokratische Arbeitsweise geklagt wird.
Intelligenz von Verwaltungssorgen freimachen, damit sie Zeit ~~haben~~ [hat] für ihre eigentliche Arbeit."

(Quelle für die Dokumente 2.1.-2.15: SAPMO-BArch DY 27/500, Bl. 48-194)

3. Materialien der Zentralen Intelligenz-Konferenz am 27. Mai 1953 (Auswahl)

3.1. [Erwartungen des Kulturbundes gegenüber der SED-Führung (undatiert, wahrscheinlich Ende April/Anfang Mai 1953)]

Vorschläge für die Partei
Die Konferenz der Intelligenz in der Deutschen Demokratischen Republik hat folgende Aufgaben:
1. Verstärkung der Mitarbeit der Intelligenz bei der Schaffung der Grundlagen des Sozialismus in der Deutschen Demokratischen Republik und der Erfüllung des Fünfjahrplanes.
2. Verstärkung des Vertrauens der Intelligenz zu unserer Regierung und zu unserer demokratischen Gesetzlichkeit. Entwicklung eines demokratischen Staatsbewusstseins und eines neuen Patriotismus.
3. Erfüllung der geistigen, fachlichen und gesellschaftlichen Wünsche der Intelligenz zur Erhöhung ihrer eigenen Qualifikation (Spezialisierung ihrer Kenntnisse in den Entwicklungsgesetzen der Natur- und Gesellschaft, gemäß den besonderen Erfordernissen ihrer Berufe, – bessere Versorgung mit der notwendigen Fachliteratur, besonders aus der Sowjetunion und den volksdemokratischen Ländern, – Schaffung der Möglichkeit von Aussprachen und des wissenschaftlichen Meinungskampfes. –)
4. Schaffung eines Netzes von Klubs der Intelligenz in den wichtigsten industriellen und wissenschaftlichen Schwerpunkten unserer Republik.
5. Entfaltung einer Aktivität der Intellektuellen mit Hilfe der Arbeiterklasse gegen alle Erscheinungen der bürokratischen Missachtung und Willkür, gegen alle Tendenzen der Intellektuellenfeindschaft mit dem Ziel, dadurch einerseits die Arbeit des Klassenfeindes den Boden zu entziehen und die loyalen Intellektuellen mit verstärktem Vertrauen zu erfüllen, andererseits die wirklich feindlichen Intellektuellen zu isolieren. Übergriffe sektiererischer oder bürokratischer Elemente aus Verwaltung und Parteien gegenüber einzelnen Intellektuellen sollen sofort vor der Öffentlichkeit oder in der Presse festgestellt werden. Es sind Maßnahmen zu ergreifen, dass sie sich nicht wiederholen.
6. Entwicklung von offenen Aussprachen mit einer guten Argumentation mit der Intelligenz über alle Fragen unseres Aufbaus und über die Schlussfolgerungen, die sich aus der Annahme des Generalkriegsvertrages ergeben.

Die Aussprachen dürfen bei der Intelligenz nicht das Gefühl hinterlassen, dass unsere Verwaltung oder unsere demokratischen Parteien und Organisationen vor ihnen Geheimnisse haben.

7. In jedem Fall des illegalen Verlassens der Republik sind die Ursachen aufzudecken und zu unterscheiden zwischen Feinden der DDR und solchen Intellektuellen, die der feindlichen Propaganda oder feindlichen Provokation zum Opfer fielen.

Im Zusammenhang mit diesen Punkten müsste das Sekretariat unserer Partei formulieren, welche Art von positiven Erklärungen der Intelligenz über folgende Punkte gegeben werden können:

a) Eine erneute und ausdrückliche Erklärung, dass die Kinder der loyal am Aufbau tätigen Intellektuellen die volle Möglichkeit zur Zulassung zum Hochschulstudium haben.
b) Die Verbesserung der Versorgung mit Qualitätswaren durch die HO (Frage der besonderen Schwerpunkte auch für die Intelligenz, wie z. B. Jena, Greifswald u. a. jetzt vernachlässigter Punkte).
c) Wo werden zunächst Geschäfte für die Versorgung der Intelligenz, gemäß den Beschlüssen des Ministerrates, geschaffen?
d) Welche Möglichkeiten gibt es, um die Intelligenz mit einer stärkeren Zahl von Ferienplätzen in der Zeit zu versehen, in der wichtige Teile der Intelligenz allein in Urlaub gehen können? (Juli, August)?
e) Kann eine Erklärung über eine bestimmte Zahl von neuzuschaffenden Klubs der Intelligenz und deren Erhaltung mit Angabe der Orte abgegeben werden?
f) Kann eine bestimmte Erklärung über die Verbesserung der Versorgung mit eigener und ausländischer Fachliteratur durch die Zentralstelle für wissenschaftliche Literatur abgegeben werden?

Wir würden es sehr begrüßen, wenn auf der Zentralen Konferenz der Intelligenz der Genosse Walter Ulbricht in der Diskussion zu den Hauptfragen der Beziehungen der Arbeiterklasse zur Intelligenz ergreifen würde und dabei auch zu den praktischen Wünschen der Intelligenz Erklärungen über einige Maßnahmen abgeben würde, die unter den heutigen Bedingungen unserer Regierungspolitik realisierbar sind.

(Quelle: SAPMO-BArch DY 27/3863 (unpaginiert))

3.2. [Probleme der Schriftsteller in Leipzig]

Deutscher Schriftsteller-Verband
Bezirk Leipzig

24.5.53

„Der Wissenschaft und Kunst ist in der Deutschen Demokratischen Republik die hohe Aufgabe gestellt, dem Volk zu dienen, seinen materiellen Wohlstand zu heben und seine nationale Kultur einer neuen, nie da gewesenen Blüte entgegenzuführen." („Sonntag", Nr. 21/53)
Der Deutsche Schriftsteller-Verband, Bezirk Leipzig, möchte der Tagung der Intelligenz der Deutschen Demokratischen Republik mit dem Nachstehenden einige Vorschläge unterbreiten, Anregungen geben, die geeignet scheinen, den oben angeführten Satz in Realitäten umwandeln zu helfen. Die hier folgenden Ausführungen basieren auf den Ergebnissen vieler Diskussionen, die wir in unseren wöchentlichen Zusammenkünften durchführten. Sie werden sich höchstwahrscheinlich an die Seite von Vorschlägen stellen, die vom Sekretariat des Deutschen Schriftsteller-Verbandes unterbreitet werden.
Im Hinblick auf die tägliche Verbreitung einer unseren Aufbau forcierenden Literatur erscheint es nach wie vor erforderlich, dass in der Tagespresse der Literatur in ihren verschiedenen Gattungen ein größerer Raum gegeben wird. Wenn unsere Literatur unseren Menschen umwandeln soll, muss sie ihn zugleich auch bilden. In diesem Sinne ist es von großer Bedeutsamkeit, dass die Presse in naher Zukunft dazu übergeht, täglich die Literaturproduktion widerzuspiegeln. Es muss hierbei ebenso wie an die schöpferische Literatur – vom Roman bis zum Essay – auch an die ausdeutende Literatur, d. h. die Literaturkritik und die Literaturaussprache gedacht werden. Nur, wenn die Tagespresse der Republik, also nicht nur die Berliner Presse, sich entschließt, der Literatur im weitgespannten Bogen Raum zu geben, wird das Bestreben der Schriftsteller, den Aufbau zu forcieren, den Erfolg haben, den wir mit unseren Arbeiten anstreben.
Es sollte hierbei bedacht werden, dass die Kultur- und Literaturseite der Tagespresse unseren Nachwuchsautoren die Möglichkeit zu Veröffentlichungen bietet, hier werden sie eine lebendige Leserkritik erfahren und so sich in ihren Arbeiten schneller qualifizieren können, als es gegenwärtig oftmals der Fall ist.
Die mehrjährigen Erfahrungen aus öffentlichen Leseabenden, Literaturdiskussionen usw. haben im Bezirk Leipzig des DSV immer wieder gezeigt,

dass die Teilnehmer an solchen Diskussionen entweder dem Kreise der Studentenschaft oder, in geringerem Maße, einem allgemein zu umgrenzenden Leserkreis entstammen. Der Werktätige aus den Betrieben kommt selbst zu den Leseabenden im Klubhaus „Freundschaft" der SAG-Betriebe Leipzig höchst selten. Diese Erfahrungen lassen es uns als berechtigte Forderung erscheinen, dass die Tagespresse der Republik sich in weit stärkerem Maße mit den Literaturfragen beschäftigen muss, um der Mehrheit unserer Menschen die schriftstellerische Produktion wahrhaft lebendig zu machen. Hier hat die Literaturkritik und Literaturdiskussion eine große Aufgabe.

Es ist erforderlich, dass die Mitglieder des Deutschen Schriftsteller-Verbandes sich in weit höherem Maße als bisher um die Förderung unserer Nachwuchsautoren bemühen. Zu diesem Zwecke muss danach gestrebt werden, diese Tätigkeit des Schriftstellers als eine gesellschaftliche Arbeit anzusehen und anzuerkennen. Obwohl hierüber bereits mehrfach gesprochen worden ist, muss immer wieder festgestellt werden, dass Parteien und Organisationen die Tätigkeit des Schriftstellers in dieser Hinsicht unterstützen.

Es ist auch darauf hinzuweisen, dass die Materialstudien für eine Arbeit, gleich ob Roman oder Bühnenstück oder Novelle, ja auch für ein Gedicht, oftmals außerordentliche Zeit in Anspruch nehmen, ohne im fertigen Werk verhältnismäßig gleichartig in Erscheinung zu treten. Auch diese Studienarbeit des Schriftstellers muss bei seiner Heranziehung zu allgemeinen gesellschaftlichen Aufgaben gezogen werden.

Die für die Ausgabe der Mitgliedsbücher des Deutschen Schriftsteller-Verbandes, die eines der höchsten Dokumente des Schriftstellers darstellen, im Bezirk Leipzig des DSV durchgeführte Überprüfung der Mitglieder hat dazu geführt, dass nur noch die wirklich aktivsten, gesellschaftlich und produktionsmäßig, Kollegen des Verbandes sind. Der größere Teil von ihnen steht z. Z. im Einzelvertragsverhältnis mit Verlagen oder hat durch den Verband bestimmte Aufgaben erhalten. Aus diesem Grunde erscheint es uns nicht mehr tragbar, die Kollegen Schriftsteller bei der Neuregelung der Versorgung nicht den Kollegen der technischen Intelligenz mit Einzelverträgen gleichzustellen. Da hier in Leipzig bisher noch kein Intelligenzladen eröffnet ist, von den rund fünfzig Mitgliedern des DSV-Bezirks Leipzig aber 34 aufgrund ihrer literarischen Qualifikation Empfänger von IN-Karten waren, so ergibt die gegenwärtige Situation, besonders hinsichtlich Fett und Zucker, eine Herabsetzung des Lebensniveaus der Schriftsteller. Es erschien uns erforderlich, an dieser Stelle auf diese gegenwärtige Situation hingewiesen zu haben, und wir bitten, Sorge dafür zu tragen, dass diese bei den nächsten Schritten innerhalb der

Neuorganisation der Versorgung der Schriftsteller mehr als bisher berücksichtigt wird.

Der Deutsche Schriftsteller-Verband, Bezirk Leipzig, unterbreitet der Tagung der Intelligenz der Deutschen Demokratischen Republik diese Gedanken und Anregungen, weil wir gewiss sind, dass die Regierung immer bereit ist, Mittel und Wege zur raschesten Überwindung von Schwierigkeiten auch auf dem Gebiet der literarischen Produktion zu finden. Unser Schaffen soll ja nicht nur einem rein ästhetischen Zweck dienen, sondern den Aufbau der Grundlagen des Sozialismus fördern helfen. Er erscheint uns deshalb auch erforderlich, dass die Schriftsteller bei den Tagungen und Konferenzen des Amts für Literatur und der Verlage gleichberechtigt herangezogen werden, die literarischen Planungen der Staatlichen Kommission für Kunstangelegenheiten durch ihre Mitarbeit zu fördern. Es erscheint uns wichtig, bei diesen Planungen auch auf die ökonomischen Verhältnisse der Autoren, z. B. in Bezug auf Neuauflagen, Wert gelegt wird.

In diesem Zusammenhang muss auch auf eine sinnvollere Papierplanung hingewiesen werden, damit die literarische Produktion schneller und stärker zur Wirkung kommen muss. In dieser Hinsicht ist besonders auf die Notwendigkeit hinzuweisen, für Notenpapier und Notendruck Sorge zu tragen. Gerade unsere Textdichter und Komponisten für die sog. leichte Musik, die aber durchaus einen gesellschaftlich aktiven Wert hat, leiden unter Papiermangel. Dadurch ist es immer wieder möglich, dass sowohl Musik wie Texte bei uns Eingang finden, die in ihrer Wirksamkeit das fortschrittliche Bestreben unserer Kollegen mindestens stagnieren lassen, wenn nicht sabotieren.

Der Deutsche Schriftsteller-Verband, Bezirk Leipzig, bittet, die vorstehenden Gedanken und Anregungen, die sicher die vom Sekretariat unseres Verbandes gemachten Vorschläge ergänzen, zu beachten.

Wir wünschen der Tagung einen guten Verlauf und ein Ergebnis, das sich fruchtbringend und fördernd für den Aufbau des Sozialismus in unserer Republik und für die Wiedervereinigung unseres Vaterlandes, für den Frieden auswirken möge!

(Quelle: SAPMO-BArch, DY 27/290, Bl. 12-15)

3. 3. [Sorgen freipraktizierender Ärzte in Karl-Marx-Stadt (Chemnitz)]

Bezirksvorstand Gesundheitswesen 26.5.[19]53
Bezirksvorstand Karl-Marx-Stadt
  – Ärzte –
[...]
Für die Besprechung in Berlin über die Lage der Intelligenz geben wir Ihnen die Sorgen der freipraktizierenden Ärzte bekannt.

1. Altersversorgung:
Es ist der Wunsch der freipraktizierenden Ärzte, dass im neuen Vertrage eine angemessene Altersversorgung der freipraktizierenden Ärzte durch die Sozialversicherung verankert wird. Bis 1945 hatten sich die freipraktizierenden Ärzte eine Altersversorgung auf Gegenseitigkeit geschaffen. Die Vermögenswerte dieser Einrichtung, die sich in Gesamtdeutschland auf über 200 Millionen DM beliefen, sind in der DDR auf den Staat übergegangen. Selbst, wenn eine Erneuerung dieser Institution wieder gestattet werden würde, wäre sie nicht mehr durchzuführen, da es auf dem Gebiete der freien Praxis einen Nachwuchs, der für die Alten sorgen könnte, nicht mehr gibt. Die freipraktizierenden Ärzte können sich daher nur an die Einrichtung wenden, für die sie ein ganzes Leben gearbeitet haben. Durch die Ausdehnung der Sozialversicherung auf die gesamte Bevölkerung, ist die Privatpraxis zerstört worden. Diese Verluste durch Erhöhung der Altersrenten seitens der Sozialversicherung wieder auszugleichen, ist keine unbillige Forderung. Es wäre also notwendig, bei dem künftigen Vertragsabschluss Garantien für die eigene und der Familienangehörigen wirtschaftliche Sicherstellung bei Krankheit, Invalidität, Alter und Tod als Rechtsanspruch, der sich aus der Arbeit der freipraktizierenden Ärzte ergibt, zu schaffen.

2. Rentenversicherung:
Die freiberuflich tätigen Ärzte wurden seit dem 1.2.[19]47 versicherungspflichtig. Die Deutsche Verwaltung für Arbeit und Sozialfürsorge hatte sich seinerzeit an die Sowjetische Militärverwaltung, Abteilung Arbeitskraft, gewandt mit der Bitte, den Sozialversicherungsanstalten zu gestatten, den Rentnern der Deutschen Ärzteversicherung Renten zu zahlen und allen anderen Ärzten, die in der Deutschen Ärzteversicherung und ihren Vorläufern versichert waren, die zurückgelegten Versicherungszeiten als Wartezeiten für den Renten-

bezug aus der Sozialversicherung anrechnen zu dürfen. Die SMA hatte sich damit einverstanden erklärt und es erfolgte unter dem 8. April 1947 folgende Veröffentlichung:
„Durch den Befehl Nr. 28 des Obersten Chefs der Sowjetischen Militärverwaltung, Marschall Sokolowski, sind auch die freipraktizierenden Ärzte in die Sozialversicherung einbezogen worden. In Durchführung dieser Verordnung über die Sozialversicherung wurde die Sowjetische Militärverwaltung gebeten, zu gestatten, den Rentnern der ‚Deutschen Ärzteversicherung' Renten zu zahlen und den Ärzten, die in dieser Gesellschaft versichert waren, die zurückgelegten Versicherungszeiten als Wartezeiten für den Rentenbezug aus der Sozialversicherung anrechnen zu dürfen.
Die Sowjetische Militärverwaltung hat dankenswerter Weise dieser Regelung zugestimmt. Ärzte, die im Besitz eines Rentenbescheides sind sowie anspruchsberechtigte Angehörige, können unter Vorlage dieses Bescheides bei der für ihren Wohnsitz zuständigen Sozialversicherungskasse einen entsprechenden Antrag stellen. Die Rente wird ab 1. Februar 1947 unter Berücksichtigung der vorläufigen Begrenzung bis zum Höchstbetrag von monatlich 90,-- DM ausgezahlt.

Deutsche Verwaltung
für Arbeit und Sozialfürsorge
der Sowjetischen Besatzungszone
in Deutschland
gez. J. Matern
1. Vizepräsident"

Es erhielten also die bisherigen Rentenempfänger und auch die neu anspruchsberechtigten freipraktizierenden Ärzte ihre Rente unter Anrechnung der Mitgliedszeiten bei der Deutschen Ärzteversicherung und ihren Vorgängern gewährt. Das bedeutete, dass die Mitgliedszeiten nicht nur in die 15-jährige Wartezeit zur Einrechnung kamen, sondern dass auch für jedes Jahr der Zugehörigkeit zur Deutschen Ärzteversicherung eine Rentensteigerung von 72,-- DM jährlich eintrat.
Seit dem 27.1.19]53 nimmt die Sozialversicherung die Anrechnung der Versicherungszeiten aus der Deutschen Ärzteversicherung nicht mehr vor. Die Angestellten der Sozialversicherungskassen berufen sich auf eine Auslegung im Seminarplan für Invaliden- und Altersrenten vom 27.1.[19]53 der Zentralverwaltung der Sozialversicherung, wo zum Ausdruck gebracht worden ist, dass die Mitgliedszeiten bei der Deutschen Ärzteversicherung nicht

mehr als Dienstzeiten bei der Rentenberechnung anzurechnen sind, weil es sich nach Verordnung vom 25.1.[19]51 um eine Pensionsversicherungseinrichtung gehandelt habe.

Man hat also hier mit einem Federstrich die von der SMA im Jahre 1947 genehmigte Regelung beseitigt und die Ansprüche der freipraktizierenden Ärzte auf Alters- und Invalidenrente ganz erheblich geschmälert. Da die Wartezeit für die Altersrente 15 Jahre beträgt und die Versicherungspflicht am 1.2.[19]47 begann, müssen alle Ärztinnen und Ärzte, die vor Ablauf der 15 Jahre, gerechnet ab 1.2.[19]47, 60 Jahre (Ärztinnen) bzw. 65 Jahre (Ärzte) alt werden, durch die Nichtanrechnung der Versicherungszeiten bei der Deutschen Ärzteversicherung und ihren Vorgängern warten, bis die 15 Jahre zurückgelegt sind. Nach Zurücklegung dieser Wartezeit werden die Steigerungsbeträge für jedes Jahr der Zugehörigkeit zur Deutschen Ärzteversicherung und ihren Vorgängern mit 72 DM jährlich oder 6,-- DM monatlich zur Grundrente außer Acht gelassen. Es ist dies eine große Enttäuschung für die freipraktizierenden Ärzte hinsichtlich der Versorgung bei Invalidität und im Alter.

3. Freiwillige Versicherungen auf Zusatzkrankengeld und Krankenhauszusatzgeld

Die freipraktizierenden Ärzte erhalten im Erkrankungsfalle bei Arbeitsunfähigkeit kein Krankengeld. Sie zahlen allerdings dafür nicht 20 Prozent, sondern 14 Prozent des Bruttoeinkommens als Beitrag. Da fast alle in freier Praxis stehenden Ärzte die Höchstgrenze von 600,-- DM monatlich überschreiten, beträgt der Beitrag 84,-- DM monatlich bzw. 1 008,-- DM jährlich. Anspruch auf einen Krankenschein bei Selbstbehandlung haben die freipraktizierenden Ärzte für sich und ihre Familienangehörigen nicht.

Um sich einen Anspruch auf Krankengeld zu sichern und weil auch den Abrechnungsstellen nicht mehr gestattet ist, einen Praxisunkostenbeitrag bei Krankheit eines Arztes zu gewähren, haben sich viele Ärzte freiwillig auf Zusatzkrankengeld und Krankenhauszusatzgeld versichert. Nach der Verordnung über die Herausnahme der freiwilligen Versicherungen aus der Sozialversicherung vom 19. März 1953 wurden diese freiwilligen Versicherungen mit dem 31. März beendet. Das bedeutet, dass die freipraktizierenden Ärzte im guten Glauben an eine Gegenleistung im Krankheitsfalle ihr Geld umsonst gezahlt haben, ohne einen Erstattungsanspruch stellen zu können.

4. Beibehaltung der Abrechnungsstellen

Die freipraktizierenden Ärzte bestehen darauf, dass die Abrechnungsstellen und Rechnungsprüfstellen unbedingt in ihrer Form erhalten bleiben, da ihre Existenz ein wichtiger Faktor zur Leistungslenkung und zur Durchführung der für die Sozialversicherung zu übernehmenden Garantien ist. Sie entlasten die freipraktizierenden Ärzte in allen Berufsfragen. Würde eine solche Einrichtung fehlen, dann tritt eine starke Belastung der Ärzte mit Schreibarbeit ein, was auf Kosten der für die Behandlung der werktätigen Bevölkerung so notwendigen Zeit geht.

5. Bezahlung des organisierten Nachtdienstes

In der Anordnung über die ärztliche Versorgung der Werktätigen und ihrer Angehörigen in den Einrichtungen des staatlichen Gesundheitswesens und die Organisation des ärztlichen Dienstes vom 22. April 1953 – Zentralblatt Nr. 15 vom 2.5.[19]53 – ist bei § 6 „Bezahlung des Nachtdienstes" folgendes festgelegt worden:

„Der einheitliche Vergütungssatz beträgt für Nachtdienst und Sonn- und Feiertagsdienst für jeweils zwölf Stunden 20,-- DM. Bei der Bemessung dieses Vergütungssatzes wird zugrunde gelegt, dass es sich hierbei nicht um Behandlungstätigkeit, sondern um eine Dienstbereitschaft handelt. An freipraktizierende Ärzte erfolgt die Vergütung bis auf weiteres durch die Stelle, von der der Freipraktizierende für seine allgemeine ärztliche Tätigkeit bezahlt wird. Die Höhe der Vergütung darf 20,-- DM für zwölf Stunden Dienstbereitschaft nicht überschreiten."

Es wird hier den freipraktizierenden Ärzten für die Teilnahme am organisierten Nachtdienst ein Stundenhonorar von 1,66 DM angeboten. Dieser Betrag soll außerdem noch aus dem Gesamthonorar der Ärzte bestritten werden. Welcher Arbeiter würde sich mit dieser Bezahlung für Nachtarbeit einverstanden erklären? In Großstädten wie Karl-Marx-Stadt kann von einer Dienstbereitschaft keine Rede sein, denn die wenigen zum Einsatz kommenden Ärzte werden am laufenden Band beschäftigt sein.

6. Beschaffung von Kraftfahrzeugen und Reifen

Freipraktizierende Ärzte können sich einen Kraftwagen zu Praxiszwecken nur in der HO oder aus Privathand kaufen. Daraus ergeben sich enorme Anschaffungskosten, die von vielen freipraktizierenden Ärzten nicht aufgebracht werden können. Im Interesse der Sicherstellung der ärztlichen Versorgung und der Gesunderhaltung des Volkes erscheint es notwendig, auf die sich erge-

benden Folgen hinzuweisen. Wenn es nicht möglich ist, den freipraktizierenden Ärzten auf dem Lande einen Vorzugspreis einzuräumen oder ihnen Berechtigungsscheine zur Beschaffung von Kraftwagen zu Vorzugspreisen einzuräumen oder ihnen Berechtigungsscheine zur Beschaffung von Kraftwagen zu Vorzugspreisen auszuhändigen, wird die Versorgung der bettlägerig Kranken in Landgebieten bald zum Erliegen kommen.
Der Rat des Bezirkes Karl-Marx-Stadt wies in einem Rundschreiben vom 8.4.[19]53 Nr. 70/53 darauf hin, dass freipraktizierende Ärzte einen formlosen Antrag auf Freigabe eines Fahrzeuges stellen können und diese Anträge der DHZ Industriebedarf zur Berücksichtigung zugeleitet werden. Wie uns aber telefonisch mitgeteilt wurde, besteht zur Zeit keine Aussicht auf Zuweisung von Gebraucht-Kraftfahrzeugen.

7. Reifenversorgung
Die Reifen für freipraktizierende Ärzte werden seit dem 1. Dezember 1952 nicht mehr zu Normalpreisen abgegeben, sondern müssen bei der HO gekauft werden. Das bedeutet, dass ein PKW-Reifen, der bisher etwa 22,-- DM kam, jetzt 300,-- bis 350,-- DM kostet.
Es sind diese Verteuerungen, die für die freipraktizierenden Ärzte nicht tragbar sind, denn es entsteht kein Ausgleich dafür. Wenn aus Gründen der Vereinheitlichung eine Ausnahmeregelung für freipraktizierende Ärzte nicht möglich ist, so müsste ein Weg geschaffen werden, dass der Haushaltsaufschlag entweder vom Haushalt des Gesundheitswesens oder vom zentralen Staatshaushalt getragen wird. Es wäre also die Frage zu klären, ob und woher Geldzuschüsse gezahlt werden können.
Durch derartige Verteuerungen werden die steuerlichen Vergünstigungen, die den freien Berufen durch die Steuerreform zugestanden worden sind, wieder zunichte gemacht.

8. Wirtschaftsbedarf
Mangelhaft ist die Benzinzuteilung, die in Karl-Marx-Stadt für die freipraktizierenden Ärzte seit August 1952 von 6 700 l auf 4 000 l abgesunken ist. Autobatterien sind schon seit längerer Zeit nicht mehr lieferbar. Die Verteilung erfolgt von der Abteilung Gesundheitswesen beim Rat des Bezirkes. Die Zuweisungen sind spärlich.
Die Zuteilung von Heizmaterial für die Praxisräume ist unzureichend.

9. Ärztliche Fortbildung
Im Sinne einer ausreichenden ärztlichen Fortbildung wäre die Bewilligung von Interzonenpässen zum Besuch von Kongressen und Fortbildungskursen in Westdeutschland zu erleichtern.

10. Zulassung zur Oberschule und zum Studium der Arztkinder
Es zeigen sich oft sektiererische Einstellungen verschiedener Stellen bei der Zulassung von Arztkindern zur Oberschule oder zum Studium.

(Quelle: SAPMO-BArch, DY 27/290, Bl. 22-26)

3.4 [Zur Lage klinisch und poliklinisch arbeitender Ärzte in Potsdam]

Städtische Krankenanstalten Potsdam
Abteilung für innere Kranke
28. Mai 1953
[...]
Auf Seite 180 des Gesetzblattes für die DDR findet sich unter Nr. 1 u[nd] 3 eine Anordnung, die außerordentlich große Unruhe unter allen klinischen und poliklinischen Ärzten hervorgerufen hat. Diese Anordnung bestimmt, dass die Arbeitszeit der klinischen-poliklinischen Ärzte für die Klinik 48 Stunden und für die Poliklinik 50 Prozent davon, im ganzen also 72 Stunden betragen, und dass [die Einhaltung] diese[r] Regelung genau überprüft werden soll.
Schon lange haben die poliklinischen Ärzte das Gefühl, dass die Regierung die Idee der Poliklinik, deren Einrichtung von den Ärzten mit Begeisterung aufgenommen und die z.T. mit Leidenschaft entwickelt wurde, fallen gelassen hat, seitdem sich die Polikliniken außerordentlich stark entwickelt haben. So hat z. B. die von mir geleitete poliklinische Abteilung in ihrer Frequenz um das Vierfache zugenommen, ohne dass die Zahl der Ärzte sich gesteigert hat; die Ärzte erledigen diese Arbeit neben ihrer klinischen Arbeit.
In der Anordnung sind Bestimmungen enthalten, die darauf schließen lassen, dass das Ministerium für Gesundheitswesen die Arbeit, die in den Polikliniken geleistet wird, in ihrem Umfang vollkommen unterschätzt. Sie würde sonst gar nicht auf die Idee kommen, die Arbeitszeit zu beschränken, sie würde auch nicht auf die Idee kommen, z. B. von den leitenden Ärzten zu

verlangen, dass sie dafür Sorge tragen, dass Hausbesuche von den Ärzten möglichst in ihrer 48-stündigen Dienstzeit ausgeführt werden sollen oder zu verlangen, dass während des Nachtdienstes keine Maßnahmen gemacht werden, die auch während des Tagesdienstes möglich sind usw. usw.

Diese Beispiele zeigen, dass die Regierung der DDR die ärztlichen Arbeiten in den Polikliniken ohne jede Spur von Vertrauen zu der Ärzteschaft bewertet, dass sie an dieser Arbeit in ihrem jetzigen Umfang kein Interesse hat und dass sie eine Weiterentwicklung dieser Arbeit nicht fördert, sondern im Gegenteil sogar hemmt. An der von mir geleiteten Abteilung haben wir ohne Rücksicht auf die starke Belastung der Ärzte Spezialsprechstunden für Herz-, für Asthma- und für Rheumakranke eingerichtet, um diese Teilgebiete besonders wissenschaftlich zu bearbeiten, vor allen Dingen zur Krankheitsvorbeugung. Bei einer Beschränkung der Arbeitszeit müssen diese wissenschaftlich bedeutsamen Einrichtungen eingestellt werden. Das wirkt sich nicht nur wissenschaftlich, sondern in Bezug auf die Versorgung der Bevölkerung unangenehm aus. Zu der genannten Anordnung kann ich nur sagen, dass, wenn wir Ärzte bei der Gründung der Polikliniken mit unserer Arbeitszeit und Arbeitskraft so kleinlich gewesen wären, dass dann die Polikliniken nicht das geworden wären, was sie sind, nämlich führende Institutionen des Gesundheitswesens in wissenschaftlicher und praktischer Hinsicht, die beispielhaft auch für Westdeutschland sind.

Vor einigen Jahren hat der verstorbene HNO-Arzt, Dr. Wolfgang Sch., eine neue Asthmabehandlung entdeckt und an unserer Anstalt eingeführt, die trotz ihrer starken Belästigung des Kranken wie eine Kettenreaktion in der ganzen DDR Anklang gefunden hat. Seit zwei Jahren bemühen wir uns, um diese Methode bei allen Asthmatikern, die mit ihr behandelt werden wollen, Behandlungsmöglichkeiten zu schaffen. Weder die SVA noch das Gesundheitsministerium haben aber bisher unsere Vorschläge wirklich fördern können, obwohl diese ganz konkret waren. Wir haben vorgeschlagen, dass das in der Nähe Potsdams gelegene Sanatorium Heinrich Heine der SVA Betten für diese Asthmatiker zur Verfügung stellt. Wir waren auch schon so weit, dass wir Patienten dafür einbestellen wollten, da scheiterte die Angelegenheit an der Bewilligung eines Sonderhonorars für den HNO-Arzt, der die Behandlung dort nebenamtlich durchführen soll. Vom Ministerium für Gesundheitswesen wurde das jedenfalls Patienten, die sich in dieser Frage an das Ministerium wandten, mitgeteilt!

So warten jetzt etwa 1 000 Asthmatiker auf die Einberufung zu dieser Behandlung, die immer länger hinausgezögert wird, da den regierenden Stellen

die Regelung einer Honorarfrage – es handelt sich um die Differenz von 300,— DM im Monat, um die nicht einmal verhandelt worden ist – wichtiger ist als die Kranken, die auf Behandlung warten. Vor allem aber wird eine sehr verantwortungsvolle Spezialarbeit, die wissenschaftliches Neuland ist, so unterschätzt, dass sie nur gering besonders honoriert werden soll. Bei der Einführung der Einzelverträge wurde ich mit den ersten Ärzten, die einen solchen erhielten, besonders geehrt; es wurde gesagt, diese Verträge sollten den Dank für unsere unverdrossene Arbeit seit 1945 sein. Als ich den Vertrag erhielt, stellte sich heraus, dass dadurch mein Einkommen wesentlich erniedrigt worden war, weil der Vertrag nur meine klinische Arbeit, nicht meine poliklinische Arbeit berücksichtigte. Ich unterschrieb ihn nur unter der Bedingung, dass beide Arbeiten gesondert honoriert wurden. In der Praxis der Einzelverträge gab es dann ein großes Hin und Her. Die einen erhielten einen einzigen Vertrag für Klinik und Poliklinik, die anderen nicht; Ärzte, die als Chefärzte große Abteilungen leiteten, erhielten weniger als Leiter kleiner Kreiskrankenhäuser; Pflichtassistenten, die von und wegen mangelnder Leistung besonders fest an die Kandare genommen werden mussten, erhielten Einzelverträge in derselben Höhe wie Chefärzte, wenn sie zu Betrieben gingen usw. Alles das hat uns nur verdrossen, in unserer Arbeit aber nicht gehemmt. Zur Zeit ist aber die Situation so, dass die Regierung mir ein Drittel meines Einkommens nehmen will, weil sie die poliklinische Arbeit nicht mehr honorieren will. Daraus ergibt sich Folgendes:
Als älterer Arzt muss ich meinen Lebensstandard so erniedrigen, dass er wesentlich niedriger ist als der meiner Assistenzärzte, die teils unverheiratet, teils jung verheiratet sind, auf jeden Fall keine große Familie zu ernähren haben wie ich. Dazu kommt, dass es mir als Einzelvertragspartner nicht möglich ist, Nebenverdienste zu erwerben, wie es meine Assistenten haben können. Es kommt also so weit, dass diese höhere Einkommen haben als ich, was meine Stellung gesellschaftlich ihnen gegenüber erschwert.
Es ist selbstverständlich, dass ich bei Senkung meines Einkommens um ein Drittel in ökonomische Notlage komme, weil ich Verpflichtungen habe, denen ich nicht nachkommen kann, da ich mit einer derartigen Senkung nicht rechnen konnte.

(Quelle: SAPMO-BArch, DY 27/290, Bl. 56-59)

3.5 [Sorgen und Nöte der technischen Intelligenz im Bezirk Magdeburg]

Dipl. Ing. Johannes K.   Magdeburg, 3.6.1953
Chefarchitekt im Entwurfsbüro für
Hoch- und Industriebau Magdeburg

[...]
Am 27. Mai fand eine Tagung der schaffenden Intelligenz in Berlin statt. Der Stellvertreter des Ministerpräsidenten, Walter Ulbricht, brachte die Diskussion durch sein ausführliches Referat auf eine solche Höhe, dass es nicht möglich und auch nicht ratsam war, die kleineren Sorgen, die uns im Bezirk Magdeburg bedrücken, vorzutragen. Ich mache es so wie die übrigen Redner, die nicht zu Worte gekommen sind, und reiche meine Unterlagen schriftlich ein, wobei ich mich auf die Zusage verlasse, dass jede Eingabe beantwortet wird. Wenn man eine Anzahl von Sorgen vorzutragen hat, so wird es richtig sein, zunächst daran zu denken, dass die Hauptsache, nämlich die Aufgabe, an der wir arbeiten, in Ordnung ist. Der Wiederaufbau der zerstörten Stadt, der Aufbau der Wohnstadt Calbe und der Neuaufbau von mehreren Krankenhäusern sind Aufgaben von einer so großen Bedeutung, wie ich sie zuvor nicht gehabt habe. Ich habe auch nicht erwartet, dass ich jemals Gelegenheit hätte, so große Dinge bearbeiten zu können. Es ist ferner zu sagen, dass wir Architekten bei der Regierung der DDR eine Unterstützung finden, wie sie zu anderen Zeiten selten ein Architekt gefunden hat. Wenn also die Hauptsache, unsere Arbeit und großen Aufgaben, in Ordnung ist, so müsste es nach meiner Auffassung möglich sein, all die kleinen Dinge, die uns bei unserer Arbeit unnötig belasten, ebenfalls in Ordnung zu bringen. In den nachfolgenden Punkten sind diese kleinen Dinge im einzelnen behandelt.

1. <u>Die persönliche Verantwortung</u>
Es ist bekannt, dass jeder Fahrzeughalter verpflichtet ist, eine Versicherung ab zu schließen, damit der Geschädigte im Falle eines Unglückes gedeckt ist. Wegen einer etwa begangenen Fahrlässigkeit bleibt der Fahrzeughalter haftbar. Die gleiche Haftpflichtversicherung hat jeder freiberuflich tätige Architekt während seiner gesamten Tätigkeit abgeschlossen. Er war für sich und seine Angestellten in einem Schadensfalle bei Personenschaden bis zu 100 000,-- DM und bei Sachschaden bis zu 500 000,-- DM durch seine Versicherung gedeckt. Hatte er fahrlässig gehandelt, so war er – genau so wie ein Fahrzeughalter –

haftbar. Bei unserer heutigen Tätigkeit steht die persönliche Verantwortung im Vordergrund, man hat sich aber bisher nicht die Mühe gemacht, diese persönliche Verantwortung einmal genau zu bezeichnen und abzugrenzen, und man hat keine Haftpflichtversicherung abgeschlossen. Ein solches Vorgehen kann man, mit den Augen des Privatarchitekten betrachtet, nur als einen großen Fehler bezeichnen, und es muss festgestellt werden, dass hier die Sorge um den Menschen doch mehr im Vordergrund stehen müsste. Hat jemand also durch ein Versehen, Eintragen eines falschen Maßes, einen größeren Schaden auf der Baustelle verursacht, wird er persönlich dafür haftbar gemacht, und ist er nicht in der Lage, einen Betrag von 50 000,-- DM zu ersetzen, so bleibt ihm nichts weiter übrig, als das Gebiet der DDR zu verlassen. Wenn man in Zukunft wünscht, dass die Verantwortungsfreudigkeit des Einzelnen erhalten bleibt, so ist hier eine Änderung auf jeden Fall notwendig. Wird ein Angehöriger der Intelligenz wegen irgendeiner Schadenssache, für die in früheren Zeiten, als er noch Privatarchitekt war, die Versicherung einsprang, verhaftet, so bedeutet dies einen schweren Schlag gegen das Ansehen der Intelligenz überhaupt, und der Schaden, der durch solch einen Eindruck auf die übrigen Kollegen hervorgerufen wird, ist nicht wieder gutzumachen.

2. Bezahlung der technischen Intelligenz
Wie ich eingangs erwähnte, gehört zu meinem Tätigkeitsbereich der Wiederaufbau der Stadt Magdeburg, der Aufbau der Wohnstadt Calbe und der Neubau mehrerer Krankenhäuser. Dafür erhalte ich nach einem Einzelvertrag eine Bezahlung von 1 300,-- DM monatlich. Da ich nicht 1 230,-- DM, sondern 1 300,-- DM bekomme, wurde mir erstmalig im Monat Mai, entsprechend der vom Ministerium für Aufbau am 8.4.[19]53 herausgegebenen Dienstanweisung Nr. 15/53, Ziffer 4, die Treueprämie in Höhe von 65,-- DM gestrichen. Wenn die Dinge so liegen, dass man etwas, was man vorher versprochen hat und was man auch gezahlt hat, durch eine Dienstanweisung kurzer Hand wieder aufhebt, so muss ich mich sehr darüber wundern, dass ich noch Gehalt bekomme, dann kann man ja auch durch eine Dienstanweisung mein Gehalt willkürlich heruntersetzen oder kurzer Hand streichen. Ich bin der Auffassung, dass diese Maßnahme nicht gutzuheißen ist. Selbstverständlich mag der Entzug der Treueprämie seine Berechtigung haben bei Gehältern von 3 000,-- DM und darüber, aber bei einem Gehalt von 1 300,-- DM spielt die Treueprämie in Höhe von 65,-- DM doch eine gewisse Rolle. Ich halte dieses Vorgehen nicht für gerechtfertigt.

Außerdem ist Folgendes zu sagen: Während der gleichen Zeit, in der ich ständig 1 300,-- DM bekomme, habe ich erlebt, dass bei den unteren I-Gruppen Gehaltsaufbesserungen erfolgten, die bis zu 100 Prozent des Gehaltes betrugen. Eine Gehaltsaufbesserung bei mir konnte nicht eintreten, weil die höchste Stufe der I-Gruppen nur 1 230,-- DM aufweist und weil eine weitere Bezahlung mit Abänderung meines Einzelvertrages aus mir nicht bekannten Gründen nicht möglich war. Wenn es meinen Kollegen möglich ist, in verhältnismäßig kürzer Zeit ihr Gehalt zu verdoppeln, so muss ich annehmen, dass bei mir, wenn nicht eine Verdoppelung, so jedoch eine Erhöhung des Gehaltes eintreten muss, andernfalls empfinde ich die Nichtheraufsetzung des Gehaltes als eine Ungerechtigkeit. Wir hatten in unserem VEB Z Projektierungsbüro einen Oberbauleiter, dessen Gehalt von 700,-- DM bis auf 1 230,-- DM anstieg zu einem Zeitpunkt, wo mein Gehalt unverändert das gleiche blieb. Rechnet bei ihm die Treuprämie hinzu, so bekommt er rund 1 300,-- DM, also genau dasselbe, was ich auch erhalte. Die Tätigkeit eines Oberbauleiters, der einen begrenzten Bauabschnitt betreut, ist aber mit der Tätigkeit des Chefarchitekten nicht zu vergleichen und infolgedessen liegt hier hinsichtlich der Bezahlung offensichtlich eine ungerechte Behandlung vor. Was für den Chefarchitekten gilt, gilt in gleicher Weise für den Produktionsleiter und den techn[ischen] Direktor. Sie alle erhalten 1 230,--DM und Treuprämie, also zusammen 1 300,-- DM, und sie sind damit genauso hoch bezahlt, wie der oben erwähnte Oberbauleiter. Der Leiter des Stadtplanungsamtes beim Rat der Stadt Magdeburg, Herr Dipl. Ing. Baurat W., erhielt für seine verantwortungsvolle und sehr anstrengende Tätigkeit zum gleichen Zeitpunkt 1 100,-- DM. W. ist ein außerordentlich begabter Architekt und ein hervorragender Städtebauer. Es ist mir unbegreiflich, wie man einen so tüchtigen Architekten so schlecht bezahlen kann, und ich glaube, annehmen zu dürfen, dass diese schlechte Bezahlung ein weiterer Grund dafür ist, dass W. das Gebiet der DDR verlassen hat. Zusammenfassend ist zu diesem Punkt zu sagen, entweder erhalten die Kollegen Bauleiter und Oberbauleiter eine zu hohe Bezahlung oder die Bezahlung für Chefarchitekten, Produktionsleiter und techn[ische] Direktoren ist zu niedrig.

3. Intelligenzkarte
Der Fortfall der I-Karten bringt, genauso wie der Fortfall der Treueprämien, eine weitere Verschlechterung in der Bezahlung, denn man muss nun diejenigen Dinge, die man bisher zu normalen Preisen auf I-Karte kaufen konnte, zu überhöhten Preisen anderweitig beschaffen. Aber das ist es nicht, was mich

dabei besonders berührt, sondern es ist der Fortfall der Kohlenkarte, die zusammen mit der I-Karte ausgegeben wurde. Die Zuteilung von Kohle hat für mich eine besondere Bedeutung, da ich sehr viel abends und nachts arbeite, ganz besonders bei Wettbewerben, die ja von jeher Nachtarbeit gewesen sind. Wenn mit der I-Karte gleichzeitig die Sonderzuteilung von Kohlen verschwunden ist, kann ich mich in Zukunft an Wettbewerben nicht mehr beteiligen, ausgenommen im Sommer, wo eine Heizung nicht mehr erforderlich ist, und ich kann in der kalten Jahreszeit abends oder nachts nicht mehr arbeiten.

4. Prämienverordnung
Im letzten Jahr erhielten wir verschiedentlich Prämien, die eine beachtliche Höhe erreichten und als Verbesserung der zu geringen Bezahlung angesehen wurden. In diesem Jahr sind bisher keine Prämien bezahlt worden. Wenn also die alte Prämienverordnung abgeschafft ist, so wäre es an der Zeit, die neue Verordnung, die seit Wochen im Ministerium für Finanzen vorliegt, aber nicht bearbeitet wird, herauszubringen. Ich erblicke in dem Fehlen der Prämienzahlung eine weitere empfindliche Verschlechterung meines Gehaltes.

5. Werkessen
Unser Betrieb bekommt das Essen von der Bauunion Magdeburg. Wir haben erfahren, dass unser Essen um 100 Prozent besser werden sollte, wir haben aber bis zum heutigen Tage nichts davon gemerkt. Mir selbst ist es nicht möglich, mich an dem Essen zu beteiligen, weil das Essen so schlecht ist, dass ich es bei bestem Willen nicht essen kann. Das Essen kostet 0,70 DM und ist für diesen Preis viel zu teuer. Ich glaube, dass wir bedeutend besseres Essen bekommen würden, sobald es uns gelingt, im neuen Haus eine eigene Küche einzurichten. Ich habe von anderen Betrieben erfahren, dass die Qualität des Essens tatsächlich um 100 Prozent verbessert wurde, und dass es z. T. ein Essen gibt, wie man es zu Hause nicht besser haben kann.

6. Wohnraum für die Intelligenz
Sobald die Frage der Bezahlung oder des Wohnraumes zur Debatte steht, taucht sofort die weitere Frage auf, wer denn eigentlich zur technischen Intelligenz gehört. Solange diese Frage nicht beantwortet ist, hat man sehr schlecht einen Maßstab für die Beantwortung der übrigen damit Zusammenhang zusammenhängenden Fragen. Bei uns liegen die Dinge so, dass wir ständig in Magdeburg Wohnungen projektieren und die Ausführung leiten, dass wir aber selbst sehr wenig von den neu gebauten Wohnungen, für unsere Intelligenz

abbekommen. Wohnungen werden den Schwerpunktbetrieben oder der Volkspolizei zugeteilt und unsere guten Kräfte wandern ab, weil wir ihnen keinen Wohnraum bieten können. Von den guten Leuten, die an der Wohnstadt Calbe mitarbeiten, habe ich bereits zwei Mann verloren, weil ich sie in Magdeburg nicht unterbringen konnte, und ich muss damit rechnen, dass ich die wichtigste Kraft aus demselben Grunde auch noch verliere. Dann weiß ich allerdings nicht, wie ich die Termine für Calbe halten soll. Ähnliche Beispiele sind in genügender Zahl vorhanden. Sicher ist der Wohnraum knapp, aber ich glaube, dass auch die technische Intelligenz Anspruch auf Berücksichtigung hat.

7. Krankenkasse

Bei Neuregelung im Krankenkassenwesen kann dazu beitragen, eine erhebliche Unruhe im Betrieb zu erzeugen. Wenn bei wichtigen Betrieben die Planzahl, die von der Krankenkasse für das ganze Jahr angesetzt wurde, bereits im 1. Quartal erschöpft war, dann müssten doch die Angehörigen des Betriebes in den nächsten fünf Quartalen kein Krankengeld erhalten. Bisher ist der Versicherte in keiner Weise geschädigt worden, und er hat seine Bezüge ausgezahlt bekommen. Wir haben bei den früheren Punkten Treueprämie, I-Karte und Prämie sowie bei dem Punkt persönliche Verantwortung gesehen, dass man auf den Einzelnen sehr wenig Rücksicht nimmt und wir befürchten, dass der gleiche Fall bei der Krankenkasse eintreten wird. Ich selbst bezahle monatlich 60,— DM Krankenbeitrag, und ich glaube, dass der Beitrag doch als außergewöhnlich hoch bezeichnet werden kann. Ich kann mir also gar nicht vorstellen, dass bei der Krankenkasse die Mittel fehlen sollen.

8. Ferienplätze

Über diese Frage hat der Stellvertreter des Ministerpräsidenten, Walter Ulbricht in seinem Referat bereits gesprochen. Hier ist also eine Änderung zu erwarten. In unserem Betrieb liegen die Dinge in diesem Jahr so, dass nur jeder 20. Betriebsangehörige einen Ferienplatz erhält. Es ist dringend notwendig, dass hier eine Änderung eintritt und weit mehr Betriebsangehörigen die Möglichkeit geboten werden muss, Erholung durch Bereitstellung einer größeren Zahl von Ferienplätzen zu finden.

9. [Rigorose Kontrollen trotz Dienstauftrag]

Der Fachgruppenleiter Statik unseres Betriebes berichtete mir kürzlich, er wäre auf der Fahrt nach Berlin kontrolliert worden. Der Beamte der Volkspolizei hätte seinen Ausweis sowie seinen Dienstauftrag durchgesehen, er hätte daraufhin eine Gepäckkontrolle vorgenommen und hätte ihn im Abteil mit beiden Händen abgetastet, um festzustellen, ob in den Taschen seines Anzuges irgendwelche Gegenstände enthalten wären. Mit dieser Art der Behandlung der technischen Intelligenz bin ich unter keinen Umständen einverstanden und ich weiß nicht, was ich in der ersten Erregung getan hätte, wenn mir bei einer Zugkontrolle etwas derartiges passiert wäre. Ich bin der Auffassung, dass bei Vorliegen eines Dienstauftrages ein Abtasten nicht erforderlich sein dürfte. Sollte der Beamte aber aus irgendeinem Grunde einen Verdacht haben, so muss er den Betreffenden in ein besonderes Abteil bitten und es steht ihm frei, hier seine Untersuchungen vorzunehmen. Ich glaube, also annehmen zu dürfen, dass der betreffende Beamte seine Befugnisse überschritten hat.

Ich halte es für notwendig, dass jeder einzelne Angehörige der technischen Intelligenz klar und offen seine Meinung ausspricht, damit die Dinge, die nicht in Ordnung sind, abgestellt werden. Wie ich eingangs erwähnte, ist der Hauptpunkt zweifellos in Ordnung und das ist unsere Tätigkeit und unsere Aufgabe. Es dürfte also keine Schwierigkeiten bieten, alles aus der Welt zu schaffen, was uns bei der Erfüllung unserer Aufgabe beunruhigt oder behindert.

(Quelle: SAPMO-BArch DY 27/290, Bl. 81-85)

Quellen und Literatur

Archive

Stiftung Archiv der Parteien und Massenorganisationen der DDR im Bundesarchiv (SAPMO-BArch), Berlin-Lichterfelde Ost. Bestände:

NY 4090	Nachlass Otto Grotewohl
NY 4303	Nachlass Gerhard Harig
NY 4215	Nachlass Fred Oelßner
NY 4182	Nachlass Walter Ulbricht
DY 30/IV 2/1/	SED, Protokolle des Parteivorstandes und des Zentralkomitees
DY 30/IV 2/19/	SED, ZK-Abteilung Gesundheitswesen
DY 30/IV 2/9.06/	SED, ZK-Abteilung Kultur
DY 30/IV 2/9.04/	SED, ZK-Abteilung Wissenschaften
DY 30/IV 2/9.05	SED, ZK-Abteilung Volksbildung
DY 27/290 – 1078	Kulturbund, Präsidialrat
DY 34/1732-1737	FDGB, Bundesvorstand
DY 34/15/515a-l/3100	

Bundesarchiv (B-Arch), Berlin Lichterfelde Ost. Bestand:
DR- 3/147-302   Staatssekretariat für das Hochschulwesen

Der Bundesbeauftragte für die Unterlagen des Staatssicherheitsdienstes der ehemaligen DDR (BStU), Berlin. Bestand:
168/56, 180/56, 225/56 MfS AS

Bibliographie (Auswahl)

Hagen, Manfred: DDR – Juni '53. Die erste Volkserhebung im Stalinismus. Stuttgart 1992.

Heider, Magdalena: Politik Kultur Kulturbund. Zur Gründungs- und Frühgeschichte des Kulturbundes zur demokratischen Erneuerung Deutschlands 1945-1954 in der SBZ/DDR. Köln 1993.

Baring, Arnulf: Der 17. Juni 1953. 2. Aufl., Stuttgart 1983.

Ebert, Jens/Eschebach, Ina (Hrsg.): Erna Dorn zwischen Nationalsozialismus und Kaltem Krieg. Berlin 1994.

Diedrich, Torsten: DDR – Juni '53. Bewaffnete Gewalt gegen das Volk. Berlin 1991.

Dwars, Jens-Fietje: Abgrund des Widerspruchs. Das Leben des Johannes R. Becher. Berlin 1998.

Eisensee, Arnold: Funkstudio Stalinallee. In: Spurensicherung. Zeitzeugen zum 17. Juni 1953. Unabhängige Autorengemeinschaft (Hrsg.). Schkeuditz 1999.

Heym, Stefan: 5 Tage im Juni. Roman. Berlin 1989.

Klein, Angelika: Die Arbeiterrevolte in Halle. In drei Heften hrsg. vom Brandenburger Verein für politische Bildung „Rosa Luxemburg" e. V., Potsdam 1993.

Kleßmann, Christoph/Stöver, Bernd (Hg.): 1953 – Krisenjahr des Kalten Krieges in Europa. Köln, Weimar, Berlin 1999.

Knoll, Viktor/Kölm, Lothar (Hrsg.): Der Fall Berija. Protokoll einer Abrechnung. Berlin 1993.

Loth, Wilfried: Stalins ungeliebtes Kind. Warum Moskau die DDR nicht wollte. Berlin 1994.

Mittenzwei, Werner: Die Intellektuellen. Literatur und Politik in Ostdeutschland von 1945 bis 2000. Leipzig 2001.

Ostermann, Christian F. (Hrsg.): Uprising in East Germany 1953. The Cold War, the German question, and the first major upheaval behind the iron curtain. CEU Press 2002.

Roth, Heidi: Der 17. Juni 1953 in Sachsen. Mit einem einleitenden Kapitel von Karl-Wilhelm Fricke. Köln, Weimar, Wien 1999.

Selbmann, Fritz: Acht Jahre und ein Tag. Bilder aus den Gründerjahren der DDR. Berlin 1999.

Schulz, Eberhart: Zwischen Identifikation und Opposition. Künstler und Wissenschaftler der DDR und ihre Organisationen von 1949 bis 1962. Köln 1995.

Spittmann, Ilse/Fricke, Karl Wilhelm (Hrsg.): 17. Juni 1953, Arbeiteraufstand in der DDR. Köln 1982.

Stulz-Herrnstadt, Nadja (Hg.): Rudolf Herrnstadt: Das Herrnstadt-Dokument. Das Politbüro der SED und die Geschichte des 17. Juni 1953. Reinbek bei Hamburg 1990.

Verzeichnis der Abkürzungen

ABF	Arbeiter-und-Bauern-Fakultät
BGL	Betriebsgewerkschaftsleitung
BStU	Der Bundesbeauftragte für die Unterlagen des Staatssicherheitsdienstes der ehemaligen DDR
CDU	Christlich-Demokratische Union
DEFA	Deutsche Film AG
D-Linie	Demarkationslinie
DHZ	Deutsche Handelszentrale/Großhandelsorganisation
DSV	Deutscher Schriftstellerverband
EMW	Eisenacher Motorenwerke
Gbl.	Gesetzblatt
FDGB	Freier Deutscher Gewerkschaftsbund
FDJ	Freie Deutsche Jugend
HO	Handelsorganisation
IFA	Industriebetriebe für Fahrzeuge und Zubehör
IN-Karten	Karten, die deren Inhaber zum zusätzlichen Bezug von Lebensmitteln berechtigten
KFZ	Kraftfahrzeug
KVP	Kasernierte Volkspolizei
LDPD	Liberal-Demokratische Partei Deutschlands
MAS	Maschinenausleihstation
MfS	Ministerium für Staatssicherheit
MTS	Maschinentraktorenstation
NAW	Nationales Aufbauwerk
NDPD	Motiona-Demokratische Partei Deutschlands
NF	Nationale Front
NPT	Nationalpreisträger
RFT	Rundfunk- und Fernmeldetechnik
RIAS	Rundfunk im Amerikanischen Sektor von Berlin
SAG	Sowjetische Aktiengesellschaft
SAPMO-BArch	Stiftung Archiv der Parteien und Massenorganisationen der DDR im Bundesarchiv
SED	Sozialistische Einheitspartei Deutschlands
SV	Sozialversicherung
SVA	Sozialversicherungsanstalt

SVK	Sozialversicherungskasse
VBDK	Verband bildender Künstler
VK	Vergaserkraftstoff/Benzin
VO	Verordnung
ZK	Zentralkomitee

Sachregister

A

Abstempelung 70
Advokaten 20
Agenten 25-26, 42, 117, 122, 157, 232-233, 246, 257, 263, 279-280, 314
Agitation 237
Agronomen 221
Akademie der Künste 19, 22, 40, 99-100, 128, 134-137, 150-152
Akademiker 190-191, 225
Alltagsfragen 30
Altersversorgung 54, 94, 124, 136, 273, 276, 311, 322
Anarchie 119
Angst 49, 52, 105, 110-112, 115, 245-246, 281, 295, 304, 311-312
Antisemitismus 35-36
Apotheker 231, 233, 246
Arbeitsschutzbestimmungen 74-75, 56-157
Architekten 87, 176, 181, 184, 186, 188, 193, 195-196, 202-204, 207, 209, 222, 230, 295, 305, 330-331
Archivare 231, 280, 311
Ärzte 20, 35, 49, 50, 62, 69, 77, 82, 86, 88, 93, 123, 167-169, 170-171, 175, 177, 179, 192, 194-196, 201, 206-207, 216, 223-225, 227, 230-231, 235, 246-248, 255, 259, 261-263, 270-272, 280-281, 284-288, 303, 313-314, 322-329
Assistenten 50, 65, 82, 94, 311
Assistenzärzte 234, 329
Aufenthaltsgenehmigung 42, 156
Auftragserteilung 37, 95, 124, 135-136, 168, 174, 178, 193, 195, 197-198, 262, 276, 283, 292
Augenärzte 232, 279
Ausnahmezustand 86

B

Bauingenieure 224
Benzinzuteilung 168, 175, 178, 193, 195, 217-218, 312, 326
Berliner Ring 26, 42, 334-335
Berufsschullehrer 53, 202, 283
Beschlagnahmung 298
Beschwerden 42, 158, 249, 255
Besserwisser 22, 43
Betriebsärzte 87, 221
Bevormundung 138
Bezirksärzte 298, 300
Bibliothekare 160
Bildhauer 188, 289
Biologen 185
Botaniker 290
Brodeln 19, 52, 60, 102
Bummelantentum 169
Bündnispolitik 58, 69, 121, 307
Bürokratismus 10, 37, 49, 52, 66, 76, 85, 109, 113, 135, 162, 166, 175, 199-200, 211, 225, 236, 240, 261-262, 290, 300, 306, 312, 316-317

C

CDU-Studentengruppen 55
Chefärzte 75-76, 87, 329
Chemiker 178, 230, 250-252, 258
Chirurgen 242

D

Dekadenz 36, 67
Denunziant 227
Dertinger-Affäre 227, 267
Diakone 55
Diffamierungen 126
Dogmatismus 76, 78, 127, 129
Domkantor 231
Drohungen 126

E
Einheitspreis 76
Einzelverträge 43, 53, 84, 151, 156, 160, 184, 198, 223-224, 226, 228, 235, 242, 262-263, 272, 292-293, 320, 331-332
Elfenbeinturm 23
Elf-Klassenschule 64, 68, 76-77, 82, 97-98
Ellbogenfreiheit 103
Entlassungen 52, 83, 245, 305
Entfremdung 139
Enquête 9, 19, 44, 48, 52, 56, 58, 63, 77, 132
Experten 21

F
Fachärzte 287, 299
Fachliteratur 50, 61, 73, 124, 163, 166, 170, 178, 182, 200-203, 212, 216, 229-230, 242, 313-318
Faustus-Libretto 37, 40, 71
Fehlerdiskussion 144
Feindpropaganda 216-217, 230, 314, 318
Ferienplätze 50, 61, 64, 66, 72-73, 125, 168, 174, 187-188, 201-202, 236, 255-256, 311, 318, 334-335
Filmemacher 137
Förderungsausschuss für die deutsche Intelligenz 9, 19, 26, 34, 41, 54, 62, 93, 136, 155, 173-174, 185, 192, 200, 219, 222, 228, 240, 259, 264, 266, 268, 290-291, 307
Formalismuskampagne 36-37, 40, 67, 71, 111-112, 126 – 129, 137-140
Fraktionismus 39
Frauenarzt 230
Fürsorge 188, 268

G
Gehaltssenkung 49-50, 175, 311, 329, 331
Geologen 290, 312

Gerüchte 51-52, 57, 206, 233, 238, 242, 267, 271
Gleichmacherei 49
Graphiker 276, 289
Gutachten 151

H
Hausnummernzählen 166
Historiker 47, 144
Holzhammermethode 164, 166, 211, 222, 231, 306
HO-Preise 60, 75, 116, 200, 224

I
Immunität 111
Ingenieure 23-27, 49, 53, 71, 77, 86-87, 119, 160, 179, 181, 176, 190, 208-209, 228, 237, 244, 248, 257, 270, 277, 303, 311
Intelligenzaussprachen 62, 201, 212, 219, 245, 253, 258, 272, 283 285, 288, 301, 317-319
Intelligenzkarten 50, 53, 60-61, 64, 75, 84, 94, 104, 198, 202, 230, 242, 255, 262, 266, 289, 291-292, 320, 331-332, 334
Intelligenzklubs 61, 85, 91, 124, 158, 161, 165, 170, 179, 203, 221, 223, 235, 240, 246-247, 257, 301, 313-315, 317
Intelligenzladen 41, 54, 60, 75, 91, 94, 318, 320
Intelligenzpolitik 93, 310
Intelligenzspeisesaal 162, 164, 292
Intelligenzwohnung 292
Interzonenpässe 24, 41-42, 50, 83, 156, 170, 200, 204, 232, 236, 242, 327
Irregeleitete 15

J
Journalisten 20, 132, 134
Junge Gemeinde 55, 83, 96, 113, 283
Juristen 144, 194, 225, 314

K

Kadermangel 218
Kammer der Technik 23-24
Kampfgruppe gegen Unmenschlichkeit 27
Karl-Marx-Jahr 65, 308
Karrieristen 284
Kartoffelkäfer 269
Kinderärzte 231
Kirchenkampf 55, 283
Klassengegner 48, 57, 59, 159, 162, 164, 171, 180, 204, 217, 227, 237-238, 246, 263, 279, 307, 316-317
Kohleversorgung 161, 224, 229-230, 256, 263, 265, 389, 291, 311, 326, 333
Komitee der Antifaschistischen Widerstandskämpfer 39
Komponisten 40, 67, 234, 311, 321
Konstrukteure 203
Konstruktivismus 71
Konzerte 153
Kosmopolitismus 32, 67, 71
Krankengeld 175, 312, 324-325, 334
Krankenkasse 323-325, 334
Kredite 97, 266, 292
Kreisärzte 278
Kritik 158
Kulturfunktionäre 22, 38, 51, 114, 128, 182, 197, 202, 232, 249, 260, 303
Kulturverordnung 182, 197, 202, 232, 310
Künstler 30, 34, 37, 41, 53-54, 56, 62, 69, 94, 123-124, 127, 133-135, 139, 150, 152, 154, 167-169, 171, 174-175, 182, 184-185, 187-188, 194-195, 197-198, 201-202, 204-205, 215, 221, 225, 234, 241, 242, 254, 265-266, 276, 283, 289, 306, 312
Künstlerbrigaden 189
Kunstmaler 289

L

Laienkünstler 215
Landarzt 175
Lehrer 50, 69, 83, 93, 95, 107-108, 110, 123-124, 134, 160, 184, 186, 192, 197, 199, 205-207, 213, 222, 230, 232, 241, 243-245, 248, 262, 276, 278, 304, 306, 313
Lehrplan 50
Leitartikelstil 166, 251
Liberalismus 126, 134
Literaturkritik 319-321

M

Maler 51, 135, 181, 191, 195, 242, 276
Marxismus-Leninismus 31, 93, 144, 202, 208-210, 250-251, 266, 269, 278, 283, 300, 304, 307-309, 313
Mathematiker 25
Meteorologen 290, 306
Missachtung 59, 71
Missstände 127, 240, 262, 278, 287-288, 316
Missstimmungen 40, 152
Misstrauen 42, 62, 115, 285, 288, 328
Mörderärzte 170
Musiker 195-196, 204-205, 207
Musiklehrer 51, 191
Mystizismus 71

N

Natur- und Heimatfreunde 22, 57, 85
Neurermethoden 308
Normerhöhung 68, 105, 116, 118-119, 148
Normalpreis 76
Notlage 167, 174-175, 219, 250, 276

O

Objektivismus 180
Öffentlichkeit 51, 107-108, 122, 134
Ökonomen 144
Ost-West-Konfrontation 48

P

Parteiauftrag 153
Parteifeindlichkeit 39
Phrasen 49, 51, 59, 132, 165, 237, 312
Physiker 261, 314
Pfarrer 55, 113
Praxis-PKW 43, 49, 50, 175
Prämie 43, 156, 178, 333-334
Präsidialrat des Kulturbundes
 21-23, 30, 44-45, 48, 52, 62, 67, 97,
 101-102, 107-108, 112, 115, 132, 159
Preisregulierung 118
Presse 64, 100, 182, 240-241, 283, 287,
 298, 316-317, 319-320
Prinzipienlosigkeit 126
Psychose 52, 267, 279-280

R

Rationalisatorenbewegung 23
Rechtsanwälte 106, 181, 231, 245
Rechtssicherheit 104, 106, 113, 115,
 122
Rechtsunsicherheit 10, 42, 155
Reformen 10, 95, 97,
Reifenversorgung 50, 272, 286, 325-
 326
Reisepass 282, 314
Renten 192, 197, 276, 306, 322
Republikflucht 28, 41-42, 48, 57-59,
 78, 155, 158, 162, 164, 168, 181, 186,
 205-207, 217, 225, 228, 230, 232-
 233, 243, 256, 261-262, 264, 266-
 268, 278-279, 282-283, 304, 306,
 314-315, 318
RIAS 42, 139, 148, 306, 314
Rundfunk 64, 100, 108, 182, 225, 316

S

Sabotage 49, 53, 176, 212, 264, 278
Sänger 41, 153
Schauspieler 34, 38, 153, 169, 172,
 192, 195, 205, 231, 243, 304, 312-314
Schlagworte 306
Schönfärberei 127

Schriftsteller 34, 37, 51, 54, 62, 75, 90,
 123, 135, 168, 173, 175, 180, 191,
 194-195, 234, 283, 311,
 319-321
Schulgeldfrage 25
Schweinehütte 24
Schwierigkeiten 42
Sektierertum 25, 29, 69, 143, 247,
 263-264, 294, 301, 312, 316-317
Sonder-HO 41, 64, 154, 318
Sonntags- und Bereitschaftsdienst
 299, 325
Sorgen 42, 176, 183, 272, 276, 286,
 320, 322, 330-331
Sozialdemokratismus 39, 294, 305
Spionage 35
Spitzenintelligenz 226
Spitzenkünstler 152
Spitzentechniker 42, 49, 155
Sprachverschluderung 43
Staatliche Kommission für Kunst-
 angelegenheiten 40, 51, 68, 97,
 126-127, 133-134, 136-137, 150-152,
 162, 166301-303, 316, 321
Staatssekretariat für das Hoch-
 schulwesen 19, 25, 98-99, 145,
 162, 166, 202, 280
Staatssicherheit 49, 180, 227, 280
Stockholmer Appell 305
Strafe 42, 84, 157
Streikrecht 103
Stromabschaltungen 230
Studienzulassung 50, 60, 318, 327
Symbolismus 67, 140

T

Techniker 23-29, 41-42, 49, 54, 56, 69,
 71, 77, 86-87, 119, 123-124, 155,
 167, 172, 178, 192, 194-195, 207,
 219-220, 223-225, 234, 237-239,
 241-242, 250, 252, 255-260, 265-
 266, 270, 272, 277, 291, 311-313,
 331
Technologen 87

Theater 26, 36-37, 258, 260, 305, 312, 315
Theologie 71
Tierärzte 95, 160, 163, 272, 280
Trotzkismus 39

U
Übeltäter 28
Überparteilichkeit 102
Überprüfung 166
Ungesetzlichkeiten 103
Unruhen 49, 73, 86, 88, 96, 280, 327, 334
Unsicherheit 49, 57, 84, 181, 176, 238, 280
Unzufriedenheit 10, 25, 49-50, 99, 159-162, 180, 199-200, 230, 234, 245,^257-258, 261, 263, 269, 273

V
Verärgerung 168
Vereinigung der Verfolgten des Naziregimes 39
Vergrämung 23
Verhaftungen 25-28, 42, 52, 59, 73, 88, 105, 111, 118, 121, 156, 180, 238, 279, 305, 312, 314, 331
Verfolgungsgefühle 52, 274, 312
Verfratzung 102

Verleger 123
Verschärfung des Klassenkampfes 11, 18, 48, 68, 246
Versöhnlertum 39, 211
Visum 41
Volksbühne 38-39
Volksschullehrer 189-191

W
Wanderlehrer 199
Westärzte 236
Westemigranten 32,
Westimporte 42
Westpropaganda 259, 314
Wissenschaftler 30, 42, 47, 50, 53, 56, 65, 70, 83, 95, 99, 123-124, 167, 170, 172-173, 178, 185, 200-201, 217, 221, 223-225, 235-241, 244, 248, 257, 263-265, 268, 311-313
Wohnungsfrage 26, 43, 53, 72, 94, 175, 198, 230, 236, 289, 291, 311, 315, 333-334

Z
Zahnärzte 95, 178, 181, 277
Zionismus 36
Zurückgebliebenheit 165, 179, 211
Zwang 177

Personenregister

A
Abakumow, Wiktor S. 33
Abusch, Alexander 28-29, 37, 56, 58, 62-63,
Axen, Herrmann 33, 79-80, 101

B
Baring, Arnulf 86
Bahr, Egon 148
Becher, Johannes R. 15, 22, 29-32, 43-45, 56-57, 100-104, 110, 117, 122
Berija, Lawrentij P. 16, 33, 81, 86, 91-92, 97
Berlau, Ruth 70
Besenbruch, Walter 128, 131-132
Bilkenroth, Georg 24
Blach, Erich 36
Bloch, Ernst 132, 238
Bork, Kurt 162
Burnham, James 9
Busch, Ernst 89
Brecht, Bertolt 15, 70, 88-90, 96-97, 100, 129, 150, 151, 154
Bredel, Willi 46
Brugsch, Theodor 97, 104-106, 108
Bolz, Lothar 26-28
Bunge, Hans 71

C
Chruschtschow, Nikita S. 87, 91
Churchill, Winston S. 48
Cremer, Fritz 150

D
Dahlem, Franz 68
Deiters, Heinrich 64, 107-109
Dieckmann, Johannes 109
Diedrich, Torsten 14
Dornberger, Käte 144
Dvořák, Antonín 121

E
Ebert, Friedrich 82
Eisensee, Arnold 14
Eisler, Hanns 37, 40-41, 71, 151, 152
Engel, Rudolf 126, 150, 152
Engels, Friedrich 41, 153
Eschwege, Helmut 32

F
Felsenstein, Walter 100, 133
Fechner, Max 103, 117
Feuchtwanger, Lion 36
Fischer, Ernst 37
Filitow, A. M. 80, 92
Florin, Wilhelm 66
Forest, Jean Kurt 67, 120
Franck, Hans-Heinrich 23-24, 104, 111, 119
Freund, Walter 23-26, 28-29, 54, 62, 155
Frings, Theodor 238
Fuchs, Dieter 11

G
Ganse, Robert 76
Gehlen, Reinhard 63
Girnus, Wilhelm 37, 127
Goethe, Johann Wolfgang von 37, 71, 296
Goldammer, Bruno 32
Gorki, Maxim 185
Greif, Heinrich 54
Gretschko, Andrej A. 86
Grotewohl, Otto 33, 49, 55, 61-63, 68, 78-79, 81-82, 153, 155
Grundig, Lea 179

H
Hagen, Manfred 14
Hager, Kurt 141-147

Harich, Wolfgang 96-97, 125-129, 131, 144
Harig, Gerhard 98-99
Harnack, Falk 112
Hauser, Wilhelm 145
Havemann, Robert 144
Hellberg, Martin 137
Herrnstadt, Rudolf 13, 92
Heym, Stefan 46-47, 133, 138-141
Hitler, Adolf 46, 139
Hofé, Günther 120-121
Hoffmann, Ernst 126
Hollitscher, Walter 31
Holm, Klaus-Dieter 164
Holtzhauer, Helmut 126-127, 130, 162, 301
Honecker, Margot 11

J
Jeschke, Jupp 10, 91

K
Kantorowicz, Alfred 44
Kastner, Herrmann 62-63
Klein, Angelika 14
Kleinschmidt, Karl 113
Klemperer, Victor 63, 68, 76-77, 96, 107-109, 111-112, 135
Kneschke, Karl 52, 85, 93-94
Knoth, Nikola 78
Kuba (Kurt Barthel) 67-68, 90, 120, 138

L
Lauter, Hans 153
Legal, Ernst 51, 112, 162, 164
Lepeschinskaja, O. B. 260
Liebknecht, Kurt 126
Lingner, Max 137
Loest, Erich 54
Lukes, Igor 33
Lyssenko, Trofim D. 22, 72
Löwenkopf, Leon 32

M
Magritz, Kurt 126
Mann, Thomas 185
Marx, Karl 41, 67, 251, 185, 256-257, 308
Matern, Jenny 323
Marr, Nikolai 47
Mayer, Georg 83
Mayer, Hans 30, 32, 43
Medwedew, Roy 47
Mickinn, Hans 66-67, 116-119, 122
Mitschurin, I. W. 22
Mittenzwei, Werner 36, 127
Müller-Enbergs, Helmut 13

N
Nakath, Detlef 13
Neher, Caspar 155
Neye, Walter 165
Neubert, Harald 79
Neumann, Robert 36
Niekisch, Ernst 110-112, 122
Nolde, Franz 135

O
Oelßner, Fred 33, 78-82, 126
Oparin, A. I. 72
Orlow, Alexander L. 79
Orlow, N. 35, 79
Otto, Wilfriede 92, 117

P
Palucca, Gret 151
Paul, Jean 30
Pawlow, L. P. 72, 239, 250, 312
Pieck, Wilhelm 33, 62, 95, 109, 153
Piltz, Georg 43
Preißler, Helmut 120

R
Rammler, Erich 24
Ranke, Leopold von 9
Rau, Heinrich 80, 82
Rentmeister, Maria 126

Rentzsch, Egon 67
Rienäcker, Günther 65, 121-122
Rompe, Robert 126
Rosenberg, Ethel und Julius 166, 269
Roth, Heidi 14, 87
Rybkina, Soja 92

S

Saller, Karl 30
Samoilow, M. 47
Sartre, Jean Paul 133
Scherstjanoi, Elke 81
Schiller, Friedrich von 121
Schlemm, Anni 41
Schmidt, Elli 54, 91
Schöner, Sonja 41
Schrecker, Hans 32
Schulmeister, Karl-Heinz 10, 53
Schwab, Sepp 126
Schwarz, Hanns 113, 132
Schwarz, Otto 121
Seghers, Anna 46, 133, 137-138
Seitz, Gustav 138, 150
Selbmann, Fritz 23-24
Semjonow, Wladimir S. 36-37, 63, 79, 81-82, 86, 140
Simonow, Konstantin 17
Slánský, Rudolf 32-34, 69, 170
Sokolowskij, Wassilij 87
Stalin, Jossif Wissarionowitsch 16-18, 28, 33-35, 44-48, 84, 96, 171, 222, 226, 269, 282
Steinitz, Wolfgang 126
Stengel, Hans-Georg 164
Stern, Leo 143
Sternburg, Wilhelm von 35
Stöckigt, Rolf 11
Strempel, Horst 112, 153, 164

Stubbe, Hans 72
Stulz-Herrnstadt, Nadja 12
Sudoplatow, Pawel A. 79-81, 86
Sudoplatow, Anatolij 79

T

Tschechowa, Olga 92
Tschikobawa, Arnold 47
Tschoppe, Werner 144
Tschuikow, Wassilij 44

U

Ulbricht (Kühn), Lotte 45
Ulbricht, Walter 18-19, 25, 32-33, 37, 61, 70-72, 78-81, 85, 88-89, 92-93, 95, 131-132, 153, 302
Ullrich, Wolfgang 83

V

Voigtländer, Kurt 145-146

W

Wagner, Richard 121
Wagner-Régeny, Rudolf 150, 151, 154
Wandel, Paul 35, 57-58, 61, 93, 126, 153, 155
Weidauer, Walter 40
Weinert, Gustav 10, 44
Wendt, Erich 45, 96, 107, 126, 130, 132
Wolfrum, Edgar 15

Z

Zaisser, Else 76-77, 98
Zaisser, Wilhelm 33, 80, 92
Zweig, Arnold 15, 35-36, 43, 104, 131, 133, 136-138

Über den Autor

Siegfried Prokop, Jg. 1940, Abitur 1958. Studium der Geschichte und Germanistik in Berlin und Leningrad (St. Petersburg). Promotion 1967, Habilitation 1978. 1979 Dozent. 1983 bis 1996 Professor für Zeitgeschichte am Institut für Geschichte der Humboldt-Universität zu Berlin; 1987 Gastprofessor in Paris, 1988 in Moskau und 1991 in Montreal.
1998 Projektleiter an der Forschungsstelle für historische und sozialwissenschaftliche Studien in Berlin-Marzahn. Seit 1999 Historiker und Publizist in Bernau bei Berlin.

Buch-Publikationen:
- Studenten im Aufbruch. Berlin und Dortmund 1974;
- Übergang zum Sozialismus in der DDR. Berlin 1986;
- Deutsche Zeitgeschichte – Neu befragt. Berlin 1990;
- Unternehmen ‚Chinese Wall'. Frankfurt/M 1992 und 1993;
- als Hrsg.: Die kurze Zeit der Utopie. Berlin 1994;
- Poltergeist im Politbüro. Siegfried Prokop im Gespräch mit Alfred Neumann. Frankfurt(O.) 1996;
- als Hrsg.: Ein Streiter für Deutschland. Das Wolfgang Harich-Gedenk-Kolloquium am 21. März 1996 im Ribbeck-Haus zu Berlin. Berlin 1996;
- Ich bin zu früh geboren. Auf den Spuren Wolfgang Harichs. Berlin 1997.

Studien in Sammelbänden, darunter:
- Zur Entwicklung des Lebensstandards in der DDR (1957-1963/64), in: Evemarie Badstübner: Leben in der DDR. Befremdlich anders. Berlin 2000;
- Alltag und Widerstand gegen das NS-Regime, in: Manfred Weissbecker/Reinhard Kühnl (Hg.): Rassismus, Faschismus, Antifaschismus. Köln 2000;
- Der 13. August 1961 – Geschichtsmythen und historischer Prozess, in: Kurt Frotscher/Wolfgang Krug (Hg.): Die Grenzschließung 1961. Schkeuditz 2001.